GRAMMAIRE COMPARÉE

DES

LANGUES INDO-EUROPÉENNES

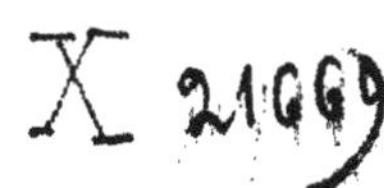

LIBRAIRIE HACHETTE ET Cie

BOULEVARD SAINT-GERMAIN, N° 79, A PARIS

GRAMMAIRE COMPARÉE

DES

LANGUES INDO-EUROPÉENNES

PAR M. FRANÇOIS BOPP

TRADUITE SUR LA DEUXIÈME ÉDITION

PAR M. MICHEL BRÉAL

TOME V

REGISTRE DÉTAILLÉ

RÉDIGÉ PAR M. FRANCIS MEUNIER

DOCTEUR ÈS LETTRES

PARIS

IMPRIMERIE NATIONALE

M DCCC LXXIV

AVANT-PROPOS.

Ce Registre, fait sur le plan de celui que M. Carl Arendt a composé pour l'édition allemande de la Grammaire comparée de Bopp, renferme : 1° une table analytique disposée par ordre de matières; 2° un index de toutes les formes et de tous les mots expliqués ou mentionnés dans les quatre volumes. La table analytique se subdivise elle-même en deux sections : dans la première sont placées les lettres des différents alphabets avec l'indication des passages où il est parlé de leur origine et de leurs modifications; dans la seconde, on trouve les phénomènes appartenant à la flexion, ainsi que tous les autres faits dont il est traité dans la Grammaire comparée.

Le Registre allemand, en lui-même très-riche, a été encore élargi et complété. Ainsi le lecteur, déjà guidé par les titres et sous-titres qu'il trouve partout dans la traduction française, pourra désormais parcourir en tous sens et facilement consulter un ouvrage qui, il y a dix ans, paraissait à beaucoup de personnes studieuses presque inabordable.

Le public est redevable de ce Registre à M. Francis Meunier, bien connu pour ses excellentes recherches de philologie grecque et latine, qu'une mort inattendue a enlevé à la science quand il venait de corriger les dernières épreuves du présent volume. Il me sera permis de donner ici une place à mon souvenir reconnaissant.

Michel Bréal.

GRAMMAIRE COMPARÉE

DES

LANGUES INDO-EUROPÉENNES.

TABLE ANALYTIQUE DES MATIÈRES.

PREMIÈRE SECTION.

PHONÉTIQUE.

Remarque préliminaire. La première section de la table analytique des matières contient seulement ce qui peut être facilement enregistré sous chaque lettre de chaque langue. Consulter en outre, pour ce qui concerne la phonétique, les articles : *Lois euphoniques*, *Anusvâra*, *Poids des voyelles*, *Liquides*, *Sifflantes*, *Gouna*, *Vriddhi*, *Loi de substitution*, etc., dans la seconde section de la table.

I. — L'ALPHABET SANSCRIT,

DANS SES RAPPORTS AVEC L'ALPHABET DES LANGUES CONGÉNÈRES.

(Toutes les fois qu'il n'y a pas d'indication de tome, il s'agit du tome Ier. Les chiffres arabes, quand ils ne sont pas précédés du signe §, renvoient à la page.)

अ *a* = zend *a*, *ĕ*, 31, 79; zend *ô*, après un *v*, *b* ou un *p*, 83; après un *v* sorti d'un *u*, 362; zend *ê* après un *y*, 95.

as final = zend *ô*, 107.

am final = zend *ĕm*, 31. Cf. 79.

ayê = zend [illegible] *eê*, 80, 85.

ar devient en sanscrit *ur*, 25; *ri*, 26; *ṛ*, voy. *ṛ*.

a = arménien ե *e*, 399; arménien *o*, *u*, 399, 403, note 2.

a = grec *α*, *ε*, *ο*, *ι*, *υ*, 31;

voy. pour ι — *a*, 37; IV, 441; pour υ = *a*, 39.

a = latin *ĕ*, *ŏ*, 31; latin *u*, II, 371-372.

a = vieux slave *e*, *o*, *a*, 162; vieux slave *ŭ*, 167-168; vieux slave ꙑ *ŭ*, 168; *an* = vieux slave *uṅ*, devant les labiales *um*, 164-165.

a = gothique *a*, 114; très-souvent *i*, plus rarement *u*, 114-115; gothique *ai* pour *i* devant *r* et *h*, 130-131; gothique *au* pour *u* devant *r* et *h*, 129 et suiv., § 82. Est tout à fait supprimé en gothique dans les syllabes finales, 114.

आ *â*, affaibli en *î* en sanscrit, 35.

â = zend *â*, 80; zend ϛ *e*, prâcrit *ê*, 80-81; zend *ê* après *y*, quand la syllabe suivante contient un *i*, ou quand le mot finit par *yâ*, 95, 177; *âs* final = zend *âo*, *âoṅh*, *âos* (devant l'enclitique *ća*), 117; *âm* final = zend *anm*, 111.

â = arménien *ê*, 392.

â = grec *η*, *ω*, *ᾱ*, 32.

â = latin *ō*, *ă*, *â*, 32; latin *ê*, 33.

â = lithuanien *ō*, 162; lithuanien *û*, c'est-à-dire *uo* (en une syllabe), 163; lithuanien *ē*, 170.

â = vieux slave *a*, 162; *ŭ*, *ü*, 168; ѣ *ê*, 170; sanscrit *âm*, *âmi* = vieux slave ѫ *uṅ*, 164-165.

â = gothique *ô*, 115 et suiv.; *ê*, 117 et suiv.

इ *i*, né de *ya*, 27; se change en *y*, 197.

i = vieux slave *i*, v. slave ь ĭ, v. slave *e*, 165.

ई *î*, né de *yâ*, 119.

î = vieux slave *i*, 165, § 92 [b]; gothique *ei* (= *î*), 118-119.

उ *u*, né de *ya*, 27; II, 371.

u = arménien *e*, II, 276.

u = vieux slave *o*, *ŭ*, *ü*, 166.

u = grec *υ*, béotien *ου*, 39.

ऊ *û* se change en व् *v*, 197.

û = vieux slave *u*, 171-172; *uṅ*, *um*, 164 et suiv.; *ü*, 166; *ŭ*, 167.

û = grec *υ*, béotien *ου*, 39.

ऋ *ṛ* (*r* voyelle), altération : 1° de *ar* = grec *ερ*, *ορ*, *αρ*, avec métathèse *ρο*, *ρα*; latin *ur*, *er*, *or*, *ar* (?), avec métathèse et allongement de l'*a*, *râ*, 24; zend *arĕ*, *ĕrĕ*, 25; zend *ahr*, *ĕhr*, *ar*(-*s*), 25; vieux perse *ar*, *u*, 25; pâli *a*, *i*, *u*, 25-26; prâcrit *ri*, *i*, 26; 2° de *âr*, 26-27; 3° de *ra*, 27; 4° de *ri*, 28; 5° de *ru*, 28.

ॠ *ṝ* (*r* voyelle longue), 23.

ऌ *ḷ* (*l* voyelle), 23.

ॡ *ḹ* (*l* voyelle longue), 23.

ए *ê*, sa prononciation avant la séparation des idiomes, 29.

ê = zend ⲱ *ai*, *ôi*, *ê*, 29, 83-85.

ê = vieux perse *ai*, 30.

ê = arménien *ê*, 394.

ê = grec αι, ει, οι, 29-30, 32; grec α, ε, 33.
ê = latin ae, arch. ai, 29, 34; latin ē, 29, 33; latin ī, 284; latin oe, 34-35.
ê = lithuanien ai, ė, 29; lith. ai, ei, ē (ė ou ie ou ê), 170; lette ai, ê, ee, 29; borussien ai, ei, 169-170.
ê = vieux slave ѣ ê, 168-169; vieux slave i, 169.
ê = gothique ai, 72, 125; gothique ei (î), 118-119; vieux haut-allemand ê, 33-34.
ऐ âi, 28.
ओ ô, sa prononciation avant la séparation des idiomes, 29.
ô = zend au, eü, ô, 82; zend eü, 80; zend ē, 80-81.
ô = vieux perse au, 30.
ô = grec ευ, ου, αυ, 32-33; grec ο, 33.
ô = latin û, 284.
ô = vieux slave оу u, ов ov, dans les langues vivantes u bref, russe y, 170-171.
ô = gothique au, 125-126.
औ âu, 28; = grec αυ, 33; zend âo, âu, 83.
क् k; voy. Loi de substitution.
k = gothique kv, latin qu, 134.
k = latin et gothique v, nouveau haut-allemand w, 134-135, 50, note 2.
k devient ć, 48; ś, 61-62.
kt, kr = zend kr, kt, 85.
kš = latin x, gothique hs, 63; grec ξ, 63; κτ, 50-51; IV, 275; χθ, 50-51; zend kš, ks, š, 104.
ख् k̔ = latin gv (écrit gu), 134; grec χ, 47.
ग् g = zend g, ǵ, 88; ẓ, 108.
g = lithuanien ź, vieux slave ẓ, 154.
g = grec β, 212, note 2; grec β, latin b, 285. Voyez aussi pour g l'article Loi de substitution.
घ् ǵ = zend ǵ, g, 87; grec χ, θ, 47; gothique v, 135. Voyez aussi, pour ǵ, Loi de substitution.
च् ć = vieux slave ć, k, 48; grec π, τ, 48; II, 386; latin qu, 48; gothique f, 48.
छ् ć̈, altération du groupe sk, sc = grec σκ, σχ, latin sc, gothique sk, 48-49; zend ś, 88-89; śk, 89. Voyez aussi Loi de substitution.
ज् ǵ = zend ǵ, 88; ṡ, 109; ẓ, 108; h, 105.
ǵ = arménien ծ ζ, ձ z, 402, note 3; զ z, 403, note 1.
ǵ = lithuanien ź, vieux slave ẓ, ẓ̇, 154-155.
ǵ = grec β, 212, note 2, 285.
ǵ = latin v, gothique qv, 135.
ञ् ṅ, par euphonie pour n, 52.
त् t; tt, né de dt, en sanscrit, 202; ts, né de ds, en sanscrit, 201; t final devient parfois s en sanscrit, 207-208; t, né de s, 208-209; voyez aussi

Loi de substitution ; t = zend *ḍ*, 91.

त् *t* = grec τ, latin *t*, 45-46 ; = accidentellement grec θ, 46.

द् *d* initial perdu en sanscrit, 106. Voyez *Loi de substitution.*

d = zend *d*, 90 ; *d'*, *ḍ*, 91.

d = latin et allemand *l*, 51 ; latin *r*, dans *meridies* pour *medidies*, 51.

ध् *d'* = zend *d*, 90 ; *d*, 90-91. Voyez *Loi de substitution.*

d' = grec θ, latin *f*, 45, 50.

न् *n* ; *n* euphonique, inséré entre le thème et la désinence à certains cas de la déclinaison sanscrite, 307-308, 358, 364-365 ; II, 6, 51-52, 76, 222 ; *n* supprimé en sanscrit à la fin des thèmes, 302, note 2.

प् *p* = zend *p*, parfois *f*, 92 ; latin *qu*, 134.

p initial = arménien *h*, II, 227 ; IV, 380, note 7. Voyez *Loi de substitution.*

ब् *b* = zend *m*, 112. Voyez *Loi de substitution.*

भ् *b'* = zend *b*, *f*, 93. Voyez aussi *Loi de substitution.*

b' = grec φ, peut-être β médial, latin *f* initial, presque toujours *b* médial, 52.

म् *m* ; à la fin d'un mot, *m* sanscrit se règle sur la lettre initiale du mot suivant, et se change en anusvâra devant les semi-voyelles, les sifflantes et *ḥ*, 52-53.

m final = grec ν, borussien *n*, 53.

m final = latin *m*, 53.

m final s'est perdu en gothique, ou bien y est devenu *na* ou *u*, 53.

mr = grec βρ, 112.

य् *y*, inséré en sanscrit comme liaison euphonique entre deux voyelles, 96.

y = prâcrit *ǵ*, 53-54.

y = zend *ć* (= *tś*), *k'*, 410-411 ; *ś*, 109.

y = arménien յ *ż*, 404 et suiv. ; II, 15-16 ; ջ *ǵ* (= *dś*), 406-407, 411 ; II, 16 ; ձ *z*, II, 12-13, 276 ; զ *s*, II, 12-13, 62-63 ; ժ *ś*, 417, note 1 ; լ *l*, 61, 415 ; II, 362 ; ր *r*, II, 362 ; յ *h* initial, 403, note 1.

y = grec ζ, 54-55, 194, 238 ; ι, 55 ; ε, 240 ; *y* = en grec esprit rude, 56 ; *y* assimilé en grec à la consonne précédente, 55.

र् *r*, remplace *s* en sanscrit devant les consonnes molles, 109.

r = arménien ղ *ǵ*, 398-399.

व् *v* = grec Ϝ, υ, φ, 56 ; *v* assimilé en grec à la consonne précédente, 56-57 ; *v* perdu en grec entre deux voyelles, 57 ;

v = grec β, 57.

v durci en gutturale en latin, en anglo-saxon, en vieux haut-allemand, 57-58.

v = arménien ւ *q̇*, 224.

श् *ś*, altération d'un ancien *k*, 61-

62; d'un ancien *s*, 63; *ś* euphonique inséré en sanscrit à la fin d'un mot, 195.

ś = zend *ś*, 101-102.

ś = vieux slave *s*, 62, 178-179; *ṣ*, 181-182; *k*, 63.

ś = lithuanien *k*, 63; *š* (écrit *sz*), 62, 179; *s*, 179; *z*, 181.

ś = grec κ, 61-62; latin *c*, gallois *h*, armoricain *k*, irlandais *gh*, *ch*, gothique *h*, 62.

śv = zend *śp*, 102; arménien *sk*, II, 36, note 1; gothique *hv*, 133-134.

ष् *ṣ*; en sanscrit, *ṣ* né de *s*, 63; de *kṣ*, 64; changé à la fin des racines et des thèmes en *k*, *g*, ou en *ṭ*, *ḍ*, 64.

ṣ = zend *s*, 102-103; *š*, 104; *ṣṭ* = zend *št*, *st*, 90.

ṣ = vieux slave *š*, 180-181; χ *ch*, lithuanien *k*, 172-173.

स् *s*; *s* euphonique ajouté en sanscrit à la fin d'un mot : 1° devant un *k*, 195; 2° après un *n*, 195; *s* final en sanscrit pour *t* final, 207-208; *s* changé en *t* en sanscrit, 208-209; *s* final transformé en sanscrit en visarga (: *ḥ*), *ś*, *ṣ*, *r*, *u*, 64; *s* devenu *ṣ* en sanscrit, 63.

s = zend *h*, 105; *ṣ*, 109; *ś*, 102; *st* = zend *št*, 90; *ṣṭ* = zend *st*, 90; *sy* = zend *q̇y*, 87; *sv* = zend *hv*, *q̇*, 86-87; *sva* = zend *ṇuha*, 112.

s = arménien ք *q̇*, II, 19-20, 35-36; *sv* = arménien ք *q̇*, 404, n° 36; II, 36, note 1, 293.

s = vieux slave et lithuanien *s*, 179; vieux slave *š*, 180-181; vieux slave *ṣ*, lithuanien *z*, 181; vieux slave χ *ch*, lithuanien *k*, 172-173.

s = grec ν final, prâcrit *n*, 197; = grec esprit rude, II, 297-298.

s = latin *r* final et *r* entre deux voyelles, 65.

s = gothique *s*, *ṣ*, 143, 144, 145.

ह् *h*; nature du *h* sanscrit, 65-66; *h* sanscrit permute avec *ǵ*, 65; *h* sanscrit, débris d'une lettre aspirée autre que le *ǵ*, 66; II, 12-13; comment *h* sanscrit se comporte à la fin des mots et à l'intérieur devant les consonnes fortes, 66. Voy. aussi *Loi de substitution*.

h = zend *ṣ*, 108; *ǵ*, *d* = vieux perse et nouveau perse *d*, 352, note 2.

h = arménien ծ ζ (*dṣ*), ձ *z* (*dz*), 402, n° 14; 403, n° 17; *ṣ*, II, 123, note 2.

h = vieux slave *ṣ*, *š*, lithuanien *ż*, 154-155.

h = grec χ, parfois κ, 65-66; ϑ, 66; cf. II, 12.

h = latin *h*, *g*, parfois *c*, 65-66; *gu* (*gv*), 134; *f*, 42.

h = germanique *g*, gothique *g*, parfois gothique *h*, 65-66.

II. — SYSTÈME PHONIQUE DU VIEUX PERSE.

au n'était pas prononcé comme *ô*, 30.
iy, *av*, *aiy*, *auv* final, au lieu de *i*, *u*, *ai*, *au*, 30.
î représentant d'une sifflante. IV, 378, note 4.
hy final au lieu de *hiy*, 30.
t final supprimé après *a* et *â*, 140. Dentales et sifflantes finales supprimées après *a* et *â*; mais après les autres voyelles, *ś* reste et *t* se change en *ś*, 207.

III. — SYSTÈME PHONIQUE DU ZEND.

a = sanscrit *a*, 80; *a*, insertion euphonique entre deux consonnes, 362.
aṅ, 111.
aê, se prononce *ai*; écrit *ai* dans la grammaire, il est écrit *ai̱* dans cette table, pour qu'il soit distinct de *ai*, 84, 99, note 2; *ai̱* = sanscrit *ê*, 84.
ao, se prononce *au*; écrit *au* dans la grammaire, il est écrit *au̱* dans cette table, pour qu'il soit distinct de *au*, 82; *au̱* = sanscrit *ô*, 82.
â = sanscrit *â*, 79.
âu, *âo* = sanscrit *âu*, 83; *âo*, *âoṇh*, *âoś* = sanscrit *âs*, 107.
ĕ = sanscrit *a*, 79, 112; *ĕ*, addition euphonique à la fin d'un mot après *r*, 44, 79, 97; insertion euphonique entre deux consonnes, 79, 92-93, 97.
e; voy. pour ce son, 80; *e* né de *ay*, 80; *e* = sanscrit *â*, 80; *e* = sanscrit *ô*, 81; *eê* = sanscrit *ayê*, 80, 85.
eu (= sanscrit *ô*), 80.
i, *î*; son influence euphonique sur la syllabe précédente, 93; *îm* né de *yam*, 96; *îm* au lieu de *im*, 113.
u, *û*; son influence euphonique sur la syllabe précédente, 99; *ûm* né de *vam*, 96; *ûm* au lieu de *un*, 113.
ê = sanscrit *ê*, 83; *ê*, *yê*, au lieu de *yâ*, *â*, 177; influence euphonique de *ê* sur la syllabe précédente, 94.
o, ne paraît jamais que précédé d'un *a*, 82; cf. ci-dessus *ao*, *au̱*.
ô = sanscrit *as* (*ô*) à la fin d'un mot, 82, 117; *ô* euphonique (après *v*, *b*) au lieu de *a*, 83; *ô*, insertion euphonique entre deux consonnes, 362.
ôi, 83; III, 349.
k, permute avec *k̇*, 85.

k = sanscrit *k*, *k*, 85; permute avec *q*, 86; = sanscrit *y*, 410.

q = sanscrit *sv*, 86.

qy = sanscrit *sy*, 87.

g = sanscrit *g*, *g*, 87.

g, 87.

ć = sanscrit *ć*, *y*, 410.

ǵ = sanscrit *g*, *ǵ*, 88.

d, permute avec *d'*, 91.

d = sanscrit *d'*, 90.

d' = sanscrit *d'*, 90; = sanscrit *d*, 91.

d, au lieu de *t* en certains cas, parfois au lieu de *d*, 90.

n; en quoi ces deux *n* diffèrent l'un de l'autre, 110; II, 32, note 1; aspiration produite par *n*, 99; *n* euphonique dans la déclinaison, II, 76, 77.

ṅ; en quoi ces deux *ṅ* diffèrent l'un de l'autre, 111.

ṅ, inséré devant *hr*, 105; devant *ha*, *hâ*, *hê*, *hô*, *hâo*, après *a*, *â*, *âo*, 106, 107; *ṅuha*, (*a*)*ṅuha* = sanscrit (*a*)*sva*, 112.

p, permutant avec *f*, 92.

b, change *a* en *ô*, 83.

m, au lieu de *b*, 83; aspiration produite par *m*.

y, sa puissance d'assimilation, 93; son influence euphonique sur l'*a*, l'*â*, qui le suit, 95, 177; sa puissance d'aspiration, 99; *y*, insertion euphonique, 96.

r; final, il exige l'addition de *ĕ*, 44, 79, 97; puissance d'aspiration de l'*r*, 99; *r* permutant avec *hr*, 101.

l manque au zend, 97.

v, et *w*, 97; influence euphonique du *v* sur la syllabe précédente, 98-99; *v* change *a* en *ô*, 83, 362; II, 192; prononciation du *w*, 98; sa puissance d'aspiration, 99.

ś = sanscrit *ś*, *s*, 101-102; = sanscrit *č*, 102; *śk* = sanscrit *č*, 89; *śp* = sanscrit *śv*, 102.

ś = sanscrit *kś*, *ś*, 104.

s = sanscrit *ś*, 102-103.

s; sur la transcription, 108.

s = sanscrit *y*, *h*, *g*, *ǵ*, 88, 108, 154.

ś, sa prononciation, 109.

ś = sanscrit *y*, *ǵ*, *s*, 109-110; 88, 108, 154, 417, note 1.

h = sanscrit *s*, 105; = *ǵ*, 105; *h* inséré devant *r*, 101.

IV. — SYSTÈME PHONIQUE DE L'ARMÉNIEN.

b, *d* { prononciation primitive, 402; prononciation actuelle, 402, note 1.

e, prononciation actuelle, 402, note 2; = sanscrit *a*, 399-400; = sanscrit *u*, II, 293.

ê = sanscrit *â*, 391-392; = sanscrit *ê*, 394.

գ *g*, prononciation primitive, 402; prononciation actuelle, 402, note 1.

ղ *ġ*, né de *r*, 398; = *l*, 398, note 2.

ճ *ǵ* = sanscrit *y*, 406-407, 411; II, 16; euphonique au lieu de ց *ż*, 406-407.

կ *k*, prononciation primitive, 403; prononciation actuelle, 402, note 1; *k*, durcissement de *v*, II, 36, note 1.

հ *h* initial = sanscrit *p*, II, 37, note 1, 237; IV, 380, note 7, 404, note 3.

յ *ḣ* initial = sanscrit *y*, 403, note 1.

լ *l* = sanscrit *y*, 415, note 3; II, 362, note 3.

ո *o*, ու *u* = sanscrit *a*, 399, 403, note 2; ոյ *ui* = sanscrit *u*, II, 36, note 1.

պ *p*, prononciation, 402, note 1.

ք *q̇* = sanscrit *s*, II, 19-20, 36; = sanscrit *sv*, 404, n° 36; II, 36, note 1, 293; *q̇*, durcissement de *v*, II, 224.

ր *r* = sanscrit *y*, II, 362.

ս *s*; սկ *sk* = sanscrit *śv*, II, 293.

վ *ṣ* = sanscrit *y*, II, 12, 13, 62-63; = sanscrit *ḥ*, *ǵ*, III, 123, note 2.

ժ *ṡ* = sanscrit *y*, 417, note 1.

տ *t*, prononciation, 402, note 1.

ու *u*, ոյ *ui*, voy. ո *o*.

ց *ż* = sanscrit *y*, 405; II, 15, 16, 17.

ձ *z* = sanscrit *y*, II, 11, 12, 13, 274-275; = sanscrit *ǵ*, 402, note 3; = sanscrit *ḥ*, 403, note; II, 12, 13.

ծ *ζ* = sanscrit *ǵ*, 402, note 3; III, 465; = sanscrit *ḥ*, 402, n. 3.

V. — SYSTÈME PHONIQUE DU GREC.

esprit rude = sanscrit *s*, II, 297; III, 89, note 1; = sanscrit *y*, 56; esprit rude inorganique, III, 89, note 1.

α, *ᾱ* = sanscrit *a*, *â*, 31, 32; = sanscrit *ê*, 33; *α* affaibli en *ο* (Μουσοφίλης), 162; *αι* = sanscrit *ê*, voir ci-dessus (page 2), *Alphabet sanscrit*, à *ê*; *αυ* = sanscrit *ô*, 32-33; = sanscrit *âu*, 33.

β = sanscrit *b*, 52; = sanscrit *v*, 57, note 2; = sanscrit *g*, *ǵ*, 212, note 2; *β*, insertion euphonique entre *μ* et *ρ* ou *λ*, 187; *βρ* = sanscrit *mr*, 112.

γ tombe devant *ζ* (= sanscrit *y*, caractéristique de classe), 54, 238.

γμ né de *κμ*, *χμ*, 199-200.

Ϝ (digamma), 56-57.

δ tombe devant *ζ* (= sanscrit *y*, caractéristique de classe), 54, 238; *δ*, *τ*, *ϑ* tombent devant *σ*, 199-200; *δ*, insertion euphonique entre *ν* et *ρ*, 196; *δ* devient *σ* devant *τ*, *μ*, 199-200.

ε = sanscrit *a*, 31; = sanscrit *ê*, 33; *ε*, vocalisation de *j* = sanscrit

y, 240; ει = sanscrit *ê*, voir ci-dessus (p. 2), *Système phonique du sanscrit*, à *ê*; ευ = sanscrit *ô* (né de *au*), 33.

ζ = presque toujours sanscrit *y*, 53-54, 193-194, 238-239; mis parfois pour σδ, 54, note 3.

η = sanscrit *â*, 32.

ϑ = sanscrit *d'*, 45, 46, 50; = sanscrit *h*, 66; = parfois sanscrit *ĝ*, 47; = en certains cas sanscrit *t*, 45-46; tombe devant σ, voir plus haut (p. 8), à δ; devient σ devant τ, μ, 199-200; ϑ, né de τ, après σ, 46, 157.

ι = sanscrit *a*, 31, 37, 441; = sanscrit *y*, 55; ι, vocalisation de ν, 329-330.

κ = sanscrit *ś*, 61-62; = sanscrit *h* en certains cas, 66; κτ = sanscrit *kś*, 50-51.

λλ, né de λ*j*, 240; II, 193.

μμ, né de βμ, ϖμ, φμ, 199-200; μϐρ, né de μρ, 196.

ν final, né fréquemment de ς final, 197; III, 22; ν final = fréquemment *m* sanscrit, 52-53; changements euphoniques du ν à la fin d'un mot, 197; ν supprimé à la fin des thèmes, 302, note 2; ν vocalisé en υ, 286-287; vocalisé en ι, 329.

ξ = sanscrit *kś*, 63; ξ né de γσ, κσ, χσ, 199-200.

ο = sanscrit *a*, 31; = sanscrit *ó*, 33; ο médial, affaiblissement de *a*, 162.

οι = sanscrit *ê*, voir plus haut (p. 2), *Alphabet sanscrit*, à *ê*.

ου = sanscrit *ô*, 33; est pour υ en dialecte béotien, 39.

ϖ = sanscrit *ć*, 48; ϖτ né de βτ, φτ, 199-200.

ρ au lieu de σ, dans certains dialectes, 64-65, 196-197; ρρ, sans raison étymologique au lieu de ρ, 360; ρρ né de ρ*j*, par assimilation, 193-194.

σ final, né de τ, 206; euphonique devant τ, ϑ, μ, 196; σκ, σχ = sanscrit *ć*, 48-49; σσ au lieu de σ, sans raison étymologique, 360; σσ né, par assimilation régressive, de γ*j*, κ*j*, τ*j*, 238; de τ*j*, ϑ*j*, χ*j*, 192-193; pour σ, voir aussi ν, ρ.

τ, voir δ, σ; τ = sanscrit *ć*, 48.

υ = sanscrit *u*, *û*, 39-40; = sanscrit *v*, 56; = sanscrit *a*, 31, 39-40.

φ = sanscrit *b'*, 52, 53; = sanscrit *v*, 56, 57.

χ = sanscrit *ĝ*, 47; = sanscrit *h*, 65-66; = parfois sanscrit *k'*, 47; χθ = sanscrit *kś*, 50-51.

ψ = βσ, ϖσ, φσ, 199-200.

ω = sanscrit *â*, 32; ω pour ου dans certaines formes dialectales, 166, note 1.

VI. — SYSTÈME PHONIQUE DU LATIN.

ă, *ā* = sanscrit *â*, 32. Manières d'être de *a* en composition : 1° il se maintient, 36, 132 ; 2° il devient *i*, *e*, 36 ; 3° il devient *u*, 38. Voir aussi la seconde partie de la table des matières à l'article *Poids de la voyelle*.

ae, *ai* = sanscrit *ê* (né de *ai*), 296, remarque ; *ae* affaibli en *ī* en composition, 40.

b = sanscrit *b'*, 52 ; = sanscrit *g*, 284.

c = parfois sanscrit *ḥ*, 66 ; fréquemment sanscrit *ś*, 61, 62, 63 ; *c* durcissement de *v*, 57 ; *ct* pour *gs*, *gt*, *hs*, *ht*, 200-201.

d supprimé devant *s*, 201.

ĕ = sanscrit *a*, 31 ; *ĕ*, affaiblissement de *a*, 36 ; *ĕ* au lieu de *i* devant *r*, 131.

ĕ au lieu de *i* final, III, 374, note 3.

ĕ devient *i* en composition, 41 ; il reste pourtant devant *h*, *r*, 131-132.

ē = sanscrit *â*, *ê*, 33-34. L'*ē* de la 5ᵉ déclinaison est né de *â* sous l'influence de l'*i* précédent, 176-177.

f = sanscrit *d'*, 45-50 ; = sanscrit *b'*, 52 ; = sanscrit *ḥ*, IV, 42.

g = sanscrit *ḥ*, 65-66 ; *gu* (*gv*) = sanscrit *ḥ*, *k'*, 134.

h = sanscrit *ḥ*, 65-66 ; *h* empêche l'*a* ou l'*e* qui le précède de s'affaiblir en *e* ou en *i*, 132.

ĭ, affaiblissement de *a*, 36 ; de *ĕ*, 41 ; de *u*, 40.

ĭ n'aime pas à se trouver devant *r*, 131 ; *i* final devenu *ĕ*, III, 374, note 3.

ī = sanscrit *ê*, 284 ; *ī* affaiblissement de *ae* (*ai*), 40.

l né de *d*, 51 ; *l* final au lieu de *ls*, 203 ; *lt* reste ou devient *ls*, 203.

nt reste ou devient *ns*, 203.

ns au lieu de *nss*, *nds*, 203.

ŏ = sanscrit *a*, 31-32 ; *ō* = sanscrit *â*, 32 ; *ō*, affaiblissement de *au*, 40 ; *oe* (*oi*), altération de *ai*, 34-35.

p, insertion euphonique entre *m* et *t* ou *s*, 196 ; *ps*, *pt*, au lieu de *bs*, *bt*, 200.

qu = sanscrit *k*, *ć*, *p*, 134.

r né de *d* (*meridies*), 51 ; *r* au lieu de *s*, entre deux voyelles et à la fin d'un mot, 64-65 ; *r* aime mieux devant soi un *e* qu'un *i*, 131 ; *rs* au lieu de *rt*, 203 ; *rr* né de *rs*, 203 ; *rt* reste ou devient *rs*, *st*, 203.

s, voir *r* ; *s* euphonique entre *n* et *t*, 195 ; *s* euphonique ajouté à *ab*, *ob*, 195-196 ; *s* au lieu de *dt*, 201 ; *ss* né de *ds*, *ts*, 201 ; *ss* né de *bs*, *ms*, *rs*, 201 ; *ss* né de *dt*, *tt*, 202 ; *st* au lieu de *rt*, *rst*, 203 ; *sc* = sanscrit *ć*, 48.

t tombe devant *s*, 201 ; = sanscrit *t*, 45-46.

u = sanscrit *a*, 370; *u* affaiblissement de *a*, 38; *u* affaibli en *i*, 40.
û = sanscrit *ô*, 284; *û* affaiblissement de *au*, 40.
v addition euphonique après certaines gutturales (*qu*, *gu*), 48, 134; *v* = sanscrit *k*, 134; = sanscrit *ǵ*, 135; *v* durci en *c*, 57.
x né de *gs*, *gt*, *hs*, *ht*, 200; de *ct*, 203.

VII. — SYSTÈME PHONIQUE DU LITHUANIEN.

ā, né de *ă* sous l'influence de l'accent, 162; III, 13.
ai = sanscrit *ê* (de *ai*), 169.
bs, *bt*, reste en lithuanien, 210.
ć, *dź*, né de *t*, *d*, suivi d'un *i* accompagné d'une autre voyelle.
d supprimé devant *s*, 209; voir *ć*, *dź*.
e, né de *ia*, *ē* de *iō*, 176.
ē (*ė*) = sanscrit *â*, *ê*, 170.
ei = sanscrit *ê* (de *ai*), 170.
gs, *gt*, reste en lithuanien, 210.
i, vocalisation de *s*, *t*, 355-356.
ie, né de *ia*, *ćia*, *dźia*, *ćiō*, *dźiō*, 176.
k = sanscrit *ś*, 62; = sanscrit *s*, *ṡ*, 173; III, 328, note 2.
ṅ, voir *Anusvâra*.
ŏ, manque au lithuanien, 162.
ô (*ō*) = sanscrit *â*, 162.
s = sanscrit *s*, 178-179; = sanscrit *ś*, 179; *st*, né de *dt*, 209.
ṡ = sanscrit *ś*, 61, 62, 63, 178-179.
t, tombe devant *s*, 209; voir *ć*.
û (*uo*) = sanscrit *â*, 163; IV, 397, note 7.
z, *ź* = sanscrit *g*, *ǵ*, *ḥ*, 154, 181; III, 434, note 5; *z* = parfois sanscrit *s*, *ś*, 154.

VIII. — SYSTÈME PHONIQUE DU VIEUX SLAVE.

(Voir, dans la seconde section de la table des matières, les articles *Anusvâra*, *Consonnes*, *Loi de substitution*, etc.)

а *a* = sanscrit *a*, *â*, 162, 163, 164; *a*, la plus pesante des voyelles slaves, 162; *a* affaibli en *o*, 162-163.
ѧ *aṅ*, sa prononciation, 164; sa valeur étymologique, *ibid.*
Б, Д, *b*, *d*, supprimé devant *s*, 210.
Х *ch*, né d'une sifflante, 172-173; *ch* et *g* permutent avec *ṡ* et *ṡ*, 173, note 1; II, 141-142, 193, 388.
Ч *ć*; pour cette lettre et sa permutation avec *k*, voir 48, 173-174.
d, voir *b*.
Є *e* = sanscrit *a*, 162; *e*, né de *o* sous l'influence de *j*, de sorte que *jo* donne soit *je*, soit sim-

plement *e*, 174-175; *e*, altération de *i*, 165.

ѣ *ê* = sanscrit *ê*, 168, ou *â*, 170.

г *g*; pour sa permutation avec *ẑ*, voir plus haut *ch*.

и *i* = sanscrit *i*, *î*, 165; = sanscrit *ê*, 168-169.

ь *ĭ*, sa prononciation, 165; = sanscrit *i*, 165-166.

j, prosthèse euphonique dans la prononciation habituelle du ѣ (*ê*), 169; son influence euphonique sur l'*o* qui le suit, 175; tombe après les sifflantes, après *ć*, et *z*, 175.

к *k*, permute avec *ć*, 48, et *z*, 174.

ñ, voir *añ*, *uñ*.

o = sanscrit *a*, 162; = sanscrit *u*, 166-167; plus pesant que *e*, 162; affaibli en *e*, 162; pour *o*, devenu *e* après *j*, voir plus haut, *e*; pour оу *u*, voir à *u*.

с *s* = sanscrit *s*, *ś*, 178; *st*, né de *dt*, 209; *s*, insertion euphonique entre *b* (*p*) et *t*, 210; cf. *ś*.

ш *ś*, affaiblissement de *s*, = sanscrit *s*, *ś*, 180; II, 393-394; pour l'origine des groupes шт *śt*, жд *ẑd*, voir I, 182-183.

з, ж, *ẓ*, *ẑ*, né de gutturales et de palatales, 154-155, 181.

з *ẓ* = parfois sanscrit *s*, *ś*, 181; ж *ẑ*, au lieu de з *ẓ*, devant *e*, II, 142, note 2; pour жд *ẑd*, voir ш *ś*.

u, écrit оу; *u*, *ov* = sanscrit *ô*, et doit être regardé comme un gouna de ъı *ü*, 170-171; оу *u*, ю *ju* = sanscrit *û*, *yû*, 721; ѫ *uñ*, sa prononciation et sa valeur étymologique, 164.

ŭ (ъ) = sanscrit *u*, 166; = sanscrit *û*, 167; = sanscrit *a*, *â*, 167.

ъı *ü*, sa prononciation, 166, note 1; = sansc. *u*, *û*, 166; = *a*, *â*, 168.

ц *z*, altération de *k*, 174.

IX. — SYSTÈME PHONIQUE DU GOTHIQUE ET DE L'ALLEMAND.

(Voir, dans la seconde section, *Loi de substitution*, *Gouna*, *Moyennes*, etc.)

Gothique *a*, *i*, *u* = sanscrit *a*, 114; *a*, est la brève de *ô*, 115-116; *a* devant *s* final devient *i* ou tombe, 114; gothique *a* = vieux haut-allemand *a*, *u*, *o*, 115.

Gothique *ai* = vieux haut-allemand *ei*, 125; = vieux haut-allemand *ê*, 126-127; = vieux haut-allemand *ĕ*, à la fin d'un mot, 127-128.

Gothique *au* = vieux haut-allemand *ou*, *ô*, 125-126.

Gothique *ai*, *au*, au lieu de *i*, *u*, devant *r*, *h*, 129; les exceptions, 130.

Nouveau haut-allemand *ä*, *e*, adou-

cissement (*umlaut*) de *a*, 122; *äu* *idem* de *au*, 123.
Moyen haut-allemand *ae*, adoucissement (*umlaut*) de *a*, 122.

Gothique *b* final devient *f*, 188.
bt, réunion de lettres permise en vieux haut-allemand, moyen haut-allemand, 205.

Moyen haut-allemand *c* final, au lieu de *ck*, 194.
Vieux haut-allemand et moyen haut-allemand *ct*, né de *gt*, 205.

Gothique *d* final devient fréquemment *th*, 191.
Gothique *d*, *t*, *th*, vieux haut-allemand, moyen haut-allemand, *d*, *t*, *z*, deviennent *s* devant *t*, 205-206; exceptions à cette règle, 204-205.
Moyen haut-allemand *d*, né de *dt*, 205; *d* final devient *t*, chez Isidore, 189; voy. *Moyennes*.
Vieux haut-allemand *dh*, *gh*, 161.

Gothique *ê* = sanscrit *â*, vieux frison *ê*, vieux haut-allemand *â*, 117; vieux haut-allemand, *ê*, parfois pour *â*, 117.
Vieux haut-allemand, moyen haut-allemand et nouveau haut-allemand *e*, adoucissement (*umlaut*) de *a*, 121, 122, 123.
Moyen haut-allemand *e*, remplace toutes les voyelles à la fin des mots polysyllabiques, 128.
Gothique *ei*, doit être prononcé comme *î*, 118, 119, 120.
Gothique *ei* = sanscrit *ê* (de *ai*), 119; = sanscrit *î*, 118.

Gothique *ei*, né de *ji*, 119.
Gothique *ei*, c'est-à-dire *î* = nouveau haut-allemand *ei*, 119-120.
Vieux haut-allemand et moyen haut-allemand *ei* = nouveau haut-allemand *i*, *ie*, 120.

Gothique *f* = sanscrit *c*, II, 233, remarque.
f, *v*, différence qui existe entre eux, en vieux haut-allemand et en nouveau haut-allemand, 141.
f, euphonique du gothique et du haut-allemand, entre *m* et *t*, 196.
Gothique et haut-allemand *ft*, né de *bt*, *pt*, 205.

---

g = *n* guttural (sanscrit ङ *ṅ*), dans l'alphabet d'Ulphilas, 133.
g final, devient parfois *h* en gothique, 189.
g final, devient *c* chez Isidore, 189; voy. *Moyennes*.
gh du vieux haut-allemand, 161.

---

h, sa prononciation en gothique, 135.
h, son influence euphonique sur l'*i* ou l'*u* qui le précède, 129, 130, 131.
Sur vieux haut-allemand *h*, *hh*, *ch*, moyen haut-allemand *h*, *ch*, 135-136.

Vieux haut-allemand *h* = nouveau haut-allemand *ch*, 135-136.

Gothique et haut-allemand *ht*, né de *gt*, *kt*, 205.

Gothique *hv* = sanscrit *k*, *śv*, 133 et suiv.

Gothique *i* = sanscrit *a*, 114; *i* final tombe en germanique, 120.

Gothique *i* final, né de *ja*, 121.

Gothique *i* = vieux haut-allemand, moyen haut-allemand *ë*, nouveau haut-allemand *e*, 121.

i, *î*, *j* et *e* (né de *i*) ont en haut-allemand une puissance d'assimilation qui produit l'adoucissement (*umlaut*), de *a* en *e*, 121, 122, 123.

Gothique *iu*, vieux haut-allemand, moyen haut-allemand *iu*, nouveau haut-allemand *ie*, *ü*, *eu*, 132-133.

Moyen haut-allemand *iu*, adoucissement (*umlaut*) de *û*, 122.

---

k, *c*, en vieux haut-allemand, moyen haut-allemand, 136.

Haut-allemand *l* final, au lieu de *ll*, 194.

---

m, ce qu'il devient en gothique, lorsqu'il est final, 53.

Haut-allemand *m* final, au lieu de *mm*, 194.

m gothique vocalisé en *u*, 286.

---

n, addition inorganique à la fin des mots dans les langues germaniques, 118.

Haut-allemand *n* final, au lieu de *nn*, 194.

n euphonique dans la déclinaison, dans les langues germaniques, 308; II, 76.

Gothique *ô* = sanscrit *â*, 115; gothique *ô*, longue de *a*, 116; gothique *ô*, né de *a* + *a* ou de *a* + *ô*, 116.

Gothique *ô* = vieux haut-allemand *ô*, *uo*, *ua*, *oa*, moyen haut-allemand *uo*, nouveau haut-allemand *û*, 116, 163-164.

Gothique *ô* final = vieux haut-allemand *â*, *û*, 116.

Vieux haut-allemand et moyen haut-allemand *ou* = nouveau haut-allemand *au*, 125-126.

Moyen haut-allemand *ö*, *œ*, *öu*, adoucissement (*umlaut*) de *o*, *ô*, *ou*, 122.

Nouveau haut-allemand *ö*, adoucissement (*umlaut*) de *o*, 122-123.

Vieux haut-allemand *ph*, moyen haut-allemand *pf*, 141-142.

Gothique *qv* = sanscrit *g*, *ǵ*, 135; haut-allemand *qu*, 135.

Vieux haut-allemand *quh*, *qhv*, *chu*, 138; vieux haut-allemand *qu*, au lieu de *zu*, *zw*, 138; II, 218.

Haut-allemand *r*, au lieu de *s*, 65. 145.

r final, au lieu de *rr*, 194; influence euphonique de *r* gothique sur *i*, *u*, 129, 130, 131.

---

s, gothique *ss*, né de *tt*, vieux haut-allemand *ss*, *s*, né de *tt*, 204.

s euphonique en gothique et en haut-allemand entre *n* et *t*, 195.

s final gothique, manque à beaucoup de désinences grammaticales du vieux haut-allemand, 186-187.

Nouveau haut-allemand *sch*, né de *sk*, 157, note 1; nouveau haut-allemand *sch*, né de *s*, sous l'influence euphonique des consonnes suivantes, 100.

Gothique *ş* (ordinairement *z*), né de *s*, 143, 144, 145.

Gothique *t*, haut-allemand *z*, 139.

Vieux haut-allemand et moyen haut-allemand *t*, au lieu de *tt*, *dt*, 205; haut-allemand *t* final, au lieu de *tt*, 194.

t, devenu *s* devant *t* en gothique et en haut-allemand; voir plus haut (p. 13) à *d*; *th*, devenu *s* en gothique; voir *ibid.*

Sur le *th* du vieux haut-allemand, 159; du nouveau haut-allemand, 139, note 1.

u bref, *u* long, en gothique, 123.

Gothique *u* = haut-allemand *u*, *o*, 125, 312, remarque 2.

Gothique *u*, vocalisation de *m*, 287.

Gothique *û* = nouveau haut-allemand *au*, 120, 124-125.

Gothique *u* (*û*), au lieu de *iu*, 233, note 3.

Vieux haut-allemand *uu* = *w*, 142-143.

Moyen haut-allemand *ü*, *ue*, adoucissement (*umlaut*) de *u*, *uo*, 122.

Nouveau haut-allemand *ü*, adoucissement (*umlaut*) de *u*, 122-123.

Gothique *v*, vieux haut-allemand *w*, né de *hw*, *gw*, 133, 134, 135.

v, addition euphonique après les gutturales dans les langues germaniques, 133-134.

Moyen haut-allemand *vv* = *w*, 142.

Gothique *z*, écrit *ş* dans la *Grammaire*, voir ci-dessus à *ş*.

Haut-allemand *z*, employé comme l'aspirée de *t*, 139.

Haut-allemand *z* final, au lieu de *tz*, 194.

Haut-allemand *z*, devenu *s* devant *t*; voir plus haut (p. 13) à *d*.

Vieux haut-allemand *zf*, *zff*, *tz*, 139; deux sortes de *z* en moyen haut-allemand, 139.

DEUXIÈME SECTION.

FLEXION.

Ablatif. Ablatif singulier, 380-411; tableau comparatif, 394-395. Sanscrit : caractéristique de l'ablatif singulier *t;* sa provenance, 380-381. Dans la plupart des thèmes, cette caractéristique a le même son que celle du génitif (*s*), mais elle n'est pas la même chose, 208. Vieux perse : ablatif en *â*, 386. Formation de l'ablatif en zend (par *ḍ, aḍ, âḍ*), 381-382, (par *ôiḍ*, dans les thèmes en *i*), 381-382; III, 349, note 3. [L'ablatif du zend signalé pour la première fois dans les *Jahrbüch. für wissensch. Krit.* 1831, p. 381, dans la *Grammat. crit.* 1832, p. 324 et suiv.] L'ablatif remplacé parfois en zend par le génitif, 382-383. Sur l'ablatif singulier de l'arménien, 390 et suiv., II, 88, note 1 et note 5; ablatif en *nê, n*, des pronoms arméniens, 391, note 3; sur la préposition *i, k*, devant l'ablatif arménien, 392, note 2. Ablatif ossète en *ei*, 148, 390. Ablatif du latin, particulièrement du latin archaïque en *d, ed, id,* 383; à l'ablatif aussi appartiennent les adverbes en *ô*, voir l'article *Adverbes*, au n° 2. Ablatif des substantifs et des adjectifs en osque, 383-384. Ce qui reste de l'ablatif en vieux slave, 389-390. Ablatif pluriel, voir *Datif.* Ablatif duel, voir *Instrumental.*

Accent (frappé, aiguisé), du lithuanien, voir *Accentuation.*

Accentuation[1]. 1° les accents en sanscrit, 212 et suiv.; principe de l'accentuation en sanscrit, 220, remarque 2; sur l'*udâtta* (aigu), 212; son changement en *svarita*, 215-216; sur le *svarita* (grave), 212; son emploi, 213-216; son changement en *udâtta*, 214-215; prononciation des syllabes marquées du *svarita*, 217; *svarita* employé pour indiquer un accent secondaire, 217, note 1; le *svarita* comparé au circonflexe grec, 217, remarque 1; sur les expressions *anudâttatara*, *sannatatara*, 217.

[1] Changement de voyelle résultant d'un déplacement de l'accent, III, XLIV-XLVI.

2° grec, principe de l'accentuation en grec, 220, remarque 2; sur le circonflexe, 104, remarque 1.

3° lette, son accent *frappé* et son accent *aiguisé*, 219.

4° allemand, son accent secondaire, 217, note 1.

Accusatif au point de vue étymologique et au point de vue syntactique.

I. Au point de vue étymologique.

A. Tableau comparatif de l'accusatif singulier, 356-357. La caractéristique de ce cas est *m* (sanscrit, zend, latin = grec *ν*, borussien *n*, lithuanien *ṅ*, vieux slave sans signe casuel ou *u-ṅ*, gothique sans signe casuel ou *na* [dans les pronoms et dans les adjectifs forts], ce dernier = vieux haut-allemand *n*), 345-347. Origine de la caractéristique de l'accusatif *m*, 354-355.

a. Sanscrit. Accusatif en *am* des thèmes terminés par une consonne, 347-348; accusatif en *iyam*, *uvam*, *âvam*, des thèmes monosyllabiques en *î*, *û*, *âu*, 348-349; accusatif mahratte en *lâ*, IV, 135, note 3.

b. Zend. Accusatif en *ĕm* (= sanscrit *am*) des thèmes terminés par une consonne, 347-348; accusatif en *im*, *ûm*, des thèmes en *ya*, *va*, 347. Accusatif persan en *râ*, IV. 135, note 1. L'arménien place *ș* devant l'accusatif singulier et l'accusatif pluriel, II, 62 et suiv.

c. Grec. Accusatif en *α* des thèmes terminés par une consonne, 347-348; en *έα* des mots en *ευ-ς* (*βασιλέα*), au lieu de *ευ-ν* (*βασιλευ-ν*), 348.

d. Latin. Accusatif en *ĕm* (= sanscrit *am*) des thèmes terminés par une consonne (3ᵉ déclinaison), 347-348; accusatif en *ĕm* des thèmes en *i* (*ignem*), 348; accusatif en *ĕm* des thèmes en *û*, qui suivent la 3ᵉ déclinaison (*gruem*, *suem*), 349.

e. Vieux slave. Voir le tableau comparatif, 356-357; accusatif en *u-ṅ* des thèmes féminins en *a*, 136; accusatif en *e* (*mater-e*) des thèmes en *er*, II, 135.

f. Gothique. Voir le tableau comparatif, 356-357; accusatif en *i*, *u*, des thèmes en *ja*, *va*, 347.

g. Haut-allemand. Voir le tableau comparatif, 356-357; sur l'accusatif en *a-u*, *e-u*, des noms propres masculins en vieux haut-allemand, moyen haut-allemand, nouveau haut-allemand, et de quelques autres substantifs en vieux haut-allemand, 346.

B. Tableau comparatif de l'accusatif pluriel, II, 71-72. Désinence primitive de l'accusatif pluriel masculin-féminin pour toutes les langues *ns*; origine de cette désinence. II, 54-57.

a. Sanscrit. Désinence primitive, II, 54-57; devant la désinence de l'accusatif pluriel, les voyelles brèves deviennent longues, II, 57; accusatif védique en *â-ñ*, dans les thèmes en *a*, II, 68, remarque; ordinairement en *â-n*, II, 54 et suiv.; accusatif védique en *î-ñr* et *û-ñr*, II, 57; ordinairement en *î-n* et *û-n*, dans les thèmes en *i* et en *u*, II, 57; accusatif védique en *y-as* et *v-as* dans les thèmes en *i* et en *u*, II, 66, note 2, 253, note 1; accusatif védique en *ṝ-ñs*, *ṝ-ñḥ*, *ṝ-ñr*, ordinairement en *ṝ-n*, dans les thèmes en *ar* (*ṛ*), 68, remarque. Pourtant on trouve aussi *ar-as* (*pitar-as*), *ibid.* Au féminin la désinence est *s* pour les thèmes terminés par une voyelle (*â-s*, *î-s*, *û-s*), II, 57-58, 59-60. Les thèmes terminés par une consonne, et ceux des thèmes terminés par une voyelle qui sont monosyllabiques, ont *as*, II, 59-60.

b. Zend. Accusatif en *aṅ*, *aṅś-ća*, dans les thèmes en *a*, II, 67; pour les formes en *aṅ*, voir aussi II, 68, remarque. Accusatif en *ô*, *aś-ća*, en *y-ô*, *ay-ô*, en *v-ô*, *av-ô*, dans les thèmes terminés par une consonne et dans les thèmes masculins en *i* et en *u*, II, 66; en *î-s*, *û-s*, dans les thèmes féminins en *i*, *u*, II, 66; en *î-s*, dans les thèmes féminins en *î*, II, 67; accusatif en *eus*, *aṅś*, *ô*, dans les thèmes en *r*, II, 67-68.

c. Arménien. Partout *s*, II, 60-61.

d. Grec. Accusatif crétois en *ο-νς* (*τόνς*), d'où *ους* (*τούς*), II, 55 et suiv.; éolien en *οις*, II, 56, et dorien en *ως*, II, 58, au lieu de *ους*; accusatif éolien en *αις*, au lieu de *ᾱ-ς* (féminin), II, 56; sur *πρειγευτάνς*, II, 55. Dans les thèmes terminés par une consonne et dans les thèmes en *ι*, *υ*, *ευ*, *ου*, *αυ*, la désinence est *ας* (= sanscrit *as*), II, 59-60, et par là *υ-ας* correspond au védique *v-as*, II, 253, note 1; sur *πόρτῖς*, *γενῦς*, II, 66, note 1.

e. Latin. Accusatif en *ô-s*, dans la 2ᵉ déclinaison, et en *â-s*, dans la 1ʳᵉ, II, 58; en *û-s* dans la 4ᵉ, et en *ê-s* dans la 5ᵉ; en *ê-s*, dans les thèmes en *i*, et dans ceux qui, terminés par une consonne, ont été élargis par l'addition d'un *i* (*ignês*, *ferentês*), II, 59.

f. Ombrien. Accusatif pluriel en *f* = sanscrit *bhyas* (datif-ablatif), II, 15; IV, 206, note 1.

g. Borussien, lithuanien. Accusatif borussien en *a-ns*, et lithuanien en *ns*, dans les thèmes masculins en *a*, II, 55, 58; accusatif lithuanien en *i-s*, *u-s*, dans les thèmes en *i*, *u*, II, 58; accusatif borussien en *a-nṣ*, II, 55, note 2; et lithuanien en *a-s*, dans les thèmes féminins en *a*, II, 58.

h. Vieux slave. L'accus. pluriel des thèmes masculins et des thèmes

féminins a généralement perdu sa terminaison; ce cas finit par *ŭ* dans les thèmes en *o* et en *a*, par *i* dans les thèmes en *i*, II, 146-147; par *ov-ŭ* (thème élargi en *ov-o*) dans les thèmes en *ŭ*, et par *i* (thème élargi en *i*) dans les thèmes en *n* et en *r*, II, 147; accusatif en *jań* dans les thèmes masculins en *jo*, II, 157; en *jań*, dans les thèmes féminins en *ja*, et en *śań* (de *chjań*), dans les thèmes en *śa* (de *chja*), II, 141-142.

i. Gothique. Désinence *ns*, dans les formes comme *vulfa-ns*, *gasti-ns*, *sunu-ns*, II, 54-55; comme *ansti-ns*, *handu-ns*, II, 56. Désinence *s*, dans les formes comme *gibô-s* (où *ô-s* = sanscrit *â-s*), II, 56, 58, et dans les formes comme *fijand-s*, *ahman-s*, II, 60; sur les formes comme *fadru-ns*, II, 68, remarque.

C. Accusatif duel, voir *Nominatif duel*.

II. Accusatif au point de vue syntactique; accusatif employé en sanscrit pour exprimer la cause ou le but, IV, 125; accusatif gouverné par des substantifs abstraits, voir *Substantifs abstraits*; accusatif de substantifs abstraits remplaçant l'infinitif, voir *Infinitif*; accusatif de l'infinitif, avec celui d'une personne en latin, en grec, en allemand, IV, 123, 196-202; accusatif au lieu du thème dans les mots composés, voir *Composés* au n° 4.

Achéménides, leur langue, voir *Vieux perse*.

Adjectifs. Sur l'adjectif en général, III, vi. Adjectifs, II, 152 et suiv.; leur déclinaison ne diffère pas de celle des substantifs, II, 152; III, vi.

1° Déclinaison forte et déclinaison faible des adjectifs germaniques, II, 153-155, 163-166; III, xi. La déclinaison forte des adjectifs germaniques dans les thèmes en *a*, II, 166 et suiv.; dans les thèmes en *u* (*manvus*), II, 169 et suiv. Il n'y a pas d'adjectif à thème en *i* dans les langues germaniques, II, 171, note 2.

2° Déclinaison déterminée et déclinaison indéterminée des adjectifs du vieux slave, II, 153-154; III, x-xi; exemples et remarques, II, 159-162; au point de vue du nouveau slave, et particulièrement du russe, II, 165. Les adjectifs sanscrits à thème en *n* sont entrés dans la déclinaison en *o* dans le vieux slave.

3° Déclinaison déterminée et déclinaison indéterminée des adjectifs lithuaniens, II, 153, 155; III, x-xi; exemples et remarques, II, 156-158.

4° Faits divers: adjectifs sanscrits à thèmes en *n*, II, 170; ad-

jectifs composés grecs qui gardent au féminin l'*o* du masculin neutre, IV, 256, 350; adjectifs verbaux grecs en *νος*, III, 453, en *τος*, IV, 71-74; adjectifs gothiques en *leiks*, nouveau haut-allemand en *lich*, II, 403-404; IV, 360; adjectifs féminins employés comme noms abstraits en grec, en latin, en allemand, IV, 313.

Adjectifs pronominaux, voir *Pronoms*.

Adverbes, IV, xxvii-xxx.

1° Adverbes pronominaux, II, 407 et suiv.; voir en outre la table des mots et les suffixes sanscrits *krtvas*, *tas*, *tí*, *tra*, *ia*, *iam*, *dá*, *dánim*, *dí*, *d'as*, *d'á*, *d'i*, *pa*, *pi*, *bi*, *va*, *vat*, *ri*, *śas*, *ha*, *hi*; vieux perse *dá*; zend *ia*, *dá*, *ira*; arménien *-d*, *pa*, *-t*, *-ust*; grec *δη*, *θα*, *θε*, *θεν*, *θι*, *κις*, *μος*, *νικα*, *πι*, *σε*, *τε*, *χα*, *χη*; latin *-b*, *de*, *iens*, *ndo* (*quando*), *tem*, *ta*, *tra*, *tus*; lithuanien *d*, *da*, *dai*, *kartas*, *p*, *pi*, *po*; vieux slave *da*, *de*, *dŭ*, *du*, *gda*, *kratŭ*, *tŭ*; gothique *aba*, *ba*, *bai*, *d*, *dar*, *drô*, *f*, *tra*, *th*, *thar*, *thrô*; vieux haut-allemand *dar*, *dir*, *tar*; nouveau haut-allemand *der*, *ter*.

2° Adverbes revêtus d'une flexion casuelle qui est : *a*, l'accusatif neutre de l'adjectif (sanscrit, latin, slave, gothique, grec), IV, 374; *b*, l'instrumental singulier, IV, 375; *c*, l'instrumental pluriel (sanscrit, lithuanien), IV, 375; *d*, le datif singulier (sanscrit), et le datif pluriel (vieux haut-allemand, anglo-saxon, vieux norrois), IV, 375; *e*, l'ablatif singulier (sanscrit = adverbe gothique et latin en *ô*, I, 384-388; IV, 375-376; (= adverbe grec en *ως*, *ω*), I, 384-386; IV, 376 (pour les adverbes latins en *ô*, voir aussi I, 438); *f*, le génitif singulier (sanscrit, grec, gothique), IV, 376-377 (vieux haut-allemand), IV, 377, note 1; *g*, par le locatif singulier (sanscrit), IV, 377 (= adverbes latins comme *novê*, *benĕ*), IV, 147, note 3, 377; cf. I, 438, 440, note 2.

3° Faits divers : voir ci-dessus n° 2, pour les adverbes latins en *ô*; n° 2 pour ceux en *ê*, *ĕ*; adverbes latins en *tim*, *sim* (*cursim*), IV, 113-115 [expliqués pour la première fois dans l'ouvrage intitulé : *Einfluss der Pronomina* (1832), p. 23]; adverbes gothiques en *ô*, voir ci-dessus n° 2; adverbes gothiques en *ôs* (*sniumundôs*), II, 198; l'adverbe dans les composés possessifs, IV, 357.

4° Degrés de comparaison des adverbes; adverbe au comparatif sanscrit en *yas*, II, 206; gothique en *is*, *-s* (= sanscrit *yas*), II, 195-196, 206; lithuanien en *iaus*, II, 206; borussien en *a-is*, *-s*, II, 206; adverbe au superlatif

lithuanien en *iausei*, II, 206; superlatif de l'adverbe en vieux haut-allemand, IV, 373.

Adverbes numéraux, II, 217-218, 251-253. Pour leurs suffixes voir l'article *Adverbes*, ainsi que la liste des suffixes.

Aigu (*udâtta*) en sanscrit, voir *Accentuation*.

Allongement d'une voyelle. Il remplace le gouna; voir *Gouna*, *Voyelles*.

Aménagement du langage, II, xxxv-xxxvi.

Analogie, IV, ii, xiv-xv.

Anudâttatara, voir *Accentuation*, n° 1.

Anunâsika, du sanscrit, 41; son emploi, 42.

Anunâsîya, 42.

Anusvâra, du sanscrit. Sa prononciation, 41-42; on le trouve en sanscrit à la fin des mots au lieu de *m*, dans le milieu des mots au lieu de *n*, en prâcrit et en pâli, à la fin des mots, au lieu de *n* aussi, 42. Sur l'anusvâra du lithuanien et du vieux slave, 43. Voir aussi plus haut (p. 11), n°s VII et VIII.

Aoriste.

1° Aoriste ou second prétérit à augment (prétérit multiforme) du sanscrit, III, 176 et suiv. A l'aoriste sanscrit correspond le parfait latin de toutes les conjugaisons, seulement le parfait en *ui*, *vi*, est un temps composé. Voir ci-dessous ce qui concerne les différents aoristes; voir aussi ce qui concerne le parfait.

Les quatre premiers aoristes du sanscrit contiennent le verbe substantif (racine *as*), III, 176.

Premier aoriste du sanscrit, III, 176 et suiv.; paradigmes de l'actif et du moyen, III, 178-179.

Deuxième aoriste du sanscrit, III, 187-178; paradigmes de l'actif et du moyen avec rapprochement de l'aoriste 1er grec et du parfait latin en *si*, III, 188.

Troisième aoriste du sanscrit, III, 161, 190; paradigmes de l'actif et du moyen, III, 191.

Quatrième aoriste du sanscrit, III, 200-201; son origine, III, 202, remarque.

Cinquième aoriste du sanscrit (*â-dâ-m*, grec *ἔ-δω-ν*), III, 203-204; son emploi dans les Védas avec les racines terminées par une consonne, III, 371, note 4.

Sixième aoriste du sanscrit (*â-lip-am*), III, 206-207; paradigme du sanscrit avec rapprochement des formes correspondantes en grec, lithuanien, vieux slave, III, 212. Le sixième aoriste dans les verbes de la 6e classe, qui insèrent une nasale, III, 208; dans les verbes terminés par une voyelle,

III, 212; ce qui le représente en latin, III, 212.

Septième aoriste du sanscrit, et ce qui le représente en latin (parfait à redoublement) et en grec, III, 180-181, 213-214.

Faits divers : 1° Aoriste à redoublement d'une espèce particulière en védique, III, 394 ; les verbes de la 10ᵉ classe ne prennent pas l'auxiliaire à l'aoriste, III, 194; aoriste périphrastique des Védas (avec *kar, kṛ*), III, 259, remarque.

1° *bis*, Aoriste présent du mahratte, IV, 84.

2° Zend. Formations par adjonction du verbe substantif (= le 1ᵉʳ et le 2ᵉ aoriste du sanscrit), III, 203; formations qui correspondent au 5ᵉ (III, 204), au 6ᵉ (III, 213) et au 7ᵉ aoriste (III, 218-219) du sanscrit.

3° Arménien. Aoriste en *ži, eži, aži*, I, 407-408; aoristes qui correspondent au 5ᵉ (III, 204-206, cf. I, 407), au 6ᵉ (III, 209-210) et au 7ᵉ aoriste (III, 218-219) du sanscrit; sur les désinences de la 1ʳᵉ personne pluriel en *aq̃* et de la 2ᵉ en *iq̃, eq̃*, III, 210, note 2.

4° Grec. Aoriste 1ᵉʳ = 2ᵉ aoriste sanscrit, III, 184, 185, 186, 194; voir aussi le tableau, 188. Sur les formes à deux σ (ἐτέλεσσα), III, 360; sur l'aoriste 1ᵉʳ des racines terminées par une liquide, III, 303; sur les formes comme ἔδωκα, ἔθηκα, ἧκα, et sur les aoristes en σκον et en σκομην, III, 198-196; aoriste 2ᵉ ordinaire (ἔλιπον) = 6ᵉ aoriste sanscrit, 206-208; aoriste 2ᵉ des verbes qui insèrent une nasale aux temps spéciaux (ἔλαβον), III, 209; aoriste 2ᵉ comme ἔδων, ἔθην = 5ᵉ aoriste sanscrit, III, 204; 3ᵉ personne pluriel en σαν, à cet aoriste, III, 292; aoriste redoublé (ἔπεφνον, ἤγαγον, etc.) = 7ᵉ aoriste sanscrit, III, 213-214, 216-217, 217-218; aoriste 1ᵉʳ passif, III, 275-276; impératif du même, III, 275; aoriste 2ᵉ passif, III, 276-277.

4° *bis*, Albanais. Aoriste en *va, vaμ*, III, 464, note 1.

5° Latin. Voir le commencement de cet article-ci, et particulièrement l'article *Parfait*.

6° Lithuanien. Aoriste des verbes primitifs (*raudó-jau*, etc.) = 6ᵉ aoriste sanscrit, III, 149-150, 207-208, 213; aoriste des verbes en *tu*, III, 207-208; des verbes qui insèrent une nasale (*limpù, lipaú*), III, 208; des verbes dérivés et des verbes de la 10ᵉ classe (= imparfait sanscrit), III, 149.

7° Vieux slave. Aoriste qui correspond au 1ᵉʳ aoriste sanscrit, III, 192 et suiv., particulièrement 193. Formes en *ichŭ*, III, 192-193; en *achŭ, echŭ*, 194; *ochŭ*, 195; sur *dachŭ, bŭchŭ*, III, 197. Aoriste, sa 2ᵉ et sa 3ᵉ personne du singulier, III, 195; sa 1ʳᵉ per-

somme du pluriel, III, 193; aoriste qui correspond au 5e (III, 206) et au 6e aoriste (III, 211-212) du sanscrit.

Apophonie[1] (*ablaut*), dans les verbes forts des langues germaniques, particulièrement en gothique. [La théorie qui suit a été établie pour la première fois dans l'ouvrage intitulé *Vocalismus*, p. 214-224, 227-231.]

1° Le changement de *a*, *i*, *u* (10e, 11e, 12e conjugaisons de Grimm, par exemple *binda*, *band*, *bundum*, etc.) dépend du poids de la voyelle et du nombre des syllabes, 35, 36, 37; sur l'*ablaut* dans la 10e, 11e, 12e conjugaison de Grimm, 36-37. Pour le changement de *a* en *i*, voir aussi III, 98; sur la 12e conjugaison de Grimm (*i*, *a*, *u*), en gothique et en vieux haut-allemand, particulièrement sur l'*u*, 39; III, 95, 96, remarque; III, 233-234; cf. III, 235, remarque; sur la 12e conjugaison du vieux haut-allemand particulièrement, III, 233; III, 239, remarque 1; sur le participe passif des verbes de la 12e conjugaison (*bundans*), III, 95; sur *ê* et *ô*, permutant dans les verbes gothiques comme *têka*, *taitôk*, III, 221. Cf. *Poids de la voyelle*.

2° Quelquefois l'*ablaut* est dû au gouna ou renforcement de la voyelle radicale. [Cela a été établi pour la première fois dans les *Berlin. Jahrb. für wiss. Krit.* (1827), p. 254 et suiv., et dans l'ouvrage intitulé *Vocalismus*, p. 6 et suiv.] Ont cette origine la 8e et la 9e conjugaison de Grimm (forme *ei*, *ai*, *i*, et *iu*, *au*, *u*, dans les verbes qui ont *i* ou *u* à la racine); sur les deux, 72, 75-76; III, 244-248; pour la forme *ei*, *ai*, *i*, voir aussi III, 94, 98. Cf. l'article *Gouna*.

3° L'*ablaut* cache un redoublement : *a*. Il en est ainsi dans la 7e conjugaison de Grimm (gothique *a*, *ô*, *ô*, *a*), III, 232, note 3. S'expliquent en outre par là l'*ê* du gothique, et l'*â* du vieux haut-allemand et du moyen haut-allemand dans la 10e et la 11e conjugaison de Grimm (*i*, *a*, *ê* [*â*]), III, 235-242. *b*. Il y a un redoublement caché au lieu du redoublement encore apparent en gothique dans les verbes nouveau haut-allemand, comme *halte*, *hielte*; sur le même sujet étudié dans tous les dialectes, III, 223, 225-226; sur le vieux norrois et sur le vieux saxon, III, 224-235, voir aussi les articles *Redoublement*, *Parfait*.

4° Faits divers : sur les verbes comme *bidja*, *vahsja*, *vaia*, *laia*, *saia*, *hafja*, *standa*, 235-236; III,

[1] Il vaudrait peut-être mieux employer le terme de métaphonie. — M. B.

112, 222; voir en outre l'article *Classes des verbes,* ainsi que la table des mots; sur les verbes comme *bringa* (mélange de la conjugaison forte et de la conjugaison faible), III, 119; sur le verbe *fraihna, frah,* 250. Pour les verbes forts qui ont un redoublement réel au parfait, voir *Parfait, Redoublement.*

Apostrophe, son emploi dans la transcription du sanscrit, 197.

Arménien. Ce qui le caractérise en général, 14 et suiv.; importance de ses lettres *g ż, ȝ z,* dans la flexion, 11 et suiv.; sur sa déclinaison en général, 13-14.

Arrière-ton, en sanscrit et en allemand; voir *Accentuation,* au n° 1 et au n° 4.

Article, du zend, II, 63, 155, 167; du vieux perse et du persan, II, 63-64; de l'arménien, II, 62; article de l'irlandais, II, 344-345 [signalé pour la première fois dans la dissertation *Ueber die celt. Sprachen*, p. 23-33 et p. 82]; article suffixé de l'albanais, II, 185, note 1, et du vieux norrois, II, 164.

Aspiration (terme employé par les grammairiens irlandais), II, xviii.

Aspirées du sanscrit. Leur prononciation, 45; aspirées moyennes du sanscrit = aspirées ténues du grec et du latin, 45-46; toutefois l'aspiration se perd souvent en latin, à l'intérieur des mots, 50. En sanscrit, les aspirées moyennes s'assourdissent assez souvent en *ḥ*, III, 40-41; aspirées ténues du sanscrit; leur origine récente, I, 45, 50; elles sont représentées en grec et en latin par les ténues pures, I, 45, 46, parfois aussi, en grec, par les ténues aspirées, I, 46, 47; modifications des aspirées à la fin des mots en sanscrit, I, 188, devant les désinences grammaticales, I, 198-199; déplacement (recul et avancement de l'aspiration), en sanscrit et en grec, I, 210-211, en latin, I, 211-212; voir pour le surplus au système phonique de chacune des différentes langues.

Assimilation. Influence assimilatrice de *i* et de *j* sur la syllabe précédente dans les langues germaniques, voir *Umlaut.* Influence assimilatrice de *i, î, ê, y,* sur la syllabe précédente en zend, 93; de *y* sur l'*a* ou l'*â* de la syllabe suivante en zend, 95-96; épenthèse de l'*u* en zend, 98-99.

Atmanêpadam, III, 1-2.

Augment. Son origine, III, 168 et suiv., particulièrement, III, 173 et suiv., cf. III, lix-lxi; augment syllabique (sanscrit, grec), III, 143; augment temporel (sanscrit,

grec), III, 158; augment dans les racines qui commencent par *a, i, u*, en sanscrit, III, 165; dans celles qui commencent par *i, î, u, û, r*, III, 164-165, dans les verbes qui commencent par une voyelle en grec, III, 165-166; l'augment en zend, III, 144-145; en arménien, III, 205-206.

Avyayîbhâva. Voir *Composés adverbiaux*.

Bahuvrîhi, IV, 349-351; voir *Composés possessifs*.

Caractéristiques de classe. Sur leur origine en général, III, 103-104, 132-133, remarque; voir pour le reste *Classes*.

Cas, 297 et suiv. Les désinences casuelles furent originairement des pronoms, du moins pour la plupart, 275; II, xxvi; pour le détail, voir chaque cas particulier. Deux classes ou séries de cas dans la déclinaison arménienne, I, 295 et suiv.; II, 12-13, 61, note 2. Cas forts et cas faibles en sanscrit [pour la première fois dans la *Grammatica critica linguæ sanscr.* (1832), § 185], I, 297-299; cas forts, cas faibles, cas très-faibles en sanscrit, I, 299-300, 302. Cas forts et cas faibles en grec, I, 302-304; en lithuanien, I, 306; en gothique, I, 307. L'accent dans les cas forts et dans les cas faibles en sanscrit et en grec, I, 303; ses variations dans la déclinaison des thèmes monosyllabiques, I, 304-306.

Causatifs. Voir III, lxxix-lxxxi. Origines du caractère causatif, III, 410. — Causatif du sanscrit avec *p* (*pâyâmi*), dans les racines en *â*, III, 151, 422-423, 424, 427, avec *l* (*lâyâmi*, cf. grec λλω de λjω, dans βάλλω, etc.), III, 425. Causatif du prâcrit, du mahratte, du vieux perse, du laze, du géorgien, III, 427-428; de l'indoustani (infinitif en *ânâ, wânâ*), IV, 190, remarque. Causatif du zend, III, 412, note 1, 427. Causatif du grec en αω, de *a*jω, en εω de εjω, en αζω de αjω = sanscrit *ayâmi*, III, 426; en λλω = sanscrit *lâyâmi*, III, 427. Causatif du latin, III, 422-423, 424, 425-426. Causatif du lithuanien dans les formes qui correspondent au sanscrit *áyâmi*, III, 414, note 2, 416. Causatif du lithuanien en *auju* = sanscrit *pâyâmi*, III, 449; cf. III, 151. Causatif du lithuanien en *inu*, III, 416, 417, 418-419. Causatif du lithuanien avec gouna, III, 417-418. Causatif du vieux slave, III, 413-415, 449-450; sa marque, III, 415-416; son gouna, III, 413-414. Causatif du slovène, III, 421-422. Causatif du gothique, III, 239, remarque 1; des langues germaniques, III, 410-413, 415; du

vieux haut-allemand, III, 413; du nouveau haut-allemand, III, 412. Causatif de l'irlandais, III, 414.

CÉRÉBRALES du sanscrit, 49; sur leur dénomination, 49, note 1. Comment on les prononce, 49; *n* dental, changé en *ṇ* cérébral en sanscrit, 51-52. Grande extension des cérébrales en prâcrit, 49.

CHANGEMENT DE VOYELLE dans le verbe en lithuanien, III, 417, en germanique, voir *Apophonie* (*ablaut*).

CHUTE de *d*, au commencement d'un mot, 106.

CIRCONFLEXE du grec et du sanscrit (*svarita*), voy. *Accentuation.*

CLASSES et différentes sortes de verbes.

a. Sanscrit. Les deux conjugaisons principales et les dix classes du sanscrit, 231 et suiv.; II, 101 et suiv. La première conjugaison principale contient la 1re, la 4e, la 6e et la 10e classe, II, 101.

α. 1re classe et 6e classe du sanscrit (exemples *bôdati*, racine *bud*; *tudati*, racine *tud*). En quoi elles diffèrent l'une de l'autre, I, 231-232; verbes de la 6e classe qui insèrent une nasale (*lumpati*), I, 232. Pour *a* caractéristique de ces deux classes et pour son origine, III, 110; cet *a* s'allonge en *â* devant *m* et *v* (*bôdâmi*, etc.), III, 11, 385.

β. 4e classe (*náś-ya-ti*, racine *náś*), I, 235-237; *ya*, caractéristique de cette classe; son origine, III, 111; cf. III, L.

γ. 10e classe (*cốr-áya-ti*, racine *ćur*, cf. *Causatifs*, *Dénominatifs*), I, 253-254; pour le dialecte védique voir aussi, I, 257, note 2; *aya*, caractéristique de cette classe; son origine, III, 111; cf. III, L; 10e classe en prâcrit, I, 256.

La deuxième conjugaison principale contient la 2e, la 3e, la 5e, la 7e, la 8e et la 9e classe (conjugaison en *μι* du grec), III, 102, 130.

δ. 2e classe du sanscrit (*dvêš-mi*, racine *dviš*), I, 241-242. Influence que les désinences légères et les désinences pesantes exercent sur la partie antérieure des verbes de cette classe, III, 81-83, 88-90, 130.

ε. 3e classe du sanscrit (*bibar-mi*, racine *bar*, *bṛ*), I, 243-244. Influence des désinences pesantes et des désinences légères sur les verbes de cette classe, III, 83-87.

ζ. 5e classe du sanscrit (*ći-nố-mi*, racine *ći*), I, 247-248; sur *nu* (grec *νυ*), caractéristique de cette classe, III, 103-104; renforcement de la caractéristique *nu*, devant les désinences légères, III, 93-94.

η. 7e classe du sanscrit (*yunáǵ-mi*, racine *yuǵ*), I, 246; forme de la caractéristique de cette classe

devant les désinences légères et devant les désinences pesantes, III, 106; son origine, III, 107.

ϑ. 8ᵉ classe du sanscrit (*tan-ô-mi*, racine *tan*), I, 248; sur la caractéristique de cette classe (*u*, grec *υ*), III, 104; renforcement de la caractéristique *υ*, devant les désinences légères, III, 93-94.

ι. 9ᵉ classe du sanscrit (*yu-nâ-mi*), I, 248 et suiv.; origine de la caractéristique *nâ* (grec *νη*, *να*), III, 103-104; affaiblissement de *nâ* en *nî* devant les désinences pesantes, III, 90-91.

b. Zend. La 5ᵉ classe du sanscrit en zend, I, 251. La 9ᵉ classe du sanscrit en zend, I, 252; voir la table des mots.

c. Arménien. Verbes arméniens en *a-m*, *e-m*, *u-m* = la 1ʳᵉ et la 6ᵉ, peut-être aussi la 8ᵉ classe du sanscrit, III, 106; en *nu-m* = la 5ᵉ classe du sanscrit (caractéristique *nu*), III, 105-106; en *ne-m* = la 9ᵉ classe du sanscrit, III, 105; sur les verbes arméniens en *ane-m*, III, 105.

d. Grec. *α*. La conjugaison en *ω*; elle correspond à la première conjugaison principale du sanscrit, et particulièrement à la 1ʳᵉ et à la 6ᵉ classe, I, 232; III, 101-102; sa caractéristique *ο* (*φέρ-ο-μεν*), *ε* (*φέρ-ε-τε*), III, 102. Subdivisions de la conjugaison en *ω*: caractéristique *το*, *τε* : *τύπτω*; *νο*, *νε* : *δάκνω*; *ανο*, *ανε* : *λαμβάνω*, III, 102-103; voir en outre particulièrement pour les verbes en *τω*, III, 108-109; pour ceux en *νω*, I, 250; III, 107; pour ceux en *άνω*, I, 247, 253; III, 107, 450-453; verbes en *νάω*, *νύω*, I, 253. Représentent la 4ᵉ classe sanscrite (caractéristique *ya*) beaucoup de verbes en *λλω*, de *λjω* (*βάλλω*, *πάλλω*, *ἄλλομαι*), I, 238; mais certains verbes en *λλω* sont les uns dénominatifs (*ποικίλλω*), I, 240; III, 450; les autres, causatifs (*βάλλω*, *στέλλω*, *ἰάλλω*, *κέλλω*, *πάλλω*), correspondent aux verbes sanscrits en *lâyâmi*, III, 425. (*Remarque*. Bopp cite positivement *βάλλω*, *πάλλω*, d'une part comme correspondant à la 4ᵉ classe du sanscrit, I, 238, et d'autre part comme correspondant aux causatifs sanscrits en *layâmi*, III, 425. Il y a là une contradiction manifeste.) Représentent encore la 4ᵉ classe sanscrite, les verbes en *σσω* ou *ττω*, né de *γjω*, *κjω*, *τjω* (*πράσσω*, *φρίσσω*, *λίσσομαι*), I, 238; mais il y a aussi des dénominatifs en *σσω* (*κορύσσω*, *μαλάσσω*), I, 240; III, 450. [Les verbes grecs à consonne double (*λλ*, *σσ*), rapprochés pour la première fois de la 4ᵉ classe sanscrite dans la *Grammaire comparée*, 1ʳᵉ édition (1837), § 501 et p. 413. Des verbes en *αίρω*, *αίνω*, de *αρ-jω*, *αν-jω*, les uns appartiennent de même à la 4ᵉ

classe sanscrite, les autres sont de même des dénominatifs, I, 239; III, 450-453.] Appartiennent en outre à la 4e classe sanscrite, les verbes grecs en ζω (ζ, né de *j*), I, 54-55, 239; en αιω, I, 239-240, et quelques-uns de ceux en έω, né de *j*ω, I, 240. Représentent la 10e classe sanscrite, les verbes en αζω (ζ, né de *j*, par conséquent αζω de α*j*ω), αω, εω, οω (de α*j*ω, ε*j*ω, ο*j*ω), I, 254, 257; II, 115. Pour les verbes en αζω, voir aussi I, 54, et particulièrement l'article *Dénominatifs*.

β. La conjugaison en μι = la deuxième conjugaison principale du sanscrit, III, 130. Représentent la 2e classe sanscrite : ἐσ-τί, ἦσ-ται, I, 242. Effet du poids des désinences sur les verbes de cette classe, III, 88. Représentent la 3e classe sanscrite : δίδωμι, τίθημι, etc., I, 242-243. Effet du poids des désinences sur les verbes de cette classe, III, 83-86; voir, pour ἵσ7ημι, III, 84-85. Représentent la 5e classe sanscrite : δείκνῡμι, σ7ορνῡμι, etc., I, 247-248. Effet du poids des désinences sur les verbes de cette classe, III, 93-94; voir, pour les verbes en νύω (δεικνύω, etc.), I, 251-252. Ce qui ressemble à la 7e classe du sanscrit, I, 247. Représentent la 8e classe sanscrite : τάν-υ-μαι, γάν-υ-μαι, etc., I, 248. Représentent la 9e classe sanscrite : δάμ-νη-μι, πέρ-νη-μι, etc., I, 249, 250, 253. Effet du poids des désinences sur les verbes de cette classe, III, 90-91.

e. Latin. La 1re, la 2e et la 4e conjugaison = la 10e classe du sanscrit, I, 254; voir encore particulièrement, pour la 1re conjugaison, III, 163, remarque; pour la 2e, I, 256; III, 115; pour la 4e, I, 255; III, 116, 122. La 3e conjugaison du latin = généralement la 1re et la 6e classe du sanscrit, I, 232; III, 125, 156-157. La caractéristique de la 3e conjugaison : *i* (*vehi-mus*) = sanscrit *a*, III, 110. Représentent en latin les verbes de la 6e classe sanscrite qui insèrent une nasale : *rumpit, findit*, etc., I, 232, 246; ceux de la 7e : *jungit, scindit*, etc., I, 246; ceux de la 9e : *sternit, cernit*, I, 250; III, 107. Sur les verbes de la 3e conjugaison dont le radical est renforcé d'un *t* au présent (*plec-to, nec-to*), III, 108-109. Les verbes en *io*, de la 3e conjugaison (*cupio, capio*) = 4e classe sanscrite, I, 240; III, 111-112; verbes de cette classe qui font partie de la 4e conjugaison, III, 458-459. Ce qui reste en latin de la 2e classe sanscrite, I, 242, de la 3e classe sanscrite, I, 243-244, 245-246.

f. Lithuanien. Verbes lithuaniens qui correspondent à la 1re et à la 6e classe sanscrite, avec *a* pour caractéristique (*wéž-a-ta*),

III, 500; ceux qui correspondent à ceux de la 6e classe sanscrite qui insèrent une nasale (*limpù*), I, 246; verbes dont le radical est renforcé par *t, st,* au présent (*klýstu, klýsta-me*), III, 109. La 4e classe du sanscrit en lithuanien (*gnýbiu*), I, 240-241; III, 111-112. La 10e classe du sanscrit en lithuanien, I, 257-258; III, 14, 120-122. Correspondent à cette classe, les verbes en *oju* (= lette *aju*), I, 257-258; III, 120; en *ēju*, III, 120; en *iu*, aoriste *ējau*, infinitif *ēti*, III, 120; en *ju, iu,* aoriste *jau, iau,* infinitif *ti,* III, 121; en *ĳu*, infinitif *iti*, III, 121; en *au, ai, a,* pluriel *ōwa, ōta,* etc., aoriste *iau, iei,* etc., futur *ýsiu*, III, 121-122; en *au,* aoriste *ōjau,* futur *ōsiu,* infinitif *ōti,* III, 122. Pour les verbes en *auju* et *inu,* et pour le gouna dans cette classe de verbes, voir plus haut (p. 25) l'article *Causatifs*. Verbes à conjugaison mixte qui correspondent à la 1re et à la 10e classe sanscrite, III, 119-120. Verbes qui représentent la 2e classe sanscrite, I, 242; III, 13; la 3e classe sanscrite, I, 243; III, 13, 84; la 7e classe sanscrite, I, 246; la 9e classe sanscrite (verbes dont la caractéristique est *na : gáu-nu, gáu-na-wa, gau-na-me*), I, 250-251; III, 107-108.

g. Vieux slave et autres langues slaves. Verbes (qui correspondent à la 1re conjugaison principale du sanscrit) avec la caractéristique *e* (= sanscrit *a*, par exemple *veẓ-e-ta*), III, 110. La 1re classe du sanscrit avec gouna en vieux slave, III, 114. Sur les verbes slaves qui déplacent la voyelle radicale dans les temps de la 2e série (*berun̍, brachŭ*), III, 118-119. La 4e classe du sanscrit en vieux slave (*pijun̍*), I, 241. La 10e classe du sanscrit en vieux slave, I, 257-258; II, 115-117. En font partie les verbes en *ajun̍*, I, 257-258; III, 115; à peu d'exceptions près, III, 115; les verbes en *ejun̍*, III, 115; à peu d'exceptions près, III, 114; les verbes en *jun̍, iši, iti,* aoriste *êchŭ*, infinitif *êti*, III, 116; en *jun̍, iši,* aoriste *ichŭ*, infinitif *iti*, III, 116-117; en *jun̍, ješi,* III, 117; en *šun̍*, III, 117, note 2; en *jujun̍*, infinitif *ŭvati*, III, 117. Voir aussi *Causatifs*. Slovène : verbes dont la caractéristique de classe est *a* : polonais 1re conjugaison (*czyt-a-m*), III, 348; russe (*djelàju*), III, 348 = 10e classe sanscrite. Racines finissant par une voyelle, et dont le présent finit en vieux slave par *jun̍, ješi* (*bijun̍*), en russe *ŭju, iju*, III, 112-113, note 2. Vieux slave : verbes en *ŭjun̍*, III, 114; sur *dê-ju-n̍*, III, 117. Verbes du vieux slave qui offrent un mélange de la 1re ou de la 6e et de la 10e classe du sanscrit, III, 119. La 2e classe du sanscrit en vieux

slave, I, 242; III, 15. La 3ᵉ classe du sanscrit en vieux slave, I, 243; III, 15, 84-85. La 5ᵉ classe du sanscrit en vieux slave, I, 251-252. La 9ᵉ classe du sanscrit en vieux slave (caractéristique *ne* : *gŭb-nu-ñ, gŭb-no-ši*), I, 251-252; III, 107-108, 306.

h. Gothique, allemand. Pour tout ce qui concerne l'apophonie (*ablaut*), voir l'article qui porte ce titre. Tous les verbes forts du gothique ont *a, i* (= sanscrit *a* : *bair-a-nd, bair-i-s*) pour caractéristique de classe (ils correspondent donc généralement à la 1ʳᵉ classe du sanscrit), I, 233-235; III, 110 [pour la première fois dans les *Jahrb. für wissensch. Krit.* (1827), p. 282, et dans le *Vocalismus*, p. 48]. La 4ᵉ classe du sanscrit en gothique (*hafja, hôf*), I, 235-236, 238; III, 111; en vieux haut-allemand (*heffu*), I, 238. Gothique *standa*, cf. les verbes de la 6ᵉ classe sanscrite qui insèrent une nasale, I, 247. La 9ᵉ classe du sanscrit, en gothique (*fraih-na, frah*), I, 250. Reste de la 2ᵉ classe du sanscrit en vieux haut-allemand (le gothique n'a que *is-t*), I, 242-243; III, 16-17. La 1ʳᵉ, la 2ᵉ et la 3ᵉ conjugaison faible de Grimm, correspondent à la 10ᵉ classe du sanscrit, I, 254-257; III, 16, note 5, 115-116, 122. Voir particulièrement, pour la 1ʳᵉ conjugaison faible, I, 254; pour la 2ᵉ, I, 256-257; III, 122; pour la 3ᵉ, I, 255-256, 115-116. Mélange de la conjugaison forte et de la conjugaison faible (*bringa, brahta*), III, 119.

i. Irlandais. Verbes en *aighim* = sanscrit 10ᵉ classe, I, 266.

Classification des langues d'après Bopp, 225-230, d'après Fr. de Schlegel, 225-228, d'après A. G. de Schlegel, 228-230.

Composés, IV, xxi-xxvi; IV, 327-373. Plan de cet article : 1° racines dans le composé; 2° verbe dans le composé; 3° allongement de la voyelle, affaiblissement de la voyelle; 4° le premier membre du composé se présente généralement sous la forme du thème; 5° voyelle de liaison; 6° modifications du thème; 7° accent.

1° Racines nues dans le deuxième membre des composés en sanscrit et en zend, IV, 244. (Sur les racines en *â*, qui occupent cette place en sanscrit, IV, 210, note 2.) Racines à la fin des composés en grec, IV, 245; en latin, IV, 246. On ajoute un *t* aux racines finissant par une voyelle brève, lorsqu'elles occupent la dernière place dans un composé : en sanscrit, IV, 244, 247; en latin, IV, 247; en grec, IV, 247-248. Composés grecs en ας, ης, de verbes en άω (λο-

γοθήρᾶς), *έω* (*πολυνίκης*), IV, 248.

2° Verbe dans le composé. Verbe uni avec une préposition (pour toutes les langues), IV, 327-328. Préposition séparée du verbe en védique, en zend et en allemand, IV, 328-329. Verbes composés avec une autre sorte de mot qu'une préposition, 329-331. Le verbe ne se présente comme premier membre d'un composé qu'en apparence. Sur les composés grecs dont le premier membre finit par *σι*, *σ*, comme *δεισι-δαίμων*, *πανσ-άνεμος*, IV, 331-332; par *ο*, *ε*, comme *φυγό-μαχος*, *φερέ-πονος*, IV, 333-334. Sur les composés du nouveau haut-allemand comme *singvogel*, IV, 367-369. Autre est le cas des composés de dépendance dans lesquels l'ordre des membres est interverti. Là il y a réellement un verbe dans le premier membre; exemples en védique, IV, 333; et en zend, IV, 333, note 2.

3° Allongement de la voyelle dans les composés grecs (*ἀκεστός*, *δυσήκεστος*, *ἀνυστός*, *δυσήνυστος*, etc., IV, 251, remarque, 332. Pour l'affaiblissement de la voyelle dans les composés latins (*ef-ficio*, *con-clûdo*, *con-quîro*, *im-berbis*, etc.), voir *Poids de la voyelle*.

4° Le premier membre du composé se présente généralement sous la forme du thème. Il en est ainsi en sanscrit, IV, 334-335; en grec, IV, 335-337; en slave, IV, 337; en gothique, IV, 338-341; en vieux haut-allemand, IV, 341-342; en lithuanien, IV, 342. A la première place, toutefois, apparaissent aussi contrairement à la règle ordinaire : le nominatif en zend, en vieux perse, en grec, IV, 342-343; en arménien, IV, 358; l'accusatif en sanscrit, en zend, en grec, en allemand, IV, 255, note 1, 264, 330; le génitif en grec, en gothique et en allemand, IV, 343.

5° Voyelle de liaison entre les deux membres d'un composé; voir *Voyelle de liaison*.

6° Modifications du thème : son affaiblissement, son renforcement, chute de la voyelle qui le termine. En sanscrit les thèmes en *a* et en *â* s'affaiblissent parfois, les premiers en *i*, II, 217, et les seconds en *a*, IV, 337; ceux en *n* perdent cette consonne, IV, 338-339. En arménien, il y a des exemples de mots composés qui se terminent en *i*, quoique le dernier membre, construit isolément, n'ait pas un *i* pour lettre finale, II, 208. En grec, les thèmes en *ᾱ*, *η*, affaiblissent leur voyelle en *ο* : *ῥιζοτόμος*, IV, 337; ceux en *ο* affaiblissent parfois leur *ο* en *ι* : *χαλκίοικος*, IV, 338; on trouve pourtant aussi *ᾱ*, *η* conservé : *σκιᾱγραφος*, et même *ο*, allongé en *η* :

νεη-γενής, et *α*, allongé en *ω* : *γεω-γράφος*, IV, 337. Les thèmes en *τ* le perdent : *ὀνομάκλυτος*, IV, 339, note 1. En latin les voyelles autres que *i* s'affaiblissent fréquemment en *i* aussi bien dans le premier que dans le deuxième membre des composés. Ainsi *o*, *a*, *u* deviennent *i* dans le premier membre : *multi-comus*, *lani-ger*, *fructi-fer*, IV, 256, 334, 331. Les thèmes en *n* perdent cette consonne : *homi-cida*, IV, 339, note 1; l'amoindrissement des thèmes en *er* (nominatif *us* : *opus*, *oper-is*), et en *or* est encore plus considérable dans les composés comme *opi-fex*, *terri-ficus*, IV, 267, 338. Affaiblissements semblables dans le deuxième membre : *bi-enni-s*, *dif-formi-s*, *im-berbi-s*, II, 42; IV, 267, 351; *im-muni-s* de *munus*, thème *muner*, IV, 267. Lithuanien : affaiblissement de *a* en *i* dans le premier membre, IV, 259. Rejet de la voyelle finale, IV, 342. Vieux slave : affaiblissement de *a* (féminin) en *o*, IV, 337, et altération de *i* en *e* (dans le premier membre), II, 249. Gothique : dans le premier membre, certains thèmes en *ja* se maintiennent sans changement, IV, 341. Les thèmes en *ô* s'abrégent en *a*, IV, 240; ceux en *a* perdent parfois leur *a*, IV, 340; ceux en *n* suppriment leur *n* (*auga-daurô*), IV, 338.

7° Accentuation en général et particulièrement dans les composés possessifs, IV, 353-354. Pour les composés copulatifs, voir aussi IV, 344.

Liste d'ouvrages à consulter sur les mots composés, IV, XXIV, XXVI, note 2 et note 3.

Composés adverbiaux (nommés *avyayîbâva* en sanscrit), IV, 372-373.

Composés collectifs (nommés *dvigu* en sanscrit), IV, 369-372.

Composés copulatifs (nommés *dvandva* en sanscrit). Composés copulatifs où le deuxième membre est au duel ou au pluriel, IV, 344; où le premier et le deuxième membre sont au duel, IV, 344-345. Composés dvandvas terminés par une désinence du singulier neutre, IV, 347-348. Composés dvandvas ayant plus de deux membres, IV, 347-348. Membres du dvandva, séparés l'un de l'autre, IV, 346. Composés copulatifs du zend, IV, 345-346; du grec, IV, 348-349; du latin, IV, 349. Dvandvas formés d'adjectifs en sanscrit et en grec, IV, 349. L'un des deux objets peut être passé sous silence, IV, 347.

Composés de dépendance (nommés *tatpuruśa* en sanscrit), IV, 365-369. Le premier membre exprime la relation, soit de génitif (exemples pour le sanscrit, IV, 335, pour

les autres langues, IV, 365-366); soit d'accusatif, IV, 366; cf. IV, 264; soit d'instrumental, IV, 366; soit de datif, IV, 367; soit d'ablatif et de locatif, IV, 367. Composés de dépendance allemands dont le premier membre paraît être un verbe (*singvogel*), IV, 367-368. Composés de dépendance, où l'ordre des membres est interverti, en grec, IV, 332; dans les Védas, IV, 333; en zend, IV, 333, note 2. Composés sanscrits qui contiennent *kara-s*, IV, 62, note 2; pour ces composés, voir aussi l'article *Composés*, au n° 1 et au n° 2.

Composés déterminatifs (nommés *karmadâraya* en sanscrit), IV, 362. Exemples pour le sanscrit, le zend, l'arménien, IV, 362-363. Ceux dont le premier membre est une préposition en grec, en latin, en allemand, en lithuanien, en vieux slave, IV, 363-364. Ceux dont le premier membre est un nom de nombre, en sanscrit, IV, 362; en grec, en latin, IV, 363; en allemand et en lithuanien, IV, 364.

Composés possessifs (nommés *bahuvrîhi* en sanscrit), IV, 349 et suiv. Ceux dont le second membre est un substantif féminin, en sanscrit, en grec, en latin, en vieux haut-allemand, IV, 350-351; est un substantif neutre, en sanscrit, en gothique, en grec, en latin, IV, 351-352; est un thème terminé par une consonne, *ibid.*; est un substantif neutre en *as* (*sumánâs*), *os* (εὐμενής), IV, 297-298. Composés possessifs avec ou sans l'adjonction du suffixe *ka* en sanscrit, *ig* en nouveau haut-allemand, IV, 352-353. Le premier membre est un adjectif en sanscrit, IV, 354; en zend, IV, 355; en grec, IV, 350-351, 355; en latin, *ibid.*; en gothique, en vieux haut-allemand, IV, 355; en vieux slave, *ibid.*; un substantif, IV, 356; un nom de nombre, IV, 356-357; un pronom, *ibid.*; un adverbe, IV, 357-358; une préposition, IV, 359-360. Composés possessifs en lithuanien, IV, 352; en arménien, II, 207-208; IV, 358.

Conditionnel du sanscrit, III, 396-398.

Conjonctions, IV, 381-386. Toutes les vraies conjonctions dérivent de pronoms, II, 359-360; IV, 381 [pour la première fois dans les *Heidelb. Jahrb.* (1818), p. 473].

Conjugaison. Pour les différentes conjugaisons de chaque langue, voir *Classes*. Pour les langues germaniques, voir aussi *Apophonie* (*ablaut*); voir en outre l'article *Verbe* et l'article *Racines*.

Consonnes. Leur classification en sanscrit, 44-46. Consonnes sourdes

et consonnes sonores, 68. Consonnes fortes et consonnes faibles, *ibid.*; voir les systèmes phoniques et les articles *Moyennes, Aspirées, Cérébrales, Dentales*, etc., *Chute, Loi de substitution.* On trouvera ici particulièrement ce qui a rapport aux consonnes finales.

En sanscrit, de deux consonnes l'une tombe à la fin des mots, 194. En latin, de deux consonnes qui terminent une racine, l'une tombe devant l'*s* du parfait, 201. Loi des consonnes finales en lithuanien, 186. En vieux slave, toutes les consonnes finales primitives, sauf une, sont supprimées [loi exposée pour la première fois dans la *Grammaire comparée*, 1re édit. (1835), p. 399], 184; il n'y a pas de consonnes finales en vieux slave, 184, note 2. Loi de suppression des consonnes finales primitives dans les langues germaniques, 186-187.

Datif.

I. Datif au point de vue étymologique.

A. Datif singulier. Passages principaux, 364-379. Tableau comparatif du datif singulier pour toutes les langues, excepté le vieux slave et le grec, 379-380.

a. Sanscrit. Signe casuel *ê*; son origine, 364-365. On trouve aussi *âi*, *ibid.* Sur le datif en *âya*, des thèmes en *a*, 365-366. Désinence de datif en sanscrit *byam*, *hyam* (singulier et pluriel : *asmábyam, máhyam, yuśmábyam, túbyam* = en latin *bi, hi*, dans *tibi, mihi*), II, 11-12; origine de la désinence *byam*, II, 30.

b. Zend. Formation du datif en zend (désinence casuelle *ê, âi*), I, 365. Datif en *âi*, de thèmes en *a*, I, 365-366; en *eê* (*ayai*), de thèmes en *i*, I, 365. Désinence *byâ*, dans *maibyâ* «à moi», II, 13, note 1.

c. Arménien. Sur le datif singulier (*stani, ailum*), I, 417; sur *in-ʒ* (*mihi*), *qe-ʂ* (*tibi*), II, 12, 13, 16. Au reste voir *Génitif*, et pour les formes pronominales la table des mots.

d. Grec. Datif singulier = locatif sanscrit, I, 377-378, 430-431; voir le tableau comparatif du locatif, I, 440-441. Sur le datif en οι (μοί, σοί), et en ῳ, I, 431; sur les datifs de thèmes en ι (πόλει), II, 195. Pour la désinence φιν, φι, voir *Datif pluriel*.

e. Langues italiques. Datif du latin, I, 377-379. Sur le datif en *ô*, plus anciennement *o-i* (*populoi Romanoi*), dans la 2e déclinaison, I, 379; II, 88, note 1; III, 372, remarque. Sur le datif ombrien, I, 378, note 2. Datif osque en *ùi*, I, 377; en *ei*, I, 378, note 2. Datif pronominal latin en *bi* (*tibi*), *hi* (*mihi*) = *byam* sanscrit, II, 11-12.

f. Lithuanien. Formation du datif dans cette langue, I, 377-378.

g. Vieux slave. Datif en *i* (= sanscrit *ê*), dans les thèmes à consonnes et dans ceux en *ŭ* (= thèmes en *u* du sanscrit), I, 137-138. Le datif est en *u* dans les thèmes masculins-neutres en *o*, en *mu* (*tomu*). dans les pronoms, I, 138; en *ê*, dans les thèmes féminins en *a*, I, 138; en *i*, dans les thèmes tant masculins que féminins en *i*, I, 138-139; en *i* (sans adjonction de signe casuel), dans les thèmes féminins en *ja*, I, 139.

h. Gothique. Formation du datif dans cette langue. Désinence *ai*, au féminin des substantifs et des pronoms, I, 374-375. Les thèmes masculins et neutres, ainsi que les thèmes féminins en *i*, *u*, *n*, *r*, ont entièrement perdu la désinence du datif, I, 375. [Le datif gothique correspond au datif sanscrit; cela a été démontré pour la première fois dans la *Grammaire comparée*, 1re édition, p. 511.]

B. Datif (et ablatif) pluriel. Passages principaux, II, 73-75. Tableau comparatif du datif pluriel à l'exception du datif pluriel grec en *σι*, II, 74.

a. Sanscrit. Désinence *byas*, au datif et à l'ablatif; son origine, II, 30-31. Principaux passages concernant cette désinence, II, 14, 17. Désinence *byam* (*asmábyam*, *yušmábyam*), II, 11.

b. Zend. Désinence *byaś*-(*ca*), *byô*, II, 14; sur *e-byo* (de thèmes en *aś*), I, 81; II, 74.

c. Arménien. Datif (ablatif, génitif) pluriel en *ց*, *ż* = sanscrit *byas*, II, 15-18.

d. Grec. La désinence *φιν*, *φι*, correspond au sanscrit *byas*, lorsqu'elle marque le pluriel, et peut-être au sanscrit *byam*, lorsqu'elle marque le singulier, II, 21-25; sur la désinence -*ιν* (*ἡμῖν*, *ὑμῖν*) = sanscrit *byam*, II, 265. Le datif ordinaire en *σι*, *σιν* correspond à la désinence *su*, *śu* du locatif sanscrit, II, 82. Datif en *οι-σι* = sanscrit *ê-śu*, en *αι-σι*, *ᾱ-σί*, *η-σι* = sanscrit *â-su*, II, 82. Datif en *οι-ς*, *αι-ς*, II, 82, note 1; en *εσ-σι*, de thèmes neutres en *ες*, nominatif *ος* (*ὄρεσσι*); en *ε-σσι*, *α-σσι*, de thèmes terminés par une consonne (*κύν-ε-σσι*, *πρασσόντ-α-σσι*, avec voyelle de liaison), II, 82-83; en *υ-ε-σσι*, *ι-ε-σσι*, *α-ε-σσι*, *ο-ε-σσι* (*ἰχθύ-ε-σσι*, *πολί-ε-σσι*, etc., par conséquent de thèmes terminés par une voyelle), II, 83; en *ε-εσσι*, de thèmes en *ες* (*ἐπέεσσι*), II, 83; sur les formes comme *γούνασσι*, *δώμασσι*, *ποσσί*, II, 83-84; sur celles comme *πατράσι*, *ἀρνάσι*, II, 85, note 3; sur *ἀνδράσσιν*, *ἀνδρέσσιν*, II, 83, note 2. Voir aussi le tableau comparatif, II, 254.

e. Langues de l'Italie. Latin. Désinences *bus*, *bis* (*nobis*). II,

14 (voir aussi, pour *nobis, vobis*, II, 73, note 2); *â-bus*, dans la 1re déclinaison, II, 74; *ô-bus* dans la 2e (*ambôbus, duôbus*), II, 73-74; *i-bus*, dans la 2e (*parvibus*), II, 74; *i-bus*, dans la 3e, II, 109, note 5; *u-bus, i-bus*, dans la 4e, II, 73-74, note 5; *î-s*, dans la 1re (*terrîs*), dans la 2e (*lupis*), et parfois dans la 4e (*specis*), II, 73-74, 75, remarque. Osque. Datif, ablatif pluriel de la 2e déclinaison en *ûis, ois*, voir II, 75, remarque. Ombrien. Datif, ablatif de la 1re déclinaison en *ês*, II, 75, remarque. A ce cas appartient aussi l'accusatif pluriel en *f* (*trif*), II, 15; IV, 206, note 1.

f. Lithuanien, borussien. Datif pluriel lithuanien en *mus, ms* = sanscrit *bʹyas*, II, 14, 17; en *â-ms* (au lieu de *a-mus*), des thèmes en *a*, I, 163, note 1. Datif pluriel borussien en *mans*, IV, 396.

g. Vieux slave. Datif pluriel en *mŭ* (= sanscrit *bʹyas*), pour toutes les classes de mots; en *e-mu*, pour les thèmes en *i*, et pour les thèmes à consonnes élargis d'un *i*, II, 148-149.

h. Langues germaniques. Gothique. Désinence *m* (*sunu-m*) = sanscrit *bʹyas*, II, 14-15, 17. Vieux haut-allemand. Datif pluriel en *ô-m*, avec allongement inorganique de l'*o* des thèmes en *on*, II, 114, note 1.

C. Datif duel, voir *Instrum. duel.*

II. Remarques syntactiques sur le datif: le datif de certains substantifs remplace l'infinitif en sanscrit, voir *Infinitif.* Datif employé pour exprimer le lieu où l'on va, IV, 126.

Déclinaison. Voir les articles : *Cas, Adjectifs, Déclinaison pronominale, Pronoms annexes, Nombres, Duel, Genres,* et de plus chaque cas en particulier. C'est en séparant avec soin les véritables désinences casuelles d'avec le thème que l'auteur a complétement modifié la théorie des différentes déclinaisons dans chacune des langues étudiées (voir à ce sujet, par exemple pour ce qui concerne l'arménien, I, 15, pour ce qui concerne le vieux slave, II, 123-124, cf. III, I-VI; cf. aussi, pour les différentes déclinaisons de chaque langue, l'article *Thème des mots*). Points de repère généraux : 1° Arménien : déclinaison tant déterminée qu'indéterminée de l'arménien, II, 61-62. 2° Grec : 1re déclinaison, I, 277-278; 2e, I, 276. 3° Latin : 1re déclinaison, I, 277; 2e, I, 276; 4e, I, 277, 283; 5e, I, 176-177, 278, 283. 4° Lithuanien : 4e déclinaison d'après Mielcke, I, 277. 5° Vieux slave : 3e déclinaison féminin d'après Dobrowsky (en *ŭ*), II, 128. 6° Gothique : 1re déclinaison forte d'après Grimm, I, 276; 3e forte, I, 277; 4e forte, I, 276; sur la

déclinaison faible, dans les langues germaniques; son origine, I, 280, 292, 324-325; II, 164-165; III, 172.

Degrés de comparaison dans les adjectifs. Voir d'abord III, XIV-XIX; puis II, 175-209.

1° Sanscrit. Comparatif en *tara*, superlatif en *tama*, II, 175. Origine de ces suffixes, II, 175-176; *tara, tama*, II, 177-178, et au lieu d'eux *ďara, ďama, ťama*, II, 180, ajoutés aux pronoms; les suffixes *ťa, tama, ma*, ajoutés aux noms de nombre, II, 186; voir aussi, pour *ma*, II, 177, 185, 244, 248-249, pour *ťama, tama*, II, 244-245, 245-246, pour *ťa*, dans les noms de nombre, II, 244, 246, 247, 248, 249; sur le védique *ta*, dans les noms de nombre, II, 247, note 2; enfin *tama* s'amoindrit souvent en *a* (dans les noms de nombre), II, 245. Comparatif en *îyâṅs, îyâs*, superlatif en *iṣṭa*, II, 186-187, suffixes pour lesquels on trouve aussi *yâṅs, yas, ṣṭa*, II, 189-190; déclinaison du suffixe *îyâṅs*, II, 190; amoindrissement du thème devant *îyas, iṣṭa-s*, II, 187.

2° Zend. Comparatif en *tara*, superlatif en *tĕma* (= sanscrit *tara, tama*), II, 175; comparatif en *yaś* (*yô*), féminin *yêhi*, II, 192; superlatif en *ista* (= sanscrit *iṣṭa*). II, 187, 192; suffixe *ťô, ďô*, dans les noms de nombre, II, 244-245; *mô* (= sanscrit *ma*, dans les noms de nombre), II, 244. Nouveau perse. Superlatif en *terîn*, II, 189, remarque.

3° Arménien. Comparatif en *guin*, II, 206-209; sur le superlatif arménien, II, 209.

4° Grec. τερος, ιστος, τατος, II, 176; εστερος, ιστερος, εστατος, ιστατος, II, 176, 188-189, remarque; αιτερος, αιτατος, II, 189, remarque; s'adjoignent aux pronoms τερος et στος, II, 177; aux noms de nombre στος, II, 246; το-ς (= sanscrit *ťa-s*), II, 186, 244, 246; μος, II, 244; ο-ς (dans ὄγδοος), II, 244. Comparatif en ιων et déclinaison de ce suffixe (= sanscrit *îyâṅs*), II, 191; sur les comparatifs grecs qui ont deux fois la même consonne (κρείσσων, μᾶλλον, κάρρων), II, 192-194; sur ἀμείνων, χείρων, μείζων, ὀλίζων, μειων, II, 194-195; amoindrissement du thème devant ιων, ιστος, II, 187-188.

5° Latin. Comparatif. Les suffixes *ter, terus, terior*, ajoutés à des pronoms, II, 177-178; à des prépositions, II, 178-179. Pour *ter*, voir aussi la liste des *suffixes*. Les suffixes de comparatif *ferus* (*inferus*), et de superlatif *fimus* (*infimus*) = sanscrit *ďara* et *ďama*, II, 180. Comparatif en *ior, ius* (= sanscrit *îyâṅs*), II, 187 190; en *is-ter* (suffixe double), II,

188, remarque. Superlatif en *timus, tumus* (*optimus*), II, 176, 179, 183; en *simus* (dans *maximus*, II, 176; et dans les noms de nombre, II, 245-246); en *limus* (*facillimus*) et en *rimus* (*pulcherrimus*), II, 176-177; en *istimus*, II, 188, remarque; en *issimus*, II, 186, 188, remarque; en *mus*, dans *summus*, II, 177; et dans les noms de nombre, II, 244, 245. Appartiennent aussi au superlatif les suffixes *tus*, II, 244, 248, et *us* (*octâv-u-s*), II, 245, dans les noms de nombre.

6° Lithuanien, borussien. Comparatif lithuanien en *tra-s*, borussien en *tar-s* (= sanscrit *tara*), II, 185; lithuanien en *ēsnis*, féminin *ēsne*, borussien en *aisi*, II, 204-205. Superlatif en *iausia-s*, féminin *iausia*, II, 205-206. Les suffixes *ta-s*, II, 244-245, 248, et *ma-s*, II, 244, dans les noms de nombre.

7° Vieux slave. Comparatif en *torŭ, terŭ* (= sanscrit *tara*), II, 185. Formes qui correspondent au sanscrit *îyâns* : ѣйш *êjś*, nominatif masculin *êj*, féminin *êjśi*, neutre *êje*; ѣш *ĕś*, nominatif masculin ий *ij*, féminin *ĕśi*, neutre *je*, II, 200-204; pour les formes *êjśi, ĕśi*, particulièrement, II, 202-203. Le superlatif dans les langues slaves, II, 204. Appartiennent aussi au superlatif les suffixes *tŭ-i*, II, 248, et *mŭ-j*, II, 248, qui se trouvent dans les noms de nombre.

8° Gothique, allemand. Le suffixe gothique *thar*, vieux haut-allemand, *dar*, moyen haut-allemand, nouveau haut-allemand *der*, ajouté à des pronoms, II, 177-178; voir aussi la liste des *Suffixes*. Gothique *tuman, duman*, nominatif *tuma, duma; tum-ist-s, dum-ist-s*, II, 183-184; *man*, nominatif *ma* (*anhuma, midjuma*), II, 184-185. Les suffixes gothiques *tan, dan*, nominatif *ta, da*, dans les noms de nombre, II, 246, 248. Gothique *iṣan*, nominatif masculin *iṣa*, féminin *iṣei*, neutre *iṣô* = vieux haut-allemand *iro*, II, 196-198. Gothique *ôṣa* (nominatif), vieux haut-allemand *ôro, ĕro*, II, 198-199. Superlatif gothique *ist-s* (= sanscrit *iṣ̌ṭa*), II, 192, cf. II, 199. Gothique *ôst'-s*, vieux haut-allemand *ôst*, II, 199. Les suffixes du superlatif, dans les noms de nombre germaniques, II, 246. Comparatif à double suffixe en vieux haut-allemand, II, 219. Amoindrissement du thème au comparatif, dans les langues germaniques, II, 199-200.

Dénominatifs, voir III, lxxvi-lxxix.

1° Sanscrit. Ses dénominatifs, 257, note 2; III, 101, 115. Particulièrement sur les dénominatifs qui ont *aya* pour caractéristique, III, 439-440; qui sont

formés de thèmes en *n*, III, 444; qui ont pour caractéristique *paya* (rapprochements avec le lithuanien et le vieux slave), III, 447-450; qui ont pour caractéristique *ya* (leurs représentants dans les langues congénères), III, 450-453, 458-459; nés d'un nom d'action par l'addition de *ya*, dans les Védas, III, 452; formés par la simple addition d'un *a*, III, 462-463. Dénominatifs désidératifs du sanscrit (du grec et du latin), voir *Désidératifs*.

2° Zend. Dénominatifs en *ayêmi*, III, 442.

3° Arménien. Dénominatifs divers, III, 464-465.

4° Grec. Dénominatifs en λλω, σσω, αίρω, αίνω (correspondant aux dénominatifs sanscrits en *ya*), 238-239; III, 450-453; en μαίνω, III, 450-451; en αω, εω, οω, αζω, ιζω, οζω (correspondant aux dénominatifs sanscrits en *aya*), III, 441; sur ceux en ίζω, III, 441-442; et sur ceux en αω, αζω, οω, οζω, III, 441-442. Comment le grec forme des dénominatifs de thèmes en ι et en υ, III, 442, note 1, 443; de thèmes en ν et en ς, III, 444. Dénominatifs nés de comparatifs (βελτιόω), III, 444. Dénominatifs correspondant à ceux du sanscrit qui sont formés par la simple addition d'un *a*, III, 463. Dénominatifs en ασκω, ησκω, ισκω, III, 462; en ευω, III, 463-464.

5° Latin. Dénominatifs de la 1re, de la 2e, de la 4e conjugaison (= dénom. du sanscrit en *aya*), III, 439-440, 445-446; ceux qui sont formés de thèmes en *n*, III, 444; ceux qui correspondent aux dénom. sanscrits formés à l'aide simplement d'un *a*, III, 463. Dénominatifs en *igo*, III, 457-458; en *sso* (3e conjugaison), III, 459-460.

6° Lithuanien. Dénominatifs = dénom. sanscrits en *aya*, III, 446-447; ceux en *auju* (= dénom. sanscrits en *paya*), III, 447-448.

7° Slave. Dénominatifs correspondant aux dénominatifs sanscrits en *aya*, III, 446; ceux en *ujuň* = dénom. sanscrits en *payâmi*, III, 449.

8° Gothique. Dénominatifs de la 1re conjugaison faible = dénominatifs sanscrits en *aya*, III, 443-444. Dénominatifs formés de thèmes en *n*, III, 444. Dénominatifs de la 2e et de la 3e conjugaison faible (= aussi dénominatifs sanscrits en *aya*), III, 444-446; sur les dénominatifs en *na* (*ga-full-na-n*), qui sont propres au gothique, III, 453-454. La forme dénominative *na*, devenue en gothique une forme passive, III, 455-456.

Dentales. Celles du sanscrit, 49-

50; elles se changent en cérébrales après un *š*, 49. Celles du zend, 90-92. Celles du vieux slave *t*, *d*, 172, et particulièrement *z*, 174. Les dentales tombent en grec à la fin des mots, 140; en germanique, elles tombent, ou bien elles sont protégées par l'addition d'une voyelle (*tha-ta* = sanscrit *ta-t*), 139-140 [pour la première fois dans la *Grammaire comparée*, 1re édition (1835), p. 399]. Sur les dentales finales en vieux perse, 140. Dentales devenues sifflantes en zend, 109-110, 206-207. Addition inorganique d'une dentale à des muettes initiales d'une autre classe, en grec, 50. Dentales dans les langues germaniques, 139-140. Voir *Moyennes, Ténues, Aspirées, Loi de substitution;* voir aussi les systèmes phoniques.

Désidératifs, voir III, LXXXII-LXXXIII. Leur caractéristique *s;* son origine, III, 432. Désidératifs du sanscrit, III, 217, 223, 227, note 3, 319-320; du zend, III, 431-432; du grec, III, 319-320, 428-430 (ceux en *σειω*, III, 458); du latin, III, 319, 429-431 (ceux en *turio*, III, 458-459). Sur les temps généraux des désidératifs en sanscrit, en grec, en latin, III, 431. Sur les dénominatifs désidératifs du sanscrit qui sont formés à l'aide de *ya*, III, 320; cf. ceux du grec qui sont en *ιάω*, III, 456-457, et ceux du latin qui sont en *io*, III, 459.

Désinences. Pour les désinences casuelles, voir chaque cas. Changement de la désinence *as* en *ô*, en sanscrit et en zend, II, XVI. Pour les désinences personnelles, voir III, LI-LIX, et ce qui suit :

A. Généralités. Désinences plus pleines ou *primaires*, dans les temps principaux, et désinences plus émoussées ou *secondaires*, dans les temps secondaires, III, 7-10, 20-24. Énumération et tableau comparatif des désinences *légères* et des désinences *pesantes*, III, 99-101; cf. III, 81-82 [pour la première fois dans les *Jahrb. für wissenschaftliche Kritik* (1827), p. 259 et suiv., et dans le *Vocalismus*, p. 13 et suiv.]. Pour l'influence exercée par le plus ou le moins de poids des désinences sur les modifications de la racine, particulièrement en ce qui concerne le gouna, voir l'article *Classes*, aux subdivisions *α*, *δ*, *ε*, *ζ*, *θ*, *ι*, *d*, *b;* voir en outre, pour l'influence que cette différence de poids exerce en sanscrit sur la racine *śâs*, III, 89-90; sur la racine *śi* (grec *κεῖμαι*), III, 92-93; sur la racine *kar* (*kṛ*), III, 95-97; pour l'influence de cette différence sur le prétérit à redoublement (parfait), du sanscrit et des langues germaniques, III, 94.

B. Les désinences personnelles proviennent de thèmes pronominaux, III, 20 et suiv.; sur les désinences du moyen, III, 61 et suiv.; particulièrement, III, 73-74.

C. La comparaison des désinences personnelles se trouve pour la 1re personne, III, 10 et suiv.; particulièrement, III, 28-29; pour la 2e, III, 30 et suiv.; particulièrement, III, 46-48; pour la 3e, III, 48 et suiv.; particulièrement, III, 59-60. La 3e personne du pluriel au moyen en sanscrit, en zend et en grec, III, 63, note 2.

D. Liste des désinences personnelles dans chacune des langues étudiées et remarques diverses (à compléter par un coup d'œil sur les articles *Temps* et *Modes*) :

1° Sanscrit. Liste alphabétique :

a (1re personne secondaire au moyen passif), en regard de *μην* en grec, II, 68.

ati, voir *ti*.

atê (3e personne du pluriel au moyen), II, 53, 68-69.

a-n, III, 55-56.

anti, *antê*, voir *nti*, *ntê*.

a-m, à proprement parler *m* seulement, III, 18-20, remarque.

âtâm, *âtâm* (duel), III, 72.

âtê, *âtê*, III, 69, 72.

âna, voir *Impératif*.

âni, voir *Impératif*.

i (1re personne secondaire au moyen passif), III, 68.

is, *it*, voir *Imparfait*.

us, voir *Potentiel*, *Parfait*.

ê (1re personne au moyen passif), III, 69-70.

âi, voir *Impératif* (1re personne).

t (3e personne du singulier secondaire), III, 48-49.

ta, III, 30.

tana (védique 2e personne pluriel), III, 24, remarque.

tam, III, 30.

tas, III, 58-59.

tât, voir *Impératif*.

tâm, III, 59.

ti (3e personne du singulier), III, 48-49.

ti (3e personne du pluriel au lieu de *nti*), III, 52-53.

tu, voir *Impératif*.

tê, III, 62-63, 74.

ta, III, 30-31.

tas, III, 30-31.

tâs, III, 64-66, 73-74.

d'i, voir *Impératif*.

d'vam, III, 30, 72, 73, 74.

d'vê, III, 30, 69, 72-73.

nti, III, LII, 51-52.

ntu, voir *Impératif*.

ntê, III, LIII, 52, 69.

m (1re personne secondaire, ce n'est pas *am*, III, 18-20, remarque), 18, 20.

ma, *mas*, III, 21, 25; cf. III, 22-24.

masi, III, 22.

mahi, *mahê*, *mahâi*, III, 69. Pour *mahâi* (*âmahâi*), 1re personne du pluriel impératif moyen, voir

aussi III, 369; *maḥê*, amoindrissement de *madê* [pour la première fois dans la *Grammatica critica*, p. 146].

mi, III, 10-12, 20.

ran, III, 63, note 2.

rê, voir *Parfait*.

va, *vas*, III, 10, 26.

vaḥi, *vaḥê*, *vaḥâi*, III, 69.

śi (= *si*), III, 34.

s, III, 34.

sí, III, 34.

sê, III, 69.

sva, voir *Impératif*.

ḥi, voir *Impératif*.

1° *bis*. Formes secondaires de la 1re personne du singulier en prâcrit, III, 49. 1re personne en *ûn*, en mahratte, IV, 134-135.

2° Zend, voir le paragraphe C de cet article. 1re personne du singulier primaire en *mi*, suppression de cette désinence au présent, III, 315; secondaire en *m*, III, 18; 1re personne du duel, elle est sans exemple connu, III, 27; 1re personne du pluriel en *mahi*, III, 22; en *maidê*, III, 69. Sur la 2e personne du singulier, III, 34-35. Désinences *ta*, *ta*, III, 33-34. Désinence *ṇha*, *śa* (au moyen), II, 64-65. Pour le subjonctif, voir plus bas (p. 79a). Sur la 3e personne singulier, III, 48-49; sur la même au moyen passif, III, 62-63. Pour le subjonctif, voir plus bas (p. 79b). Sur la 3e personne du duel en *tô* (= sanscrit *tas*), III, 59; 3e personne du pluriel en *ěnti*, *ainti*, III, 62, note 3; sur la même dans les verbes de la 3e classe, III, 52-53; 3e personne du pluriel secondaire en *ě-n*, III, 56. Sur les désinences du moyen, III, 61 et suiv.

2° *bis*. 1re personne du singulier du nouveau perse, III, 17.

3° Arménien. Sur la 1re personne du singulier, III, 17, 18; 1re personne du pluriel en *mq̇*, *q̇*, III, 25-26; 2e personne du singulier primaire en *s*, III, 38-39; secondaire en *r*, III, 39; 2e personne du pluriel en *q̇*, III, 40; 3e personne du singulier, III, 54-55; du pluriel primaire, III, 54; secondaire en *n*, III, 58.

4° Grec. Voir le paragraphe C de cet article. Ensuite: *Actif*. 1re personne du singulier primaire, elle fut d'abord partout en *μι*, désinence perdue dans la conjugaison en *ω*, III, 10-12; de même au futur, III, 10, note 2; secondaire en *ν*, mais la désinence manque à l'aoriste 1er. III, 18; 1re personne du pluriel d'abord *μες*, puis *μεν*, III, 21, 22, remarque; 2e personne du singulier, III, 36; du duel (*τον*); du pluriel (*τε*), III, 30, 33-34; 3e personne du singulier en *τι* (*ἐσ-τί*), *σι*, III, 49. Sur les formes comme *φέρει*, III, 49; sur les formes secondaires, III, 49. 3e personne du duel en *τον* (= sanscrit *tas*), *την*, *των* (= sanscrit

tâm), III, 58; 3e personne du pluriel primaire d'abord *ντι*, III, 51, 52, 53, 54. Sur *ουσι* (*τύπτουσι*), III, 57, note 1; sur *ᾱσι* (*δεικνύᾱσι*), III, 51-52; secondaire *ο-ν*, III, 55-56. Sur les désinences du moyen, III, 61 et suiv.; désinence *μαι*, III, 11-12, 69-71, 74; *μην*, *μᾱν*, III, 68, 73-74; *μεθα*, III, 69; *σαι*, III, 69-71, 74; formes comme *τύπτῃ*, III, 70; désinence *σο*, III, 64; désinences *σθον*, *σθην*, III, 72; *σθε*, III, 73, 74; *σθω* (à l'impératif), III, 73; *ται*, III, 69-70, 74; pluriel *νται*, *αται*, III, 69. Cf. aussi III, 53, et pour le dialecte ionien, III, 53-54.

5° Latin. Voir le paragraphe C de cet article. Ensuite: la désinence primaire de la 1re personne du singulier (sanscrit *mi*) s'est perdue presque partout en latin, III, 11, 128; désinence secondaire *m*, III, 18. 1re personne du pluriel *mus*, III, 21. Adjonction de la désinence aux racines de la 2e classe sanscrite, III, 82-83. Sur la 2e personne du singulier en *s* (passif), pluriel *tis*, *te*, III, 33; 3e personne du singulier secondaire en *t*, III, 49; du pluriel primaire en *nt* (= sanscrit *nti*), III, 51; secondaire en *a-nt*, III, 58. Désinence *mini* (au passif), voir *Passif*. Pour les désinences non citées ici voir *Passif*, *Impératif*, *Parfait*, etc.

6° Lithuanien, lette, borussien. 1re personne du singulier primaire, souvent *mi*, III, 12-13. Sur les formes finissant par *u*, *au*, III, 14-15; sur les formes secondaires, III, 20. Sur le lette *mu*, le borussien *mai*, III, 37. Duel *wa*, III, 26; pluriel *me*, III, 24. 2e personne lithuanienne *si*, III, 36; *i*, 36, 38. Sur le borussien *sai*, *sei*, *se*, *si*, III, 37. Lithuanien *ta*, III, 33; *te*, III, 33. Sur la 3e personne du lithuanien dans les trois nombres, III, 50.

7° Langues slaves. Sur la différence des genres dans les désinences personnelles en vieux slave et en slovène, III, 347, remarque. 1re personne du singulier primaire, vieux slave *mi*, *uṅ*, III, 15; slovène *a-m*, *e-m*, *i-m*, III, 15-16; cf. III, 17. Sur le bohémien, III, 17, note 1. Sur les formes secondaires en vieux slave, III, 9-10, 20. 1re personne du duel *vê*, III, 26; du pluriel *mŭ* (slovène *mo*), III, 24; 2e personne primaire *si*, *ši*, III, 35-36. Sur les formes secondaires, III, 38. Désinence *ta*, III, 33; *te*, III, 33. 3e personne du singulier, désinence primitive *ti*, III, 90, remarque; ordinaire *tĭ*, III, 49-50. Sur les formes secondaires, III, 49. Duel *ta* (primaire et secondaire), III, 59. Pluriel (primaire) *aṅtĭ*, *uṅtĭ* (= sanscrit *anti*), III, 54; pluriel (secondaire) *aṅ*, *uṅ* (= sanscrit *an*), III, 57.

8° Langues germaniques. Voir

le paragraphe C. Ensuite : *Actif.* Sur la 1re personne du singulier primaire en gothique, III, 16 ; en vieux haut-allemand, III, 16-17 ; en nouveau haut-allemand, III, 17 ; secondaire, en gothique, en vieux haut-allemand, III, 8-9, 20. Sur la 1re personne du duel en gothique, III, 26-27 ; sur la 1re personne du pluriel en *m, ma,* dans le gothique, III, 24-25 ; sur le vieux haut-allemand *mês,* III, 24-25. 2e personne du singulier gothique *s,* III, 36 ; vieux haut-allemand *s, st,* moyen haut-allemand et nouveau haut-allemand *t,* III, 38 ; duel gothique *ts,* III, 32-33 ; pluriel gothique *th,* III, 33-34 ; haut-allemand *t,* III, 34. 3e personne du singulier primaire en gothique et en vieux haut-allemand, III, 50 ; secondaire, en gothique, III, 49 ; pluriel primaire en gothique *nd,* III, 51 (sur le nouveau haut-allemand, III, 54 ; sur le vieux saxon et l'anglo-saxon, III, 55, note) ; secondaire, en gothique *na* (au subjonctif), *un* (au parfait), III, 56. *Passif :* désinences *da, ṣa, nda,* en gothique, III, 61, 62, 63, 64 ; subjonctif du passif et du moyen, en gothique, voir plus bas (p. 80*), au mot *Subjonctif,* n° 7.

9° Irlandais. Sur la 1re personne du singulier, III, 17. Sur la désinence *maid, maoid* (= zend *maidê*), III, 134, note 7.

Dêvanâgari, écriture du sanscrit, 191.

Digamma, 56-57.

Diminutifs en *ισκος, ισκη*, IV, 316.

Diphthongues du sanscrit, 28-30. Voir les systèmes phoniques et les articles *Gouna, Vriddhi, Affaiblissement de la voyelle.*

Duel, xxxvi, 274. Duel du vieux slave, II, 143-145 ; ce qui reste du duel en latin, II, 9 ; en arménien, II, 219.

Dvandva, voir *Composés copulatifs.*

Dvigu, voir *Composés collectifs.*

Éclipse (terme employé par les grammairiens irlandais), II, xviii.

Écriture. Celle du sanscrit, 67 et suiv. ; du zend, 113 et suiv. ; du vieux slave (les voyelles), 162 et suiv., (les consonnes), 172 et suiv. ; de l'arménien, 402-404.

Euphonie. Doublement euphonique de *n,* en sanscrit, en gothique, en allemand, IV, 193-194, note 2 ; *n* (*ṇ*) euphonique dans la déclinaison en sanscrit, I, 307-308 ; II, 6, 51-52, 76, 222 ; en zend, II, 76-77 ; en gothique, I, 308 ; en vieux haut-allemand, en vieux saxon, en anglo-saxon, II, 76 ; *y* euphonique, en sanscrit, en zend, I, 96 ; *h* euphonique, devant *r* en zend, I, 101 ; *ṇ* euphonique, de-

vant *hr*, I, 105-106, et ailleurs en zend, I, 106-107; *ś*, *ś*, devant *d*, *t*, en vieux slave, I, 182-183; *t*, *t*, *n* euphoniques en sanscrit, *n* euphonique en zend et en latin, ϑ, ν euphoniques en grec, devant le suffixe *as*, IV, 289, remarque; 296, note 3.

Expressions incomplètes, III, 170-171, remarque.

Flexion. Comparaison de la flexion dans les langues indo-européennes et dans les langues sémitiques, 225 et suiv. Analyse de la flexion, son utilité, II, xxxiv. Étymologie des désinences casuelles, II, xxxiv-xxxv.

Formation des mots, IV, i-xxi, 1-415. Voir la fin de la table.

Forme fondamentale des noms, voir *Thème des mots*.

Futur, voir III, lxix-lxxi. Points de vue généraux : Sanscrit. Il y a deux futurs, le futur auxiliaire et le futur participial. Le dernier ne se retrouve qu'en zend, le futur auxiliaire se retrouve en grec dans le futur 1er, il se retrouve aussi en lithuanien, ce qui en reste en vieux slave et en latin (futur passé archaïque en *so*). En latin, le futur de la 3e et de la 4e conjugaison est proprement un potentiel; les futurs en *bo* (il y en a de semblables en irlandais) sont une création postérieure du latin. Le futur de l'arménien correspond au précatif du sanscrit; le futur tient de près au subjonctif, III, 336. Tableau comparatif du futur à auxiliaire sanscrit, et des formes correspondantes en zend, en lithuanien, en latin et en grec, III, 312-313.

1° Sanscrit.

A. Futur à auxiliaire (*bôtsyâ-mi* de la racine *bud*), III, 298, 299, 300, 311-312; analyse de ce futur, III, 303-304, 371. Origine de la caractéristique de futur *ya*, III, 318. Futur remplacé par des désidératifs, III, 319. Futur à auxiliaire du prâcrit, III, 302.

B. Futur à participe, III, 295, 298; analyse de ce futur, III, 296; sur la 3e personne du même, III, 295, 296; sur le moyen du même, III, 296, remarque.

C. Manière d'exprimer le futur passé en sanscrit, III, 139-140.

Appendice : futur de l'indoustani, IV, 192.

2° Zend. Futur à auxiliaire, III, 312, 314-315, 316-317; cf. III, 301. Suppression de la désinence de la 1re personne du singulier à ce futur, III, 314-315. Reste du futur à auxiliaire en nouveau perse (*bâśem*), III, 307. Futur à participe, III, 315-316.

3° Arménien. Futur comparable au précatif sanscrit, 409-410,

411; III, 329-330. Futur de l'ossète, II, 16, note.

4° Grec. Futur 1[er] = futur à auxiliaire sanscrit, III, 302-303, 311-312. Futur dorien en *σῶ*, III, 302-303; en *ιῶ*, III, 302. Futur du verbe substantif, III, 301-302. Sur le futur 2e du grec, III, 303. Futur antérieur du grec, IV, 151-152. Futur 1er passif, III, 275-276; futur 2e passif, III, 276-277. Périphrase du futur à l'aide de *μέλλω*, III, 308-309; futur périphrastique du grec moderne, III, 318-319.

5° Langues italiques. 1° futur passé archaïque en *so* (*faxo*, *axo*) = sanscrit futur à auxiliaire, III, 312, 315, 150-151; en *asso*, *esso*, III, 151-152. Futur du verbe substantif, III, 299, 300, 301. 2° futur ordinaire de la 3e et de la 4e conjugaison = potentiel du sanscrit [pour la première fois déjà dans le *Conjugationssystem* (1816), p. 98], III, 342, 343; sur la 1re personne du même, III, 341-342. 3° futur en *bo*, de la 1re et de la 2e conjugaison [expliqué pour la première fois déjà dans le *Conjugationssystem*, 1816], III, 154, 309, 336; futur de la 3e conjugaison en *ébo*, de la 4e en *ibo*, *ibor*, III, 157; cf. n° 9 (irlandais). 4° futur antérieur du latin, III, 149-150. Futur antérieur de l'osque et de l'ombrien, III, 152-153.

5° *bis*. Futur des langues romanes, particulièrement du provençal, III, 306-307.

6° Futur du lithuanien = futur à auxiliaire du sanscrit, III, 298, 300. Futur à auxiliaire du lette, III, 305; particulièrement II, 320, remarque.

7° Vieux slave. Reste du futur à auxiliaire du sanscrit en vieux slave, III, 305-306. Sur le futur du verbe substantif (*bunduñ*), III, 278. Sur le slovène, le polonais, le russe, le bohémien, III, 304; sur le serbe, III, 304-305. Périphrase du futur en vieux slave au moyen de différents verbes, III, 306, 319. Le futur remplacé par le présent, III, 306; par le présent précédé d'une préposition (en bohémien), III, 305.

8° Langues germaniques. Le futur manque; il est remplacé dans le verbe substantif par *vairtha*, en gothique, III, 308; dans d'autres verbes par le présent (en gothique et en vieux haut-allemand), III, 308; par le subjonctif (en gothique), III, 307. Futur (périphrastique) avec *haban* en gothique, III, 307; avec *man*, *manum*, en gothique et en vieux norrois, III, 308; avec *werden*, en nouveau haut-allemand, III, 308; avec *sollen*, en vieux haut-allemand, III, 308; avec *wollen*, en vieux haut-allemand, III, 308, et en anglais, III, 306, note 3.

9° Irlandais. Futur de l'irlandais correspondant au futur latin en *bo*, III, 155, 311; sur le futur du verbe substantif, III, 301.

Futur. Comment il est exprimé dans les langues de la Malaisie et de la Polynésie, III, 174.

GÉNITIF.

A. Génitif singulier. Passage principal, 411-430. Tableau comparatif pour toutes les langues (excepté le génitif ordinaire du latin, dans la 1re et la 2e déclinaison, lequel est proprement un locatif), 430.

a. Sanscrit. Désinences *sya, s, as, âs,* 412; origine de la désinence *sya, s,* 428; usage de la désinence *sya*, 414. Gouna au génitif dans les thèmes en *i* et en *u*, 412. Désinence *as*, dans les thèmes en *i* et en *u* (en védique), 414; désinence *us* (dans *páti, sákí*, et quelques adjectifs), 414. Génitif en *ur* des thèmes en *ar* et en *âr* (*r*), 425. Désinence féminine *s, âs,* 425.

Appendice. Génitif de l'hindoustani, II, 287, note 3.

b. Zend, vieux perse, nouveau perse. Zend. Désinence *hyâ, �qyâ, hê* (vieux perse *hyâ, hya*) = sanscrit *sya*, 414-415. Désinence *aś*, devant l'enclitique *ća*, 425. Désinence *s*, et aussi *ô* (de *as*), dans les thèmes en *u*, 413. Gouṇa au génitif, 412, dans les thèmes en *i*, *ôis*, 426; III, 349, note 3 (cf. vieux perse *âiś, aiś*, I, 427-428); dans les thèmes en *u*, *eu-s*, I, 413. Désinence *aś-(ća), ô, s*, dans les thèmes en *r*, I, 425. Désinence féminine *âo* = sanscrit *âs*, I, 425. Génitif employé au lieu du locatif, I, 433-434. Nouveau perse. Génitif exprimé par l'*i*, *iṣâfet*, II, 64.

c. Arménien. Génitif-datif singulier, 415-417. Désinence pronominale *r, ra* (génitif seulement), 415-416; II, 251, 381-382. Génitif sans signe casuel des thèmes en *u* (*nu*), I, 416; des thèmes en *i*, I, 417; des thèmes en *n*, I, 396. Pour les formes pronominales, voir aussi la table des mots.

d. Grec. Génitif en οιο (ο-ιο), de thèmes en ο, 418; II, 94, 257, note 1; en ου, I, 418; homérique en αο (Βορέαο), I, 419. Génitif en ος, I, 412-413. Génitif féminin de la 1re déclinaison, I, 426. Génitif attique en ως (πόλεως), I, 426, note 1; ε-ως de thèmes en υ, au lieu de υ-ος, II, 258-259. Génitif à double désinence (ἐμοῦς), I, 420.

d bis. Albanais. Sur le génitif en cette langue, 194.

e. Langues italiques. Désinence du génitif réel, en latin *s, is, os, us*, 413; *jus* (*hujus*), 419, cf. III, XXVIII. Génitif archaïque en *âs*, dans la 1re déclinaison, 427. Génitif osque en *eis*, 420-421;

en *ās* (1re déclinaison), 427; ombrien en *as, ar* (1re déclinaison), 421, 427; messapien en *hi*, II, 93, remarque 2; étrusque en *as, es* (de noms propres féminins en *a, ia*), I, 427. En latin, le génitif ordinaire de la 1re déclinaison en *ae* (archaïque *ai*), et de la 2e en *ī*, correspond au locatif sanscrit, I, 434. Sont aussi au locatif les adverbes en *ē* (*novē*), I, 438, 440, note 2.

f. Langues lettes. 1° Borussien. Génitif en *se, sei, ssei*, 415, 423; en *s*, 423; en *i-s* des thèmes en *i*, 427, note 1. 2° Lithuanien. Désinence de génitif *s*, gouna au génitif, 412; sur *ēs* des thèmes en *i*, 427. Génitif en *ō* des thèmes masculins en *a*, 422; en *ōs* (féminin), 193. 3° Lette. Génitif sans signe casuel, 422.

g. Vieux slave. Sur la désinence *go* (*čisogo, česogo*) = sanscrit *sya*, II, 139-140; sur le génitif *čiso, česo*, II, 140, note 3. Désinence *e* (= sanscrit *as*) dans les thèmes à consonnes et dans les thèmes féminins en *u*, II, 139. Génitif en *a* (sans signe casuel) dans les thèmes en *o*, génitif en *u* des thèmes en *ŭ* (cf. sanscrit *ō-s*), génitif en *i* (sans signe casuel) des thèmes (masculin et féminin) en *i*, II, 140-141. Génitif en *ū* des thèmes féminins en *a*, II, 141; en *jañ* des thèmes féminins en *ja*, II, 141; génitif en *śañ* des thèmes féminins en *śa* (de *chju*), II, 141-142.

h. Langues germaniques. Voir le renvoi au tableau comparatif au commencement de cet article. Génitif terminé par *s* en gothique, gouna au génitif (*ai-s, au-s*, dans les thèmes en *i* et en *u*), 412. Sur le génitif gothique principalement, 423-424. Sur celui des féminins, 426. Sur celui des pronoms qui est en *ṣôs* (*thiṣôs*, féminin), 375, 426. Vieux haut-allemand. Génitif singulier en *es* dans les thèmes en *a*, II, 88, note 3. Vieux saxon. Génitif, I, 423. Vieux norrois. Génitif en *r*, I, 427. Haut-allemand. Génitif sans signe casuel, I, 412. Génitif avec signe casuel restitué (*Herzens*). Voir la table des mots à *Herzens*.

B. Génitif pluriel, II, 75-80. Tableau comparatif pour toutes les langues étudiées, II, 80-81.

a. Sanscrit. Désinence *âm*, II, 75-76; dans les pronoms *sâm*, II, 77 et suiv.; *n* (*ṇ*) euphonique devant *âm*, II, 76-77; sur *ṝṇâm* dans les thèmes en *ar, âr* (*ṛ*), II, 81, notes 1 et 3.

b. Zend. *añm* (= sanscrit *âm*), II, 75; dans les pronoms *śañm* (*aitaiśañm*), féminin *ṇhañm* (*âoṇhañm*), II, 77-78, 80, note 2; *n* euphonique devant *añm*, II, 76-77.

c. Grec ων = sanscrit *âm*, II, 75; αων, εων, II, 79.

d. Latin. Désinence *um* (= sanscrit *âm*) dans la 3ᵉ déclinaison, II, 75-76, parfois aussi dans la 1ʳᵉ (*agricolum*), et dans la 2ᵉ (*deum*), II, 79, 286, remarque. La désinence *rum* (*ô-rum, â-rum* = sanscrit *sâm*) appartient proprement à la déclinaison pronominale (*quō-rum, quā-rum*), d'où elle a pénétré dans la 1ʳᵉ et dans la 2ᵉ déclinaison des substantifs, II, 78-79, 80; quelquefois aussi dans la 3ᵉ (*bovĕrum, regĕrum*), II, 79. Désinence *um, om* en ombrien et en osque, désinence *rum* en ombrien, *zum* en osque, II, 79-80.

e. Langues lettes. Borussien *n* = sanscrit *âm*, II, 76; *son* = sanscrit *sâm*, II, 78. Lithuanien *ŭ* = sanscrit *âm*, II, 76; *su* = sanscrit *sâm*, II, 78.

f. Vieux slave. Désinence *ŭ* (= sanscrit *âm*) dans les thèmes à consonnes, II, 149. Sur le génitif en *ŭ* des thèmes en *o* et en *a*, II, 149; sur le génitif en ии *ij* (sans signe casuel) dans les thèmes en *i*, II, 149; sur *desaṅtŭ*, II, 149-150. Désinence *chŭ, sŭ* = sanscrit *sâm*, II, 78, 150.

g. Gothique. *ê, ô* = sanscrit *âm*, II, 75-76; sur *iv-ê* (*sunivê*) dans les thèmes en *u*, II, 80, note 5. *n* euphonique devant cette désinence de génitif en vieux haut-allemand, en vieux saxon, en anglo-saxon, II, 76. Gothique *sê, sô* = sanscrit *sâm*, dans les pronoms et dans les adjectifs, II, 77-78; correspond à *ro* en vieux haut-allemand, à *r* (*der*) en nouveau haut-allemand, II, 78.

C. Le génitif-locatif duel en *ôs* dans le sanscrit n'est représenté qu'en zend (désinence *ô*), II, 32-33; qu'en lithuanien (désinence *n*), qu'en vieux slave (désinence *u*) dans les substantifs et les adjectifs, II, 33, 143, remarque 3; (désinence *ij-u*) dans les thèmes en *i*, et dans ceux en *n* élargi d'un *i*, II, 145; (désinence *oj-u* = sanscrit *ay-ôs*) dans les pronoms, II, 143, note 3. Le génitif-datif duel grec correspond à l'instrumental-datif-ablatif sanscrit. Voir *Instrumental*, paragraphe C.

Genre. Généralités, 273. L'arménien n'a pas la distinction des genres, 401; II, 35, 60-61, 99, note 2. Le zend, sans tenir compte du genre qu'un nom a au singulier, le fait ordinairement du neutre au pluriel, II, 47, note 1. Sur le féminin latin-grec en *us, os*, IV, 256, remarque.

Germanique, ce qu'il est par rapport au letto-slave, 17 et suiv., xxxiii.

Gérondif. Le gérondif du sanscrit en *tvâ* est proprement l'instrumental du suffixe *tu* [déjà expliqué ainsi dans le *Conjugationssystem* (1816), p. 39, 43], IV, 121 et suiv., 159.

note 5, 160, 162, 164, remarque; ce gérondif tenant lieu d'une préposition, IV, 165, remarque. Gérondif védique en *tvî*, IV, 129; en *tvâya*, IV, 130; en *tvînam, tvânam*, IV, 131. Prâcrit. Gérondif en *dua*, en *ùṇa*, en *tûṇa*, IV, 135. Mahratte. Gérondif en *ùn*, IV, 134-135. Gérondif sanscrit en *ya*, IV, 212; il tient lieu d'une préposition, IV, 165, remarque. Gérondif du latin, IV, 51; cf. IV, XIII.

Gouna ou renforcement de la voyelle. 1° Signification du mot, 68-70. En sanscrit le gouna de *i, î*, est *ê*; celui de *u, û*, est *ô*; par contre *ar* n'est pas le gouna de *r̥, r̥̂*, mais *r̥, r̥̂*, sont l'affaiblissement de *ar*, 69-70. En grec, le gouna de ι est (αι) ει, οι, celui de υ est ευ, 70-71; III, 97-98. Gouna réel en latin, I, 71. En germanique, le gouna a lieu tantôt par *a*, tantôt par *i*, I, 71-73, 75-77. Détail: *i* devient en gothique, soit *ai* (vieux haut-allemand *ei*, vieux saxon *ê*), I, 72-73; soit *î* (= *i* + *i*, écrit *ei*), I, 76; *u* devient en gothique, soit *au* (vieux saxon *ô*), I, 72-73; soit *iu*, d'où parfois *ju* (*sunjus*), I, 75; et *iv* (*sunivê*), I, 76. Gouna en lithuanien (*ei, ai*, de *i, y*), I, 73-74; (*au* de *u*), I, 74. Le gouna apparaît en vieux slave, sous la forme de *oj*, *u* (оу), *ov* (ов), I, 74-75, 170-172; III, 114, 156. 2° Sur le gouna dans la conjugaison, III, 132, remarque 3. Voir aussi *Causatifs*. Pour la dépendance où le gouna est du poids des désinences personnelles, voir dans l'article *Classes* les passages concernant les désinences personnelles, tant légères que pesantes. Le gouna a un rôle très-important dans la conjugaison forte des langues germaniques; voir là-dessus l'article *Apophonie* (*ablaut*). 3° Sur le gouna et la vriddhi, dans la formation des mots en sanscrit, IV, 911, remarque. Renforcement de la voyelle du thème primitif en grec, devant le suffixe neutre ος, IV, 290; devant ιος, IV, 332. 4° Gouna remplacé par l'allongement de la voyelle, particulièrement en latin, I, 124, 232, 233, note 3, 284-285; II, 45; mais aussi en sanscrit et en grec, I, 124, 233, note 1; en gothique, I, 233, note 1; et en vieux haut-allemand, I, 124.

Grec. Ce qu'il est par rapport au latin, 3-4.

Gutturales: du sanscrit, 46-47; du zend, 85-86; du vieux slave, 172-173; du gothique et de l'allemand, 133-138. Une gutturale au lieu d'une labiale en latin, 60, note 1. Transformation des gutturales en labiales, II, 319, remarque. Gutturales permutant avec des linguales en sanscrit, I,

46; avec des sifflantes en vieux slave, I, 173, note 1. Les gutturales s'adjoignent souvent en latin et en germanique un *v* euphonique (gothique *hv*, latin *qu*), I, 133-135. Gutturales nées d'un *v* durci, I, 57-58. Ce que les gutturales sont par rapport aux palatales, voir *Palatales*.

IMITATIFS. Verbes imitatifs latins en *sso* (1re conjugaison), III, 459.

IMPARFAIT. Le sanscrit n'est exactement représenté pour tous les verbes qu'en zend et en grec. Tableau comparatif de l'imparfait, en sanscrit et en grec, III, 144. Tableau comparatif de l'imparfait du verbe substantif en albanais, en grec, en latin, en vieux slave, en arménien, III, 163.

1° Sanscrit. Son imparfait ou prétérit uniforme à augment appartient aux temps spéciaux; il a la caractéristique de classe et les désinences émoussées ou secondaires, III, 143-145. Imparfait des racines en *s* de la 2e et de la 3e classe, III, 160-161. Désinences de la 2e et de la 3e personne du singulier *îs*, *ît*, dans quelques verbes, III, 161. Imparfait du verbe substantif, III, 161-163. Imparfait moyen, III, 167-168. Imparfait moyen du verbe substantif, III, 178. Imparfait remplaçant le subjonctif après *mâ*, soit en gardant, soit en rejetant l'augment, III, 147-148.

2° Zend. Son imparfait = celui du sanscrit, mais il est souvent sans augment, III, 144 et suiv. Il s'emploie comme subjonctif présent, III, 146-147. Pour l'emploi de l'imparfait en zend, voir aussi III, 289-290. Imparfait du verbe substantif, III, 161. Imparfait moyen, III, 167. Imparfait du subjonctif, voir *Subjonctif*, sous le n° 2.

3° Arménien. Il ne paraît avoir conservé qu'un seul imparf. simple, celui du verbe substantif (*êi*, *eram*), III, 148, 159, 162. L'imparfait des autres verbes est un imparfait composé (*berêi*), III, 148-149; mais l'impératif prohibitif est très-probablement un imparfait privé de l'augment; voir *Impératif*, sous le n° 3.

4° Grec. Son imparfait = celui du sanscrit, III, 143-144. Imparfait du verbe substantif, III, 158-159, 163. Imparfait moyen, III, 167. Formes en *εσκον*, *εσκομην*, *ασκον*, *ασκομην*, III, 198, note 1; 461. 3e personne du pluriel en *σαν*, dans la conjugaison en *μι*, III, 292.

4° *bis*, Albanais. Imparfait du verbe substantif, III, 162-163.

5° Latin. Seul l'imparfait *eram* est simple, III, 159, 162, 163, 164. Les imparfaits en *bam* sont des composés de création latine

contenant la racine *bû* [pour la première fois déjà dans le *Conjugationssystem* (1816), p. 29], III, 152, 154, note 1; 163-164, remarque. Passages concernant spécialement l'imparfait en *êbam* de la 3ᵉ conjugaison, III, 156-157; l'imparfait en *iêbam* de la 4ᵉ, III, 157; et l'imparfait *dăbam*, III, 158. Pour l'imparfait du subjonctif, voir *Subjonctif*, sous le n° 5.

6° Lithuanien. Son imparfait d'habitude en *dawau* (il contient la racine dont la forme est *dā* en sanscrit, III, 150-152, 280 [pour la première fois dans la *Grammaire comparée*, 1ʳᵉ édit., § 525]. Pour le reste, voir *Aoriste*, sous le n° 6.

7° Vieux slave. Son imparfait, III, 152-154, 163.

8° Nouveau haut-allemand. Son imparfait correspond au parfait gothique.

Imparfait d'habitude en lithuanien. Voir *Imparfait*.

Imparfait sans augment. Voir *Impératif*, n° 1, ou *Imparfait*, n° 1.

Impératif. Tableau comparatif de l'impératif du sanscrit, du zend, du grec, du latin, du gothique, III, 389-390. Sur la 2ᵉ personne de ce même temps dans la 1ʳᵉ conjugaison principale, III, 43. Pour l'impératif de l'arménien, voir ci-dessous n° 3. L'impératif du vieux slave et du slovène correspond au potentiel du sanscrit, celui du lithuanien, qui est formé à l'aide d'un *k*, correspond au précatif du sanscrit, la 3ᵉ personne de l'impératif lithuanien est simplement celle de l'indicatif présent, autres formes qui correspondent au potentiel; l'impératif du lette et du borussien correspond au potentiel du sanscrit.

1° Sanscrit. *a*. Impératif du présent, III, 373 et suiv. L'impératif garde en sanscrit les renforcements de l'indicatif présent, III, 375. Sur la 2ᵉ personne du singulier dans la 1ʳᵉ conjugaison principale, III, 374. Désinence *âna*, dans les racines de la 9ᵉ classe terminées par une consonne, III, 104. Désinence *dī*, *ḥi* (grec θι, zend *dī*, *di*) dans la 2ᵉ personne de l'impératif (la désinence primitive est *dī* [pour la première fois dans l'*Ausführl. Lehrgebäude* (1827), § 315, remarque]), III, 40-42. Suppression de cette désinence, III, 43. Désinence de la 2ᵉ personne du moyen *sva*, III, 377 et suiv. Sur la 2ᵉ personne pluriel de l'actif, III, 376. Pour la 2ᵉ personne du moyen *dvam*, voir le tableau comparatif des désinences personnelles. Désinence de la 3ᵉ personne du singulier et du pluriel à l'actif *tu*, *ntu*, III, 377. Désinence védique de la 2ᵉ et de la 3ᵉ personne *tât*, III, 67-68, 73-74,

377. La 1re personne de l'impératif appartient proprement au leṭ (subjonctif); sur cette personne (désinence de l'actif *âni*, du moyen *ai*), III, 369, remarque, 380 et suiv. Détail : cette personne dans la 1re et dans la 2e classe, III, 381, 384-385 (pour la 2e classe, voir aussi III, 384); dans la 5e et la 8e classe, III, 383; dans la 7e, III, 383; dans la 9e, III, 384. Sur la 1re personne pluriel de l'impératif moyen, III, 369. — *b.* Védique. Impératif de l'aoriste, III, 390, 393-394. Impératif du futur à auxiliaire, III, 394-395. Impératif employé au lieu du subjonctif après *yádi*, *cêt*, III, 395, note 5. Impératif périphrastique avec *karôtu*, III, 260, remarque. — *c.* Impératif exprimé par l'imparfait sans augment après la particule prohibitive *mâ*, III, 148, 380, remarque. — *d.* Impératif de l'hindoustani et du mahratte, IV, 192-193.

2° Zend. *a.* Impératif présent. 2e personne du singulier de l'impératif actif dans la 1re conjugaison principale, III, 374. Sur la désinence *d'i*, *di* = sanscrit *d'i*, *hi*, III, 41. Désinence du moyen *ṇuha* (= sanscrit *sva*), III, 377 et suiv., 393, 431-432. Désinence de l'actif *tu*, *tû* (3e personne = sanscrit *tu*), III, 377. 1re personne de l'impératif en zend, particulièrement les désinences *âni*, *ânê*, III, 380-381, 388. Passages concernant spécialement la 1re conjugaison principale, III, 385-386; la 5e classe, III, 383; la 9e, 384. Exemples de ces désinences, III, 386. Au lieu de *âni*, on trouve aussi *êni*, III, 388, note 2; au lieu de *ânê*, on trouve aussi *ai*, III, 388, et *ênê*, III, 388, note 3. — *b.* Impératif employé au lieu du subjonctif après *yaṭa*, III, 388. Impératif de l'aoriste 2e actif et moyen (en *ṇha*), III, 393.

3° Arménien. Impératif affirmatif (proprement impératif aoriste). III, 391-392. Impératif prohibitif, III, 39, 148, 380, remarque. 391-392 (proprement imparfait). Impératif futur, III, 395.

4° Grec. *a.* Impératif présent. Il garde les renforcements de l'indicatif présent, III, 375; sa 2e personne du singulier de l'actif dans la conjugaison en *ω* n'a pas de désinence, III, 374. 2e personne du pluriel, III, 376. Impératif en *θι* = sanscrit *d'i*, *hi*, III, 40-42. 2e personne du moyen en *σο*, *ου* (= *ε-σο*), III, 379-380. Désinence *τω* (3e personne du singulier), III, 66-67, 73. Désinence *των* (duel), III, 374; cf. II, 58. Désinence *ντων* (3e personne du pluriel *λεγόντων*), III, 376-377; voir aussi III, 183-184. Sur les formes doriennes de la 3e personne du pluriel en *ντω*, III, 377; cf. III, 23. Désinence *σθω*, III, 73. — *b.* Im-

pératif de l'aoriste 1er, actif en σον, III, 390-391 ; moyen en σαι, III, 391. Désinences σάτω, σατον, σάντων, III, 391. Impératif de l'aoriste 2e, III, 393-394. Impératif de l'aoriste 1er passif, III, 275.

5° Latin. 2e personne du singulier de l'impératif, III, 374, 376. Formes *dic, duc*, III, 375, note 1. 2e personne du pluriel, III, 376. Désinence *to*, III, 67, 376 = osque *tud*, III, 66, 376. Désinence *tôte*, III, 67, note 2, 376. Désinence *nto* (*legunto*), III, 376. Impératif passif en *re*, III, 391.

6° Lithuanien. Son impératif = le précatif sanscrit, III, 198-199, 327, particulièrement, III, 328, 331-332. Origine du *k* de l'impératif lithuanien, III, 328-329. Formes archaïques sans *k* (= potentiel sanscrit), III, 327, note 2. La 3e personne de l'impératif lithuanien est simplement la 3e personne de l'indicatif présent, III, 333; il y a pourtant quelques formes qui correspondent au potentiel sanscrit, III, 333. — Borussien. Son impératif = le potentiel sanscrit, III, 345. — Lette. Son impératif = le potentiel sanscrit, III, 342, 345.

7° Vieux slave. Son impératif = le potentiel sanscrit dans la conjugaison ordinaire (présent en *ǫ*), III, 345-346; dans la conjugaison où le présent est en *mi*, III, 326-327; 3e personne de l'impératif, III, 326. Voir encore, pour l'impératif du vieux slave, III, 278. — Slovène. Son impératif = le potentiel sanscrit, III, 346-347, 348-349.

8° Gothique, III, 375 et suiv. 2e personne du singulier de l'impératif dans les verbes forts, III, 375; dans les verbes faibles, III, 375-376. 2e personne du pluriel, III, 376. 1re personne : elle est, comme en sanscrit, proprement la 1re personne d'un *lêṭ* ou subjonctif, III, 369, remarque, 388-389. Impératif moyen du gothique, III, 2-4, 63-64.

Inchoatifs grecs en σκω, latins en *asco, esco, isco*, III, 461-462; cf. III, lxxxii.

Indéclinables, IV, xxvii-xxx.

Indo-européen. Langues indo-européennes (indo-germaniques, indo-classiques); remarques sur ces dénominations, 21. Cf. II, xii.

Infinitif, voir IV, x-xiv.

A. Sanscrit.

1° Infinitif présent. *a*. Il est exprimé par différentes formes du suffixe *tu* : *α*. Infinitif en *tu* (thème à l'état nu); il ne se trouve qu'en composition, IV, 138. — *β*. Infinitif ordinaire en *tum*, proprement accusatif du suffixe *tu* [pour la pre-

mière fois déjà dans le *Conjugationssystem* (1816), p. 39, 43], IV, 121 et suiv., 160 et suiv. Emploi de cet infinitif avec sens passif, IV, 176 et suiv. Sont comparables à cet infinitif le supin en *tum* du latin et le supin en *tŭ* du vieux slave; voir *Supin*. — γ. Védique. Infinitif en *tavê*, *tavâi* (datif de *tu*), IV, 122, 138, 163, 164. Emploi de cet infinitif avec sens passif, IV, 176. — δ. Védique. Infinitif en *tôs* (génitif-ablatif de *tu*), IV, 122, 163. Il est employé tantôt comme génitif, IV, 159; tantôt comme ablatif, IV, 158. — ε. Ce même suffixe *tu* sert par son instrumental *tvâ* de gérondif en sanscrit; voir *Gérondif*.

b. Védique. Infinitif en *dyâi*. C'est proprement le datif d'un suffixe *dî*, IV, 138-139, 169, 206, 210.

c. Védique. Infinitif en *sê*, *asê*. Ce sont proprement des datifs, IV, 144-145; voir aussi, pour *sê*, IV, 142-144; pour *asê*, IV, 145-146. Infinitif en *syâi*, IV, 142.

d. Védique. Infinitif en *ê*. C'est proprement le datif de noms abstraits, IV, 146. Emploi de cet infinitif avec sens passif, IV, 176. Infinitif en *as*. C'est proprement le génitif de noms abstraits, IV, 122, 160, note 1. Infinitif en *am*. C'est proprement l'accusatif de noms abstraits (*apa-lup-am*, *sam-id-am*), IV, 153 et suiv.

e. Infinitif exprimé par différents cas de différents substantifs abstraits : par l'accusatif en *a-m* de substantifs abstraits en *a*, qui (à ce cas-là) peuvent gouverner un autre accusatif, IV, 133-134; par le datif du suffixe *a* (*âya*), et du suffixe *ana* (*anâya*), IV, 126, note 3; particulièrement, IV, 133-134; par le locatif du suffixe *a* (*ê*), IV, 133, et du suffixe *ana* (*anê*), IV, 132-133. Cette dernière forme exprime un rapport tantôt de cause (IV, 132), tantôt d'accusatif (IV, 133), et peut gouverner l'accusatif, IV, 132.

2° Infinitif à redoublement (parfait de l'infinitif) en védique, IV, 139-140. Y a-t-il un infinitif aoriste en védique? IV, 140, 143-144.

3° Syntaxe. Infinitif avec sens de participe futur passif, IV, 146. Comment l'infinitif passif est exprimé en sanscrit. Voir le n° 1 de cet article aux lettres α, β, γ, δ. Comment il l'est, lorsqu'il s'agit de la racine *śak* «pouvoir», 178, 179, remarque; lorsqu'il s'agit de verbes signifiant «commencer» (*ârabdâh*), IV, 179-180.

4° Appendice. Mahratte. Son infinitif en *ûñ*, IV, 134, 135; en *ôṇô*, IV, 135. — Hindoustani. Son infinitif en *nâ*, *nê* (cf. sanscrit *ana*), IV, 188 et suiv. Pour la forme en *nê* particulièrement, IV, 189, 191, remarque 2. Infinitif en *ânâ*,

wânâ (causatif), IV, 190, remarque 1.

B. Langues iraniennes. Vieux perse. Son infinitif en *tanay*, IV, 378. — Zend. Son infinitif en *tayai* (*-ća*), *teê*, est le datif de substantifs abstraits en *ti*, IV, 171; son infinitif en *aňm* est l'accusatif de substantifs abstraits féminins en *a* (*â*), III, 258; IV, 134. — Arménien. Son infinitif en *l*, *e-l* (cf. sanscrit *ana*), IV, 186-187, 188. — Ossète. Son infinitif en *in* (cf. sanscrit *ana*), III, 452, note 5; IV, 186. — Tagaurien. Son infinitif en *ün* (cf. sanscrit *ana*), IV, 186.

C. Grec. Son infinitif en *εμεναι*, *μεναι*, *ναι*, *ειν*, *εμεν*, éolien *ην*, dorien *εν*, IV, 202-203. Forme *μεναι* (cf. le suffixe *man*, en sanscrit), IV, 203 et suiv. Forme *μεν*, IV, 205 et suiv. Pour ces deux formes (*μεναι*, *μεν*), voir aussi IV, 207; en rapprocher le gaëlique *mhuin*, *mh*, cité ci-dessous (p. 57). Infinitif aoriste en *σαι* (= infinitif védique en *śê*), IV, 143, 202. Infinitif passif en *σθαι*, IV, 208 et suiv. Infinitif futur en *σειν*, IV, 152.

D. Langues italiques. Latin. Infinitif en *re*, *se* = védique *śê*, grec *σαι*, IV, 144 et suiv., 148 et suiv., 206. Infinitif parfait actif, IV, 148 et suiv. Infinitif archaïque en *ssere*, IV, 152. Infinitif présent passif (*ier* et *ri*), IV, 146-147, 208. Infinitif futur passif, III, 409-410; IV, 178-179. — Osque. Son infinitif en *um*, IV, 154-155. — Ombrien. Son infinitif en *um*, en *u* et en *o*, IV, 154. — Syntaxe. Comment l'infinitif passif est exprimé en latin, lorsqu'il s'agit de *nequeo*, IV, 178; lorsqu'il s'agit de verbes signifiant «commencer» (*cœpi*), IV, 180, note 1.

E. Langues lettes. Borussien. Son infinitif en *tun*, *ton* = sanscrit *tum*, en *twei*, *twey*, *twi*, *twe* = sanscrit *tavâi*, IV, 168-170 (pour l'infinitif en *twei*, voir aussi IV, 206); en *t* (suffixe sanscrit *ti*), IV, 170-171. — Lithuanien. Son infinitif en *ti*, *t*, *ti-s* (cf. les substantifs abstraits en *ti* du sanscrit) [pour la première fois dans l'*Einfluss der Pron. auf die Wortbildung* (1832), p. 25], IV, 168, 170-171, 208. — Lette. Son infinitif en *t* (= lithuanien *ti*), IV, 170-171.

F. Vieux slave. Infinitif en *ti* (cf. ci-dessus, au paragraphe E, la forme lithuanienne), IV, 170-171.

G. Langues germaniques. Infinitif gothique en *an*, *ôn*, nouveau haut-allemand en *en* (cf. le suffixe sanscrit *ana*), IV, 186, 187-188, 193. Infinitifs vieux haut-allemand, moyen haut-allemand, anglo-saxon, vieux saxon, IV, 193-194 (infinitif suédois en *a-s* réfléchi, IV, 208). Syntaxe: Emploi de l'infinitif gothique, IV, 181-184, 196-202. Infinitif gothique précédé de *du*, IV, 182, 184, 194-

195; sans *du*, IV, 195-196. Comment Ulphilas exprime l'infinitif passif du grec, IV, 182-183. Comment il l'exprime, lorsqu'il s'agit de *mag*, IV, 180-181; lorsqu'il s'agit de *skulds*, IV, 181-182. Périphrase de l'infinitif passif à l'aide de *vairthan*, IV, 181; de *wisan*, IV, 181. Infinitif vieux haut-allemand avec *za*, *ze*, *zi*, *zo*, *zu*, nouveau haut-allemand *zu*, IV, 184 et suiv., 194 et suiv. L'infinitif employé avec le sens passif en vieux haut-allemand, moyen haut-allemand, nouveau haut-allemand et en anglais, 184 et suiv. Expression de l'infinitif passif, lorsqu'il s'agit de verbes signifiant «commencer», IV, 179-180, remarque. Infinitif de l'allemand avec sens de participe futur passif, IV, 146.

H. Gaélique. Infinitif en *mhuin*, *mh* (cf. le suffixe sanscrit *man*, et l'infinitif grec en μεναι, μεν) [pour la première fois dans le mémoire sur les *Celtische Sprachen*, p. 59], IV, 204-205.

INSERTION D'UNE VOYELLE. Insertion d'un ĕ en zend. 79, 92-93, 97. Insertion de *i* et de *u* en zend, d'après certaines règles, voir *Force d'assimilation*.

INSTRUMENTAL.

A. Instrumental sing. Passages principaux, 357-363. Tableau comparatif de l'instrumental, 363.

a. Sanscrit. Désinence primitive *â*; elle s'abrége en *a*, 357-358. Son origine, 357-358. Formation de l'instrumental dans les thèmes terminés par une voyelle, 358. Sur l'instrumental en védique, 363, note 1. Cf. aussi IV, 128; sur *u-y-â*, dans les thèmes en *u*, IV, 129-130. Instrumental signifiant «après», lorsqu'il s'agit de la notion de temps, IV, 127, remarque.

b. Zend. Désinence *a*. Formation de l'instrumental dans les thèmes terminés par une voyelle, 357-358. Désinence *ô* au lieu de *a* en certaines circonstances, 362. Le zend n'admet pas de *n* euphonique à l'instrumental des thèmes en *a*, II, 93, remarque. Instrumental en *aṇha*, *aṇhâ*, dans les thèmes neutres en *aś*, II, 93, remarque.

c. Arménien. Son instrumental, 392, note 1, 400, 416-417; II, 19, note 1, 100, note 1, 117.

d. Grec, latin. L'instrumental manque.

e. Lithuanien. L'instrumental est en *u* dans les thèmes masculins en *a*, en *a* dans les thèmes féminins en *a*, ailleurs en *mi* (cf. sanscrit *bis*), 361-362; pour *mi*, voir aussi 393, note 1.

f. Vieux slave. L'instrumental en *mĭ* dans les thèmes, soit masculins, soit neutres, en *oj-ŭn* dans

les thèmes féminins en *a* (ce dernier instrumental *a*, double désinence, comme en sanscrit *ayâ-bi*), II, 137; en *ij-uṅ* dans les thèmes féminins en *i*, II, 137; pour *mi*, voir aussi I, 393, note 1; II, 100, note 3.

g. Langues germaniques. Ce qui reste de l'instrumental en gothique, en anglo-saxon, 359; en vieux haut-allemand, 359-361.

B. Instrumental pluriel. Tableau comparatif, II, 73. Désinence du sanscrit *bis* = zend *bis*, *bîs*, lithuanien *mis*, arménien *bq*, *vq*, II, 19; vieux slave *mi*, II, 147-149.

a. Sanscrit, voir ci-dessus le paragraphe B. Origine de la désinence *bis*, II, 30. Instrumental pluriel en *âis* dans les thèmes en *a*, II, 25-26; forme primitive en *âbis* dans les pronoms (*asmâbis*), et en védique dans les substantifs en *êbis* (*ásvêbis*), II, 25-26; cf. prâcrit *êhiṅ* (*amhêhiṅ*, *kusumêhiṅ*), II, 26-27. Pour le prâcrit *hiṅ*, voir aussi II, 141.

b. Zend, vieux perse. Pour le zend, voir ci-dessus paragraphe B. Désinence *âis* dans les thèmes en *a*, II, 27. Vieux perse *ai-biš*, *a-biš*, dans les thèmes en *a* et en *an*, II, 27. Zend *bîs*, au lieu de *bis*, II, 73, note 2; *e-bîs* dans les thèmes en *aś* (*manebîs*), II, 73, note 2.

c. Lithuanien. Désinence *mis*, voir ci-dessus paragraphe B. Désinence *ais* dans les thèmes masculins en *a*, *eis* dans les thèmes masculins en *ia* (nominatif *is*), II, 27.

d. Vieux slave. Instrumental pluriel en *a-mi* dans les thèmes en *a*, en *i-mi* dans les thèmes en *i*, et dans les thèmes masculins en *n* et féminins en *r* élargis d'un *i* (*mi* = sanscrit *bis*), II, 147-149. Instrumental pluriel en *ü* dans les thèmes en *o* et dans ceux qui sont élargis d'un *o* (cf. sanscrit *âis*), II, 147. Instrumental pluriel en *i* dans les thèmes tant masculins que neutres en *jo*, II, 147.

C. Instrumental (datif-ablatif) (en grec génitif-datif) duel, II, 11 et suiv. Tableau comparatif, II, 31-32.

a. Sanscrit. Désinence *byâm*, II, 11-12, 25; III, 32. Son origine, II, 30-31.

b. Zend. Désinence *bya*, *byaṅm*, II, 11; cf. aussi II, 11, note 2 [pour la première fois dans les *Jahrb. für wissensch. Krit.* (1831), p. 380]. Formes en *aii-bya*, *ôi-bya*, II, 28.

c. Grec. Génitif-datif duel. Sa désinence est *ιν*. Sur *οιν* (*ἵπποιν*) et *αιν* (*μούσαιν*), ainsi que sur certaines autres formes, II, 12, 28-29, 75, remarque, 119, note 5, 113, 119.

d. Lithuanien. Instrumental-datif duel en *-m*, II, 29-30; en *ā-m* dans les thèmes en *a*, I, 163, note 1.

e. Vieux slave. Instrumental-datif duel en *ma*, II, 29-30, 143, note 2.

INTENSIFS, voir III, LXXXIII. Ceux du sanscrit comparés à ceux du grec, III, 86-87; voir encore, pour le sanscrit, III, 96, 141, note 1, 432-439; et pour le grec, III, 432-433, 434-435. Intensifs déponents du sanscrit, III, 438-439. Intensifs du zend, III, 435-436. Traces de l'intensif en latin, III, 437-438; en lithuanien, III, 434; en gothique, III, 434, 437.

INTERJECTIONS, IV, XXX-XXXI.

IRANIEN. Langues iraniennes. Ce qu'elles sont par rapport aux langues letto-slaves, 16-17. Cf. I, XXXIII.

KARMADHÂRAYA, voir *Composés déterminatifs.*

KLÎVA, dénomination du neutre en sanscrit, 273.

L VOYELLE en sanscrit, 23-24.

LABIALES. Celles du sanscrit, 52-53; du zend, 92-93; du gothique et de l'allemand, 140-142. Les labiales ont une préférence pour l'*u*, 38. Labiales au lieu de gutturales en grec, 68.

LANGAGE. Il tourne dans un cercle d'expressions incomplètes, III, 170-171, remarque.

LANGUES INDO-EUROPÉENNES, voir *Indo-européen.*

LANGUES LETTO-SLAVES, voir *Letto-slave.*

LANGUES SANSCRITIQUES, voir *Sanscrit.*

LATIN. Ce qu'il est par rapport au grec, 3-4. Ces deux langues ne se sont séparées l'une de l'autre que sur le sol européen, II, 94.

LÊṬ du sanscrit, c'est-à-dire subjonctif, voir *Subjonctif.*

LETTO-SLAVE. Ce qu'il est par rapport aux langues iraniennes, 16-17; aux langues germaniques, 17-18. Il s'est séparé tardivement de la langue mère [pour la première fois dans ces ouvrages : *Grammaire comparée,* 1re édit., p. 446 et 1255, *Ueber die Sprache der alten Preussen,* p. 4 et suiv., p. 6 et suiv.], 17, note 2, 62, note 1; II, 5, 6, 9; III, 135, remarque 2; IV, 174-175. Cf. I, XXXIII.

LIAISON, voyez *Voyelle de liaison.*

LINGUALES, voir *Cérébrales.*

LIQUIDES. Elles ont une préférence pour l'*u*, 38. Les semi-voyelles et les liquides permutent facilement, 58.

Permutations de :
r, n, v avec *l*, 58:
r — *r*, 59;
r — *m*, 59;

m avec *v*, 59;
y — *l*, 60;
m — *l*, 60;
l — *n*, III, 418, note 3.
Permutent encore *d* avec *l* en latin, en grec, en lithuanien, en allemand, I, 51; ainsi que *d* avec *r* en latin, I, 51. Liquide redoublée en grec sans raison étymologique, III, 360. Cf. II, XVI.

Locatif. A ce cas appartient le datif du singulier et du pluriel grecs, ainsi que le génitif du singulier en *ae* et en *i* de la 1re et de la 2e déclinaison latine.

A. Locatif singulier. Passages principaux, 430-441. Tableau comparatif du locatif en sanscrit, en zend et en lithuanien, ainsi que du datif grec, et du génitif latin de la 1re et de la 2e déclinaison (en note), 440-441.

a. Sanscrit. Désinence *i*, 430. Son origine, 438. Locatif en *ê* pour les thèmes en *a*, 431; en *âu* pour les thèmes en *i* et en *u*, 432-433; védique en *v-i* pour les thèmes en *u* cependant, 434. Désinence *in* (*sm'-in*), pour les pronoms, 438; II, 285. Désinence *âm* pour les thèmes féminins, I, 439. Locatif védique sans désinence casuelle, IV, 129.

b. Zend. Désinence *i* = sanscrit *i*, 430. Locatif en *ê*, *ôi*, pour les thèmes en *a*, 431; en *âo*, pour les thèmes féminins en *u*, 434, note 1. Le zend conserve parfois aussi la désinence *i* dans les thèmes en *u*, 434. Désinence *a* = sanscrit *âm*, 439. Locatif remplacé en zend par le génitif, 434.

c. Au locatif appartiennent pour le grec, le datif en *ι* = sanscrit *i*, et pour le latin, le génitif en *ai* (*ae*) de la 1re déclinaison et en *i* de la 2e (voir *Datif*, *Génitif*), ainsi que les adverbes en *ê*, voir *Adverbes* au n° 2 *g*.

d. Sur le locatif de l'ombrien et de l'osque, 435-436. Sur celui de l'ombrien en particulier, 435-436. Rectifier, d'après les passages cités ici, l'opinion émise sur le locatif ombrien, 373.

e. Lithuanien. Locatif en *e* des thèmes masculins en *a*, 431, en *ôj-e* des thèmes féminins en *a*, 439; en *yj-e*, *ij-e*, *y*, des thèmes en *i*, 439-440; en *uj-e*, *ui*, des thèmes en *u*, 440. — Lette. Locatif en *ā* des thèmes en *a*, 432; en *ai* dans les pronoms, 432.

b. Vieux slave. Locatif en ѣ *ê* des thèmes en *o*, 432; II, 138; ainsi que des thèmes féminins en *a*, II, 138. Locatif en *i* des thèmes masculins-neutres en *jo* et en *jŭ*, ainsi que des thèmes féminins en *ja*, II, 138-139; et des thèmes tant masculins que féminins en *i*, II, 138-139. Les pronoms ont *mĭ* (*tomĭ*), II, 138.

B. Locatif pluriel. A ce cas appartient le datif pluriel grec; voir

Datif. Passages principaux, II, 81-85. Tableau comparatif, II, 85. Désinence du sanscrit *su, śu;* du zend *hu, śu, hû, śû, śva, hva;* du grec *σι, σιν*. Son origine, II, 81-82. Sanscrit *êśu;* zend *aiśva*, dans les thèmes en *a;* sanscrit *âsu*, zend *âhva*, dans les thèmes féminins en *â*, II, 82. Zend *ô-hva* dans les thèmes neutres en *aś*, II, 85, note 4. Vieux perse: locatif en *śuvâ, uvâ*, II, 84, note 1. Locatif lithuanien en *sa, su, se, s;* lette en *s*, II, 84-85. Vieux slave: la désinence de locatif *chŭ* (dans toutes les classes de mots) = *su*, II, 150-151. Cf. aussi II, 145.

C. Locatif duel. Il a la même désinence que le génitif duel, voir *Génitif.*

Loi de substitution (*lautverschiebung*) des langues germaniques et d'autres langues. Passages principaux, 145-161.

1° Langues germaniques. Rask a trouvé la première *Lautverschiebung* germanique, Grimm la deuxième, 146, note 2. D'après la première *Lautverschiebung*, la ténue sanscrite devient une aspirée en gothique, l'aspirée une moyenne, la moyenne une ténue, 145-146; d'après la deuxième, la même transformation a lieu entre le gothique et le haut-allemand, 150 et suiv. Cela est surtout vrai pour les dentales.

Tableau comparatif:

Sanscr.	Goth.	Haut-allem.	
d	*t*	*z*	150.
t	*th*	*d*	
d'	*d*	*t*	

Quant aux gutturales et aux labiales, celles du gothique *k, h, g, f, b*, au commencement des mots restent généralement en haut-allemand, 153; à cette place toutefois on trouve aussi *p* haut-allemand correspondant à *b* gothique, 153; à la fin des racines, celles du haut-allemand *ch, g, k, f, b*, apparaissent pour les gothiques *k, h, g, p, f*, 151. Dans le corps d'un mot, le gothique a la moyenne (au lieu de l'aspirée) pour la ténue sanscrite, et de même la moyenne (au lieu de la ténue) pour la moyenne sanscrite. A cette place particulièrement

sanscr. *t* =	goth. *d*	155-156; II, 234.
p =	*b*	
d =	*d*	
g =	*g*	

On trouve aussi en gothique au commencement d'un mot des moyennes qui n'ont pas subi la loi de substitution, I, 156; III, 437, remarque. Exceptions à la loi de substitution: une ténue ne subit la loi de substitution ni en gothique ni en haut-allemand, lorsqu'elle est derrière *s, h (ch), f*, I, 156-158. Seul *sk* gothique de-

vient *sch* en haut-allemand, I, 157, note 1.

Tableau comparatif :

Sansc.	Latin.	Grec.	Goth.	H.-allem.	
č̃	*sc*	*σκ*	*sk*	*sch*	156.
	sp		*sp*	*sp*	
	st		*st*	*st*	
	kt (*ct*)		*ht*	*cht*	157.

Sur la forme que le suffixe sanscrit *ti* prend dans les langues germaniques, 157-158.

2° Autres langues par rapport aux langues germaniques :

a. Ossète et gothique par rapport au sanscrit :

Sansc.	Ossète.	Gothique.	
p	*f*	*f*	147-148.
k	*k̄*	*h* (*hv*)	
t	*t̄*	*th*	

Tel est le rapport au commencement des mots; dans le milieu et à la fin, la ténue du sanscrit = généralement une moyenne en ossète, 148.

b. En lithuanien et en slave, les moyennes pures correspondent, comme en gothique, aux aspirées moyennes du sanscrit, l'ossète traite les aspirées des différents organes de différente manière.

Tableau comparatif :

Sansc.	Ossète.	Goth.	
d'	*d*	*d*	147-148;
b'	*v, f*	*b*	148-149, 151;
g'	*g'*		149.

Sansc.	Lith.	V. slave.	Goth.	
b'	*b*	*b*	*b*	153.
h, g'	*g, ž*	*g*	*g*	
d'	*d*	*d*	*d*	

c. *Lautverschiebung* en arménien, 149, note 1.

d. Grec. Moyenne transformée en ténue dans certaines circonstances, 149-150.

e. *Lautverschiebung* en madécasse, 151-152.

Métathèse dans la racine, IV, 247-248.

Modes, voir III, lxxii-lxxiii. Ceux du sanscrit, III, 5-6. Leurs noms chez les grammairiens indiens, III, 5, note 1. Modes du zend, III, 5. Voir les articles qui concernent chaque mode en particulier.

Mots-racines, c'est-à-dire racines sans suffixe qui sont employées comme mots, 269-270. Mots-racines employés comme substantifs abstraits en sanscrit, IV, 210, 243; en zend, IV, 243; en grec et en latin, IV, 244-245; comme noms d'agent et comme noms appellatifs en différentes langues, IV, 244.

Moyen. Moyen ou *âtmanêpadam* du sanscrit, III, 1 et suiv.; du zend, III, 2 et suiv.; du grec, III, 2 et suiv. Ce qui reste du moyen en vieux slave, III, 135, remarque

2 (désinence *ê*, 135-136; *tâ*, 136; *ûtu*, 137); en gothique, III, 2-4. Voir *Désinences, Passif.*

Moyennes. Comment elles se comportent à la fin des mots en sanscrit, 187 et suiv. Comment elles se comportent en tant que finales de thèmes et de racines devant les désinences grammaticales en sanscrit, 198-199. A la fin des mots en moyen haut-allemand, ainsi qu'en vieux haut-allemand chez Isidore, les moyennes se changent en ténues, 188-189. En gothique devant *s* et à la fin des mots, les moyennes se changent volontiers en aspirées, toutefois *g* subsiste, 159-161. Les moyennes permutent avec les ténues au commencement des mots chez Notker, selon certaines lois, 192-194.

Mûrdʿanyà (cérébrales), 49.

Mythologie. Parenté entre la mythologie zende et la mythologie indienne, 87.

Nasale insérée, II, xxii. Nasales du zend (*n*, *ṅ*, *ṇ*), I, 110-112 (*m*), I, 112-113. Leur influence aspirante, I, 99.

Négations. Elles sont tirées de thèmes pronominaux, III, xxxii-xxxiv.

Nombre. Le nombre dans les noms, 273-274; cf. *Duel, Pluriel.* Le nombre dans les verbes, III, 6-7.

Nombres cardinaux, voir *Noms de nombre.*

Nombres ordinaux, voir *Noms de nombre.*

Nominatif. Il ne fait qu'un avec l'accusatif pour le genre neutre et autres formes identiques.

A. Nominatif singulier du masculin et du féminin, 309 et suiv., du neutre, 341. Tableau comparatif du nominatif masculin et du nominatif féminin, 344-345; du nominatif neutre, 356-357.

1° Sanscrit. Le signe casuel est *s* pour le masculin et en partie aussi pour le féminin en sanscrit, ainsi que dans toutes les autres langues indo-européennes, 309 et suiv. Il provient du pronom *sa*, et ce fait est la cause pour laquelle le pronom *sa* n'a pas de signe casuel, 309; II, 299-300. Perte du signe casuel *s* dans les thèmes féminins en *â* et en *î* du sanscrit (et des langues congénères), I, 313 et suiv. Perte du même signe dans les thèmes finissant par une consonne, I, 317. Exceptions à cette règle, 318, note 1. Nominatif des thèmes masculins en *n* (*î* de *in* et *â* de *an*), I, 319-320 (ceux qui sont du neutre n'allongent pas la voyelle, I, 321); quelques-uns en *an* font *â-s* au nominatif, I, 319-320. Ceux en *ar* (*pitar*) et en *âr* (*dâtâr*) ont le no-

minatif en *â*, I, 331; ceux en *ir* et *ur* l'ont en *îr* et en *ûr*, I, 335; ceux en *as* (masculin et féminin) l'ont en *âs*, I, 335-336. Sur le nominatif védique en *âñ*, II, 68, remarque. Nominatif-accus. neutre, son signe casuel est *m* dans les thèmes en *a*, I, 349. Les autres thèmes restent sans signe casuel, I, 349-350. Extension primitive du signe *m*, I, 352-353. Son origine, I, 354-355. Sur *kim* (*quid*), I, 353. Un autre signe casuel du nominatif-accusatif neutre est *t* dans les pronoms, I, 353-354. Origine de ce *t*, I, 354-355. Pour les nominatifs pronominaux tels que *aḥám*, *asáú*, voir la table des mots.

2° Zend. Nominatif en *aś* (*-ća*), *ô* des thèmes en *a*, 309, 312, remarque 3. Perte du signe casuel *ś* dans quelques thèmes féminins, 313-314. Les thèmes féminins en *â* ont *a* au nominatif, 277. Formes en *yê*, *ê* au lieu de *ya*, en *ê* au lieu de *a*, 177, 317. Les thèmes féminins en *î* ont *i* au nominatif, 313-314. Les thèmes (tant masculins que féminins) terminés par une consonne gardent le signe du nominatif, 317. Sur les différentes formes que le nominatif revêt dans les thèmes terminés par une consonne (*añs*, *âo*; *â*, *a*, *âo*), 318; cf. 326. Les thèmes en *ar* et en *âr* rejettent l'*r* au nominatif et finissent par *a*, 332. Nominatif-accusatif neutre, signe casuel *m*, 349. Absence de signe casuel, 349-350. Signe casuel *d* dans les pronoms = sanscrit *t*, 353.

3° Arménien. Son nominatif singulier sans marque formelle de cas; sur les mutilations et les contractions subies à ce cas, 396 et suiv.; cf. plus haut (p. 25[a]) l'article *Cas*. Les thèmes en *n* rejettent *en partie* cette consonne au nominatif, 397-398. Les thèmes terminés par une voyelle rejettent cette voyelle au nominatif. Il faut donc consulter les cas obliques pour retrouver la voyelle de ces thèmes, 13, 399-401.

4° Grec. Voir le tableau comparatif. Signe casuel *ς*, 309. Il manque dans les thèmes féminins de la 1re déclinaison, 313. Nominatif de la 1re déclinaison en *ᾰ*, *η*, *ᾱ*, 277-278. Le signe casuel *ς* subsiste dans beaucoup de thèmes terminés par une consonne, 317-318. Thèmes en *ν*: nominatif éolien en *ν-ς* (*τιθέν-ς*), 317; grec commun en *ᾱ-ς* au lieu de *ᾰ-ντς* (*ἱστά-ς*), 318; en *ᾱ-ς* au lieu de *ᾰν-ς* (*τάλᾱ-ς*), 319, 337; en *ει-ς* au lieu de *εν-ς* (*τιθείς*), et éolien en *αι-ς* au lieu de *αν-ς* (ces deux derniers nominatifs avec *ν* vocalisé en *ι*), 319; en *ω-ς* des thèmes en *ων* (*ἥρως*), 337. Sur les nominatifs des autres thèmes en *ν*, 325-326. Sur les thèmes féminins en *ον*, *ων*, dont le nominatif est en *ω*, *ων*

(Πυθώ, Πυθών), et toute leur déclinaison, 327-328. Nominatif archaïque en ῳ des thèmes en ων, 329; et nominatif en ω, plus anciennement ῳ, de thèmes dont la terminaison est problématique, 329-331. Les thèmes en ρ conservent généralement leur ρ au nominatif et rejettent le ς, 332-335. Sur les formes comme δότης (à côté de δοτήρ), ἄκτωρ, μάρτυς (à côté de μάρτυρ), 334-335. Thèmes en ς : sur les nominatifs comme δυσμενής (thème en ες), 336. Sur μῦς, 338. Sur αἰδώς et autres semblables, 337. Les thèmes terminés par une dentale (δ, τ, θ) la perdent devant le ς du nominatif (ἔρως, κόρυς, παῖς), 336. Nominatif-accus. neutre, le signe casuel ν = sanscrit *m*, 349. Absence de signe casuel. Nominatif-accusatif en ος, ες des thèmes en ες (δυσμενές, μένος), 336, 350, 120; en ας, ος des thèmes en ατ (τέρας), οτ (τετυφός), 350, note 1; en ι, α des thèmes en ιτ (μέλι). ατ (πρᾶγμα), 350; en αρ, génitif ατος (αρτος), 350, note 1. Nominatif-accusatif neutre en ο au lieu de ο-τ (τό), dans les pronoms, 354.

5° Latin. Signe casuel *s*, comme en sanscrit. Il manque toutefois dans la 1re déclinaison (*ă* au lieu de *â*) comme dans les thèmes sanscrits en *â*, 277-278, 313. Les thèmes en *rŏ* font au nominatif *r* (*vir*) ou *ru-s* (*púru-s*), 311, remarque 1; ceux en *ri* y font *r* (au lieu de *ri-s* : *celer*), 311, remarque 1, et 321. Nominatif de la 5e déclinaison en *ê-s* (variante de la 1re), 176-177, 278, 314. Nominatif de la 3e en *ês* (génitif *is*), 314-317. Formes en *is* (pour le nominatif et pour le génitif), 316. Un grand nombre de thèmes terminés par une consonne gardent l'*s*, 317. Nominatif en *ns* (*amans*, *ferens*) des thèmes en *nt* (*amant*, *ferent*), 317. Thèmes en *n*, 320-321. Détail : Nominatif *ô*, génitif *ôn-is*, *ĭn-is*, 320-321. Nominatif *is*, génitif *inis* (*sanguis*), 320. Persistance de l'*n* au nominatif dans les thèmes masculins (*pecten*), et dans les thèmes neutres (*nômen*), 320-321. Thèmes en *r* : *r* reste au nominatif et le signe casuel *s* tombe (*memor*), 332, 335. Cf. les thèmes en *l*, 295. Thèmes en *rt*, *rd*, *lt*, nominatifs en *r-s*, *l-s* (*pars*, *concors*, *puls*), 335. Thèmes en *s*, dans lesquels *s*, lorsqu'il se trouve entre deux voyelles, devient *r*, nominatifs en *âs*, *ôs*, *us*, *ês*, 338-339; *ôs*, *us*, 338. Nominatif en *or* à côté et au lieu de *ôs* dans les thèmes en *r*, 339. Sur *vetus*, *eris*, 339-340. Nominatif-accusatif neutre, signe casuel *m* = sanscrit *m*, 349. Absence de signe casuel, nominatif en *ĕ* des thèmes en *i* (*mare*), 349-350; en *us*, génitif *oris*, *eris* (*r* né de *s*).

350; II, 120, note 2. (Cf. aussi ici même les thèmes en *s*.) Adjectif neutre sans signe casuel, I, 349. Signe casuel *s* inorganique au nominatif-accusatif neutre des adjectifs qui n'ont qu'une terminaison (*capax*, dont le nominatif-accusatif neutre est *capac-s*), I, 351. Signe casuel *d* = sanscrit *t* dans les pronoms (*id*, *illud*), I, 354, 355. Pour les nominatifs pronominaux *hic*, *ille*, *iste*, *qui*, II, 300. Voir la table des mots.

6° Lithuanien. Signe casuel *s* comme en sanscrit; les thèmes féminins en *a* ont *a* au lieu de *â* (sans signe casuel), 277. Sur les thèmes féminins en *e* (de *ia*), ainsi que ceux en *čia*, *džia* (cf. la 5ᵉ déclinaison latine), 176-177, 317. Nominatifs en *jis*, *is* des thèmes masculins en *ja*, 310. Nominatif en *ńs* des thèmes en *nt* (*degań-s*), borussien en *ns* (*sidans*) des thèmes semblables, 317-318. Sur les thèmes lithuaniens en *n* (nominatif *û*), 332; cf. 325-327. Sur les thèmes féminins en *r* (*er*), nominatif *ē*, 332; nominatif *ů*, 332. Sur les thèmes en *s* (*es*), nominatif *û*, 340-341. Nominatif-accus. neutre : borussien, signe casuel *n*, 349. Lithuanien : il n'y a pas de substantif neutre, 352. Sur les formes neutres telles que *tai* (*hoc*), 344, 355-356.

7° Vieux slave. Nominatif sans signe casuel et généralement semblable à l'accusatif, 136. Pour la finale du nominatif dans les différents thèmes, voir *Thèmes*.

8° Langues germaniques. Gothique : signe casuel *s*, comme en sanscrit. Il manque dans les thèmes féminins en *ô*, nominatif abrégé en *a*, dans les formes monosyllabiques en *ô* (*sô*, *hvô*), 277; cf. 313 et suiv. Vieux norrois : signe casuel *r*, 313. De même dans les adjectifs en haut-allemand, 313. Gothique : nominatif en *'-s*, au lieu de *a-s*, *i-s*, dans les thèmes polysyllabiques en *a* et en *i*, 309; en *a-s*, *i-s*, dans les thèmes monosyllabiques, 309; en *ji-s*, *i-s*, *ei-s*, *'-s*, dans les thèmes masculins en *ja*, 310-311; en *i* dans les thèmes féminins en *jô*, 280-281; en *u-s*, *v-s*, dans les thèmes en *u*, 312, remarque 2. Sur le nominatif des thèmes en *ra*, *ri*, 311, remarque 1; en *sa*, *si*, 311, remarque 1. Nominatif en *nd-s* des thèmes en *nd*, 318. Nominatif de la déclinaison faible, c'est-à-dire des thèmes en *n* dont l'*n* tombe, 321-324; cf. 325-327. Détail : nominatif en *n* de thèmes masculins en *an*, 322; en *ô* des thèmes neutres, 322-323; en *ô*, *ei* des thèmes féminins en *ôn*, *ein*, 324-325; cf. 280. En nouveau haut-allemand, l'*n* du thème reparaît au nominatif, 326-327. Il en est déjà ainsi en vieux haut-allemand dans les thèmes féminins

en *în*, 326. Les thèmes en *r* conservent leur *r* dans les langues germaniques, mais ils n'ont pas de signe casuel, 332 et suiv. Nominatif-accusatif neutre : absence de signe casuel dans les substantifs, 351-352. Les thèmes neutres en *ja* ont *i* au nominatif-accusatif, 352; ceux en *va* y ont *u*, 312, remarque 2; ceux en *an* y ont *ô*, 322. Le gothique n'a pas de thème neutre en *i*, 352. Nominatif-accusatif neutre en *ta*, vieux haut-allemand et moyen haut-allemand *z*, nouveau haut-allemand *s* = sanscrit *t* dans la déclinaison des pronoms et des thèmes adjectifs en *a*, 353-354, 355.

9° Langues celtiques. Les thèmes en *n* perdent leur *n* au nominatif, 333, note 2; ceux en *r* y gardent leur *r*, 333-334.

B. Nominatif-vocatif pluriel et nominatif-accusatif pluriel, II, 34-54. Tableau comparatif du nominatif-vocatif pluriel et du nominatif-accusatif pluriel neutre, II, 53-54.

1° Sanscrit. Désinence principale *as* dans les thèmes masculins et dans les thèmes féminins; son origine, II, 34. Thèmes masculins en *a*, nominatif pluriel *âs*, II, 37-38; védique *âsas*, II, 39, 41, 43. Les thèmes féminins en *â* ont *âs*, II, 38. Les thèmes pronominaux en *a* ont *ê* (*tê*, *asmê*, etc.), II, 38-39, 300-301. Sur *vayám* et ses analogues, II, 300. Sur *amî*, II, 301. Nominatif pluriel en *ay-as*, *av-as*, avec gouna dans les thèmes en *i* et en *u*, II, 44; mais védique sans gouna *y-as*, *v-as*, II, 47. Neutre védique *â*, *î*, *û* des thèmes en *a*, *i*, *u*, II, 51-52, au lieu du sanscrit commun *âni*, *îni*, *ûni*, II, 51. Insertion et non-insertion d'une nasale, II, 52.

1° *bis*. Hindoustani, mahratte. Nominatif pluriel en *ê* des thèmes en *a*, I, 191.

2° Zend. Désinence du masculin et du féminin, *as* devenu *ô*, resté *aś* devant *ća*, *ćiḍ*, II, 34. Thèmes pronominaux en *a* qui ont *ê*, *ôi* au nominatif pluriel, II, 38-39. Nominatif pluriel (accusatif aussi) en *âoṅhô* des thèmes en *a*, II, 43 (en vieux perse le nominatif pluriel est en *âha* et en *â*, II, 44). Thèmes en *u*, nominatif pluriel en *vô*, *avô*, *âvô*, thèmes en *i*, nominatif pluriel en *ayô*, *âyô*, II, 45, 47. Neutre, désinence *a*, II, 47; *â* (de *a* + *a*) dans les thèmes monosyllabiques en *a*, *â* devant *ća*, *a*, dans les thèmes polysyllabiques, II, 49; *av-a*, *v-a* et aussi *û*, dans les thèmes en *u*, II, 49-50. Nominatif pluriel en *âo* des thèmes neutres en *aś*, II, 50-51. Nouveau perse : nominatif pluriel en *ân*, II, 69-70; en *hâ*, II, 70-71.

3° Arménien. Nominatif pluriel en *q*, II, 20, 35-36; en *s*, II.

224; en *er*, *ear*, *an*, *ean*, *earq*, *eanq*, II, 36-37.

4° Grec. Désinence *ες*, II, 34-35; *ι-ες*, *υ-ες*, dans les thèmes en *ι*, *υ*, II, 47. Sur les formes telles que *πόλεις*, III, 303. Sur le pluriel en *οι*, *αι* de la 1re et de la 2e déclinaison, II, 39. Neutre: désinence *α*, II, 47. Sur les pluriels neutres en *α* de la 2e déclinaison (*δῶρα*), II, 49.

5° Latin. Désinence *s*, II, 34; *ê-s* avec gouna dans les thèmes en *i* et dans les thèmes terminés par une consonne qui sont élargis d'un *i*, II, 34, 45, 46-47; *ûs* dans les thèmes en *ŭ*, II, 45. Nomin. pluriel archaïque en *eis*, *es*, *is*, II, 40 et suiv. Sur le nomin. pluriel en osque et en ombrien, II, 41 et suiv. Sur le nominatif pluriel ordinaire de la 1re et de la 2e déclinaison latine (*î*, *ae*), II, 39. Pour celui de la 2e, voir aussi II, 42. Sur le nominatif pluriel de la 5e déclinaison, II, 39. Neutre : désinence *a*, II, 47. Nominatif pluriel de la 2e déclinaison (*dôna*), II, 49.

6° Lithuanien. Désinence *-s*, II, 34; *ô-s* dans les thèmes féminins en *â*, II, 38; *y-s* dans les thèmes en *i*, II, 34, 45; *ū-s* dans ceux en *u*, II, 45. Les thèmes en *a* font au nominatif pluriel *ai* pour les substantifs, II, 39; *e* pour les pronoms, II, 42; *i* pour les adjectifs, II, 42. — Borussien. Les mêmes thèmes y font *ai*, *ei*, *oi*, II, 42-43.

7° Vieux slave. La désinence sanscrite *as* y est représentée par *e* dans les thèmes terminés par une consonne, par *ov-e* dans ceux en *ŭ*, par *ij-e* dans ceux en *i*, II, 145-146. Pour *ij-e*, voir aussi II, 248. Nominatif pluriel en *i* (sans signe casuel) dans les thèmes féminins en *i*, II, 144-145. Les thèmes féminins en *a*, *ja* font au nominatif pluriel *ŭ*, *jaṅ*; ceux en *ša* (de *chja*) y font *šaṅ*, II, 141-142, 146; ceux en *er* y font *er-i*, ce qui suppose un thème élargi d'un *i*, II, 145-146. Sur le nominatif pluriel en *i* des thèmes en *o*, II, 42, 138, 146. Neutre: désinence *a*, II, 47, 146.

8° Langues germaniques. Désinence *s*, II, 34, 38; *ô-s* dans les thèmes masculins en *a*, II, 37-38; *ô-s* dans les thèmes féminins en *ô*, 38 (vieux haut-allemand *â* dans les thèmes en *a*, II, 44). Gothique *eis* (avec gouna) dans les thèmes en *i*, II, 34, 44-45; *ju-s* (avec gouna) dans ceux en *u*, II, 44; *rju-s* dans ceux en *ar*, ce qui suppose un thème en *ru* né d'une métathèse (*brôthrju-s*), II, 54, note 5. Les pronoms et les adjectifs forts ont *ai* au nominatif pluriel (*blindai*) en gothique, II, 38-39; *ê* en vieux haut-allemand, II, 43. Neutre : désinence gothique *a*, II, 47. Elle est déjà perdue (à quelques exceptions près) en vieux haut-allemand, II, 50. En go-

thique, les thèmes polysyllabiques en *a* ont le nominatif pluriel neutre en *a*, les monosyllabiques l'ont en *ô*, II, 49. Les thèmes en *i* font *i-u* en vieux haut-allemand, II, 50. Sur les nominatifs pluriels en vieux haut-allemand tels que *hûs-ir*, nouveau haut-allemand *Häus-er*, II, 50, 75.

C. Nominatif-accusatif-vocatif duel, II, 1-10. Tableau comparatif, II, 10.

1° Sanscrit. Désinence *âu*. Son origine, II, 1. Védique *â* au lieu de *âu*, II, 3. Duel sanscrit en *î*, *û* des thèmes masculins et des thèmes féminins en *i*, *u*, II, 5. Sanscrit *y-âu*, védique *î* des thèmes féminins en *î*, II, 8. Sanscrit *ê* des thèmes féminins en *â*, II, 7-8. Neutre : désinence *ê* dans les thèmes en *a*, désinence *i-n-î*, *u-n-î*, *î*, dans ceux en *i*, *u* et dans les thèmes terminés par une consonne, II, 6.

2° Zend. Désinence *âoś(-ća)*, *âo*, II, 2; ou bien *â*, *a*, II, 3, 4, note 1; *ay-âo*, *ê*, *êś(-ća)*, dans les thèmes féminins en *â*, II, 3, 7-8; *î* dans les thèmes en *î*, II, 8; *âo*, *û*, *u*, dans ceux en *u*, II, 5. Neutre : désinence *ê* dans les thèmes en *a*, *î*, *i*, dans les thèmes terminés par une consonne, II, 6-7.

2° *bis*. Arménien. Reste du duel, II, 219.

3° Grec. Désinence ε, II, 4, 6. Sur ω, ᾱ, dans la 1re et dans la 2e déclinaison, II, 6. Neutre : duel sans désinence particulière, II, 7.

4° Latin. Reste du duel, II, 9.

5° Lithuanien. Duel en *u*, *û-du*, dans les thèmes en *a*, II, 4-5; en *i*, *u*, dans ceux en *i*, *u*, II, 5-6; en *i*, dans les thèmes féminins en *â*, II, 9.

6° Vieux slave. Les thèmes masculins en *o* font au nominatif-vocatif-accusatif duel *a*, II, 143; ceux en *i* (masculin et féminin) y font *i*, II, 144; ceux en *ŭ* y font *u* ou bien *a*, d'après la déclinaison en *o*, II, 144; les thèmes masculins en *en* y font *i*, ce qui suppose un thème élargi d'un *i*, II, 144-145; les thèmes féminins en *a* et les thèmes neutres en *o* y font ѣ *ê*, II, 143-144; cf. II, 7-8; ainsi que les thèmes terminés par une consonne qui sont élargis par l'addition d'un *o*, II, 145; les thèmes neutres terminés par une consonne sans élargissement y font *i*, II, 144-145.

Noms d'agent. Ceux du nouveau haut-allemand et de l'anglais en *-er*, IV, 326. Ceux du sanscrit en *tàr* (*tṛ*) et leurs congénères, voir *Suffixes*.

Noms d'animaux en hindoustani, IV, 189.

Noms de mois en ων chez les Grecs, IV, 283.

Noms de nombre, III, xx-xxiii. Nombres cardinaux, II, 209 et suiv. Nombres depuis vingt jusqu'à cent, II, 238-

239. Nombre «mille» en germanique et en letto-slave, II, 243. Noms de nombre arméniens, II, 46, note 1, 242. Nombres ordinaux, II, 243-251. Noms de nombre dans les composés possessifs, IV, 356-357; collectifs, IV, 370-371.

Noms de parenté terminés par *tar* (*tṛ*) en sanscrit. Leurs congénères dans les langues sœurs, IV, 56-59. Voir aussi *Suffixes*.

Noms de pays, grec en *ια*, IV, 227-228; en *ιδ* (nominatif *ις*), IV, 228; latin en *ia*, IV, 229.

Noms de personne. Ceux en *ius*, *ia*, dans la langue latine, IV, 228-229.

Noms ethniques. Ceux qui sont en *ι-ος* dans le grec, IV, 227.

Noms propres. Ceux qui sont du masculin et terminés en latin par *a*, en osque par *as*, IV, 256, remarque. Voir aussi *Patronymiques*.

Noms propres de ville. Ceux qui finissent par *ia* en latin, IV, 229.

Optatif, voir III, lxxiv. L'optatif grec correspond au potentiel sanscrit, III, 321-322. Optatif moyen, III, 322-323. Les formes de l'optatif contractées au duel et au pluriel, III, 323. Optatif de la conjugaison en *μι*, III, 324. 3e personne du singulier de l'optatif, III, 326. Optatif présent des verbes dont la caractéristique est *νυ* (*δείκνυμι*), III, 339, remarque, 341. Optatif présent de la conjugaison en *ω*, III, 337-338. 1re personne du singulier de l'optatif présent actif et moyen, III, 339. Optatif présent en *οιην* dans les verbes contractes, III, 339. Optatif de l'aoriste 2, III, 329-331, 355-356. Sa 3e personne, III, 329, 332, note 3. Optatif de l'aoriste 1er, III, 356-357. Optatif du parfait, III, 362.

Palatales. Celles du sanscrit proviennent de gutturales. Elles sont représentées dans les langues congénères par des gutturales, des dentales ou des labiales, 47 et suiv. Palatales du zend, 88 et suiv.; du lithuanien, 173 et suiv.; du vieux slave, 172, 174.

Parasmâipadam, II, 1-2.

Parfait. Points de vue généraux : Prétérit à redoublement ou parfait du sanscrit = parfait du zend et du grec, prétérit des verbes forts dans les langues germaniques. Au contraire, le parfait du latin correspond aux différentes formes de l'aoriste du sanscrit; les parfaits *ui*, *vi* (1re, 2e et 4e conjugaison) sont des formes composées propres au latin, qui contiennent aussi un aoriste (voir ci-dessous n° 5). Le parfait germanique des verbes faibles est de même une forme

composée (voir ci-dessous n° 6). Pour les temps du slave et du lithuanien qui expriment le passé, voir *Aoriste, Prétérit, Imparfait.* Pour le nouveau perse, voir *Imparfait.* Sur les désinences personnelles du parfait à redoublement, III, 248-258.

1° Sanscrit, III, 226-227, 228, 230, 232-233, 240, remarque 2, 244, 246. Cf. *Redoublement.* Sur la 1re et la 3e personne du parfait à redoublement, III, 249-250. 1re et 3e personne du singulier en *âu* dans les racines en *â*, III, 257-258. 1re et 3e personne du singulier du moyen, III, 250-251. 2e personne du singulier en *ta* = grec *θα*, III, 43-45, 255. 2e personne du pluriel, III, 250. 1re personne du duel, III, 254. 2e et 3e personne du duel, III, 254. 3e personne du pluriel de l'actif en *us*, III, 48-49, 56-57. 3e personne du pluriel du moyen passif en *rê*, III, 251-252. Influence des désinences légères et des désinences pesantes sur la manière d'être du parfait à redoublement, III, 94. Voyelle de liaison *i* (*tutup-i-má*), III, 250-251, 253-254. Suppression de la voyelle de la racine (*paptimá*), III, 243, remarque. Duel et pluriel de l'actif, singulier, duel et pluriel du moyen avec *ê* au lieu de *a* à la racine (*tan : tatâna, têniva*, etc.), fait qui cache un redoublement, III, 237-239, 242, 243-244. Parfait périphrastique avec *čakâra, âsa, babûva,* dans les verbes de la 10e classe, III, 258-260; dans ceux qui n'appartiennent pas à la 10e classe, III, 265. Cf. encore *Prétérit.*

2° Parfait ou prétérit à redoublement du zend, III, 230, 282 et suiv. 1re et 3e personne du singulier de l'actif, III, 250, note 1. 2e personne du singulier en *ta*, III, 43-45. Parfait du moyen, III, 285-288. Son emploi. Il tient lieu du subjonctif présent, particulièrement après *yêṣi* «si», III, 146-147, 289.

3° Arménien. Voir III, 295, remarque.

4° Grec. Voir III, LXIII-LXV. Prétérit à redoublement, cf. *Redoublement.* Parfait ordinaire du grec (parfait 1er) en *κα* (*πεφίληκα*) ou bien avec aspiration de la consonne finale (*τέτυφα, πέπλεχα*), III, 227, 228, 230-232, 292, 318. Parfait 2 (*λέλοιπα, ἔοικα*, etc.), III, 98, 248. Sur la 1re et la 3e personne du singulier, III, 249-250; 2e personne en *θα* = sanscrit *ta*, III, 43-45, 255; 2e et 3e personne du duel, III, 254; 2e personne du pluriel, III, 250; 3e personne du pluriel en *ᾱσι*, en *αν* (à Alexandrie), III, 56. Voyelle de liaison *α* (*τε-τύφ-α-μεν*), III, 253-254; duel et pluriel sans voyelle de liaison, III, 254. Redoublement attique, III.

287. Parfait moyen, passif, III, 177, 200. Sur la 1re et la 3e personne du singulier du moyen, III, 250-251.

5° Latin. Voir III, LXXI-LXXII. — *a.* Le parfait simple correspond, non pas au parfait du sanscrit, mais aux différentes formations de l'aoriste en cette langue, ce qui est démontré surtout par la désinence *-t* (*scripsi-t*) de la 3e personne du singulier, III, 180, note 1. Le parfait en *si* correspond à l'aoriste 2e du sanscrit, III, 179-180, 182-186. Formes qui correspondent à l'aoriste 6e du sanscrit, III, 212-213. Sur le parfait des verbes qui insèrent une nasale, comme *fidi* de *findo*, III, 208-209. Les formes à redoublement (*cu-curri*) et celles qui cachent un redoublement (*fēci*, etc.) correspondent à l'aoriste 7e du sanscrit, III, 180 et suiv., 214, 215, 218, 224, 227, 229, 242. Sur les nombreuses formes qui cachent un redoublement [pour la première fois dans les *Jahrb. für wissenschaft. Krit.* (1838), p. 10], particulièrement III, 180, 181-182, 215, 216-217, 242. Sur le parfait composé en *ui*, *vi*, dans la 1re, la 2e et la 4e conjugaison (parfait qui est un aoriste d'après sa forme), III, 188 et suiv. Désinences personnelles : 1re personne du singulier en *sî*, III, 184-186. 2e personne du singulier et du pluriel, III, 179, 182-183, 184-185. Cf. le tableau comparatif, III, 46-48. 3e personne du pluriel en *ê-runt*, III, 186-187, 202, remarque, 292.

6° Langues germaniques. Voir III, LXV-LXIX. — *a.* Le parfait simple dans les verbes forts du gothique = le prétérit à redoublement du sanscrit, III, 97, remarque 2, 221, 223, 228-229, 233. Pour tout ce qui concerne l'apophonie (*ablaut*), voir *Apophonie*. Influences des désinences pesantes et des désinences légères, III, 94. Voyelle de liaison *u*, III, 254. L'allemand change *s* radical en *r* au parfait, III, 252. 1re et 3e personne du singulier, III, 249-250. 2e personne du singulier du gothique en *t* = *ta* du sanscrit, III, 43-45; en *st* dans les racines terminées par une voyelle (*saisôst*), III, 45-46, 255-257. Sur la 2e personne du singulier en vieux haut-allemand, III, 46, 234, 246, 255. 2e personne du pluriel en gothique, en allemand, III, 250. 2e et 3e personne du duel, III, 254. 3e personne du pluriel en *un*, III, 56. — *b.* Parfait des verbes faibles. Ce parfait est une forme composée [pour la première fois dans les *Jahrb. für wissenschaftliche Krit.* (1827), p. 285 et suiv., et dans le *Vocalismus*, p. 33 et suiv.] (en *i-da*, *ô-da*, *ai-da*), III, 260 et suiv., 276 Sur les formes en *i-da*

(1re conjugaison faible), III, 116, 117, 151, 263-264. Sur celles en *ô-da* (2e conjugaison faible), III, 264-265. Sur celles en *ai-da* (3e conjugaison faible), III, 265. Sur les formes où *ta, tha, da* sont joints immédiatement à la racine, III, 265-266. Formes en *ta* dans le vieux haut-allemand, III, 266. Sur la 2e personne du singulier en *dês*, III, 262, note 1.

Participes. Voir la liste des suffixes.

Particules négatives qui sont des particules comparatives en védique, III, 168-169.

Passé. Comment il est exprimé dans les langues de la Malaisie et de la Polynésie, III, 174.

Passif. Voir III, lxxxii. Sa caractéristique *ya* en sanscrit, III, 111. Origine de ce *ya*, III, 409-410. Passif du sanscrit, III, 400, 403, 404; cf. aussi III, 4-5. Temps généraux du passif, III, 408. Passif des racines en *ṛ* (*ar*), III, 400, remarque. Affaiblissement des racines au passif, III, 401. Parfait passif en sanscrit, III, 408. Aoriste passif en sanscrit, III, 408, note 4. Passif du bengali et de l'hindoustani, III, 409. Passif du zend, III, 68-69, 401-402, 403-404. Passif du vieux perse, III, 402. Passif de l'arménien, III, 406-407. Imparfait passif en arménien, III, 407. Passif et temps indirects du géorgien, III, 406. Passif du grec, III, 4. Ce qui reste du passif réel en latin, III, 405-406; en gothique, III, 405. Passif ordinaire du latin [pour la première fois dans les *Ann. of orient. lit.* (1820), p. 62], III, 75-78; cf. III, lv-lvi. Désinence *mini* au passif (c'est un participe pétrifié; cf. en sanscrit le suffixe *mâna*, en grec *μενοι*) [pour la première fois déjà dans le *Conjugationssystem* (1816), p. 105 et suiv.], III, 78 et suiv. Impératif passif, III, 77. Désinences *mino* et *minor* (cette dernière est une fausse leçon), III, 80. Passif du vieux slave, III, 75-76; du bohémien, III, 75; du gothique = moyen du sanscrit, III, 4, 62-64 [pour la première fois dans le *Conjugationssystem* (1816), p. 122 et suiv., et dans le *Vocalismus*, p. 79]; cf. III, lv-lvi.

Patronymiques. Ceux du grec en *ιδης*, *αδης*, IV, 320; en *ιων*, IV, 320; féminin en *ις* (thème *ιδ*), IV, 320, note 4; ceux du sanscrit en *ya-s*, IV, 228.

Phonétique. Son importance, II, i-xiii; cause des changements phoniques, II, xiii-xiv; progrès de la phonétique, II, xiv-xviii.

Pluriel. Celui du nouveau perse en

ûn, hâ, de l'allemand en *er* (*Häuser*), de l'arménien en *er*, etc. Voir *Nominatif*, paragraphe B, n°s 2, 3, 8.

Plus-que-parfait. Il manque en sanscrit et en zend, III, 139, 290. Il est remplacé en vieux haut-allemand par le prétérit simple, III, 220. Sur le vieux slave et l'arménien, III, 295, remarque. Plus-que-parfait du grec, III, 291-293. Examen d'une hypothèse de Landvoigt, Pott et Curtius, III, 293, remarque. 3e personne du pluriel, III, 292. Plus-que-parfaits ioniens en εα, III, 293-294; doriens, III, 294. Plus-que-parfait passif, III, 293. Plus-que-parfait latin, III, 290, 294.

Poids des voyelles. En général, *a* est la plus pesante, *i* la plus légère, *u* tient le milieu, 35. En sanscrit, *â* pèse plus que *î*, 35-36; *i* et *u* mis au lieu de *a* pour cause d'allégement, 37-38. Voir aussi, pour *i* moins pesant que *a* et *î* moins pesant que *â*, III, 83 et suiv.; pour *u* moins pesant que *a*, III, 96, remarque; pour *i* moins pesant que *u*, I, 40. En latin, *a* plus pesant que *i* et que *e*, I, 36; que *u*, I, 38; *u* plus pesant que *i*, I, 40; *ĕ* radical plus pesant que *ĭ*, mais *ĕ* final plus pesant que *ĭ*, I, 41; *u* plus pesant que *o*, I, 41. En grec, le poids relatif des voyelles apparaît peu, voir pourtant I, 37-38. ε plus léger que ι, I, 41; η que ω, III, 221. Pour le poids relatif de ε, η, et de ο, ω, voir aussi II, 120, note 2. En vieux slave, *a* plus pesant que *o*, *o* que *e*, I, 162. En gothique, *ô* plus pesant que *ê*, III, 222. En gothique et surtout en germanique le poids relatif des voyelles explique en grande partie les phénomènes de l'apophonie (*ablaut*). Voir *Apophonie*.

Potentiel. Voir III, lxxiv. Il est proche parent du précatif en sanscrit et en zend, voir *Précatif*. Sur la parenté du potentiel et du précatif, III, 355. Synopsis du potentiel et du précatif, en sanscrit et dans les formes congénères des langues comparées, III, 363-366. Les passages principaux sur le potentiel et le précatif comparés aux formes congénères des autres langues sont cités à l'article *Optatif* et au commencement des articles *Futur, Impératif, Subjonctif*. Analyse du potentiel et du précatif, III, 370-371. Origine de la caractéristique du potentiel *yâ*, III, 318. Potentiel du verbe substantif en sanscrit, III, 298. Passages principaux sur le potentiel sanscrit, III, 321 et suiv. Potentiel du moyen, III, 322-323. Potentiel de la 1re conjugaison principale, III, 337 et suiv.; de la 2e conju-

gaison principale, III, 338, remarque. Sur la 1re personne du singulier dans la 1re conjugaison principale, III, 339; 3e personne du pluriel actif en *us*, III, 48, 57; 3e personne du pluriel moyen en *ran*, III, 63, note 2, 252-253. —Védique. Potentiel de l'aoriste 2e et de l'aoriste 6e (cf. optatif, aoriste grec), III, 355-357. Potentiel à redoublement (cf. subjonctif parfait germanique, optatif parfait grec), III, 361-362. Forme correspondante en vieux perse, III, 362. — Zend. Potentiel de la 1re conjugaison principale, III, 349-351; 1re personne du singulier, III, 350-351; 3e personne du pluriel, III, 350, 353. Potentiel de la 2e conjugaison principale, III, 351-352. Potentiel moyen, III, 322; 3e personne du singulier (*daiîita*), III, 354; 3e personne du pluriel (*daiîita*), III, 354.

Précatif. Il n'y a ici que ce qui est tout à fait spécial. Pour le surplus, voir *Potentiel.* Précatif du sanscrit, III, 183, 198, 327, 353. Précatif moyen, III, 331, note 3. Origine de la caractéristique du précatif *yâ*, III, 318. Précatif périphrastique avec *kriyât* dans les Védas, III, 259, remarque. Précatif du zend, III, 329-330, 352, 353. 1re personne du singulier, III, 330. 2e personne du pluriel moyen, III, 354-355.

Prépositions, IV, XXVII; 387-415. Les véritables prépositions sont toutes d'origine pronominale [pour la première fois dans *Abhandlung. der Akademie* (1826), p. 91 et suiv., *Demonstrativstämme* (1830), p. 9], IV, 387; cf. aussi IV, 411. Fausses prépositions d'origine verbale, IV, 414-415. Préposition, premier membre d'un composé possessif, IV, 359-360.

Présent. Il est sans exposant. Sa flexion se fait à l'aide des désinences primaires, III, 123. Tableau comparatif du présent actif dans la 1re conjugaison principale, III, 123-124; du présent moyen passif, dans la 1re conjugaison principale, III, 134; dans la 2e, III, 135. — Gothique. Présent de la 2e conjugaison faible, III, 367, note 2; de la 3e, III, 344, note 3.

Prétérit.

1° Différentes formes pour indiquer le passé en sanscrit, III, 137. L'imparfait et l'aoriste sanscrits avaient-ils à l'origine des significations distinctes, III, 141 et suiv. Sens du prétérit à redoublement en sanscrit, III, 219-220. Prétérit périphrastique en sanscrit (*gatô 'smi*), et en allemand (*ich habe gemacht*), III, 139, 188, 220. Expressions comme *uktavân asmi*, III, 138. Passif: construction employée en sanscrit pour

dire ce que dit le parfait latin, III, 138. Le passé exprimé par le présent avec *sma*, III, 174. Le prétérit en allemand pour exprimer la négation, III, 170, remarque.

2° Bengali et mahratte. Leur prétérit, IV, 80, remarque.

3° Nouveau perse. Prétérit en *dem, tem, deh em, teh em*, III, 268-269; cf. III, 271.

4° Slave. Prétérit du serbe, III, 193-194; du polonais, III, 269 et suiv., 274, remarque; du slovène et du russe, III, 274-275.

Prétérit à augment du sanscrit. Voir *Imparfait* et *Aoriste*.

Pronoms. Voir d'abord III, XXIV-XXXVII; puis pour chacun d'eux la table des mots. Il n'y a ici que les passages principaux. Pronom, 1er membre d'un composé possessif. Pronom personnel. Pronom démonstratif. Pronom interrogatif. 1re et 2e personne, II, 255-288. Tableau comparatif des pronoms de la 1re personne, II, 277-281; de la 2e, II, 281-286. Sur la 3e personne, II, 288 et suiv. Tableau comparatif du thème *sva*, II, 294; des thèmes *ta* et *sa*, II, 302-305. Voir à la table des mots sanscrits : *tya, sya, ya, sva, a, ima, ma, ana, na, ava, ka, ku, ki*. Thème *ca*, II, 360-361.

Pronoms possessifs. Ceux qui servent de génitifs aux pronoms personnels, II, 286, remarque. Ceux du sanscrit, II, 389, 390, 391; de l'hindoustani, II, 394, note 2; du tsiganien, II, 394, note 2; du zend, II, 389; du grec, II, 393; du latin, II, 392, 394; du lithuanien, II, 392, 393; du vieux slave, II, 391, 392, 393, 394; des langues germaniques, II, 394-395; du nouveau haut-allemand, II, 395.

Pronoms corrélatifs. Ceux du sanscrit, II, 395-396; du zend, II, 396-397; du grec, II, 395-396, 398-399, 399-400, 411, 415-417 (cf. 391); du latin, II, 396; du lithuanien, II, 397-398.

Pour les adverbes pronominaux, voir *Adverbes*.

Pour les adjectifs pronominaux, voir d'abord III, XXXVI-XXXVII, puis II, 389-407.

Pour la déclinaison pronominale, voir la table des mots et les articles : *Adjectif, Pronom annexe*.

Pour les particularités de la déclinaison des pronoms qu'on retrouve dans celle des adjectifs et des substantifs, voir 372 et suiv.; II, 38 et suiv., 78-79, 152.

Pronom-annexe. Le sanscrit *sma*. Ses traces dans les langues congénères. Passages principaux, 366-375; voir aussi 389-390. Détail :

a. Sanscrit : *sma*, féminin *smî*, et de là *sy* au lieu de *smy*, 373-374; *sma* réduit même en sanscrit

à *s* (*nas*, etc.), II, 269; et à *u* (*nâu*, *vâu*), II, 271. Le sanscrit *sma* représenté en prâcrit par *mha*, 366; *sm'*, *mm'*, *ma*, 371; répété deux fois en prâcrit, 371-372; représenté en pâli par *mha*, 366; *mhâ*, *smâ*, *sm-(in)*, *mh-(i)*, II, 152-153; *sma* a pénétré aussi dans la déclinaison des substantifs et des adjectifs en prâcrit et en pâli, 373.

b. sma (*smî*) apparaît en zend sous la forme *hma*, 366; *hm'*, 371; *s* (par exemple *yûs*), 372, II, 269; *hmî*, *ṇh*, I, 373-374. Il subsiste encore en persan dans *mâ* (= *asmân*), II, 276.

c. Reste de *sma* en arménien (il a pénétré aussi dans la déclinaison des substantifs) sous la formé *mê* (ablatif), *m*, *ma* (datif), I, 392-393; II, 292, 346, note 4, 383, note 2. En arménien, *sma* est contenu aussi dans le pronom *meq*, II, 276.

d. Traces de *sma* en grec, II, 341, note 2.

e. Traces de *sma* en latin dans *nôs*, *vôs*, II, 270; dans *egomet*, *tumet*, II, 270-271; dans *immo*, II, 271, 307-308; et ailleurs, II, 308, 410.

f. En ombrien *sma* apparaît sous la forme *sme*, *smei*, I, 370-371. Le locatif ombrien en *me* ne contient pas le pronom annexe *sma*, I, 435.

g. sma apparaît en lithuanien dans les désinences *mui*, *mè*, I, 372-373; II, 153; en lette, sous la forme *m*, I, 373; II, 153, note 1; en lithuanien, sous la forme *s* (*mēs*), II, 268 (voir aussi II, 393); en borussien, dans la désinence *smu*, I, 370; *smî*, sous la forme *si*, *ssi*, I, 376.

h. Sur le vieux slave (désinences *mo*, *mu*, *mĭ*), I, 389-390; II, 138.

i. En gothique [signalé pour la première fois dans les *Jahrb. für wissenschaft. Krit.* (mars 1831), p. 376 et suiv.], on trouve *sma*, *smî*, dans *nsa*, I, 366-367; *mma*, 367, 370 [déjà signalé dans les *Annals of oriental literat.* London (1820)]; *nka*, *nqva*, 369-370; *gva*, *gvi*, 367-368; *s*, 371-372; II, 268; *s*, I, 375-376.

k. Au même *sma* se rattachent encore en vieux haut-allemand *mu*, I, 371, 372; *wa* et *wi*, 368; *ncha* (vieux norrois *nke*, anglo-saxon *nce*), 370.

Prosthèse. Voyelles prosthétiques du grec *ε*, *ο*, *α*, I, 399; II, 230, 256-257, 275; de l'arménien *a*, *ĕ*, *i*, *o*, I, 399; II, 230, note 5, 230, 275, 362, note 4.

R déplacé en sanscrit et en zend, 97.

R voyelle. Voir *Alphabet sanscrit* à l'article *r*.

Racines. Elles manquent absolument

au chinois, 228, note 1. Les racines ne sont pas le produit de l'abstraction scientifique, II, XIX. Toutes les racines indo-européennes sont monosyllabiques, I, 222-223. Différence entre les racines verbales et les racines pronominales dans les langues indo-européennes, I, 221-222; II, XX. Pour les racines verbales voir encore I, 223-225, où est établie la différence qui existe entre les racines des langues indo-européennes et celles des langues sémitiques. Cf. I, 225-230. Exemples de racines verbales en sanscrit et dans les langues congénères, I, 263-267. Cf. 231. Sur les racines verbales qui ont une diphthongue en sanscrit, I, 237, 258. Efforts tentés pour ramener une partie des racines verbales à des éléments plus simples, II, XXII-XXIII. Rôle des racines pronominales, II, XXIV-XXVIII.

Redoublement, III, LXI-LXIII. Sens du redoublement, II, XXI; III, 141. Redoublement dans les racines qui commencent par une voyelle: en sanscrit, III, 165; en grec, III, 165-166. Suppression du redoublement au parfait védique, III, 233, note 3. Redoublement dans les verbes intensifs, III, 141. Redoublement à l'intérieur du verbe en latin (*credidi, vendidi*), III, 158. Suppression du redoublement en latin dans les verbes composés, IV, 151, note 1. Redoublement attique en grec, III, 287. Sur la diphthongue *ai* dans la syllabe du redoublement en gothique, III, 223-224.

Réfléchi. Verbes réfléchis du lithuanien, III, 75 et suiv. Cf. *Passif*.

Renforcement de la voyelle, II, XXI-XXII. Voir *Gouna, Vriddhi*.

Répartition, IV, II.

Sannatatara. Voir *Accentuation*.

Sanscrit. Sa parenté avec les langues de l'Europe, reconnue pour la première fois par le Père Cœurdoux, I, XV. N'est pas considéré, par Bopp, comme la langue mère des idiomes indo-européens, I, XLIII. Sens de ce mot, 2, note 1. Importance du sanscrit pour les recherches de grammaire comparée, 2, 3, 4, 5. Langues sanscritiques. Remarques sur cette dénomination. Son sens, 2, note 1, 21.

Semi-voyelles du sanscrit (*y, r, l, v*), 53 et suiv.; du zend, 93 et suiv.; du vieux slave, 174 et suiv.; du gothique et de l'allemand, 142-143. En zend, les semi-voyelles ont une influence aspirante, 99. En grec, *y* et *v* manquent. Par quoi ils sont remplacés. Voir à l'article *Alphabet sanscrit* ce qui concerne *y* et *v*

(plus haut p. 4). Voir aussi *Liquides*.

Séparation des mots, particulièrement en sanscrit, 191.

Sifflantes. Celles du sanscrit : 1° *ś*, 61-63 ; 2° *ṣ*, 63-64 ; celles du zend 101-104, 108-110. Les sifflantes du zend ont une influence aspirante, 99-100 ; sifflantes provenant de dentales en zend, 110, 206-207. Perte d'une sifflante en arménien, 417, note 2. Sifflantes du gothique, 143-145 ; du vieux slave et du lithuanien, 173, 178-183.

Sonores. Voir *Consonnes*.

Sourdes. Voir *Consonnes*.

Subjonctif. Voir III, lxxiii-lxxv. Points principaux : le subjonctif du sanscrit, c'est-à-dire le lêṭ = le subjonctif du zend, du vieux perse et du grec ; le subjonctif de l'arménien, du latin et des langues germaniques = le potentiel sanscrit ; le subjonctif du lithuanien tient au précatif sanscrit. La 1re personne du pluriel de l'impératif gothique appartient réellement au lêṭ. Voir *Impératif*.

1° Subjonctif du védique, nommé lêṭ, formé par l'insertion d'un *a*, IV, 371. Voir en outre III, 5, 368. Lêṭ du moyen, III, 369 ; de l'imparfait, III, 370, 373 ; du 3e aoriste, III, 371. Lêṭ de l'aoriste avec les désinences du présent en védique, III, 372 (subjonctif de l'hindoustani, III, 192). Cf. aussi *Impératif* 1re personne.

2° Subjonctif du zend (= lêṭ du sanscrit) ; 2e personne du singulier en *âhi*, III, 387 ; ou bien en *âi*, III, 386-387 ; 3e personne en *âiti*, III, 431-432. Subjonctif de l'imparfait, III, 370, 373. Subjonctif imparfait du verbe substantif, III, 163. Sur le subjonctif du vieux perse (= lêṭ), III, 372, note 1.

3° Subjonctif (proprement potentiel) de l'arménien, I, 405-406.

4° Grec. Subjonctif = lêṭ sanscrit. Subjonctif de la conjugaison en *ω*, III, 384-385 ; de celle en *μι*, III, 382-384 ; des verbes en *νυμι*, III, 383.

5° Latin. Subjonctif (= potentiel sanscrit), III, 323-324. Voir aussi le tableau, III, 363-366. Subjonctif présent de la 1re conjugaison (*amem*), III, 340 ; de la 2e, de la 3e, de la 4e, III, 372-373, remarque. Voir encore, pour la 2e, III, 341 ; pour la 3e, III, 342-343 ; pour la 4e, III, 341-342. Subjonctif imparfait, III, 358. Subjonctif imparfait de la 3e conjugaison (en *ĕrĕm*), III, 187. Subjonctif imparfait du verbe substantif (*essem*), III, 359. Ancien subjonctif parfait en *sim* (*ausim*, etc.), plus-que-parfait en *sem* (*intellexes*, etc.), III, 148-151. Subjonctif parfait ordinaire (en *ĕrim*), III, 187, 363 ;

IV, 149, note 5. Subjonctif plus-que-parfait ordinaire, II, 290-291; IV, 149, note 5.

6° Lithuanien, lette, borussien. Le subjonctif ou optatif du lithuanien et du lette rapproché du précatif sanscrit, III, 334-336. Pour le subjonctif ou optatif lithuanien en particulier, III, 336-337. Subjonctif ou optatif aoriste du borussien, III, 357-358.

7° Subjonctif des langues germaniques = potentiel du sanscrit, III, 324-325, 332. Voir aussi le tableau, III, 363-366 (pour le gothique et le vieux haut-allemand). Subjonctif présent de la conjugaison forte en gothique, III, 343-345. 1re personne du singulier du même, III, 344. 3e personne du pluriel, III, 344, note 3. Subjonctif présent de la conjugaison faible en gothique et en vieux haut-allemand, III, 367-368. Subjonctif présent du vieux saxon, III, 372-373. Subjonctif du moyen en gothique, III, 63-64 (*bairaith*); III, 349, note 1. Subjonctif du parfait en gothique et en vieux haut-allemand (cf. le potentiel à redoublement ou potentiel du parfait en védique), III, 95, 324-325, 361-362. Sur la 1re personne du singulier du subjonctif parfait en gothique, III, 325.

Substantif, II, xxix-xxx.

Substantifs abstraits qui gouvernent l'accusatif en sanscrit, IV, 126, notes 3 et 5, 133-134. Substantifs abstraits en *tio* qui gouvernent l'accusatif en latin, IV, 174. Pour les mots-racines qui sont des substantifs abstraits, voir *Mots-racines*. Pour le remplacement de l'infinitif par différents cas de substantifs abstraits, voir *Infinitif*.

Suffixes. Voir IV, i-ix. Deux manières de les classer, IV, ix-x. Liste des suffixes (les secondaires sont distingués des primaires par le signe*) :

Sanscrit *a*, gothique *a*, lithuanien *a*, grec *o*, latin *ŏ*, vieux slave *o*, §§ 857, 858, 859, 912, 919-921.

Sanscrit *â* (fém.), grec *α*, *η*, latin *a*, lithuanien *a*, vieux slave *a*, gothique *ô* (nom. *a*), *ôn* (nom. *ô*), § 921.

Sanscrit *i*, zend *i*, gothique *i*, vieux slave *i* (nom. ь ĭ), grec *ι*, *ιδ*, *ιτ*, latin *i*, lithuanien *i*, § 922; arménien *i*, *z*, par exemple *ôž*, thème *ôži* «serpent» = sanscrit *áhi*, de la racine *áṅh* «se mouvoir», p. 99, note 2.

Sanscrit *u*, grec *υ*, lithuanien *u*, gothique *u*, zend *u*, § 923.

Sanscrit *an*, *án*, grec *αν*, *εν*, *ον*, *ων*, § 924; latin *ôn* (nom. *ô*), *in* (nom. *en*), gothique *an* (nom. *a*), vieux haut-allemand *on* (nom. *o*), § 926, IV, 277-278; arménien *an*, 395 et suiv., 594; sans-

crit *an* (neut.), gothique *an* (nom. *ô*), § 926.

Sanscrit *in*, § 927; sanscrit **in*, grec **ων*, latin **ôn*, sanscrit **inî*, § 928.

Sanscrit *ana* (fém. *anâ*, *anî*), zend *ana*, grec *ανο*, lithuanien *ùna*, gothique *ana* (nom. *an'-s*), *anôn*, fém. (nom. *anô*), § 930; arménien *uno*, p. 401.

Sanscrit *anîya*, §§ 902, 904, 905; zend *nya*, gothique *nja*, lithuanien *nja*, *inja*, § 904.

Sanscrit *âna*, § 791.

Sanscrit *as*, § 931; grec *ες* (nom. *ος*, *ης*, *ες*), **ες*, zend **as*, latin *us*, *eris*; *us*, *or-is*; *ur*, *or-is*; *ur*, *ur-is*; *or*, *ôr-is*; **or*, *ôr-is*, §§ 932, 935, 936; gothique *isa*, neut. (nom.-acc. *is*), *is-tra*, *is-la*, *s-la*, *as-su* (*drauhtin-as-su-s*), § 933; vieux haut-allemand *us-ta*, *us-ti*, *os-ta*, *os-ti*, lithuanien *as-ti*, § 934.

Sanscrit *us*, § 935.

Sanscrit *is*, § 935.

Sanscrit *ya*, § 887; latin *iŏ* (neut.), § 888; sanscrit **ya* (neut.), gothique **ja*, latin **iŏ*, grec **ιο*, § 889; vieux slave *ѩє *ije*, § 890; lithuanien **ja*, § 891; sanscrit *yâ* (fém.), gothique *jô* (nom. *ja* ou *i*), § 892; vieux slave *ja*, lithuanien *ia*, *ē*, § 893; latin *ia*, *iê*, *iôn*, **ia*, **iê*, **iôn*, grec *ια*, **ια*, § 894; vieux haut-allemand **î*, § 895; nouveau haut-allemand **e*, § 896; sanscrit **yâ*, grec **ια*, vieux haut-allemand **ja*, neut. (nom. *i*), gothique **ein* (nom. *ei*), § 896; sanscrit *ya* (part. fut. pass.), zend *ya*, gothique *ja*, lithuanien *ia* (nom. *is*), latin *iŏ*, grec *ιο*, §§ 897, 898; sanscrit **ya*, zend **ya*, grec **ιο*, **ια*, latin **iŏ*, *ia*, §§ 899, 900; latin *ia* pour sanscrit *î*, grec *ιδ* (?), § 900, IV, 228; gothique **ja* (fém. **jô*), **jan*, *jan*, sanscrit *ya*, zend *ya*, lithuanien *ia* (fém. *ē*), vieux slave *jo*, § 901.

Sanscrit *yu*, zend *yu*, lithuanien *iu*, grec *ευ*, § 943.

Sanscrit **îyâṅs*, *îyas*, *yâṅs*, *yas*, voir *Degrés de comparaison*.

Sanscrit **îyâ*, voir *Composés possessifs*.

Sanscrit **êya*, grec **ειο*, **εο*, latin **ejŏ*, *cŏ*, § 956.

Sanscrit *ra*, *la*, *a-la*, *i-la*, *u-la*, *i-ra*, *u-ra*, *ê-ra*, *ô-ra*, § 937; zend *ra*, § 938; grec *ρο*, *λο*, latin *rŏ*, *la*, gothique *ra*, *la*, vieux haut-allemand *a-la*, *u-la*, *i-la*, *e-la* (nom. *a-l*), etc., § 938; lithuanien *a-la*, grec *α-λο*, *ε-λο*, *υ-ρο*, *υ-λο*, *α-ρο*, *ε-ρο*, latin *u-lŏ*, *u-la*, *e-rŏ*, *i-li* (?), § 939.

Sanscrit **ra*, **la*, **i-ra*, **i-la*, **î-ra*, **î-la*, zend **ra*, grec **ρο*, **λο*, latin **li* (?), § 940.

Sanscrit *ri*, grec *ρι*, latin *ri*, *e-ri*, § 941.

Sanscrit *ru*, lithuanien *ru*, § 942.

Sanscrit *va*, latin *vŏ*, *uŏ*, §§ 943, 944.

Sanscrit *vân, van*, zend *van*, § 945.

Sanscrit **vant, vat*, zend **vant, vat*, latin **ntŏ*, §§ 409, 410; lithuanien **leta, linta, la, ant*, § 411; sanscrit **vant, vat*, latin **lent, lentŏ*, grec *εντ*, § 957.

Sanscrit *vâns, vas, vat, uś* (fém. *uśî*), § 786; lithuanien *eǹ* (nom. *eǹ-s*), *usia* (nom. fém. *usi*), borussien *wun-s, un-s, on-s, an-s*, (nom. masc.), *usi*, zend *vâoṇh, uś, ûś* (fém. *uśî, ûśî*), §§ 786, 787; gothique *usia* (nom. plur. masc. *bêrusiôs* «ancêtres»), § 788; grec *οτ, υια*, latin *ûri* (*sec-ûri-s*), **ôsŏ*, § 789; vieux slave *vŭś* (fém. *vŭśi*), § 790.

Sanscrit *na*, zend *na*, gothique *na*, lithuanien *na*, vieux slave НО *no*, grec *νο*, latin *nŏ*, §§ 833, 834, 835; sanscrit *na* (fém. *nâ*), zend *na*, grec *νο, νη*, latin *nŏ, na*, vieux haut-allemand *na* (fém. *nô*, nom. *ǹ, na*), § 839.

Sanscrit **i-na*, grec **ι-νο*, gothique **ei-na*, vieux haut-allemand **î-na*, lithuanien **i-na*, **i-nia*, **y-na* (= *î-na*), **ō-na*, vieux slave *ЄНО *e-no*, § 835; latin **î-nŏ*, **î-na*, **ê-nŏ*, **ê-na*, **â-nŏ*, **nô*, § 836; sanscrit **î-na*, § 836.

Sanscrit **ânî*, fém. (*indrâ-ṇî, mâtulâ-nî*, etc.), grec **αινα*, **ω-νη*, latin **ô-na*, **ô-nia*, lithuanien **ē-nē*, vieux slave ЪІНІѦ *ŭnja*, vieux haut-allemand **inna*, nouveau haut-allemand *in, inn*, vieux norrois **ynja*, §§ 837, 838.

Sanscrit *ni* (fém.), grec *νι*, vieux slave *ni* (nom. НЬ *nĭ*), lithuanien *ni*, gothique *ni*, § 840.

Sanscrit *ni* (masc.), latin *ni*, vieux slave *ni*, lithuanien *ni* (fém.), § 848.

Sanscrit *nu, s-nu*, zend *nu*, lithuanien *nu, s-nu*, gothique *nu*, latin *nu* (4e déclinaison), grec *νυ*, §§ 946, 947.

Sanscrit *nt, ant, t, at*, voir *Participe présent* et *Participe futur*.

Sanscrit *ma*, zend *ma*, grec *μο*, latin *mŏ*, lithuanien *i-ma*, gothique *ma*, vieux haut-allemand *ma*, §§ 805, 806; grec *μη*, latin *ma*, lithuanien *ma, mē*, § 807; gothique *mô*, § 948.

Sanscrit *mi*, gothique *mi*, § 948.

Sanscrit *mân, man, i-mân, i-man*, zend *man*, §§ 796, 797; grec *μον, μων, μεν*, latin *môn, min, môn-i-a*, § 797; grec *μῑν*, § 798; gothique *man*, vieux haut-allemand *mon*, lithuanien *men* (nom. *mû*), vieux slave МЄН *men* (nom. МЪІ *mü*), §§ 799, 800; grec *ματ*, latin *men, min*, vieux slave *men* (neut.), sanscrit **i-mân, i-man*, vieux haut-allemand **mon*, § 799; arménien *man*, § 183[b], I, 397; latin *mentŏ*, grec *μινθ, μιγγ*, vieux haut-allemand *munda* (nom. *mund*), § 803.

Sanscrit *mâna*, vieux prussien *mana*, lithuanien *ma*, grec *μενο*,

latin *minŏ, mnŏ*, gothique *mônjô* (fém.), vieux slave *mo*, zend *mana, mna, mn*, §§ 791-795; arménien *mno*, § 183[b]. I, 400; latin *mulŏ*, § 803.

Sanscrit *mara, vara*, § 808.

Sanscrit *mant, mat*, § 957.

Sanscrit *ka, a-ka, â-ka, i-ka, u-ka, û-ka*, latin *û-cŏ, î-cŏ, i-cŏ, i-c, â-c, ô-c*, grec *α-κο, ᾱ-κ, ῡ-κ, αικ* (*γυναικ*) ou *αικι*, lithuanien *i-ka*, gothique *aga*, § 949; vieux haut-allemand *i-nga* (nom. *ing*), *u-ngâ* fém. (nom. *unga*) (?), § 950; arménien *a-ka*, par exemple *ṣavaka* (nom. *ṣavak* «enfant» = sanscrit *śâvaka* [même sens] de la racine *śvi* «croître», contractée en *śu*).

Sanscrit **ka*, §§ 404, 951; gothique **ha, *ga, *i-g*, § 951: latin **cŏ*, grec **κο, *ι-κο, τι-κο*, § 953; gothique, lithuanien, borussien **i-ska*, vieux slave *i-sko*, grec *ι-σκο, ι-σκη*, § 952.

Sanscrit *t*, latin *t*, grec *τ*, §§ 907, 910.

Sanscrit *ta*, zend *ta*, lithuanien *ta*, latin *tŏ*, grec *το*, §§ 817, 818, 821; gothique *ta, da*, § 820; latin *dŏ*, § 819; vieux slave *to, lo*, §§ 822, 823; mahratte *lâ* (fém. *lî*, neut. *lo*), § 823, IV, 81, remarque (cf. bengali, *ibidem*).

Sanscrit **i-ta*, latin **tŏ*, grec **το*, lithuanien **ta*, vieux slave **to, sto*, §§ 824, 825.

Sanscrit **tâ, *tât, *tâti*, grec *τητ*, latin *ta, tât, tût*, gothique *thô* (nom. *tha*), parfois *dô, dâ*, vieux haut-allemand *dô* (nom. *da*), anglais *th*, vieux slave *ta*, §§ 826-831.

Sanscrit *ti* (fém.), zend *ti*, gothique *ti, thi, di*, lithuanien *ti*, vieux slave *ti*, §§ 841, 865; grec *τι, σι, σια*, §§ 842, 843; lithuanien *tē* ou *tia*, **y-stē* ou *y-stia*, vieux slave **sti*, § 844; latin *ti, si, tiôn, siôn, *tia, tiê*, § 844.

Sanscrit *ti* (masc.), lithuanien *ti*, gothique *ti, di*, lithuanien *ti*, *ćia* (euphonique *tia*), vieux slave *ti*, grec *τι*, latin *ti, *sti* (?), § 845.

Sanscrit *a-ti*, grec *ε-τι*, lithuanien *a-sćia* (nom. *a-stis*), § 847.

Sanscrit **ti*, zend *ti*, latin *t*, § 414.

Sanscrit **tiya*, zend *tya*, gothique *djan*, latin *tiŏ*, vieux slave *tijo* (nom. *tij*), lithuanien *ćia* ou *tia*, § 322.

Sanscrit *tu* (fém., infinitif), grec *τυ*, zend *tu*, § 862, IV, 161-165; latin *tu, su* (4e déclinaison, masc.), § 863; borussien *tu* (infin.), lithuanien *tu* (supin), vieux slave тъ *tŭ* (supin), §§ 864, 866; gothique *tu, thu, du* (masc.), § 954; sanscrit *a-tu, â-tu* (masculin), § 955.

Sanscrit *târ, tṛ*, zend *târ*, grec *τηρ, τορ, τη-ς*, latin *tôr, tûrŏ*, vieux slave *telĭ* (thème *teljo*), §§ 646, 647, 810, 811, 814, 815[a]; sanscrit fém. *trî*, latin *trîc*, grec *τριδ, τρια, τειρα, τιδ*, §§ 119,

811; latin **â-tor*, **i-tôr*, grec *τη-ς, *δη-ς, *ι-δης, § 955.

Sanscrit *tar, tr, tṛ*, zend *tar, thr*, grec τερ, τρ, latin *ter, tr*, gothique *tar, tr, thar, thr*, lithuanien *ter* (nom. *tē*), vieux slave *ter* (nom. *ti*), §§ 144, 265, 812.

Sanscrit *tra* (fém. *trâ*), grec τρο, τρα, θρο, θρα, latin *trŏ, tra*, zend *tra, thra*, §§ 815, 816; gothique *tra, thra, dra*, vieux haut-allemand *tra, dra* (nom.-acc. *tar, dar*), nouveau haut-allemand *ter*, anglais *ter*, § 815; gothique *thlô*, fém. (nom. *thla*), vieux haut-allemand nom. *dla, dila, dela, dal*, grec τλο, τλη, θλο, θλη; gothique *thrô* (nom. *thra*), vieux haut-allemand *trô* (nom. *tra*). *tar, tera, ter*, § 816.

Sanscrit **tra*, zend **thra*, § 420.

Sanscrit **trâ*, § 295, II, 181.

Sanscrit **tara*, zend **tara*, grec τερο, latin **terŏ*, gothique **thara*, vieux haut-allemand **dara*, § 291 et suiv.; vieux slave **toro*, **tero*, § 297.

Sanscrit **tama*, zend **tĕma*, latin **timŏ*, **simŏ*, gothique **tuman, tum'-ista, dum'-ista*, §§ 291, 292, 295.

Sanscrit **tas*, latin **tus*, grec *θεν, vieux slave *du*, § 421.

Sanscrit **tana*, latin **tinŏ*, §§ 958, 959.

Sanscrit *tavya*, latin *tivŏ*, grec τεο, § 902; lithuanien *tŏja*, vieux slave *a-tajo* (nom. *a-taj*), § 903.

Sanscrit **tya*, gothique **thja*, latin **tiŏ*, grec *σιο, § 959.

Sanscrit *tva*, zend *twa*, gothique *tva*, neut. (nom. *tv*), *thvô*, fém. (nom. *thva*), vieux haut-allemand *don* (nom. *do*), vieux slave *tva, ba*, lithuanien *ba, bē* (?), §§ 832, 862.

Sanscrit **tva*, vieux slave **stvo*, § 831.

Sanscrit **tvana*, prâcrit *ttana*, vieux perse *tana*, grec fém. *συνη, adj. *συνο, lithuanien adj. *tina*, adv. *tinay*, § 850, IV, 145 et suiv., remarque, § 989, IV, 377 et suiv.

Sanscrit **ta*, grec το, latin *tŏ*, lithuanien *ta*, vieux slave *to*, gothique *tan, dan* (nom. *ta, da*), §§ 322, 323.

Sanscrit **tam*, latin **tem*, § 425.

Sanscrit **ta*, zend *ta*, latin *ta, ti*, § 425.

Sanscrit **dâ*, vieux slave *da, g-da*, lithuanien *da*, § 422.

Sanscrit **dâ*, grec *χα, § 325.

Sanscrit **śas*, grec κις, § 224.

Sanscrit **sya*, latin **riŏ* (?), § 960; gothique *arja*, **arja*, § 961.

Sanscrit **ha* ou *dha*, zend *dha*, grec θα, gothique *th, d*, § 420.

SUPIN. 1° Latin. Supin en *tum* (cf. infinitif sanscrit en *tum*), IV, 165 et suiv.; en *tû* (c'est proprement l'ablatif du suffixe *tu*), IV, 172 et suiv. 2° Lithuanien. Supin en *tum* (cf. infinitif sanscrit en *tum*), III, 337; IV, 167 et suiv. 3° Vieux

slave. Supin en *tŭ* (= infinitif sanscrit en *tum*), IV, 171-172.

Svarita. Voir *Accentuation.*

Taddhita (suffixes secondaires), IV, 249.

Tatpurusha. Voir *Composés de dépendance.*

Temps, III, lix. Ceux du sanscrit et du zend, III, 5-6. Noms des temps chez les grammairiens indiens, III, 5, note 1. Formation des temps, III, 123 et suiv. Temps principaux et temps secondaires, III, 7-10. Temps spéciaux et temps généraux; les premiers prennent les caractéristiques de classe, les seconds ne les prennent pas. En sanscrit, les temps spéciaux sont le présent, le potentiel (= optatif grec), l'impératif, le prétérit à augment à forme unique; les temps généraux sont: tous les autres temps, I, 231, note 1.

Ténues. Comment elles se comportent en sanscrit à la fin des mots, 88; devant les désinences grammaticales, 198-199. Ténue au lieu d'une moyenne en grec pour cause d'euphonie (racine sanscrite *gud'*, grecque *κυθ*), I, 149-150, 211-212. Loi des ténues chez Notker, 192-193. Exceptions, 193-194.

Thème. Le thème est la forme fondamentale des mots, II, xxx.

Thème des mots. Cause de la diversité des déclinaisons, II, xxxii.

Udâtta. Voir *Accentuation.*

Umlaut ou Adoucissement. Il est amené par *i*, *î*, *j* en vieux haut-allemand, 121-122; en moyen haut-allemand, 122; en nouveau haut-allemand, 122-123. Faits analogues en zend, voir *Force d'assimilation.*

Verbe. Voir d'abord III, xxxviii et suiv.; puis III, 1 et suiv. Changement de voyelle produit dans les verbes par le déplacement de l'accent, III, xliv-xlvi. Sur les verbes de la 4e et de la 10e classe, III, l. Composés où le premier membre a l'air d'être un verbe, voir *Composés.*

Verbe substantif, en nouveau perse, III, 464, note 1.

Verbes dérivés. Voir III, lxxvi et suiv. Cf. *Causatifs, Dénominatifs, Désidératifs, Imitatifs, Inchoatifs, Intensifs.*

Vieux perse ou langue des Achéménides. Préface de la deuxième édition, 15.

Virâma. Signe de repos en sanscrit, 67, 191.

Visarga du sanscrit (transcrit par *ḥ*),

41. Emploi que l'on en fait, 43-44.

Vocalisation de *j* et de *v* en germanique, 121, 142-143.

Vocatif. Principaux passages qui concernent le vocatif singulier, 442-447. Tableau comparatif du vocatif singulier, 446-447. Remarques générales sur la formation du vocatif singulier, 443, *ibid.*, note 1, 445-446.

1° Sanscrit. Accent du vocatif singulier, 442. Sa formation, 443-444. Vocatif singulier terminé par *a* dans les thèmes en *a*, 443; par *a* dans les thèmes féminins en *â*, 446, note 1.

2° Zend. Outre le tableau comparatif voir 443, 446, note 1. Sur le vocatif singulier des thèmes en *i* et en *u*, 444.

3° Grec. Accent, 442-443. Formation, 445. Vocatif singulier terminé par ε dans la 2e déclinaison, 443; par οῖ dans les thèmes en ων, nominatif ω, 329.

4° Latin. Vocatif singulier terminé par *ĕ* dans la 2e déclinaison, 443. Voir de plus 445-446.

5° Lithuanien. Vocatif singulier terminé par *e* dans les thèmes en *a*, 443; par *au* dans ceux en *u*, 444; par *ē* dans ceux en *i*, 445. Borussien. Vocatif singulier terminé par *a*, *e* dans les thèmes en *a*, 443, note 1.

6° Vieux slave. Vocatif singulier terminé par *e* dans les thèmes en *o*, par *o* dans ceux en *a*, par *e* dans ceux en *ja* (féminin), par *e* dans ceux en *jo*, par *u* dans ceux en *ŭ*, par *e* dans ceux en *ŭ* qui se changent en *o*, par *i* dans ceux en *i*, II, 142; par *a* dans les adjectifs féminins, II, 161.

7° Gothique. Sur le vocatif singulier des thèmes masculins en *i* et des thèmes masculins-neutres en *a*, I, 444-445; des thèmes féminins en *i* et en *u*, I, 444. Vocatif singulier terminé par *au* dans les thèmes masculins en *u*, I, 444. Vocatif singulier dans les adjectifs, I, 445. Vocatif singulier du vieux norrois, I, 445.

Voyelle de liaison dans la déclinaison, voir l'article *Datif B, d;* dans la conjugaison, III, 103; au futur auxiliaire du sanscrit, III, 110; à l'infinitif, III, 115, note 4. Voyelle de liaison du zend (*ĕ*, *i*), III, 110-111. Voyelle de liaison du sanscrit (*i*), du grec (*a*), du gothique (*u*), au parfait, III, 253-254. Voir aussi *Parfait.* Voyelle de liaison entre les deux membres d'un composé en grec, en latin, IV, 335-336; et aussi dans les thèmes à voyelle en grec, IV, 336. Voir aussi, pour ces deux langues, IV, 337-338. Sur les formes comme ὀρειβάτης, IV, 337. Thèmes terminés en grec par σ, ν, IV, 335-

336; par ρ, δ, ν, τ, θ, IV, 336; en latin par *s*, IV, 335, note 3, qui ne sont pas suivis d'une voyelle de liaison lorsqu'ils sont le premier membre d'un composé. Le gothique n'emploie jamais de voyelle de liaison dans ses composés, IV, 338.

VOYELLES. Les primitives sont *a*, *i*, *u*. Signes des voyelles en sanscrit, 67. En sanscrit, deux voyelles qui se rencontrent se combinent, 197. Le vieux slave paraît n'avoir pas de voyelles longues, 165. En lithuanien, l'accent allonge la voyelle qu'il frappe, IV, 352. Voir *Insertion d'une voyelle*, *Poids des voyelles*, *Allongement d'une voyelle*, *Renforcement de la voyelle*, *Changement de voyelle*, *Prosthèse*.

VRIDDHI. Signification du mot, 69. En quoi consiste la vriddhi, 69, 78. Traces de la vriddhi dans les langues indo-européennes, 78.

ZEND. Remarques générales sur la langue zende, 6-8. Authenticité de la langue zende, 15-16. Passages plus ou moins longs du Zend-Avesta expliqués dans la *Grammaire comparée*, 106, 382, note 2, 383, 433, 434; II, 32, 43, 50, 64, 65, 397, notes 2 et 3; III, 59, note 1, 64, note 1, 147, 258, 284, 286, 289-290, 314, note 1, 315, note 2, 317, 330, note 2, 350-351, 378, note 3, 379, 386, notes 1 et 2, 388, 402, note 1, 404, note 2, 435-436; IV, 60, note 1, 345, 398, 403.

TABLE DES MOTS.

A. — LANGUES DE L'INDE.

1° SANSCRIT.

a 1° *a*, lettre de l'alphabet, voy. *Alphabet sanscrit.*
2° *a* priv., II, 342, 418, 420; *a* au commencement des composés possessifs, IV, 357; des composés déterminatifs, IV, 362; des composés adverbiaux, IV, 372.
3° *a* augment, III, 168 et suiv.
4° *a* thème démonstratif, II, 333, 346; I, 374; II, 265; *éna*, *ayá*, I, 374; *asmâi*, zend *ahmâi*, I, 105; II, 333; *ayâm*, I, 374; *êbis*, II, 26, 333.
añhú, gothique *aggvus*, II, 170; IV, 87.
áñhri, IV, 304.
ákar, *ákaram*, voy. rac. *kar*.
akká, 446, remarque 1.
akša (= *akši*, à la fin des composés, 265; II, 213; IV, 278.
akši, *akšán*, étymologie, 265; déclinaison, IV, 277; = zend *aši*, I, 105; IV, 224; lithuanien *akís*, IV, 269; gothique *augô*, thème *augan* (= *akšán*), IV, 277; arménien *akan* (= *akšán*), 1, 396. Pour sa forme à la fin des composés, v. *akša*.
agâda, 212.
ágra, zend *ağra*, IV, 273, 257.
agní, latin *ignis*, 348; cf. IV, 119.
áñgri, IV, 304.
ag (rac.), grec *ἄγω*, latin *ago*, arménien *aǰi* «je menais», III, 205.
añǵ (rac.), III, 227; cf. III, 205.
aṭ (rac.), *âṭiṭam*, III, 217; intensif *aṭâṭ*, III, 433.
at (rac.), 320.
átas, II, 180; cf. II, 333; IV, 394.
áti, II, 364; IV, 387; arménien *ti*, II, 417; zend *aiti*, *as*, *aś*, 207; cf. IV, 388.
atikrámê, voy. *kram*.
atimâtrám, IV, 372.
atiyaśas, 207.
atisundara, 207.
átra, II, 333, 407.
atavá, II, 379.
ad 1° *ad* (rac.), cf. 263; III, 13, 15; gothique *at*, *ita*, I, 36; arménien *utem*, I, 397; III, 204, 407; vieux prussien *istwei*, IV, 170; *ádmi*, gothique *ita*, vieux haut-allemand *izu*, *izzu*, I, 150, 169; vieux slave *jamĭ*, 169; III, 15;

átsi, vieux slave *jasi*, III, 35; *átti*, vieux slave *jastĭ*, III, 50.

2° *ad* « qui mange », en composition, 291.

adás (neutre de *asáú*), I, 207; II, 306.

ádudruvan (rac. *dru*), III, 212.

ádulira (rac. *duh*), III, 213.

ádṛśrań (rac. *darś*), III, 253.

ádbuta, 91.

admará, IV, 49.

adyá, II, 333, 366, 417; IV, 380.

ádara, ossète *dalag*; gothique *dalathrô*, etc., 148, 386; latin *inferus*, 50; II, 180; IV, 387.

adamá, latin *infimus*, 50; II, 180; IV, 387.

adás, latin *infra*, 50; II, 31, 180, 411; IV, 387.

adástát, 385.

adi, II, 30, 364; cf. IV, 390.

an 1° *an* (privatif), voy. *a*.

2° *an* (rac.), grec ἄνεμος, latin *animus*, IV, 45; cf. 1, 263.

aná (thème démonstratif), II, 211, 336, 351; IV, 389, 397; arménien *in-qn*, *su-in*, *du-in*, *nu-in*, II, 293, 345, 346; *anéna*, *anáyá*, II, 344.

anilá, irlandais *anal*, III, 270; IV, 81, 299.

aniśam, II, 416.

ánu, IV, 397.

anukśaṇám, IV, 372.

anugiñá (substantif), IV, 210, 243.

anuttamá, III, 168.

anudáttatara, 217.

anéka, III, 169.

ánéśam, voy. *naś*.

ánta, IV, 388.

antár, zend *antarĕ*, 79; expliqué et comparé (latin *inter*, gothique *undar*), II, 179, 350, 357; IV, 397.

antara, II, 178, 185, 351.

ántarêṇa, II, 181.

ánti, IV, 389.

antiká, IV, 389.

anyá=*aná*+*ya*, II, 178, 351; cf. I, 58, 551; II, 211; =zend *anya*, I, 94; arménien *ail*, I, 403; latin *alius*, II, 340.

anyatará, II, 178.

anyátra, gothique *aljathrô*, II, 407.

anyáta, latin *aliuta*, II, 417.

anyadá, vieux slave *inogda*, *inūda*, II, 414.

anyádṛśa, II, 403.

ap « eau », 292.

ápa, son origine, II, 352, 181; IV, 390; latin *ab*, I, 92, 355; gothique *af*, IV, 384; au commencement des composés possessifs, IV, 359; avec sens négatif, IV, 393.

ápatya, IV, 324.

ápaptam, voy. *pat*.

ápara, son origine, II, 352; IV, 402; cf. II, 307, 357.

aparáhna, IV, 364, note 4.

ápas, latin *opus*, 297; IV, 267, 288, 296.

ápi, zend *api*, 95; cf. IV, 390.

ápnas, IV, 289.

abala, III, 169.

ábaya, IV, 362.

abi, son origine, II, 30; IV, 391, 392; zend *aibi*, 94; gothique *bi*, vieux haut-allemand *bî*, 120; latin *ob*, 11, 179; grec ἀμφί, II, 179.

abigñá, voy. *gñá*.

abitas, 120; II, 179; IV, 397.

abipraṇónumas (intens. rac. *nu*), III, 438.

abrá, 98.

am (rac.), 77.

amáti, lith. *amžis*, 77.

amása, 77.

amátya, IV, 324.

amu (thème pronominal, complétant la déclinaison de *asáú*); acc. sing. *amum*, 355; instr. sing. *amuna*, *amuyá*, IV, 130; gén. sing. *amúśya*, I, 355; duel *amúyôs*, IV, 130;

pluriel *amí*, II, 39, 301.
amútra, II, 407.
ambâ, 446.
ayakśmatâti, IV, 89.
ayám, son origine, II, 333; sur sa terminaison, II, 255, 300, 335; zend *aêm*, I, 95, 355; II, 335; *ayañ ġanas* «je», II, 267; cf. *iyam*, *ima*, *idam*, *ana*, *a*.
ayás «qui va, qui est prompt», IV, 288.
áyas «fer», latin *aes*, gothique *ais*, IV, 262.
ar, *ṛ* (rac.), 287; III, 106; IV, 233, 273; désid. *arariś*, III, 429; causat. *arpáyâmi*, III, 424.
ára, IV, 233.
árati, *aratí*, IV, 118.
árandam, voy. *rad*.
arariś, désid. de la rac. *ar*, III, 429.
arí, gén. sing. *aryás*, 414; nom. plur. *aryàs*, II, 47.
arindamá, grec *ἱππόδαμος*, IV, 255, 331.
ariśṭâtâti, IV, 89.
arć (rac.), IV, 238; part. fut. pass. *arćanīya*, IV, 238.
arǵ (rac.), *árǵiǵam*, III, 218.
árnas, IV, 289.
ártha, dénom. *arthapáyâmi*, III, 447.
ard (rac.), IV, 46.
ard, *ṛd* (rac.), II, 250; III, 414.
ardá, ossète *ardag*, 148; *árdha*, latin *ordo*, nouveau haut-allemand *Ort*, II, 250.
arpáy, caus. voy. rac. *ar*.
árma, IV, 46.
aryas, voy. *ari*.
árvant, zend *aurvant*, 99.
álam, suivi d'un instr. ou d'un gér., IV, 128, 164.
alpaśás, II, 251.
allá, 446.
áva, zend *ava*, II, 355; IV, 393.
avadír, 222; *ávavadhiram*, III, 218.
avayâǵ, sa formation, IV, 244; nom. *avayâs*, I, 318.
ávara = *ava* + *ra*, IV, 388, 401; gothique *vairs?* II, 196; latin *avernus*; arménien *i wair*, IV, 393.
avárma, IV, 388.
ávâtsam, voy. *vas*.
ávi, latin *ovis*, 32; lithuanien *awis*, 57, 343; gothique *avistr*, IV, 69.
ávôćam, voy. *vać*.
avyatiśyai, voy. *vyat*.
aś (rac.), IV, 273; latin *acer*, IV, 304; latin *acu?* IV, 273; intens. *aśáś*, III, 433.
aśáni, IV, 273.
aśáś, voy. *aś*.
aśiti, II, 239.
áśman, zend *asman*, nouveau perse *asmân*, 342; lithuan. *akmû'*, slave *kamü*, 63, 163; IV, 37, 38.
áśra, IV, 305.
áśri, IV, 304.
áśru, neutr. 350; lithuanien *aśara*, 179; étym. 106; IV, 304; grec *δάκρυ*, gothique *tagrs*, *ibid.* et IV, 119.
áśrôt, voy. *śru*.
áśva, étym. IV, 270; suffixe, IV, 304; zend *aśpa*, I, 102; lithuanien *āśwa*, I, 179; grec *ἵππος*, lat. *equus*, I, 38, 57; vieux saxon *ehuscalc*, IV, 305; dénom. *áśvasyâmi*, III, 459; *aśváyâmi*, latin *equio*, III, 459.
áśvam, voy. *śvi*.
aśvín, *aśvínâ*, II, 3.
aśṭan, lithuanien *aśtûni*, II, 226; *áśṭâu*, comparaison et déclinaison, II, 229; grec *ὀκτώ*, II, 272; lithuanien *aśtûni*, slave *osmĭ*, I, 179; gothiq. *ahtau*, 157; zend *asta*, 103; latin *octo*, 31.
aśṭamá, II, 244, 248.
as 1° *as* (rac.) «être»; son origine, III, 126; comparaison en général, I, 263; *as* et *bû*, zend *ah*, *bû*; gothique *is-t*, *sij*, *bana*, *vas*; nouveau haut-allemand *is-t*,

bin, *war*, III, 126; présent de *as* en sanscrit et dans les langues congénères, III, 80, 130.

ásmi, gothique *im*, I, 120; III, 16; grec ἔμμι, εἰμί, III, 13; lithuanien *esmi*, III, 13; vieux slave *jesmĭ*, I, 169; III, 15.

ási, latin *es*, gothique *is*, grec ἐσσί, arménien *es*, I, 340; III, 38; zend *áhi*, I, 105; slave *jesi*, I, 180; III, 35.

ásti, I, 242; zend *asti*, grec ἐστί, III, 49; gothique *ist*, I, 120, 157; III, 16; slave *jestĭ*, I, 166; III, 50; arménien *é*, III, 59.

smas, III, 81, 130.

sta, III, 81, 130.

sánti, III, 81, 130; vieux slave *sunti*, I, 166; III, 54; latin *sunt*, grec ἐντί, zend *hĕnti*, III, 51; nouveau haut-allemand *sind*, I, 120; arménien *en*, III, 60.

Prés. moy. *sé*, III, 83.

Potent. *syám*, III, 322; gothiq. *sijau*, III, 83, 131; zend *ḣyem*, I, 81, 87; grec εἴην, latin *siem*, *sim*, I, 81; armén. *izem*, I, 405.

Lêt (= subj. grec) *asas*, *asat*, III, 372.

Impér. *édi*, gr. ἴσθι, III, 41, 47, 73, 244.

Imparf. III, 159-163; *ásan*, 79; III, 58.

Part. prés. *san*, I, 79; IV, 5, 7; grec σας, IV, 13; *sati*, lithuan. *ēsanti*, IV, 5.

Pour *as* contenu dans différents temps, voir la table des matières à *Parfait*, *Aoriste*, *Futur*.

2° *as* (rac.), «jeter», III, 256; *as*+*ni* (*nyas*), II, 182.

asanśayám, IV, 372.

asas, *asat*, lêt *de as*, III, 372.

asáu, zend *áo*, 106, 355; II, 300; cf. *adás*, *amú*.

así 1° *así*, latin *ensis*, II, 14; étym. IV, 24, 268.

2° *así*, voy. *as* «être».

ásu, dénom. *asúyámi*, III, 457.

ásṛgran, rac. *sṛǵ*, III, 253.

ásti, grec ὀστέον, albanais *áśte*, 45, 46.

asmát, voy. *ahám*.

asmadíya, II, 390, 394.

asmábyam, voy. *ahám*.

asmáka, II, 277, 389.

asmákam, voy. *ahám*.

asmát, voy. *a* (th. dém.).

asmádṛś, II, 401.

asmán, voy. *ahám*.

asmábis, voy. *ahám*.

ásmi, voy. *as* «être».

asmín, voy. *a* (th. dém.).

asmé, voy. *ahám*.

asmái, voy. *a* (th. dém.).

asyám, voy. *a* (th. dém.).

ásvidyam, voy. *svid*.

áhan, étym. 106; II, 86; zend *asan*, gothique *dags*, IV, 278.

ahám, I, 255; II, 255, 266, 300; zend *azĕm*, I, 108; v. perse *adam*, IV, 141; tableau comparatif, II, 277.

Acc. sing. *má*, *mám*, II, 257; vieux slave *mań*, II, 261.

Instrum. *máyá*, I, 358.

Dat. *máhyam*, latin *mihi*, I, 66; II, 11, 259, 260; zend *maibya*, II, 13.

Abl. *mat*, latin *met*, I, 381, 384; II, 259; *mattas*, I, 386.

Gén. *máma*, II, 260, 261.

Gén. dat. *mé*, zend *mói*, 84; II, 260, 289; vieux slave *mi*, II, 294.

Loc. *máyi*, latin *mei*, 438; II, 259, 287.

Nom. plur. *vayám*, zend *vaĕm*, I, 95, 98; II, 255, 264, 301; III, 10; *asmé*, proprement *ego et illi*, II, 265, = pâli *amhé*, grec ἄμμες, ἡμεῖς, I, 372;

II, 211, 264, 265, 301; III, 22.
Acc. *asmân*, grec ἡμᾶς, perse *mâ*, afghan *múṇga*, II, 255, 265.
Instr. *asmā̆bis*, II, 26.
Dat. *asmábyam*, gr. ἡμῖν, II, 11; zend *maibyô*, II, 11, 13, 265.
Abl. *asmât*, II, 271.
Gén. *asmā̆kam*, II, 78, 275, 287, 389, 394.
Gén. dat. acc. *nas*, II, 269, 270; III, 21.
Duel *āvā̆m*, proprement «moi et toi», II, 271, 272; *nâu*, II, 271.
áhí, étym. et suffixe, IV, 268; arménien *ô*, II, 403; latin *anguis*, 134; lithuanien *angis*, IV, 269.
aḥnâya, II, 86; IV, 375.
áhvam, voy. *hvé*.
ā̆ (prép. «jusqu'à») suivi d'un inf. en *tôs*, IV, 159.
āǵńa, IV, 210.
âtiṭam, voy. *at*.
âtmán, 320; III, 1.
âdí, slave *jedinŭ*, II, 211.
âdimá, II, 211.
ânavînôt, intens. de la rac. *nud*, III, 439.
âp (rac.), latin *ad-ipiscor*, III, 42, 217; *âpipam*, III, 217.
âpas, IV, 289.
âbaraṇa, 266.
âbyā̆m, voy. *a*, thème démonstratif.
ā̆yam «j'allais», voy. *i*.
âyasá, zend *ayaṇha*, IV, 264.
ârǵiǵam, rac. *arǵ*, III, 218.
âvavadîram, rac. *avadîr*, III, 18.
âvā̆m, duel, voy. *aḥám*.
âvirbûta, IV, 394.
âviškṛta, IV, 394.
âvís, IV, 394.
âśiṣṭa, voy. *âśú*.
âśú, grec ὠκύς, II, 192; IV, 270; zend *âśu*, IV, 271; superl. *âśiṣṭa*, zend *âśista*, latin *ôcissimus*, grec ὤκιστος, II, 192.
âs 1° *âs* «il était», voy. *as* «être».
2° *âs* (rac.), grec ἧμαι, III, 88; employé comme verbe substantif, II, 126; désid. *âsisiś*, III, 429.
âsâdê, voy. *sad*.
âsan, voy. *as* «être».
âsanā̆, IV, 189.
âsisiś, désid. de la rac. *âs*, III, 429.
ā̆sis, *ā̆sît*, imparf., voy. *as* «être».
âsyà, latin *os*, *oris*, 338.
âhuvadyâi, voy. rac. *hvé*.
i 1° *i* (rac.), III, 10, 14; grec εἶμι, III, 88, 89; gothique *aivs*, grec αἰών, latin *ævum*, I, 118; prés. de *i* et de εἶμι, III, 92; *ā̆yam* «j'allais», III, 18; *i* + *pra*; *prêśé* = *pra-iśé*, latin *î-re*, IV, 144.
2° *i* thème pronominal, II, 325; tableau comparatif, II, 328.
iś (rac.), 89, 131.
it, neutre tombé en désuétude, particule védique, 326, 330, 363, 372.
itara, latin *iterum*, II, 178, 325, 351, 352.
itás, II, 326.
íti, zend *íta*, latin *ita*, prâcrit et pâli *ti*, II, 326, 364, 412; IV, 387.
itiám, II, 325, 357, 417.
idám, II, 306, 333; cf. *ayam*, *iyam*, *ima*, *ana*, *a*.
idā̆, II, 415.
idā̆nîm, II, 325, 415.
idma, zend *aiśma*, 206; IV, 44.
in-ôti (véd.), zend *paiti a nau-iti*, 267.
indrânî, 279; IV, 103.
indrâpûśnôs, II, 267.
indrâviśnî, II, 267.
ind (rac.), 70.
imá, zend *imad*, etc., thème pronominal, 355; II, 267, 335, 336.
iyat, II, 325.
iyant, II, 396.

iyám, zend *ím*, 355; II, 255, 334, 335; cf. *idám*.
iva, II, 360, 364.
iś (rac.), zend *yaśka*, 89.
iśu, IV, 271.
iśtrínam, rac. *yaǵ*, IV, 131.
iśmá, IV, 44.
iḥá, zend *ida*, gothique *ith*, 170; II, 12, 325, 331, 408.
iḥatyá, IV, 323.
îkś (de *akś*) (rac.), 265; IV, 245; *áićikśam*, III, 218.
îd (rac.), *áididam*, II, 217.
îdŕśa, II, 325, 401.
îr (rac.), 118.
îvant = *íyant*, II, 396; *Kleine sanscr. Gramm.* 3e édit., p. 187.
îś (rac.), III, 265.
îśvara, suivi d'un inf. en *tôs*, IV, 159.

uktá, voy. *vać*.
ukś (rac.), gothiq. *auhsus*, IV, 273.
ukśan, zend *ukśan*, 85; gothique *auhsa*, 129; arménien *eзn*, 398; II, 276; IV, 273, 276.
ugrá, zend *ugra*, 99.
uććá, II, 50, 182, 184; IV, 396, 412.
ut, zend *uś*, 206; IV, 400; II, 182; IV, 269, 395.
uttara, grec ὕσ7ερος, IV, 400; instr. neut. *uttará*, I, 363.
uttamá, II, 183; III, 168; IV, 400.
utta, zend *usta*, IV, 91.
utśita, voy. *sťá*.
uda, latin *unda*, III, 89.
udán (neutre védique), gothique *vató*, lithuanien *wandû'*, IV, 279.
und (rac.), latin *unda*, III, 217; IV, 279; aor. *áundidam*, I, 40; III, 217.
úpa, formation, IV, 270, 384, 390, 395, 399.
upári, gothique *ufar*, 120; zend *upara*, IV, 91; formation, IV, 395, 399, 400.
ubá, *ubáu*, 153; II, 180, 350; véd. *ubá*, II, 3.
urú, grec εὐρύς, IV, 271; instr. véd.-*uruyá*, I, 358; IV, 130.
uś (rac.), signification et comparaison, 71, 201, 297; II, 322.
uśás, déclinaison et comparaison, 297, 315, 316, 337; IV, 23, 287; IV, xx.
úśṭra, arménien *ugt*, 399.
úśman, IV, 31.
usrá, lithuanien *auśra*, 337.
ûćimá, voy. *vać*.
ûn (rac.), *áuninam*, III, 217.
ûná, II, 210.
ûnaviṅśati, II, 237.
ûrmi, IV, 310.
ûḥ (rac.), gothique *aukan*, II, 359.

ŗ 1° *ŗ*, lettre de l'alphabet, voy. *Alphabet sanscrit*.
2° *ŗ*, *ar* (rac.), voy. *ar*.
ŗkśá, grec ἄρκτος, latin *ursus*, arménien *arǵ*, 24, 51; IV, 275.
ŗǵ, voy. *raǵ*.
ŗǵú, zend *ĕrĕsu*, IV, 271.
ŗńǵásê (védique «pour orner»), IV, 145.
ŗṇá, 26.
ŗṇayā́-s, IV, 249.
ŗd (rac.), voy. *ard*.

é (thème démonstratif), 364; II, 333.
éka, II, 209; III, 169.
ékatá, II, 247.
ékatará, grec ἑκάτερος, II, 177, 209, 330.
ékatamá, II, 177.
ékadá, II, 413.
ékavára, II, 218.
ékaśás, grec ἅπαξ, II, 252.
ékâdaśan, II, 232.
étá, zend *aita*, vieux perse *aita*, arménien *aid*, 84; II, 296, 323, 337; déclinaison, II, 348; cf. *éśá*.
étárḥi, II, 361.
éda, grec αἰδώς, IV, 254.
édi, voy. *as* «être».
éna, grec ἕν, οἶος, gothique *ains*, vieux

prussien *ains*, latin *oinos*, II, 210, 348, 355 ; déclinaison et comparaison, II, 338.
ébis, voy. *a* thème démonstratif.
ébyas, voy. *ibid.*
évá, zend *aiva*, 118; II, 210, 360.
évám, II, 210, 360.
éśa, zend *aśa*, osque *eiso*, arménien *ais*, II, 296, 337; déclinaison, II, 348; cf. *éta*.
éśám, *éśú*, voy. *a* thème démonstratif.

áiḱikśam, voy. *ikś*.
áiḍiḍam, voy. *íḍ*.

óǵ (rac.), 33.
óǵas, zend *aujô*, 33, 82.
óśṭa, slave *usta*, 171.

áúninam, voy. *ún*.
áúndidam, voy. *und*.

ka, pronom interr., 133, 138; II, 366; ossète *ka*, gothique *hvas*, I, 147; gothique *hvas*, nouveau haut-allemand *wer*, I, 50; sur *kis*, *kim*, cf. *ki*. Rapport de *kas* à *kim*, II, 340, neutre védique *kat*, I, 92, 138, 356; II, 366, 367; *kat*, préfixe, II, 367.
kasmái, I, 366.
kásmát, ossète *kamei*, I, 148.
kásmin, ossète *kami*, I, 148, 438; voy. aussi *ki*, *ku*, *káśćaná*, *káśćit*.
kakúd, 292.
káććit, II, 367.
kat, voy. *ka*.
katará, grec κότερος, πότερος, lithuanien *katras*, gothique *hvathar*, vieux slave *kotorŭ*, II, 177, 185, 368.
katamá, II, 177.
káti, latin *quot*, II, 396, 400.
katáńćaná, II, 385.
katáńćit, II, 384.
katám, II, 357, 370, 417.
katá, zend *kuta*, latin *uti*, II, 418.
kadadvan, II, 367.
kadá, ossète *kad*, 148, 170; II, 413, 415.
kadáćaná, II, 385.
kadáćit, II, 384.
kan (rac.), 177; IV, 42.
kanyá, zend *kainé*, 96, 177; IV, 42.
kam (rac.), latin *amo*, *carus*, arménien *kamim*, 257; II, 164, 370; III, 407.
kaya, thème pronominal défectif, d'où *káyasyaćit*, II, 369; arménien *ui*, zend *kaya*, II, 383.
kar 1° *kar*, *kṛ* (rac.), zend *kĕrĕnaumi*, vieux perse *akunavam*, 248; III, 104; latin *creo*, I, 419; latin *cerimonia*, IV, 35; latin *cura*, IV, 265; latin — *cer* (*volucer*), — *crum* (*sepulcrum*), — *culum* (*piaculum*), IV, 61, 62; vieux prussien *kermens*, IV, 26. Conjugaison : prés. et pot. III, 95; véd. *kṛṇômi*, III, 104; aor. véd. *ákaram*, *ákar*, III, 355, 371, 393; impér. *kṛdi*, III, 393; lêṭ *karat*, *karati*, III, 371; inf. *kártôs*, IV, 160; *kar* en composition dans le parfait (*ćôrayāńćakâra*), III, 258; en d'autres formes, III, 254; intens. *ćárkarmi*, *ćárikarmi*, *ćárîkarmi*, III, 436; désid. *ćikîrś*, I, 39.
2° *kar*, *kṝ* (rac.), arménien *karnem*, grec κίρνημι, 305; III, 105.
kara (en composition), IV, 194.
karat, lêṭ de *kar*, III, 371.
karati, lêṭ de *kar*, III, 371.
karin, IV, 281.
kart, *kṛt* (rac.), ossète *kard*, 148; lithuanien *kertù*, III, 207; grec κείρω, IV, 64.
kárman, IV, 32.
kártôs, inf. de *kar*, *kṛ*, IV, 160.

karhi, II, 361, 373.
kalp, *klp*, 23; III, 13; latin *corpus*, zend *kĕrĕfs*, IV, 26.
kaví, IV, 268.
káśćaná, II, 385.
káśćit, II, 285; neutre *kíńćit*, arménien *inć*, II, 382.
kásmát, voy. *ka*.
kásmâi, voy. *ka*.
kásmín, voy. *ka*.
ká, voy. *ka*.
kāćit, voy. *káśćit*.
kâṅkś (rac.), gothique *hungrja*, 156.
kântára, arménien *antaṙ*, II, 382.
kârú, IV, 272.
kâryà, IV, 223.
kâs (rac.), gothiq. *hasja*, III, 117.
ki, thème pronominal, II, 366, 372; *kis*, latin *quis*, grec τίς, I, 47, 134; cf. *nakis*, *mâkis*; — *kim*, latin *quid*, I, 353; II, 255, 366, 372.
kińća, II, 382.
kíńćit, arménien *inć*, II, 382; cf. *káśćit*.
kit, 152; III, 372; lêṭ *ćikétati*, III, 372.
kintu, IV, 383.
kíyat, II, 373; cf. 396; *Kleine sanskritische Grammatik*, 3e édit., p. 187.
kíyant, II, 396.
kirāmi, voy. rac. *kar* «mêler».
kirṇāmi, voy. rac. *kar* «mêler».
kim, voy. *ka*.
kis, voy. *ki*; cf. *nakis*, *mâkis*.
kídṛkśa, II, 401.
kídṛś, II, 401.
kídṛśa, II, 373, 401, 405.
kívant, voy, *kíyat*.
ku, préfixe, II, 369; thème pronominal, II, 366.
kutanu, II, 370.
kútas, II, 340, 370, 411.
kútra, II, 340, 370, 407.
kup, latin *cupio*, 235, 240.
kumâr (rac.), 222, 254; III, 440.
kumârá (rac.), dénom. *kumârây*, III, 440.
kulīna, IV, 103.
kûha, slave *küde*, II, 370, 408.
kūpa, arménien *gub*, II, 17.
kṛ (rac.), voy. *kar* «faire».
kṛt (rac.), voy. *kart*.
kṛti, latin *ars*? 24.
kṛtvas, II, 253.
kṛdī, voy. *kar*.
kṛntatra, IV, 64.
kṛmi, latin *vermis*, 24, 50, 61, 134.
kṛśá, zend *kĕrĕśa*, IV, 355.
kṛśi, pâli *kasi*, 25.
kṛśnimán, IV, 37.
kṛśti, zend *karsti*, 25.
kṝ (rac.), voy. *kar* «mêler».
klp (rac.), voy. *kalp*.
kl̥pti, 23.
kêśa, armén. *gêsq*, 394; II, 17.
kêśin, III, 170; IV, 281.
kâiśya, IV, 215.
krand (rac.), 264; gothique *grêta*, 156; III, 221.
kram (rac.), *atikrámê*, IV, 146.
krayá, IV, 253.
krávya, 167; II, 401.
krimi = *kṛmi*; v. celui-ci.
krí (rac.), III, 91; IV, 237.
kríḍ (rac.), 232.
krud' (rac.), *krudd'á*, II, 192.
krud'á, 77.
kruś, zend *kruś*, 85.
kród'a, 77.
klam (rac.), grec κμη, IV, 248.
kliś (rac.), III, 209.
kvá, II, 370.
kvàćit, II, 584.
kśaṇ (rac.), grec κτείνω, 51.
kśatrá, zend *ksatra*, 104.
kśatriyâṇī, IV, 104.
kśápas, latin *crepusculum*, III, 425.
kśámā, grec χθαμαλός, 51; dénom. *kśamáy*, III, 440.
kśayá, IV, 253.
kśayádvîra, IV, 333.
kśi (rac.), III, 425; zend *kśi*, I, 85.

kšip (rac.), III, 425; + *ni* (*nikšip*), II, 182.
kšipā, 330.
kšiprá, grec *κραιπνός*, III, 425; comparaison, II, 187.
kšuď, 291; IV, 243.
kšētra, arménien *keteģ*, 399.
kšēpīyas, *kšēpišta*, de *kšiprá*, II, 187.
kšub (rac.), vieux slave *šubati*, 181.

kaṇḍ (rac.), IV, 269.
kātvā, IV, 305.
kad (rac.), lithuan. *kandu*, *kandis*, IV, 269.
kan (rac.), *kātá*, IV, 66.
kanítra, IV, 63.
kára, zend *kara*, 85.
kātá, voy. *kan*.
kyā, latin *inquam*, 242.

gaṇaśás, II, 251.
gač (rac.), remplace *gam*; voir celui-ci.
gańģa, arménien *ganž*, 403.
gad (rac.), zend *ǵad*, 88, 154; III, 13, 120; IV, 225, 232; désid. *ģigadiš*, III, 429.
gam (rac.), zend *gam*, 88, gothiq. *qvam*, 37, 234; substitue au présent *gač*, d'où *gáčati*, zend *ǵaśaiti*, 88; véd. *gamati*, IV, 141; pot. *gamēyam*, III, 356; pot. avec redoublement, *ǵagamyām*, *ǵagamayāt*, III, 361; inf. *gamadyāi*, IV, 141; parf. *ǵagmimá*, III, 243; intens. *ǵaṅgam*, voy. celui-ci.
gar 1° *gar*, *gṝ* (rac.), prés. *gṛṇā́mi* «je résonne» (védique «je loue»), III, 438; IV, 47, 170, 272.
2° *gar*, *gṝ* (rac.), prés. *girā́mi*, *gilāmi* «j'engloutis», III, 205, 438; IV, 47, 366.
gárīyas, *gárišṭa*, de *gurú*, 130; IV, 271.
garď, *gṛď* (rac.), 156; IV, 156, 273.
gava (= *gô* en composition), arménien *kow*, 109, 401.
gavarā́gan, 109.
gávya, 286.
gavyā́, IV, 220.
gâ 1° *gâ* «aller», 259; arménien *gam*, III, 18; gothique *gatvô*; nouv. haut-allemand *Gasse*, IV, 96; prés. *ǵágâmi*, *ǵígâmi*; vieux haut-allemand *gân*; grec *βίϐημι*, I, 212, 242, 244; III, 16.
2° *gâ* (rac.) «chanter», 237.
gā́tra, IV, 62.
gâdá, 212.
gâm, voy. *gô* «vache, taureau».
gā́ritra, IV, 63.
gâh (rac.), grec *βαθύς*, 212.
gir 1° *gir* = rac. *gar*, *gṝ* «je résonne, je loue».
2° *gir* subst. «voix, louange», 335; III, 438; IV, 170; ossète *ǵurin*, IV, 407.
girā́mi, voy. *gar* «j'engloutis».
gilā́mi, voy. *gar* «j'engloutis».
gīr, nom. de *gir*, 335.
guṇá, nouv. perse *gûn*, II, 208.
gunṭ (rac.), 250.
guď (rac.), 149, 212; voy. aussi *guh*.
gup (rac.), 50.
gurú, 130, 212; IV, 271; comparaison, 130; IV, 271.
guh (rac.), gr. *κυθ*, 124; prés. *gū́hāmi*, 233; cf. *guď*.
gúhya, IV, 223.
gṛď (rac.), voy. *garď*.
gṛdhú, 156.
gṝ (rac.), voy. *gar* «je résonne» et *gar* «j'engloutis».
gâi (rac.), 237.
gô 1° *gô* «vache, taureau», étym. 284, 285, 286; zend *gaus*, 83; grec *βοῦς*, 211; arménien *kow*, 401; déclinaison, 305; acc. *gâm*, 283, 357; à la fin des composés *gava*, 401.
2° *gô* «terre», étym.

284, 285, 286; zend *ṡâo*, 109; gothique *gavi*, 156.
górasa, 285.
gmá («terre», véd.), 287.
grant (rac.), 249; II, 37; cf. *śrant*, *śraddadămi*.
grab' (rac.), voy. *graḥ*.
gras (rac.), 254.
graḥ, *grab'* (rac.), 235; latin *gero? gratus*, 202; slave *grabljun*, albanais *grabit*, 66; polonais *garniać*, IV, 393; forme *praty-a-gr̥ḥṇata*, 249.
glaû, 288.
glâsnú, IV, 309.

ǵa (enclit.), grec γε, lithuanien *-g*, *gn*, II, 252; IV, 385; cf. *ǵâ*, *ḥa*, *ḥâ*, III, 116.
ǵar, *ǵr̥* (rac.), *ǵâráyâmi*, 47.
ǵarmá, grec θέρμη, 47; zend *garĕma*, 87; gothique *varmja*, nouveau haut-allemand *warm*, 135; ossète *garmkanin*, 149; suffixe, IV, 44.
ǵas (rac.), grec γαστήρ, IV, 56, 116.
ǵasmará, IV, 49.
ǵâ, II, 257; IV, 385; cf. *ǵa*, *ḥa*, *ḥâ*.
ǵâtáyâmi, voy. *ḥan*.
ǵâráyâmi, voy. rac. *ǵar*.
ǵuś (rac.), 149.
ǵr̥ (rac.), voy. *ǵar*.
ǵôrá, 130.
ǵna «qui tue», zend *ǵna*, *ǵan*, 87.
ǵrâ (rac.), sa conjugaison, 37; III, 86, 124.

ća, latin *que*, *pe* (*nempe*, etc.), grec τε, gothique *uh*, zend *ća*, vieux perse *ćâ*, II, 221, 339, 340, 358, 379, 384, 387; origine, II, 384.
ćakâs (rac.), III, 88.
ćakś (rac.), II, 52; III, 88; *ćákśasê*, IV, 145.
ćákśas, IV, 287.
ćákśasê, voy. *ćakś*.
ćákśus, zend *ćasman*, II, 52; IV, 32, 296.
ćańćal, intens. de *ćal*, III, 87, 216, 435.
ćańćur, intens. de *ćar*, III, 87, 96, 216, 435; *ćańćûryántê*, III, 438.
ćâtasar, *ćátasr̥* (thème), II, 221.
ćatur 1° *ćatur*, thème, zend *ćaṫru*, slave *cetüŕije*, 166; II, 221.
2° *ćatur*, adverbe, «quatre fois», zend *ćaṫrus*, II, 224.
ćaturt́á, formation, II, 186, 247, 248.
ćaturdaśá (ordin.), II, 245.
ćaturdaśan (card.), II, 232.
ćaturdă, grec τέτραχα, II, 254.
ćatvắr, origine, II, 221, 222, 223; I, 48, 571; prâcr. pâli *ćattârô*, I, 57; latin *quatuor*, lithuanien *keturi*, I, 134; gothique *fidvôr*, *fidur*, I, 155; cf. *ćâtasar*, *ćatúr*.
ćatvâriṅśát, II, 238, 241.
ćaná (encl.), II, 384.
ćaniśkand, intens. de *skand*, III, 436.
ćand (rac.), latin *candeo*, *candêla*, IV, 42, 299.
ćapalá, III, 270; IV, 79.
ćar (rac.), 155; IV, 61; gothique *fara*, nouveau haut-allemand *fahre*, I, 234; II, 232, note 3; vieux perse *ćartanay*, IV, 378; *ćaranyắmi*, III, 452; cf. *ćańćur*.
ćárikar, *ćárikar*, *ćárkar*, voy. *kar* «faire».
ćal (rac.), grec κέλλω, III, 425; cf. *ćańćal*, *ćâćal*.
ćâćal, intens. de *ćal*, III, 435.
ći (encl.), II, 358.
ćikêtati, lêṭ de *kit*, III, 372.
ćikirś, voy. *kar* «faire».
ćit 1° *ćit* encl. 353; II, 330, 372, 382, 384.
2° *ćit* (rac.), zend *ćit*, 153, 267.
ćitya, IV, 226.
ćint (rac.), 153.
ćur (rac.), *ćôráyâmi*, 254; *aćûćuram*, III, 214, 219; *ćuranyắmi*, III, 452.

čêt, grec καί, II, 325, 387; IV, 383.
čêlas, 153; IV, 287.

čad (rac.), goth. skadus, 155; grec σκηνή, IV, 97; gothique skalja, skildus, IV, 219.
čalá, latin scelus, IV, 291.
čid (rac.), 48, 157, 246; zend škĕnda, 89; gothique skaida, 155; činadmi, gr. σχίδνημι, III, 107.
čidă, 330.
čidi, IV, 268.
čidirá, IV, 299.

ǵagamyâm, ǵagamyât (rac. gam), III, 362.
ǵágâmi, voy. ǵâ «aller».
ǵágmi, IV, 268.
ǵagmimá (rac. gam), III, 243.
ǵáǵni, IV, 268.
ǵañgam, intens. de gam, gothique gagga, III, 87, 434.
ǵáǵanmi, voy. ǵan.
ǵan (rac.), zend zan, 88; gothique keina, 233; arménien ζnanel, ζin, 403; II, 292; gothiq. uskijana, III, 405; gothique kin, kun, gvin, guma, grec γυνή, IV, 34; vieux haut-allemand kin, chin, latin gen, grec γεν, IV, 36; gothique qvêns, IV, 269; ǵâyê, III, 403; ǵáǵanmi, grec γίγνομαι, latin gigno, I, 246; zend zazâmi, IV, 66; ǵâtá, IV, 66; ǵanitávya, latin genitivus, IV, 236.
ǵana, IV, 34, 254.
ǵánaka, grec γυναικ, vieux haut-allemand kuning, IV, 312, 313.
ǵáni, 40, 154; IV, 313.
ǵanitávya, voy. ǵan.
ǵanităr (— tṛ), latin genitor, grec γενετήρ, irland. genteoir, 334.
ǵanitrí, latin genitrix, 301.
ǵániman, IV, 31, 36.
ǵánî, voy. ǵáni.
ǵánus (neutre), IV, 194, 297.
ǵantú, IV, 307.
ǵánman, latin germen, IV, 36; irland. geanmhuin, geineamhuin, IV, 205.
ǵanyú, IV, 306.
ǵap (rac.), zend ǵañfnu, 111.
ǵampatî, grec γαμέω, 240.
ǵáya, IV, 253.
ǵayús, IV, 297.
ǵar, ǵṛ (rac.), 154; IV, 271; cf. ǵárant, ǵarás.
ǵárant, grec γέρων, arménien ζer, 403; III, 465.
ǵarás, grec γῆρας, 296; cf. aussi rac. ǵar. et ǵárant.
ǵalamúč, IV, 244.
ǵahi, voy. han.
ǵâgar, ǵâgṛ (rac.), 222.
ǵâgarŭka, IV, 311.
ǵâgṛ (rac.), voy. ǵâgar.
ǵâtá (rac. ǵan), IV, 66.
ǵânu, zend žĕnu, 88, 109; gothique kniu, grec γόνυ, IV, 272.
ǵâyă, IV, 232.
ǵâyê, voy. ǵan.
ǵi (rac.), ǵišé, IV, 143.
ǵigadiś, voy. gad.
ǵígâmi, voy. gâ «aller».
ǵíǵrâmi, voy. ǵrâ.
ǵiǵnâs, voy. ǵñâ.
ǵitvan, IV, 33.
ǵitvara, IV, 33.
ǵišé, voy. ǵi.
ǵišṇú, IV, 309.
ǵihvâ, zend hizva, 105, 108.
ǵîv (rac.), prés. ǵîvâmi et caus. ǵîvâyâmi, 154, 155, 265; gothique qvius, latin vivo, 135; vieux slave živuň, russe živu, 164; lithuanien atgaiwinu, etc., zend hugîti, 74; zend zu, ǵu, ǵva, zuvana, 155; vieux slave živuň, živeši, III, 35; arménien keam, III, 18; lithuanien gywiju, III, 121; lithuan. gywas, atgijù, atgaiwinù, III, 417; formes : sanscrit ǵîvatât, III, 66; ǵîvâsê, IV, 145; ǵîvâpaya, III, 427.
ǵîva, grec βίος, 155, 212; gothique qvius,

vieux haut-allemand *quek*, 58.
ǵivatát, voy. *ǵív*.
ǵivásé, voy. *ǵív*.
ǵivā́tu, latin *victus*, IV, 164, 319.
ǵivápaya, voy. *ǵív*.
ǵuš (rac.), 265; gothique *kiusa*, 72, 126; zend *zanša*, 108; lèt. *ǵóšišat*, III, 371.
ǵúšṭi « qui aime », IV, 116.
ǵṝ (rac.), voy. *ǵar*.
ǵóšišat, voy. *ǵuš*.
ǵńá (rac.), 259; zend *ẑnâ*, 87; lithuanien *žinaù*; vieux slave *znati*, *znaješi*, 154; III, 35; *ǵńá* + *abi*, polonais *obeznac*, IV, 392; caus. *ǵńápáy*, III, 423; désid. *ǵiǵńás*, grec *γιγνώσκω*, latin *nosco*, III, 429.
ǵńáti, arménien *ẑanôt(i)*, II, 18; IV, 116.
ǵńápáy, voy. *ǵńá*.
ǵyá (rac.), II, 189.
ǵyā́yas, II, 189.
ǵyó (rac.), 237.
ǵyótis, IV, 297.
ǵval (rac.), hindoustani جلنا *ǵalná*, IV, 189.

ḍí (rac.), 49.

ta (thème pronominal), II, 294; afghan *da*, II, 256; remplacé par *sa*, II, 298; voir *sa*; déclin. de *sa*, *ta*, II, 302; *tat*, I, 140, 343, 355, 356; II, 298; *tan*, *tam*, II, 307; *téna*, *tásmát*, I, 385; *tásmin*, I, 438; II, 298; *té* 1° nom. plur. masc. I, 169; II, 39, 42, 299, 301, 303; 2° fém. neutre duel, II, 304; *tás*, II, 39, 299; *tḗšu*, *tā́su*, I, 305.
takš (rac.), IV, 33; vieux prussien *teickut*, IV, 170.
tákšan, grec *τέκτων*, IV, 274, 275.
tañk, *tańć* (rac.), 99.
tańć (rac.), voy. *tañk*.
tat 1° *tat*, neut. de *ta*, voy. *ta*.
2° *tat*, adverbe, IV, 382.
tátas, II, 411.
táti, latin *tot*, II, 396, 400.
tatniré (rac. *tan*), III, 244.
tátra, II, 407.
tatrátya, IV, 323.
tátá, II, 342, 417.
tadā́, II, 361, 413; IV, 386.
tadā́nîm, II, 325, 415.
tadī́ya, II, 390; III, XXXVII.
tan (rac.), gothiq. *thauja*, vieux haut-allemand *denju*, 150; grec *τάνυμαι*, 248; latin *tendo*, IV, 42; *tatniré*, III, 244.
tanú 1° *tanú* « corps », IV, 271; loc. *tanvi*, I, 434.
2° *tanú* « ténu », ossète *taenag*; vieux norrois *thunnr*, I, 148; grec *τανυ-*, IV, 270; latin *tenuis*, IV, 271.
tánus, IV, 297.
tántu, IV, 319.
tap (rac.), nouveau perse *táften*, 86; ossète *taft*, 148.
tápana, IV, 284.
támas, II, 310; vieux haut-allemand *demar*, IV, 300.
tamasá, II, 310.
tar, *tṝ* (rac.), II, 175; IV, 60; védique *tárišat*, III, 371; *tarušéma*, III, 356, 357; *tarušyáti*, III, 356.
táraṇa, IV, 284.
taráddvéša, IV, 333.
taralá, III, 270; IV, 299.
táras, *tarás*, IV, 286, 288.
táruṇa, zend *tauruna*, 99.
tarušéma, voy. *tar*.
tarušyáti, voy. *tar*.
tark (rac.), 153.
tarš, *tṛš* (rac.), 130, 203.
táva, voy. *tvam*.
tavás, 315; IV, 288.
tavišá, *távišî*, II, 9.
tásmát, voy. *ta*.
tásmin, voy. *ta*.
tádṛkša, II, 401.

tàdṛś, nom. *tàdṛū*, II, 401.
tâdṛśa, II, 401, 405; III, xxxvii.
tâpa, arménien *tap*, 14.
tẫt, IV, 386.
târiśat (rac. *tar*), III, 371.
tâvaká, II, 287, 389.
tẫvant, *tẫvat*, II, 308, 396, 399; III, xxxvii.
tâs, voy. *ta*.
tigmá, IV, 44.
tiǵ (rac.), 296.
tirás, II, 175; IV, 414.
tiśṭâmi, voy. *sṭâ*.
tisar, *tisṛ*, voy. *tri*.
tu 1° *tu* (rac.), IV, 257, 365; zend *tu*, III, 282; latin *tumulus*, *tumeo*, IV, 49; vieux prussien *touls*, II, 206; IV, 268; II, 9, 243.
2° *tú* particule, IV, 383.
tud (rac.), III, 47, 400.
túbyam, voy. *tvam*.
turaṇyẫmi, III, 452.
turîya, II, 243, 247.
túrya, zend *tûirya*, 94; II, 243, 247.
tul (rac.), latin *tuli*, III, 208.
tuvi, II, 206, 243; IV, 257.
tus (rac.), latin *tussis?* IV, 115.
tûṇa, slovène *tula*, II, 124.
tûrya, zend *túirya*, II, 247; cf. *túrya*.
tṛṅh (rac.), 153.
tṛṇá, 26; russe *tern*, IV, 85.
tṛtîya, II, 247, 248; I, 28; zend *ṫrtya*, I, 100.
tṛpti, grec τέρψις, IV, 112.
tṛś (rac.), voy. *tarś*.
tṛ (rac.), voy. *tar*.
té, gén. dat. sing., voy. *ta* et *tvam*.
téǵas, 296; IV, 286.
téna, voy. *ta*.
tôraṇa, III, 145.
tya, II, 313; déclin. 317; vieux perse *tyam*, II, 64; *tyat*, I, 429; *tyé*, vieux haut-allemand *dië*, I, 127.
traya (thème), voy. *tri*.
trayâṇẫm, voy. *tri*.
trayẫdaśan, II, 232, 235.
tras (rac.), 235; III, 241; ossète *tarsin*, I, 148; grec τρέω, latin *tremo*, IV, 49; latin *terreo*, III, 420; vieux slave *traśuń*, III, 35.
tri, ossète *aria*, 148; II, 219; origine, II, 220; *triśú*, *trîṇi*, I, 306; *trîṇẫm*, I, 306; II, 80, 220; *trayâṇẫm* (thème *traya*), II, 80, 220; *tri* (nom. plur. neut.), II, 51; *tisar*, *tisṛ*, zend *tisarô*, I, 104; II, 220.
triṅśá, II, 246.
triṅśát, II, 238, 241.
triṅśattamá, II, 246.
triguṇa, II, 208.
tritá, grec τρίτος, II, 247.
tridẫ, grec τρίχα, II, 254.
tris, zend *ṫris*, latin *ter*, grec τρίς, 419; II, 223.
tva (possess.), latin *tuus*, II, 392.
tvat, voy. *tvam*.
tvattas, voy. *tvam*.
tvadîya, II, 390, 392.
tvam, II, 255, 256, 300; gothique *thu*, vieux haut-allemand *du*, I, 150; grec τύ, σύ, I, 56; déclin. II, 282; sing. acc. *tvẫm*, II, 257, 262; *tvá*, II, 257; instr. *tváyâ*, I, 359; véd. *tvâ*, I, 359, 363; dat. *túbyam*, latin *tibi*, I, 66; II, 11, 260; abl. *tvát*, I, 381; II, 257; *tvattas*, I, 386; gén. *táva*, slave *tebe*, II, 260, 262, 282; gén. dat. *té*, *tvé*, zend *tôi*, I, 84; II, 260, 289; vieux slave *ti*, II, 294; loc. *tváyi*, latin *tui*, I, 438; II, 260, 288; duel nom.-acc. *yuvẫm*, proprement «toi et toi», II; 267, 269, 272; instr. dat.-abl. *yuvẫbyâm*, loc. *yuváyôs*, II, 267; acc.-dat.-loc. *vâm*, II, 267; plur. nom. *yûyám*, zend *yûšēm*, I, 109; II,

255, 301; *yušmé*, proprement «toi et eux», gothique *jus* et thème *išva*, grec ὕμμες, ὑμεῖς, zend *yûš*, perse *šumā*, I, 56, 144, 371; II, 78, 255, 267, 268, 301; acc. *yušmā́n*, grec ὑμᾶς, II, 268; instr. *yušmā́bis*, II, 25; dat. *yušmábyam*, grec ὑμῖν, II, 11, 265; abl. *yušmát*, II, 271; gén. *yušmā́kam*, nouveau haut-allemand *euer*, I, 368; II, 78, 275, 287, 389, 394; gén.-dat.-acc. *vas*, II, 269, 272; III, 21; loc. *yušmā́su*, lithuanien *jusûsè*, II, 268.
tváyā, voy. *tvam* (instr. sing.).
tváyi, voy. *tvam* (loc. sing.).
tvar (rac.), zend *dvar*, III, 145; *turaṇyā́mi*, III, 452.
tvā́, voy. *tvam* (acc. et instr. sing.).
tvā́m, voy. *tvam* (acc. sing.).
tviš, IV, 243.
tvé, voy. *tvam* (gén.-dat. sing.).

daṅś (rac.), grec δάκνω, 106, 179; cf. 62; intens. *dándaṅśmi*, III, 436.
daṅśá, IV, 253.
dáṅśtra, IV, 63, 70.
daṅśtrín, IV, 281.
daṅh (rac.), III, 437.
dákša, II, 188.
dákšina, 63, 104, 131; II, 178, 188; instr. neut. *dakšiṇā́*, I, 363.
dakšiṇī́ya, IV, 240.
dádâmi, voy. *dâ*.
dadṛśré (rac. *darś*), III, 288.
dádâmi, voy. *dâ*.
dánta, grec ὀδούς, gothique *tunthus*, vieux haut-allemand *zand*, 150; II, 257; III, 170.
dantín, III, 170; IV, 281.
danturá, IV, 302.
dándaṅś-mi, intens. de la rac. *daṅś*, III, 436.
dandah, intens. de la rac. *dah*, gothique *tandja*, III, 437.
dandram, intens. de la rac. *dram*, III, 434.
dam (rac.), grec δαμάζω, gothique *tamja*, 54, 254, 255; gothique *tamja*, vieux haut-allemand *zamôn*, 150; latin *domo*, IV, 76; grec δαμ, ἀδμής, I, 245; δμη, IV, 247.
damb, zend *dab*, III, 316.
dar, *dṛ* (rac.), gothique *gataira*, *distaira*, 37, 131; grec δέρω, slave *deruṅ*, III, 35, 118; intens. *dardar*, *dâdar*, III, 436.
dará, IV, 254.
dardar, intens. de la rac. *dar*, *dṛ*, III, 436.
dárpaṇa, IV, 284.
darś, *dṛś* (rac.), gr. δέρκω, 153; vieux prussien *endyrîtwei*, IV, 169, 244; fut. *drakšyā́mi*, III, 118; véd. *ádṛśran*, III, 253; *dadṛśré*, III, 228; inf. *dṛśé*, IV, 146; part. *dṛšṭá*, grec ἀδερκτος, I, 24.
darh, *drah*, *dṛh* (rac.), 153; grec θρίξ, 150, 212, 260; gothique *tulgus*, II, 170.
dal (rac.), gothique *dails*, IV, 265, 269; vieux slave *dêliti*, I, 156.
dalá, gothique *dails*, 156.
dalmi, IV, 46, 310.
dáśan, origine et comparaison, II, 231, 233; I, 62; sur la dentale finale, II, 226; zend *daśa*, I, 102; gothique *taihun*, 131; arménien *dasn*, *tasn*, 146; lithuanien *dèšimtis*, v. slave *desaṅtĭ*, 179; gothiq. *ainlif*, *tvalif*, nouveau haut-allemand *eilf*, *zwölf*, lithuanien *-lika*, 51.
dáśana, IV, 284.
daśamá, II, 228, 231, 244, 249.
dasyú, IV, 306.
dasrá, zend *aṇhra*, *anra*, 106.
dah (rac.), 106, 239; IV, 309; I, 38, 51, 174;

III, 134, 418, 437; cf. *dandaḥ*.
dáḥana, IV, 284.
dá 1° *dâ* (rac.) «donner», 243; III, 12, 13, 15; *dâ, dâs*, IV, 309; arménien *tam*, III, 17; prés. *dádâmi*, comparé avec zend, grec, lithuanien, vieux slave, latin, III, 83, 84, 85; lithuanien *dûmi* (= *dádâmi*), I, 163; vieux slave *dasi* (= *dádâsi*), III, 35; vieux slave *dastĭ* (= *dádâti*), III, 50; potent. III, 321; impér. *dêhí*, III, 47; *ádadâm*, ἐδίδων, *ádâm*, ἔδων, III, 86; *dâtávya*, latin *dativus*, IV, 236; caus. *dâpáyâmi*, III, 151.
2° *dâ* (rac.) «couper», grec δαίω, 237; IV, 63.
dâtávya, voy. *dâ* «donner».
dâtra 1° *dâtrá* «don», IV, 63, note 2.
2° *dâtra* «faucille», 237; IV, 63, note 3.
dâtrī́, latin *datrix*, 301.
dâdar, voy. *dar*.
dâpáyâmi, voy. *dâ* «donner».
dâman, IV, 31.
dâmáyâmi, voy. rac. *dam*.
dâru, grec δόρυ, gothique *triu*, IV, 271.
dâś (rac.), part. parf. *dâśváns*, III, 244.
dâs (rac.), zend *dâh*, III, 424.
ditá, III, 361.
dína, vieux slave *dĭnĭ*, slovène *dan*, 166; vieux prussien *deina*, IV, 260; II, 353.
div 1° *div* (rac.). *div*, vieux slave *dêva*, 170, 177.
2° *dív* «ciel», 294; latin *Jupiter*, grec Ζεύς, 283; latin *diú*, II, 310.
dívan, ossète *bon*, II, 333.
divas, II, 353.
divasá, II, 310.
divâ-kará, latin *diês*, *biduum*, II, 310; IV, 370.
divâtana, latin *diutinus*, IV, 323.
divâmaṇí, IV, 370.
divâmadyá, IV, 370.
diś (rac.), 127, 131, 265; III, 188; latin *dignus*, IV, 97.
dîp (rac.), intens. *dêdîpmi*, *dêdîpîmi*, III, 432; intens. dép. *dêdîpyámâna*, III, 438.
dîprá, IV, 79.
dîrgha, IV, 375.
dudûvita (rac. *dû*), III, 361.
dúrmanas, gr. δυσμενής, 315, 336; IV, 361.
dúvas, IV, 286.
dus, IV, 380; au commencement des composés possessifs, IV, 361; des déterminatifs, IV, 263.
duḥ (rac.), 124; IV, 57, 166; *áduḥra* «mulserunt», III, 70, 253; *duḥấm* «mulgeat», III, 70.
duhitár, 13, 156, 157, 167, 333, 397; II, 17; IV, 57.
duhk (rac.), III, 440.
dṛḍ'á, II, 170.
dṛś (rac.), voy. *darś*.
dṛśé, voy. *darś*.
dṛṣṭá, voy. *darś*.
dṛ́ (rac.), voy. *dar*.
dêdîp, voy. *dîp*.
dêvá, formation, IV, 253. vieux prussien *deiwas*, I, 170; arménien *di*, *der*, 400; II, 17.
dêvátât, IV, 91.
dêvátâti, IV, 90; IV, XIX.
dêvayû-s, IV, 249.
dêvár, *dêvṛ́*, *dêvára*, 33, 34, 57, 170.
dêha, gothique *leik*, 51, 119; II, 403.
dô (rac.), vieux perse *dí*, III, 361; *ditá*, III, 361.
dôdûy, intens. de la rac. *dû*, III, 438.
drakṣyâmi, voy. *darś*.
dram (rac.), 261; intens. *dandram*, III, 434.
draḥ (rac.), voy. *darḥ*.
drâ (rac.), voy. *drâi*.
drâi, *drâ* (rac.), IV, 46.
dru (rac.), 261; grec δρέμω, 61; *ádudruvam*, III, 212.
drumá, grec δρῦς, δένδρον, III, 216.

dva, II, 216; zend *duyé*, I, 96; vieux slave *dŭva*, I, 167; vieux slave *vŭtorŭ*, grec δεύτερος, zend *bitya*, II, 185; *dvā̆byām*, grec δυοῖν (son accent), I, 306.
dvandva, IV, 344.
dvādaśan, II, 232.
dvādaśá, II, 237, 245.
dvār, 294, 335; III, 145.
dvāra, gothique *daúr*, grec θύρα, 129, 156; III, 145.
dvi (en composition), II, 217, 241.
dvigu, IV, 371.
dviguṇa, II, 208.
dvitá, II, 247.
dvitīya, zend *bitya*, 100; II, 247.
dvidā̆, grec δίχα, II, 254.
dviś (rac.), zend *ḍbiś*, 91; IV, 244.
dvis, latin *bis*, II, 241, 260, 217.
dvēša, zend *ḍbaiśa*, 91.

dānus, IV, 296.
dam (rac.), IV, 248.
dar, *dr̥* (rac.), *driyé*, III, 404; int. *dárdarmi*; cf. zend *darĕdairyāḍ*, III, 435.
darimán, IV, 31.
dartrá, IV, 63.
dárdar, voy. *dar*.
dárman, IV, 204.
darś, *dr̥ś* (rac.), 150, 153; IV, 269; *dr̥śánt*, *dr̥śámâna*, IV, 13.
dā (rac.), 91, 150, 170, 242, 259; III, 12, 13, 14, 15, 262, 275; lithuanien *dėmi*, III, 120; vieux slave *dějuń*, III, 279; vieux slave *dělo*, III, 446; prés. III, 79, 83; part. *hitá*, III, 361; *dā+vi* (*vidā̆*), I, 243; caus. *dāpáyāmi*, III, 151; contenu en formes verbales du sanscrit, IV, 210; du gothique et de l'allem., III, 260, 262, 263, 279; du grec, III, 275; IV, 210; du latin, III, 277; du vieux slave, III, 278, 279; du lithuanien, III, 150, 279; du zend, III, 280, 377; du slovène, III, 304; du polonais, russe, bohémien, serbe, III, 304.
dāpáy, voy. *dā*.
dā̆man, zend *dāman*, IV, 31, 32.
dā̆yas, IV, 131.
dā̆ra, instr. *dā̆rā*, 361.
dāv (rac.), zend *du*, IV, 141.
dīkś (rac.), III, 223, 241; IV, 309.
dī 1° *dī* (rac.), IV, 65.
2° *dī* « ouvrage », IV, 210.
dīti, instr. *dītī*, 362.
du, *dū* (rac.), IV, 46; vieux slave *duńti*, *dunúti*, I, 164, 172; zend *du*, IV, 141; *duduvīta*, III, 361; intens. *dōdūyámâna*, III, 438.
duks (rac.), IV, 309.
dur, nom. *dūr*, 335.
dū (rac.), voy. *du*.
dūmá, formation, IV, 44; I, 45, 50, 166, 219; II, 180; ossète (dimin.), I, 148; dénom. *dūmāyā̆mi*, *dūmāyáyāmi*, III, 457.
dr̥ (rac.), voy. *dar*.
dūr, nom. de *dur*, 335.
dr̥ś (rac.), voy. *darś*.
dr̥ṣṇuyā, IV, 129.
dē (rac.), zend *dé*, grec θῆσθαι, 91, 237, 334.
dénú, 239, 334; IV, 308.
dénuśyà, IV, 324.
dmā (rac.), latin *flare*, 61; III, 216; IV, 247.
dyāi (rac.), IV, 65; zend *addonta*, III, 145.
driyé, voy. *dar*.
dru (rac.), IV, 47.
druvá, IV, 91.
dvaṅs (rac.), gothiq. *drus*, 59; sa forme à la fin des composés, III, 412.
dvan (rac.), gothiq. *drunjus*, 181; IV, 307.

na (thème pronominal), II, 336; (négation), II, 341; III, 173; IV, 380; avec le sens de «sicut», II, 342, 343.

nákis, II, 372, 377, 385.
naktańćara, II, 416.
náktam, 32, 39, 157; II, 416.
naká, 40, 47, 134, 163.
nagná, vieux slave *nagŭ*, IV, 89.
nad (rac.), gallois *nadu*, III, 438; intens. *nānadati*, III, 438.
nadí, IV, 253, 268.
nadī́, IV, 268; instr. plur. véd. *nadyâis*, II, 26.
nand (rac.), IV, 68.
nandana, IV, 68.
nandayantá, IV, 51.
nápât, latin *nepôs*, IV, 57.
náptâr, IV, 56.
naptī́, latin *neptis*, vieux haut-allemand *nift*, IV, 57.
nábas, 314; II, 230; IV, 267.
námas, zend *nèmaś*, IV, 286.
náyana, IV, 284.
nar, *nṛ*, grec ἀνήρ, 442; II, 257.
náva, latin *novus*, 31; compar. véd. *návyas*, II, 190; voy. *návê*.
navati, II, 239.
návan, II, 226; latin *novem*, I, 31; II, 230.
navamá, II, 228, 244, 248.
návê, latin *novê*, IV, 377.
návya, 133.
návyas, comparatif véd. de *náva*, II, 190.
naś (rac.), 235, 49, 305; III, 421; IV, 217, 269; *naś*+*vi*, armén. *vnasem*, IV, 410; *ánéśam*, III, 215, 223.
náśvara, IV, 49.
nas, voy. *aham*.
nah (rac.), 235; III, L.
nânad, voy. *nad*.
nânâ, II, 343.
nā́man, 164, 399; II, 257, 339; III, 108; IV, 39.
ni, son origine, II, 340, 360; IV, 397; II, 182; IV, 324; arménien *n'*-, IV, 410.
nikaṭá, IV, 324.
nikśip, voy. *kśip*.
nítya, IV, 324.
nidā́na, 66; IV, 296.
nidā́, IV, 210.
nipat, voy. *pat*.
nibar, *nibṛ*, voy. *bar*.
niyam, voy. *yam*.
nirmâ (= *mâ* + *nis*), voy. *mâ*.
niviś, voy. *viś*.
niś, 305; II, 416; III, XXXVII.
niśâ, 305.
niśad (= *sad* + *ni*), v. *sad*.
nis, IV, 359.
nī (rac.), 78; *nêśatu*, III, 391, 394.
nīćá, II, 50, 182; IV, 396, 412.
nu (rac.), III, 113; *abipraṇónumas*, III, 438.
nu (thème pronominal), 113, 41; II, 341; III, XXXV.
nud (rac.), *ánavînôt*, III, 439.
nūnám, II, 343.
nṛ, voy. *nar*.
nét, II, 363; vieux perse *naiy*, lithuanien *nei*, II, 342, 387; zend *nôiḍ*, II, 325.
nêtra, IV, 62.
nêma, zend *naima*, II, 215.
nêśatu, voy. *nī*.
nâika, III, 169.
nâu 1° *nâu* « navire », 288, cf. 58; arménien *nav*, 401.
2° *nâu* (duel), voy. *aham*.
nyas (*ni* + *as*), voy. *as* « jeter ».

paktávya, voy. *pać*.
pákti, grec πέψις, latin *coctio*, IV, 112, 114.
paktrá, IV, 63.
pakvá, IV, 305.
pać (rac.), 31, 48, 60, 85, 134; III, 35; IV, 77, 274; *paktávya*, latin *coctivus*, IV, 236.
paćá, latin *coquus*, IV, 255.
paćatá, IV, 74.
páći, IV, 267.
pańćakṛtvás, II, 252.
pańćáta, slave *pańtĭj*, II, 244, 246, 248.
pańćadā́, grec πένταχα, II, 254.
páńćan, son origine, II,

225, 226, 227, 232; cf. I, 48, 134, 146.
pañćamá, II, 176, 180, 244.
pañćâśát, II, 237, 242.
pat (rac.), désidér. *pipatiś*, III, 175, 217.
pat (rac.), grec πετ, πίπτω, πτῶσις, πέπτωκα, 243; II, 214; III, 243; IV, 57, 248; *pat*+*ni*, II, 182; *patáma* (lêt), III, 372; *ápaptam*, gr. ἔπιπτον, III, 214, 216; *paptimá*, III, 243; intens. *panîpat*, III, 436; désid. *pits*, III, 223.
pátatra, IV, 64.
patáma, voy. *pat*.
páti, 32; IV, 115; gothique *faths*, I, 158; gén. véd. *pátyus*, I, 414; loc. véd. *pátyâu*, I, 432; dénom. *patîyắmi*, III, 456.
patắra, IV, 298.
pátnî, zend *pairi*, grec πότνια, 99.
paí (rac.), armén. *puiam*, III, 106; grec πάτος, III, 436.
patín (*pánian*), III, 437; IV, 161, 280; autre thème *paí*, I, 291; nom. *pánids*, I, 320, 32, 147, 164.
pailá, IV, 81.
pad (rac.), III, 36, 425; IV, 115, 273; intens. *pánîpad*, III, 436.
padá, lithuanien *gas-padà*, latin *hospes*, grec πέδον, IV, 116; cf. rac. *ǵas*.
padmínî, IV, 283.
pádva, IV, 305.
panîpat, voy. *pat*.
panî (rac.), III, 436.
pánian, voy. *patín*.
paptimá, voy. *pat*.
pampul, intens. de *pal*, III, 96, 435.
páyas, IV, 287.
par, *pṛ*, *pṝ* (rac.), 27, 177; latin *impleo*, IV, 248; prés. *píparmi*, IV, 99; *pûrdí*, III, 393; désid. *púpûrś*, I, 39.
pára, II, 353; IV, 402.
páram, IV, 406.
paramá, IV, 410.
parás, IV, 406.
parastât, IV, 406.
párâ, IV, 402, 403, 404.
párâńć, IV, 404.
parâri, II, 375.
parấhṇa, II, 353.
pári, IV, 402, 409.
parivrắǵ, IV, 244.
pariśkar, *pariśkṛ*, IV, 317.
parút, grec πέρυσι, arménien *heru*, II, 375; IV, 380.
párêṇa, IV, 402.
parédyus, II, 353, 374.
pálây, IV, 404.
paśú, zend *paśu*, 102; gothique *faihu*, 131, 147; ossète *fos*, 147; latin *pecus*, IV, 296; gén. véd. *paśvás*, I, 414; instr. *paśvắ*, I, 362.
paśćắt, II, 50; IV, 375, 396.
pâ 1° *pâ* (rac.) «boire», prés. *pívâmi*, *píbâmi*, 243-244; III, 35, 209, 415; IV, 72; *pắtavê*, vieux prussien *pâtwei*, IV, 169; *pîtvânam*, IV, 131; *pắtâ*, *pắntam*, *pâhí*, IV, 14; *pîtá*, IV, 72; désid. *pipâs*, III, 175.
2° *pâ* (rac.) «dominer», prés. *pâmi*, I, 158; IV, 56; caus. *pâláyắmi*, III, 425.
pắtavê, voy. *pâ* «boire».
pâtâr, *pâtṛ*, latin *pòtor*, IV, 59.
pắtra, gothique *fôdr*, IV, 69.
pắtas, IV, 287.
pâtắ (véd.), IV, 14.
pắda, IV, 273; zend *pâďa*, I, 91; gothique *fôtus*, I, 146, 150; II, 240.
pánîpad, intens. de *pad*, III, 436.
pắntam (véd.), IV, 14.
pắpman, IV, 31.
pâr (rac.), grec περάω, III, 91.
pârá, IV, 402, 403, 405.
pâraga, IV, 61.
pâráyâmi, voy. *pâr*.
pârayiśṇú, nom. plur. *pârayiśṇvás*, II, 47.

párśvá, ossète *fars*, 147.
pál (rac.) (*páláyámi*), III, 425 ; cf. *pá* «dominer».
páśyá, IV, 221.
páḥí (véd.), IV, 14.
pi 1° *pi* (rac.), III, 113.
2° *pi* (préposition), IV, 391.
pitár, 155 ; II, 51 ; ossète *fid*, gothique *fadar*, I, 147 ; arménien *hair*, II, 37 ; déclin. I, 302 formation et étymol., IV, 57 ; *pitárâu*, II, 272.
pitṛvyà, IV, 241.
pits, désid. de *pat*, III, 223.
pipaṭiś, voy. *paṭ*.
piparmi, voy. *par*.
pipás, voy. *pá* «boire».
píbámi, voy. *pá* «boire».
pívámi, voy. *pá* «boire».
piś (rac.), grec *πτίσσω*, latin *pinso*, 50 ; vieux slave *piśjuň*, II, 322 ; III, 117.
pîtá, voy. *pá* «boire».
pîtvánam, v. *pá* «boire».
puṅgava, 401.
putrá, ossète *firt*, 149 ; dénom. *putríyámi*, III, 456.
putravat, II, 360.
púpúrś, voy. *par*.
purá, IV, 259.
purás, 129 ; IV, 396, 402, 408.
purástát, 385.
purá, suivi d'un infinitif en *tós*, IV, 159.
purí, grec *πόλις*, 50 ; IV, 259.
purú, zend *pôuru*, 83 ; IV, 270 ; grec *πολύς*, gothique *filu*, IV, 270 ; nom. plur. neut. *purû*, II, 51.
pû (rac.), 261 ; latin *purus*, 261 ; IV, 299.
pûy (rac.), lithuan. *púti*, III, 213.
pûrṇa, zend *përënô*, lithuanien *pilnas*, 177 ; IV, 99.
pûrva, zend *paurva*, vieux slave *prŭvŭj*, 99 ; II, 249 ; IV, 91.
pûrváḥṇa, II, 86, 353.
pûrvêdyus, II, 310, 374.
pûśan, IV, 234, 275.
pṛ (rac.), voy. *par*.
pṛtú, 27, 45 ; IV, 270.
pṝ (rac.), voy. *par*.
péśi, IV, 267.
pra, II, 179, 244 ; grec *πρό*, latin *pro*, zend *fra*, I, 92 ; IV, 402.
prač (rac.), gothiq. *frah*, *fraihna*, 27, 37, 89, 131, 147 ; latin *proco*, 32 ; latin *preces*, IV, 245 ; zend *përëś*, I, 88 ; III, 35 ; zend *fráś*, IV, 243 ; vieux slave *prośiti*, III, 35 ; russe *sprositj*, III, 35 ; arménien *harżanem*, III, 105 ; ossète *farsin*, I, 147.
praǵanayámakar, III, 259.
práti, IV, 402 ; grec *πρός*, I, 350 ; IV, 40.
pratikṛti, armén. *patker*, vieux perse *patikara*, nouveau perse *paiker*, IV, 404.
pratiǵñá, IV, 210.
pratîpa, IV, 384.
pratyaḥám, IV, 372.
prai (rac.), 27 ; IV, 73.
praiamá, II, 180, 244.
praimán, IV, 37.
prabâḥavâ (de *báḥu*), 358, 362.
prábud, voy. *bud*.
prabá, IV, 210.
pramáṇa, vieux perse *frámáná*, nouveau perse *fermân*, arménien *hraman*, 339 ; IV, 404.
prayaččatât, voy. *yam*.
praśná, zend *fraśnëm*, IV, 107.
prásaviśyadvam (rac. *su*), III, 395.
prasiá, voy, *siá*.
práňč, 46.
prâtár, II, 179, 244.
prâvayáňkriyât, III, 259.
prâḥṇê, IV, 377.
prâḥṇêtana, IV, 377.
priyá, IV, 76 ; degré de comparaison, 259 ; II, 189.
prî (rac.), 261 ; III, 227 ; proprement dénom., I, 257.
prúśva, IV, 305.
préyas, II, 189.
préśé, voy. *i* «aller».
préśia, II, 189.
plavá, 288 ; IV, 253.

pláváyámi, voy. *plu*.
plu (rac.), 57, 59, 171, 260; III, 117, 423; caus. *pláváyâmi*, latin *ploro*, I, 59; lithuan. *pláuju*, grec πλύνω, III, 121.

pal (rac.), 52; intens. *pampul*, III, 96, 435.
palá, 52.
péna, vieux slave *péna*, 52, 168.

banh (rac.), IV, 271.
banigyá, IV, 220.
bad' (rac.), latin *patior*, grec παθ, 149; conf. *bád'*.
band' (rac.), conjugaison, 249; gothique *band*, *binda*, 35, 75, 156; latin *fido*, grec πιθ, πείθω, albanais *bind*, 35, 149, 212; ossète *battin*, III, 452; I, 264.
bánd'u, IV, 272.
bab'úyát, III, 361.
bámb'ang, intens. de *b'ang*, III, 436.
bamb'ram, intens. de *b'ram*, III, 434.
barh (rac.), voy. *varh*.
bálavant, son comparatif, II, 200; vieux slave *bolij*, *ibid.*
balín, voy. *bálavant*.
báliyas, voy. *bálavant*.
bahis, voy. *vahis*.
bahú, grec παχύς, 149, 212; βαθύς, IV, 271; arménien *basum*, II, 207.
bahuvrîhí, IV, 349.
bahušás, II, 251.
bád' (rac.), grec παθ, 212; lithuanien *badù*, IV, 156.
báhú, grec πῆχυς, 149, 212; IV, 272; arménien *basuk*, II, 17; zend *bâzu*, IV, 272; *prabâhavá*, I, 358, 362.
bib'ármi, voy. *b'ar*.
bud' (rac.), *bôd'âmi*, zend *bud'*, 153; grec πυθ, latin *puto*, 71, 149, 212; gothique *biuda*, *anabiuda*; vieux haut-allemand *biutu*, *boto*, 76, 126, 156; III, 245, 400; IV, 276; lithuan. *bundù*, slave *büdéti*, I, 167, 171; caus. *bôd'áyámi*, III, 1; vieux slave *buditi*, lithuanien *baudžiu*, I, 171; III, 36, 121; *bud'* + *pra*, slovène *prebuditi*, IV, 405.
bund', 267.
bub'ûš, désid. de *b'úš*, III, 429.
brh (rac.), voy. *varh*.
brhánt, voy. *varh*.
b'ôb'úšími, intens. de la rac. *b'úš*, III, 432.
brú (rac.), 283; zend *mrû*, 82, 96, 112; II, 15; vieux pruss. *billítwei*, IV, 169; lithuanien *burna*, IV, 352; *ábravam*, *ábruvam*, III, 18.

b'akš (rac.), grec φαγ, latin *famés*, 317; gothique *basi*, nouveau haut-allemand *Beere*, IV, 224.
b'ága, lithuanien *nabagas*, IV, 352.
b'agavant, 42.
b'ag (rac.), III, 241; IV, 49.
b'ang (rac.), grec φθέγγω, 50; ἄγνυμι, III, 232; arménien *bekanem*, *ébek*, III, 105, 206; intens. *b'amb'angmi*, III, 436.
b'and (rac.), gothiq. *bats*, IV, 265.
b'ayá, 74; IV, 253.
b'ar, *b'r* (rac.), 1° *b'árâmi*, zend *bar*, gothiq. *bar*, *baira*, grec φέρω, latin *fero*, vieux slave *beruň*, III, 28, 29, 46, 48, 60, 62, 134, 144; gothique *baira*, *bar*, I, 37, 131; vieux haut-allemand *biru*, III, 17; vieux slave *beruň*, III, 15, 17; arménien *berem*, III, 18, 106. 2° *bib'ármi*, III, 165; *bib'árši*, latin *fers*, III, 46; *bib'árti*, latin *fert*, III, 60. 3° formes diverses : *b'aranti*, gothique *bairandei*, I, 118; *b'rtá*, grec ἄφερτος, I, 24;

vieux perse *parâbarta*, 25; *bar*+*ni*, II, 182; *buranyāmi*, III, 452.
bárgas, grec φλέγος, IV, 290, 296.
bártâr, *bártr*, IV, 58.
bâ (rac.), III, 463; IV, 309; grec φημί, III, 88.
bâtú, IV, 319.
bânú, IV, 68, 308.
bâm (rac.), III, 463.
bâma, III, 463; IV, 44.
báryā, IV, 58, 223.
bâvây, voy. *bû*.
bâs (rac.), IV, 109, 309.
bâs, IV, 243.
bâsantá, IV, 51.
bâskara, IV, 62.
bâsvará, IV, 49.
bitti, latin *fissio*, IV, 114.
bid (rac.), gothique *beita*, *andabeit*, 72, 235; III, 245; IV, 253; latin *findo*, I, 246; hindoustani *bédnâ*, IV, 190.
bidâ, 77, 330.
bidú, IV, 265.
bidurá, IV, 299.
bidya, IV, 232.
bî (rac.), slave *bojati san*, lithuanien *bijaù*, lette *bît*, vieux prussien *biatwi*, 74, 75; IV, 61.
bî (subst.), 269; IV, 61, 243.
buǵ (rac.), goth. *biuga*, 72, 126, 155, 233; III, 247; arménien *buzanem*, III, 105.
buranyāmi, voy. *bar*.
bû (rac.). 1° *bávâmi*; rapport avec la rac. *as*, III, 126; I, 262; lithuanien *bûti*, vieux slave *büti*, lette *buht*, I, 74, 154, 165, 167; IV, 171. 2° caus. *bâváyâmi*, latin *facio* (II, XVI), gothique *baua*, vieux haut-allemand *buân*, I, 124, 153; III, 423. 3° conjugaison : prés. en sanscrit, zend, vieux haut-allemand, grec, III, 128; *bûtu*, III, 330, 393; *bûśa*, III, 389, 391, 394; *bûśatam*, *upabûśatam*, III, 393, 394; *baviśyadvam*, III, 397; *bûyāma*, III, 330; *babûyât*, III, 361; *bûvat*, III, 371; en composition, III, 258. Voir aussi la table des matières à *imparfait*, *futur* du latin.
bûdará, IV, 335.
bûmi, latin *humus*, III, 41; IV, 309.
bûyas, II, 189.
bûyāma (rac. *bû*), III, 330.
bûyiśṭa, II, 189.
bûri, degrés de comparaison, II, 189.
bûś (rac.), 267; désid. *bubûś*, III, 429; intens. *bóbûś*, III, 432.
bûśaṇa, 267.
bûśṇú, IV, 309.
br (rac.), voy. *bar*.
brkuṭi, 28.
bŕtya, IV, 220.
béda, 77.
brańś (rac.), vieux haut-allemand *ris*, III, 252.
braǵǵ (rac.), latin *frictum*, IV, 166.
bram (rac.), intens. *bambram*, III, 434.
brâǵ (rac.), 151, 264.
brâtar, étymologie, IV, 57; I, 116; gothique *brôthar*, vieux haut-allemand *bruoder*, I, 146, 150; vieux slave *bratrŭ*, lithuan. *brōlis*, I, 153; ossète *arvade*, I, 148; armén. *eǵbair*, I, 398.
brâtrvyà, IV, 241.
brukuṭi, 28.
brû, grec ὀφρύς, 283; II, 257; vieux slave *brŭvĭ*, I, 167; ossète *arfug*, I, 148; lithuanien *bruwis*, gothique *brahv*, I, 153.

ma (thème pronominal), II, 335.
mańh (rac.), *mah*, 153, 158, 281; II, 250; latin *magnus*, IV, 97; gothique *mag*, *mahts*, IV, 120; gothique *magus*, IV, 257; lithuan. *macis*, *macnùs*, IV, 309.
maǵavan, 301.
maǵǵ (rac.), 231.
mat, voy. *aham*.

mati, gothique *gamundi*, 158; vieux slave *pamańtĭ*, IV, 111; grec μῆτις, IV, 111; latin *mens*, IV, 115; instr. *matī́*, I, 362.
mattas, voy. *aḥam*.
matin (*mántan*), I, 319; IV, 280.
matnadvám (rac. *mant*), 249.
mad (rac.), 267.
madīja, slave *moj*, II, 390, 392.
mádu, 350, 148, 153; instr. *mádvā*, 358; dénom. *madvasyā́mi*, III, 459.
madupá, IV, 335.
madulih, IV, 331.
mádya, zend *maidya*, 90, 94; latin *medius*, osque *mefiai*, 50; gothique *midjis*, ossète *midæ*, latin *medius*, 148, 310; grec μέσσος, II, 192; lithuanien *widus*, II, 211; *madyā kártōs*, IV, 159.
madyamá, gothique *midjuma*, II, 185.
madyamalōká, IV, 340.
madyalōká, IV, 340.
madvasy, dénom. de *mádu*, III, 459.
man (rac.), 158; IV, 57, 247; zend *man*, III, 203; latin *memini*, *moneo*, I, 219; III, 413; grec μέλλω, III, 309; μαίνομαι, 239; gothique *man*, *mun*, III, 243, 309; IV, 77; lithuanien *primińsiu*, I, 219; vieux prussien *menentwey*, IV, 170.
manas, zend *manaś*, grec μένος, IV, 287, 296; IV, xx.
manák, II, 212.
manuśyá, IV, 324; zend *maskya*, *maśya*, I, 104; vieux slave *mużĭ*, 175.
manuśyatrá, II, 181.
mant (rac.), *matnadvám*, 249.
mántan, voy. *matin*.
mand (rac.), vieux haut-allemand *mendiu*, IV, 222; lèt. *mandiśat*, III, 371.
mandayátsaka, IV, 333.
mandiśat, voy. *mand*.
manyú, zend *mainyus*, IV, 307.
máma, voy. *aḥam*.
máyá, voy. *aḥam*.
máyi, voy. *aḥam*.
mar, *mr* (rac.), zend *mar*, *mahrka*, 101; latin *morior*, 32; III, 405; gr. μαραίνω, III, 405; vieux slave *mruń*, *morjuń*, III, 413; lithuanien *mirśtu*, *marinù*, III, 417; lette *mirt*, I, 101; goth. *maurthr*, III, 443; arménien *meranim*, III, 407; *miryḗ*, III, 404, 405; *mrṇā́mi*, III, 405; cf. *mrtá*.
maratá, IV, 74.
máriman, IV, 31.
márta, arménien *mard*, II, 87.
martyatvaná, IV, 136.
mard, *mrd* (rac.), latin *mordeo*, 24, 249; III, 226; IV, 270.
maryá, arménien *marş*, II, 13.
mas (rac.), 297; IV, 309.
maḥ (rac.), voy. *manḥ*.
máḥa, arménien *mez*, 403.
maḥat, *maḥā́n*, II, 68; au commencement des composés *maḥā*, IV, 354.
maḥan, instr. *maḥnā*, zend *maşana*, II, 93.
maḥas, zend *maşaś*, grec μῆκος, IV, 288, 290.
máḥi, IV, 136.
maḥitvá, instr. *maḥitvā́*, 358, 361.
maḥitvaná, IV, 136; instr. *maḥitvanā́*, I, 358.
maḥiśá, hindoustani *maihik*, *maihikā*, *maihikī*, IV, 189, 287.
maḥnā, voy. *maḥan*.
máḥyam, voy. *aḥam*.
mā 1° *mā* (particule nég.), grec μή, arménien *mi*, II, 342, 343; III, 39.
2° *mā* (rac.), IV, 309; conjug., III, 86; gothique *mita*, I, 247, 260; latin *modus*, *mōs*, I, 338; lithuanien *mērù*, slave *mēra*, I,

170; part. *mitá*, III, 362; *má* + *nis* (*nirmá*), IV, 56.
3° *má* (pr.), v. *aham*.
mâṅsá, arménien *mis*, II, 61; goth. *mimṣa*, 144; vieux slave *maṅso*, russe *mjaso*, 43, 164, 169; lithuanien *mēsà*, IV, 259.
mâkis, zend *mâċis*, II, 372, 377, 385.
mâtár, *mâtṛ* «mère», 163, 331, 332, 333; «créateur», IV, 56.
mâtulânī, IV, 104.
mâtṛvat, II, 360.
madṛkṣa, *mâdṛś*, *mâdṛśa*, II, 401.
mân (rac.), IV, 56.
mânavá, II, 130; III, 440.
mâm, voy. *aham*.
mâmaká, II, 287, 389.
mârǵ (rac.), *mṛǵ*, 27.
mâryà, zend *mairya*, IV, 232.
más, déclinaison, 297; zend *mâo*, 107, 340.
mâsa, IV, 23; latin *mensis*, II, 14.
mi (rac.), *méśé*, IV, 143.
mitá, voy. *má* (rac.).
mitrā «Mitra et Varuna», IV, 347.
mimnâs, voy. *mnâ*.
mih (rac.), zend *maiẓâmi*, 155; latin *mingo*, grec ὀμιχ, 50, 155; grec μοιχός (cf. sanscrit *méǵá*), IV, 254; gothique *maihstus*, I, 131; lithuanien *mëżù*, I, 154; III, 207; part. parf. *mîḍvâṅs* (et non *mîḥvâṅs*), III, 244.
muć (rac.), *mumugdī*, *mumóktu*, III, 393.
mud 1° *mud* (rac.), 267.
2° *mud* (subst.), 269; IV, 243.
mumukśú, nom. plur. *mumukśvàs*, II, 47.
mumugdī, *mumóktu*, voy. *muć*.
muś (rac.), 123; cf. *mûś*.
mûrti, 400.
mûrdan, 49.
mûrdanyà, 49.
mûś (rac.), 123, 180.
mûśá, *mûśī*, vieux slave *myšĭ*, 123, 180, 168; IV, 253.
mûśika, IV, 311.
mûśī, 123.
mṛ (rac.), voy. *mar*.
mṛgayâ, IV, 265.
mṛǵ (rac.), voy. *mârǵ*.
mṛtá, grec βροτός, latin *mortuus*, 24, 112; II, 230.
mṛti, IV, 111, 115.
mṛtyú, IV, 307; zend *mĕrĕiyu*, I, 99.
mṛd (rac.), voy. *mard*.
mṛdú, grec βραδύς, 112; IV, 271; latin *mollis*, IV, 272; vieux slave *mladŭ*, II, 131; superl. *mrádiṣṭa*, grec βράδισ7ος, I, 112.
mé, voy. *aham*.
méǵá, ossète *mīǵ*, 149; arménien *méǵ*, 394; II, 17; cf. grec μοιχός, IV, 254.
médirá, IV, 302.
médilá, IV, 302.
méśé, voy. *mi*.
mnâ (rac.), IV, 57; grec μνῆμα, I, 245; désid. *mimnâs*, gr. μιμνήσκω, latin *reminiscor*, I, 245; III, 430; IV, 247.
mriyé, voy. *mar*.

ya, déclinaison, II, 174, 155, 326, 332, 361; gr. ὅς, I, 55; *yásyâm*, I, 374; *yá* (neut. plur.), II, 363; *yó yas*, *yaṅ yam*, II, 307; voir aussi *yat*.
yákṛt, 24, 56, 60, 351.
yać, voy. *yam*.
yaǵ (rac.), zend *yaṣ*, *yaś*, 108; IV, 237; arménien *haṣel*, I, 403; grec ἄζομαι, ἅγιος, I, 56; IV, 232; *yaǵanīya*, zend *yaśnya*, *yéśnya*, IV, 257; *iṣṭvinam*, IV, 131; cf. *yâǵyà*.
yáǵus, IV, 296.
yaǵñá, zend *yásnô*, IV, 107, 237.
yat (rac.), grec ζητέω, 34.
yat, zend *yaḍ* (neutre de *ya* et conjonction), IV, 382, 385.
yatará, vieux slave *jeterŭ*, II, 185.
yátas, II, 411.
yáti, II, 400.

yátra, II, 181, 407.
yátá, II, 417; IV, 385; nouveau perse *tá*, II, 417. Au commencement des composés adverbiaux, IV, 372.
yatávidĭ, IV, 372.
yatáśraddám, IV, 372.
yadā́, II, 413, 415.
yádi, zend *yéidĭ*, gothique *jabai*, 91; II, 363, 364; IV, 382, 384, 385.
yádivá, II, 379; IV, 382, 384, 385.
yam (rac.), 56; IV, 79; *prayaććatát*, III, 67.
yava, II, 176.
yaś (rac.), 95.
yaśás, 95; IV, 288.
yásyám, voy. *ya*.
yáhvi, duel véd. *yahví*, II, 8.
yá (rac.), *yámi*, grec ζάω, 155; ἵημι, IV, 248; ἵεμαι, III, 88; latin *eo*, II, 326; zend *yárĕ*, gothique *jêr*, vieux haut-allemand *jár*, grec ὥρα, I, 117; lette *jaht*, V, 171; caus. *yápáy*, III, 422, 423, 424.
yácdnā́, IV, 189.
yágyà, grec ἅγιος, 56; IV, 225.
yā́t, IV, 385.
yā́trá, 155; IV, 63.
yádṛkśa, II, 401.
yadṛ́ś, II, 401.
yádṛśa, II, 401, 405.
yápáyámi, voy. *yá*.
yā́ma, arménien *śam*, 417.
yā́man, IV,
yáyin, IV, 180.
yávat, *yávant*, grec ἦμος, ἕως, II, 308, 311, 396, 399.
yu (rac.), lithuan. *jaútis*, latin *jumentum*, 254; IV, 116.
yúkti, grec ζεῦξις, latin *junctio*, II, 193; IV, 112, 114.
yugmá, IV, 44.
yuǵ (rac.), grec ζυγ, latin *jungo*, 54, 246; arménien *luζ*, *lζel*, 416; II, 362; *yóktávya*, latin *conjunctivus*, IV, 237.
yud 1° *yud* (rac.), cf. grec ὑσμίνη, IV, 35, 61; désidératif *yuyuts*, III, 217, 429.
2° *yud* (subst.), 269, 291; IV, 61, 243.
yudmá, IV, 35, 44.
yuyuts, voy. *yud* (rac.).
yúvan, déclinaison, 78, 301, 171; comparatif *yávīyas*, goth. *juhiṣa*, *juhiṣai*, 118, 144.
yuváyóś, voy. *tvam*.
yuvā́byám, voy. *tvam*.
yuvā́m, voy. *tvam*.
yuśmát, voy. *tvam*.
yuśmadīya, II, 390, 394.
yuśmábyam, voy. *tvam*.
yuśmā́ka, II, 275, 389.
yuśmā́kam, voy. *tvam*.
yuśmádṛś, II, 401.
yuśmā́n, voy. *tvam*.
yuśmā́bis, voy. *tvam*.
yuśmā́su, voy. *tvam*.
yuśmé, voy. *tvam*.
yūnī́, latin *junix*, 301.
yūyám, voy. *tvam*.
yū́śá, 172; III, 328.
yóktávya, voy. *yuǵ*.
yóktra, IV, 63.
yóni, IV, 119.
yáuvaná, 78.

ráiḣí, IV, 143.
rak (rac.), lithuanien *rankà*, vieux prussien *ranctwei*, IV, 170.
raktá, II, 362.
rā́ṅga, arménien *erang*, II, 362.
raǵatá, 78, 400, 403, 429; IV, 51.
raǵaní, IV, 293.
raǵ (rac.), *ṛǵ*, zend *raśnus*, IV, 308.
ráǵas, gothique *riqvis*, 144; IV, 293.
raǵǵ (rac.), latin *ligo*, IV, 272.
raǵǵu, IV, 272.
raǵórasa, IV, 293.
raṅǵ (rac.), goth. *idreiga*, IV, 265.
ráta, zend *raia*, latin *rota*, 45.
rad, *árandam*, III, 216.
ram, III, 121, 122; IV, 293.
ramati, lithuanien *rimastis*, IV, 118.
raśmí, IV, 92, 310.
ras (rac.), goth. *rasda*, 60.
rása, latin *rós*, grec δρόσος, 338.

ráhas, grec λῆθος, IV, 286, 290.
rá (rac.), caus. *rápáy*, lat. *rapio?* III, 423-424.
rága, arménien *orak*, II, 362.
rág 1° *rág* (rac.), 264.
2° *rág* (thème), 290.
rága, voy. *rágan*.
rágatá, 78.
rágan, 264; IV, 273; védique *rágáná*, II, 3; à la fin des composés, *rága*, IV, 278.
rágñí, IV, 58.
rágya, gothique *reiki*, 328, 352; IV, 218.
rád (rac.), gothique *réda*, vieux haut-allemand *rátu*, 117.
rápáy, voy. *rá*.
rás (rac.), III, 423, 424.
ri (rac.), III, 113.
rić (rac.), 58, 70, 155, 247; III, 13, 207.
riś, zend *iriś*, III, 288.
ríśva, IV, 305.
ru (rac.), slave *rju*, prés. *revun*, III, 114.
rukmá, IV, 44.
ruć 1° *ruć* (rac.), 58, 133; gothique *louhmóni*, IV, 29.
2° *ruć* (substantif), latin *lux*, 290, arménien *luis*, 403; zend *rauć*, IV, 245.
rúćya, IV, 231.
rug, 290.
rud (rac.), 258, 266; III, 14; lithuanien *raudà*, IV, 265; III, 161.
rudrání, IV, 104.
rud' (rac.), première forme de *ruh*, II, 250; cf. *ruh*, *ard*.
rudirá, vieux slave *rudétisań*, lithuanien *raudà*, 167; III, 446; grec ἐρυθρός, latin *ruber*, II, 257; IV, 291; vieux saxon *rod*, vieux haut-allemand *rot*, I, 150.
ruh (rac.), première forme *rud'*, proche parente de *ard*, II, 250; I, 266; zend *rud'*, III, 203, 219; gothique *lud*, vieux haut-allemand *liuti*, nouveau haut-allemand *leute*, I, 133; III, 259; vieux slave *roditi*, IV, 279; latin *robur*, irlandais *ruadh*, IV, 291; *róhiśyái*, IV, 142.
rúhván, IV, 307.
rúdra, IV, 291.
rétas, IV, 286.
rái, *rás*, latin *rés*, 33, 283; II, 229.
ródáy, voy. *rud*.
ródasí « ciel et terre », IV, 347.
ródas, IV, 287.
ródra, 226.
róman, 260; IV, 32, 36.
róhantá, IV, 51.
róhitá, 150; III, 446; cf. *rudirá*.
róhiśyái, voy. *ruh*.

lagú, 153; grec ἐλαχύς, lithuanien *lengwas*, 47; II, 257; IV, 270; latin *levis*, IV, 271; vieux slave *ligŭkŭ*, I, 167.
lagg (rac.), gothique *ló*, 259.
lap (rac.), latin *loquor*, *labium*, 31, 60, 134; IV, 284; lithuanien *lēpjù*, vieux prussien *lap*, *laipinna*, I, 60; III, 121; IV, 169.
lápana, IV, 284.
lab' (rac.), grec λαμβάνω, 52; vieux prussien *pallapsitwei*, IV, 169; désid. *lips*, III, 223.
las (rac.), IV, 92.
lá (rac.), III, 424.
lába, vieux slave *lovŭ*, IV, 156.
lip, 246; III, 141, 150, 208.
lips, voy. *lab'*.
lih (rac.), III, 122; I, 154; grec λιχ, λείχω, latin *lingo*, gothique *laigó*, 50, 66; caus. *léháy*, gothique *laigó*, lithuanien *laiźau*, III, 122; intens. *lélih*, III, 438.
lí (rac.), russe *liju*, III, 113.
lup (rac.), conjugaison, 232; III, 362; latin *rumpo*, I, 232; III, 308, 423; lithuanien *lup*, IV, 77; vieux prussien *lintwei*, *lembtwei*, IV, 169; intens. *lólóp*, *lólup*. III, 432.

lub́ (rac.), IV, 169; I, 153; III, 112, 121.
lû (rac.), 263; grec λῦ, gothique *lus*, *liusa*, 247, 260; III, 412; vieux prussien *aulaut*, lithuanien *lawōnas*, IV, 393.
lêliḥ, voy. *liḥ*.
lêḥá, IV, 254.
lêḥáy, voy. *liḥ*.
lṓćána, IV, 284.
lôb́áy, voy. *lub́*.
lṓlup, *lṓlôp*, voy. *lup*.
lṓḥita, dénom. *lôḥitáti*, III, 463.

vaktrá, IV, 63.
vakś, IV, 65; gothique *vahsja*, zend *uks*, irlandais *fasaim*, I, 135, 236; III, 222; IV, 49; vieux haut-allemand *vahsamo*, IV, 36; lithuanien *ûsis*, IV, 269.
vákśas, IV, 287.
vakśê, voy. *vaḥ*.
vać (rac.), latin *voco*, 32; serbe *vićem*, vieux slave *rekuṅ*, lithuanien *rekui*, *prárakas*, 60; vieux prussien *enwackêmai*, *wackitwei*, 60; IV, 169; *vṓćêma*, III, 356; *vivṓćati*, III, 372; *saṅvôćâvaḥâi*, III, 394; *ávôćam*, *ûćimá*, *uktá*, III, 215.
váćas, zend *vaćaś*, IV, 287; grec ἔπος, II, 82; IV, 296.
vat, II, 360; IV, 307.
vatsá, alban. *vjeт*, *vjeтö*, 339, 340; II, 299, 375.
vatsará, albanais *vjeтöáρ*, 339, 340; II, 299, 360.
vad (rac.), 59; III, 76.
vádana, IV, 284.
vádatra, IV, 64.
vandanâ, IV, 189.
vap (rac.), III, 256.
vam (rac.), latin *vomo*, 32; lette *vemt*, IV, 770.
vayám, voy. *aḥam*.
vará, gothique *vair*, 131.
varâḥá, arménien *waraṣ*, II, 87, 383.
varuṇânî, IV, 104.
varútra, IV, 298.
varēṇya, IV, 242.
vart, *vṛt* (rac.), vieux haut-allemand *wendu*, latin *verto*, nouveau haut-allemand *werde*, III, 266; *vavṛtyât*, *vavṛtíta*, *vavṛtîmaḥi*, III, 361.
vártman, 287; IV, 32.
vard́, *vṛd́* (rac.), IV, 232; vieux slave *rastiti*, III, 414; vieux slave *vlastĭ*, IV, 111; lithuanien *barzda*, russe *boroda*, IV, 85; *vṛdánt*, IV, 13; *vâvṛd́asva*, III, 394; *vâvṛdê*, III, 394; *vâvṛd́âdyâi*, IV, 140.
várman, IV, 32; dénom. *varmáy*, III, 444.
varś, *vṛś* (rac.), latin *verres*, IV, 119.
varḥ, *vṛḥ* (rac.), *barḥ*, *bṛḥ*, zend *barĕṣnu*, *bĕrĕṣya*, IV, 232.
val (rac.), grec ἔλυτρον, IV, 298.
vavṛtíta, *vavṛtîmaḥi*, *vavṛtyât*, voy. *vart*.
vaś (rac.), conjugaison, 70, 137; III, 132.
vas 1° *vas* (rac.) « habiter », goth. *vas*, *visa*, nouveau haut-allemand *war*, goth. *rasn*, 37, 59; III, 127; *ávâtsam*, *vatsyā́mi*, I, 208; IV, 14.
2° *vas* (rac.) « vêtir », goth. *vasja*, latin *vestis*, vieux slave *riṣa*, 59, 183; III, 400; grec ἕννυμι, I, 248.
3° *vas* (pron.), voy. *tvam*.
vasanta, loc. *vasantâ*, IV, 161.
vasu, zend *vôhu*, *vaṇhu*, 81, 350; II, 192; IV, 271.
vasútâti, IV, 90, 91.
vástra, IV, 63.
vaḥ (rac.), présent avec les formes correspondantes des langues congénères, III, 123, 124; zend *vas*, I, 108; gothique *vag*, *ga-vag*, *viga*, I, 37, 66; latin *veho*, grec ἔχω, ὄχος, I, 66; III, 28; lithuanien *wézu*, vieux slave *veṣuṅ*, I, 154; III, 28; caus. *vâḥáyâmi*,

gothique *vagja*, lithuanien *wážōju*, III, 28.
vahati, IV, 118.
vahis, slave *vaș*, 60; arménien *baž*, II, 413.
váhni, IV, 119.
vá 1° *vá* (rac.), 170, 259; vieux slave *rěješi*, III, 35; goth. *vó*, III, 256; anglais *weather*, lithuanien *wétra*, IV, 69.
2° *vá* (particule), latin *ve*, II, 360, 379; IV, 307, 382.
váhyà, IV, 223.
váć, zend *váć*, latin *vox*, grec ὄπ, 290; IV, 243.
vátár, *vátṛ*, 170.
vâditra, IV, 63.
vád, voy. *bád*.
vánara (rac.), II, 360.
vám, voy. *tvam*.
vára, II, 218.
váraṅváram, II, 218.
várâhi, *upánáhâu*, II, 8.
vári, latin *mare*, 61, 277, 350; II, XVI.
vávadúka, IV, 311.
vávṛdádyái, voy. *vard*.
vávṛdásva, voy. *vard*.
váś (rac.), zend *vaś*, III, 144.
váh, à la fin des composés, sa déclinaison, IV, 161.
váhana, vieux haut-allemand *wagan*, IV, 284.
vi, II, 181, 360; IV, 409.
viṅśá, II, 246.
viṅśáti, II, 237, 238, 240.
viṅśatitamá, II, 186, 246.
vid 1° *vid* (rac.) «savoir», gr. Ϝιδ, lat. *video*, 153; III, 424; lith. *wéidzmi*, I, 73; III, 417; vieux slave *viděti*, I, 165; *védmi*, vieux slave *věmĭ*, I, 168; III, 15; *vétsi*, vieux slave *věsi*, III, 35; *vétti*, vieux slave *věstĭ*, III, 50; *vidéyam*, III, 356; *saṅvid(r)até*, III, 253; *vidâṅkarótu*, III, 260; *véda*, I, 140; III, 45, 98, 99, 243.
2° *vid* (rac.) «trouver», 232; *vétsyádvam*, III, 395.
vidâṅkarótu, voyez *vid* «savoir».
vidéyam, v. *vid* «savoir».
vidvás, zend *vidvó*, II, 187.
vidavá, IV, 409; I, 169; gothique *viduvó*, I, 118, 153; vieux slave *vĭdovo*, russe *vdova*, I, 153, 162, 165-166; vieux prussien *widdewa*, IV, 17.
vináś, voy. *naś*.
vináśakara, arménien *wnasakar*, II, 61.
vivasvat, zend *vivanhâo*, *vivaṇuható*, 112, 318.
vivóćati, voy. *vać*.
viś 1° *viś* (rac.), zend *viś*, III, 282; grec ἵκω, III, 105; *viś* + *ni*, II, 182; intens. *vévéś*, *vévis*, III, 432.
2° *viś* (substantif), zend *viś*, 395.
viśrutá, 78.
viśva, zend *viśpa*, 102; vieux slave *vĭsĭ*, russe *vesj*, lithuanien *wissas*, 166, 179; nom. plur. neut. *viśvá*, II, 51.
viśvádá, II, 408.
viśnu, *viśṇavi*, 434.
ví (rac.), IV, 63.
vṛka, IV, 91; zend *věrěka*, *věhrka*, I, 101; lithuan. *wilkas*, vieux slave *vlŭkŭ*, I, 185; IV, 99; gothique *vulfs*, I, 312; vieux norrois, *vargr*, IV, 106.
vṛkátát, IV, 91.
vṛt (rac.), voy. *vart*.
vṛtrahan, zend *věrěthragan*, 319.
vṛddi, IV, 116.
vṛd (rac.), voy. *vard*.
vṛś (rac.), voy. *varś*.
vṛśa, dénom. *vṛśasy*, III, 459.
vṛśatvá, instr. *vṛśatvá*, 358.
vṛśan, grec ἄρσεν, IV, 273.
vṛśasy, voy. *vṛśa*.
vṛśṇí, latin *verres*, IV, 119.
vṛh (rac.), voy. *varh*.
vṛhát, zend *běrěșant*, 300; II, 32; dénom. *vṛhâyé*, III, 458.
vétrá, IV, 63.
vétsyádvam, voy. *vid*.
védaná, 328.
véman, 239; IV, 31.

vêviś, *vêvêś*, v. *viś* (rac.).
vêśa, grec *οἶκος*, latin *vicus*, gothique *veihs*, vieux haut-allemand *wîh*, 119; IV, 254.
vêśman, IV, 32.
vôćêma, voy. *vać*.
vyaí (rac.), *avyatiśyâi*, IV, 142.
vrağ (rac.), gothiq. *vrika*, 37, 77.
vrağyâ, gothique *vrakja*, IV, 215.

śaṅś (rac.), III, 281; vieux slave *sańti*, III, 60; latin *cano*, gothiq. *hana*, IV, 276.
śak 1° *śák* (rac.), latin *caco*, grec *κακκάω*, lithuanien *śikù*, irlandais *cac*, 351; cf. *śakṛt*.
2° *śak* « pouvoir », III, 209; *śakêyam*, III, 356; *śagdi*, III, 393; intens. *śâśakmi*, *śâśakîmi*, III, 432.
śakṛt, 351; v. *śak* (rac.).
śakêyam, v. *śak* « pouvoir ».
śákvân, IV, 307.
śaṅká, grec *κόγχη*, latin *concha*, 47.
śatá, II, 239; zend *śata*, I, 102; lith. *śimtas*, slave *sto*, 62, 179.
śataśás, II, 251.
śatrugna, 87.
śatvarí, 305.
śad, 305.
śántâti, IV, 90, 94.
śabd (rac.), 254.
śam (rac.), grec *καμ*, *ἀ-κμή-τ*, 245.
śayá, slave *pokoj*, III, 93.
śáyana, zend *śayanĕm*, 349; IV, 284.
śayyâ, IV, 215.
śar, *śṛ* (rac.), 305.
śárman, IV, 32.
śarvarí, 305.
śal (rac.), gr. *κέλλω*, latin *celer*, *excello*, IV, 304.
śalyá, IV, 232.
śávas, zend *śavaś*, IV, 286; lithuan. *śaunùs*, IV, 309.
śaś (rac.), IV, 277.
śaśá, IV, 277.
śas (rac.), IV, 63; *śâdí*, *śâddí*, III, 73.
śástra, IV, 63.
śâkâ, lithuanien *śakà*, russe *suk*, 179; IV, 366.
śâvaka, arménien *savak*, 14.
śâs (rac.), conjugais., III, 89, 202; imparf., III, 160; arménien *sast*, II, 18; vieux perse *śah?* III, 281; son représentant en zend, III, 52.
śâśakîmi, *śâśakmi*, voy. *śak* « pouvoir ».
śíras, grec *κάρα*, IV, 119, 120.
śirôruha, 260.
śi (rac.), conjugaison, III, 63, 252; I, 261; III, 92; vieux slave *sijuń*, III, 35; vieux slave *pociti*, russe *pocíju*, III, 113, 414; gothique *haims*, IV, 310; latin *quiesco*, IV, 248;
śêtê, védique *śáyê*, grec *κεῖται*, zend *śaitê*, I, 104; III, 70.
śitá, III, 92, 93.
śukrá, zend *śukra*, IV, 299.
śúkla, III, 270; IV, 299.
śuć (rac.), *śuśućita*, III, 361.
śúní, 301.
śundyú, IV, 307.
śubrá, zend *śuwra*, 98; IV, 299.
śuśućita, voy. *śuć*.
śúśká, 63, 171; IV, 310.
śúśma, IV, 44.
śúśman, IV, 31.
śûrá, zend *śûra*, IV, 299.
śṛṅgina, IV, 100.
śṛ (rac.), voy. *śar*.
śâućá, III, 440.
śraṅk, *śraṅg* (rac.), vieux haut-allemand *slango*, 100, 101.
śraí (rac.), 250.
śraddadâmi, latin *crêdo*, 250; III, 277.
śraddâ (substantif), IV, 210.
śraní (rac.), grec *κλώθω*, 249; cf. *graní*.
śram (rac.), grec *κμη*, IV, 248.
śrávas, zend *śravaś*, grec *κλέος*, IV,
śrâ (rac.), vieux slave *sréti*, 181.

śri (rac.), IV, 71.
śri, gothique hleiduma, II, 183, 184.
śrîmat, degrés de comparaison, II, 184, 189.
śrîlá, zend śrîra, IV, 302; degrés de comparais., II, 184, 189.
śru (rac.), śṛṇômi, śrâvâyâmi, 261; III, 422; vieux slave sluti, slovuň, grec κλύω, I, 171; III, 114; slovène slut, IV, 79; lithuanien klausau, šlôwiju, russe slavlju, III, 419; vieux prussien klaus, IV, 25; grec καλέω, κλάω, κλαίω, κλυτός, I, 78; III, 426; latin clamo, I, 59, 78; vieux haut-allemand scrirumês, I, 59; goth. hliuma, I, 123; IV, 36; vieux haut-allem. hliumund, IV, 42; śrudí, grec κλῦθι, III, 41, 393; śrôšantu, III, 391, 394; áśravam, áśrôt, III, 393; śrutá, grec κλυτός, latin clûtus, vieux haut-allemand hlût, I, 123; śrâvâyâmi, zend śrâvayêmi, I, 59, 78.
śrêyas, voy. śrîmat.
śrêšṭa, voy. śrîmat.
śrôtra, IV, 63.
śvan, déclinaison, 302, 305; zend špá, 102; grec κύων, latin canis, gothique hunds, 56, 62; II, 260; lithuanien šuo, russe sobaka, I, 62; irlandais cu, 333; arménien šan, šun, 397.
śváśura, 63; II, 165; grec ἑκυρός, vieux haut-allemand swehur, I, 56, 295; latin socer, 31; arménien skesur, II, 36; śváśurâu, II, 272.
śvaśrû, latin socrus, 31, 63, 283, 324; gothique svaihrô, grec ἑκυρά, 324; vieux slave svekrŭ, II, 128.
śvas, latin cras, 59; II, 375; IV, 380.
śvastána, latin crastinus, IV, 322, 323.
śvi (rac.), 260; latin cresco, 59; latin cumulus, IV, 49, 234; áśvam, III, 212; II, XVI.
śvit (rac.), 179.
śvid (rac.), vieux slave svêṣda, 181.
śvêtá, 134; vieux slave švêtŭ, 168.
śvêtyā́, 179.

šaš (rac.), II, 227; zend ksvas, I, 64, 103; gothique saihs, 131; vieux slave šĕstĭ, lithuanien šešini, 181.
šašṭí, II, 227, 238.
šašṭá, II, 186, 244, 248.
šya, 106; cf. sya.

sa 1° sa (pron.), II, 39, 298, 299; déclinaison, II, 302; fém. sâ, zend hâ, I, 105, 355; II, 298; sásmin, II, 298; sa sah, II, 307; voy. sága; cf. ta.
2° sa (préfixe), 179; IV, 411, 412; au commencem. des composés poss., IV, 359.
saṅvakšyata, III, 395.
sañdid(r)atê, voyez vid «savoir».
saṇvôćâvahâi, voy. vać.
sakala, II, 215.
sakṛt, zend hakĕrĕd, 105; II, 213, 253.
sáki, zend haki, 85; gén. sákyus, 414; loc. sákyâu, 432.
sakitvaná, IV, 136.
sága, II, 258.
saṅǵ (rac.), gothique sak, IV, 215.
sać (rac.), latin sequor, lithuanien seku, 134; II, 371; IV, 77; síśakti, I, 244.
sáćâ, IV, 412.
sáći, IV, 266.
sáćiva, latin socius, IV, 266.
saǵǵ, saṅǵ (rac.), IV, 77, 97, 121.
sati, voy. as «être».
satyá, dénom. satyâpáy, III, 447.
sad (rac.), (sadâmi, caus. sâdáyâmi), IV, 231;

III, 14, 414; gothique *sat*, vieux haut-allemand *saz*, I, 37; III, 239; gothique *sandja*, III, 437; grec ἑδ, III, 89; ἵζω, III, 441; ὁδός, IV, 254; congénères latins, III, 419; zend *had*, *had'*, *hid'*, IV, 398; *sad+ni* (*niṡad*), armén. *nstim*, *nstem*, III, 407; IV, 399; *á-sádê*, IV, 146.
sádas, latin *sedês*, grec ἕδος, 314; IV, 267.
sadá, II, 361, 413.
sadṛś, II, 401.
sadyás, IV, 380.
sádman, IV, 32.
sad'á, IV, 411.
san 1° *san*, voy. *as* «être».
2° *san* (rac.), III, 256.
saná, II, 361; IV, 380.
santi, voy. *as* «être».
sannatatara, 217.
sap (rac.), IV, 116.
saptan, II, 226, 228; zend *hapta*, I, 105; gothique *sibun*, 155.
saptatí, II, 238.
saptáia, II, 244.
saptamá, II, 228, 244, 249.
sápti, IV, 116.
sam, 168; II, 182, 340.
samá, II, 213, 215, 403; IV, 49.
samagra, II, 215.
samanta, II, 182.
samantatas, II, 182.
samantát, II, 182.
samám, IV, 411.
samá, II, 360.
sámiti, IV, 114.
samíha, IV, 103.
samípa, IV, 384.
samúha, II, 359.
sampád, IV, 243.
sáras, grec ἕλος, IV, 287, 296.
sarimán, IV, 32.
sarǵ, *sṛǵ* (rac.); *ásṛgran*, III, 253; *sasṛǵyát*, III, 361.
sarp (rac.), III, 140.
sarpá, 101; III, 140.
sárva, II, 360, 413; latin *sollus*, I, 31; zend *haurva*, 99; vieux haut-allemand *sár*, nouv. haut-allemand *sehr*, II, 360.
sarvátáti, zend *haurvatát*, IV, 90.
sarváiá, II, 417.
sarvadá, II, 413.
sarvásás, II, 251.
sal (rac.), grec ἅλς, 295.
salilá, 295.
savitár, *-tṛ*, IV, 234.
savyá, zend *havóya*, 362; vieux slave *śuj*, 180; II, 125; instr. neut. *savyá*, II, 363.
sasṛǵyát (rac. *sṛǵ*), III, 253.
sásni, IV, 268.
sásmin, voy. *sa*, pronom.
sah (rac.), part. parf. *sáhváṅs*, III, 244; grec σχε (ἔσχον), σχη (σχῆμα), III, 28.
sahá, zend *hada*, vieux perse *hadá*, II, 12, 31, 408; IV, 411.
sahádéva, IV, 359.
sahásra, II, 242; zend *hasanhra*, *hasanra*, I, 106, 108; II, 242.
sahasraśás, II, 251.
sáhóra, IV, 298.
sá 1° *sá* (rac.), III, 256; désid. *sísás*, III, 256.
2° *sá*, voy. *sa*, pron.
sákám, IV, 411, 412.
sákśát, 388.
sáti, III, 257.
sád' (rac.), IV, 230.
sád'yà, IV, 231.
sámi, II, 215; I, 33.
sámudrá, IV, 261.
sárddám, IV, 411, 412.
sávisat (rac. *su*), lèt, III, 371.
sásahí, IV, 268.
sásmar, intens. de *smar*, III, 435.
si (rac.), lette *seet*, IV, 170.
sikti, zend *hikti*, 85.
sind'u, zend *hendu*, 89.
siv (rac.), v. slave *śivuṅ*, lithuanien *suwù*, 180; russe *śtju*, III, 113.
sísás, voy. *sá* (rac.).
símán, IV, 32; arménien *himan*, I, 397.
su 1° *su* (rac.), zend *hu*, III, 378, 379.
2° *su* (préfixe), IV, 380; au commencement des composés possess., IV, 361; des détermin., IV, 362.
3° *su*, *sú* (rac.) «pro-

créer », 125 ; IV, 58 ; lêṭ *sâviśat*, III, 371 ; impératif *prâsaviśyadʹvam*, III, 394, 395.
suk (rac.), III, 440.
suka, dénom. *sukáy*, III, 440.
subadra, zend *hufĕdris*, 93.
sumánas, grec εὐμενής, IV, 298, 361.
sur (rac.), pour *svar*, IV, 232 ; I, 56 ; zend *qarĕnô*, I, 295 ; IV, 66 ; slave *chvaljuń*, III, 117.
súvana, IV, 234.
suśṭuti, instr. *suśṭutí*, 362.
sû (rac.), voy. *su* « procréer ».
sûnú, gothique *sunus*, vieux slave *sŭnŭ*, lithuanien *sûnùs*, 124, 166, 277, 306 ; IV, 309 ; loc. *sûnâví*, I, 434.
sûra, 295 ; IV, 234.
sûrya, grec ἥλιος, ἕλη, lithuanien *saulé*, gothique *sauil*, 295 ; IV, 232.
sûryâ « discours », IV, 234.
sṛǵ (rac.), voy. *sarǵ*.
sṛmará, IV, 49.
sêná, arménien *hên*, 401.
sêv (rac.), 267.
sôbaná, IV, 285.
skand (rac.), intens. *ćániskand*, III, 436.
sku (rac.), grec σκῦτος, latin *cutis*, IV, 296.
stan (rac.), latin *tono*, *tonitrus*, grec σ7έντωρ, nouveau haut-allemand *Donner*, 32 ; IV, 68, 255.
stanayitnú, IV, 68.
stamb (rac.), III, 211.
star, *stṛ*, *stṝ* (rac.), grec σ7ορ, 124, 245 ; latin *struo*, goth. *strauja*, 247 ; *stṛṇômi*, gr. σ7όρνυμι, III, 93 ; *stṛṇâmi*, lat. *sterno*, III, 108 ; grec σ7ρω, IV, 248.
starimán, latin *stramen*, IV, 32.
stâr, *stṛ* (plur. *stâras*), zend *stârĕ*, *stârô*, 102, 399 ; gothique *stairnô*, 131, 157 ; arménien *astġ*, grec ἀσ7ήρ, 399 ; cf. *stṛtá*.
stiǵ (rac.), gothique *stig*, vieux haut-allemand *stig*, grec σ7είχω, 77, 126, 157, 264.
stu (rac.), zend *śtu*, *fraśtuyê*, 94, 96 ; zend *śtaụman*, IV, 204 ; gothique *staua*, IV, 276.
stṛ 1° *stṛ* (rac.), voy. *star*.
2° *stṛ* « étoile », voy. *stâr*.
stṛtá, 24.
stṝ (rac.), voy. *star*.
strí, IV, 58.
sṭa, voy. *as* « être ».
sṭal (rac.), vieux haut-allemand *stellu*, III, 425.
sṭâ (rac.), 260 ; zend *śtâ*, gothique *standa*, 90, 247 ; employé comme verbe subst., III, 127 ; *tíśṭâmi*, I, 37, 157, 239, 242, 294, 296, 369 ; conjugaison du présent, III, 124 ; *sṭitá*, III, 362 ; *utṭita* (*sṭâ* + *ut*), III, 117 ; *pra-sṭâ*, lithuan. *prastōju*, IV, 402 ; caus. *sṭâpáy*, III, 151 ; lithuanien *stôwju*, III, 422 ; grec σ7έλλω, III, 425.
sṭâná, arménien *stan*, 392, 400.
sṭâpáy, voy. *sṭâ*.
sṭâman, IV, 32 ; lithuanien *stomů*, IV, 37.
sṭâvará, IV, 49.
sṭitá, voy. *sṭâ*.
sṭíti, IV, 114.
sṭirá, *sṭêyas*, *sṭêśṭa*, II, 189.
sṭûrá, 171.
sṭêyas, *sṭêśṭa*, voy. *sṭirá*.
snâva, 289.
snâ (rac.), 288 ; zend *śnâ*, 102.
snu (rac.), grec νέω, 288 ; III, 215 ; gothique *sniumundô*, I, 288.
snuśấ, 100, 167, 337.
snêhan, IV, 273.
spirá, *spêyas*, *spêśṭa*, II, 189.
sma 1° *sma* (particule), II, 266 ; III, 174.
2° *sma* (pronom annexe), 366, 374.
3° *sma* (verbe), voy. *as* « être ».
smar, *smṛ* (rac.), latin *me-*

mor, nouveau haut-allemand *Schmerz*, grec Μορμώ, 327; vieux haut-allemand *mâriu*, IV, 319, note 2; intensif *sâsmarmi*, III, 435.

smi (rac.), 260; slave *směǰuñ*, III, 35; lette *smeet*, III, 332.

smî, féminin de *sma*, voy. *sma* pronom.

smṛ (rac.), voy. *smar*.

sya, vieux perse *hya*, 428, 429; II, 63; III, 311, 312; IV, 307; *sya* et *śya*, I, 106; II, 315; cf. *tya*.

syâm, voy. *as* 1° «être».

sraṅs (rac.), sa forme à la fin des composés, IV, 23.

sru (rac.), grec ῥέω, III, 114, 215; latin *rutum*, *rivus*, IV, 166; lithuan. *srauju*, *srōwé*, IV, 216.

srôtas, grec ῥέος, IV, 287, 296; IV, xx.

sva, zend *hva*, *qa*, 86, 105; II, 289, 330; IV, 307; II, 289, 290, 291, 293; grec σφός, latin *suus*, I, 56; II, 293, 390; lithuanien *sâwas*, II, 84.

svâǵana, 333.

svatas, zend *hatô*, grec ἕθεν, II, 289.

svad (rac.), IV, 224.

svan (rac.), latin *sono*, 31; vieux slave *zvĭněti*, III, 90, 121; I, 181.

svaná, latin *sonus*, II, 260; IV, 255.

svap (rac.), II, 404; III, 420; latin *sopor*, I, 31; vieux slave *sŭpati*, I, 167; gothiq. *slêpa*, vieux haut-allemand *slâfu*, *insuepiu*, I, 58, 156; nouveau perse *khuftan*, I, 86.

svápna, zend *qafna*, persan *khâb*, 86, 92; grec ὕπνος, vieux norrois *svëfn*, 56; lithuanien *sâpnas*, vieux slave *sŭpanije*, 163, 179; latin *somnus*, IV, 107; arménien *qun*, II, 36; instr. *svápnayâ*, I, 358.

svaḃânu, II, 289.

svaḃû, II, 289.

svayaṅvara, II, 289.

svayám, II, 255, 289, 293, 300, 333, 390; armén. *inqn*, *inqean*, II, 293.

svayampraḃa, II, 289.

svayamḃû, 86; II, 289, 293.

svar, *svṛ* (rac.), 56; III, 424.

svar (rac.), voy. *sur*.

svàr «ciel», IV, 233; I, 295; IV, 234; zend *hvarĕ*, *hûr*, I, 56, 79, 105; irlandais *speur*, 333.

svargá, arménien *erkin*, II, 413.

svargatás, armén. *hierknust*, II, 413.

svásâr, *svásṛ*, 333; IV, 58; II, 323; latin *soror*, I, 31; lithuanien *sessû*, vieux slave *sestra*, 163, 179; zend *qaṅha*, persan *khâher*, I, 85; arménien *quir*, II, 36; gén. plur. *svásrâm*, II, 81.

svasta, II, 289.

svâd (rac.), zend *qâstrĕm*, IV, 66.

svâdú, 58, 179, 277; IV, 270; latin *suavis*, IV, 271.

svâdyà, IV, 224.

svâmin, IV, 321.

svit, II, 330.

svid (rac.), vieux haut-allemand *swizan*, 100; latin *sudo*, II, 260; *ásvidyam*, *ásvidam*, III, 209.

svṛ (rac.), voy. *svar*.

svêda, grec ἱδρώς, nouveau haut-allemand *Schweiss*, II, 391.

ḥa, II, 257, 258; IV, 385; cf. *ḥâ*, *ǵa*, *ǵâ*.

ḥaṅsá, 42, 66, 153.

ḥatnú, IV, 68.

ḥan (rac.), zend *ǵan*, *ṡan*, III, 213; IV, 141; arménien *ṡenum*, III, 106, 407; grec θαν, θεν, I, 66; III, 288; IV, 247; latin *fendo*, IV, 42; gothique *dauthus*, IV, 318; impér.

ǵaḥí, II, 378; part. ḥatá; grec θνητός, I, 253; caus. ǵátáy, III, 108.
ḥanú, grec γένος, gothique kinnus, IV, 194.
ḥayá, arménien ζi, 403.
ḥar, ḥṛ (rac.), latin gero? grec χείρ, 202.
ḥáraṇa, arménien ζeṙn, 403.
ḥarit, latin viridis, 188; zend ẓairit, II, 64.
ḥarimán, zend ẓarvan, grec χρόνος, IV, 32, 308.
ḥarś, ḥṛś (rac.), 239; grec χαίρω, latin hilaris, 235, 316; IV, 267, 347.
ḥarśayitnú, IV, 68.
ḥarśulá, IV, 299.
ḥávîman, IV, 204.
ḥásta, zend ẓasta, nouveau perse dest, 108; II, 266; IV, 141.
ḥastín, II, 266; IV, 281.
ḥá 1° ḥá (rac.), grec χηρός, 243; III, 86.
2° ḥá (particule), II, 257, 258; IV, 385; cf. ḥá, ǵa, ǵá.
ḥi, zend ẓi, lithuanien gi, 109; II, 373; III, 213; IV, 585.
ḥitá (rac. dâ), III, 361, 362.
ḥimá, 66, 154; arménien ζiun, 403.
ḥu (rac.), IV, 234.
ḥuvát, ḥuvâná, voy. ḥvé.
ḥuvĕ, ḥuvĕma, voy. ḥvé.
ḥuvĕmaḥi, ḥuvĕya, v. ḥvé.
ḥúmáḥé, voy. ḥvé.
ḥṛ (rac.), voy. ḥar.
ḥṛd, 66; II, 321, 373; latin cor(d), I, 24; arménien sirt, lithuanien širdis, 393.
ḥṛdaya, 26; II, 321, 373.
ḥṛś (rac.), voy. ḥarś.
ḥêmá, 78.
ḥáimá, 78.
ḥaîmantá, 66.
ḥyas, 50; II, 373; IV, 380.
ḥyástana, latin hesternus, II, 374; IV, 322.
ḥrí 1° ḥrí (rac.), IV, 61.
2° ḥrí (substantif), IV, 61, 243.
ḥvê (rac.), zend du, ẓbayêmi, vieux slave ẓvati, 154; IV, 140; par contraction ḥu, IV, 140; ḥuvĕ, IV, 140; ḥuvĕma, ḥuvĕmaḥi, ḥuvĕya, IV, 140; ḥúmáḥé, IV, 141; ḥávaté, IV, 141; âḥvam, III, 212; ḥuvát, ḥuvâná, âḥuvádyâi, IV, 140-141.

2° PÂLI.

amḥé, II, 264.
imamḥá, II, 338.
imissá, II, 337.
utu, 26.
kasi, 25.
guṇavan, 42.
cáttárô, 57; II, 223.
tá, II, 336.
tassá, II, 337, 340.
tassâtâya, II, 337.
tâya, II, 337.
ti, II, 412, 418.
tiṇa, 26.
tissá, II, 337, 340.
tissâya, II, 337.
tumḥé, II, 268.
tésaṅ, II, 336, 337.
tésânaṅ, II, 337.
na, II, 336.
naṅ, II, 336.
namḥi, II, 336.
nasmiṅ, II, 336.
nâya, II, 337.
nésaṅ, II, 336.
nésânaṅ, II, 336.
mayam, II, 264.
mḥa, 366.
suṇótu, 25.
só, II, 336.

3° PRÂCRIT.

aṭṭâraha, II, 237.
aṇṇa, 55, 248; II, 352; III, 301.
amhé, 366.
amhésu, *amhéhin*, II, 26.

kérisó, II, 402, 405.

gaṇaadi, 257.
gadua, IV, 135.

ǵéttûṇa, IV, 135.

ćauddaha, II, 237.
ćattârô, 57.
ćintémi, *ćintémha*, 256.

ǵaï, II, 364.
ǵîvâbédu, *ǵîvâbéhi*, III, 427.

tai, 371.
tâdisó, II, 402.
târisó, II, 402, 405.
ti, II, 412, 418.
tumammi, et *tumasmi*, 372.
tumé, 371.
tumhé, II, 268.
tumhésu, *tumhéhiṅ*, II, 26.

daha, II, 237.
dévîé, 96.

pâṇi, II, 323.

bahûé, 96.
bâraha, II, 237, 241.

ßaavaṅ, 42.

maï, *maé*, 371.
mamammi et *mamasmi*, 371.
mâlâé, 96.
mudó, IV, 78.
mha, 366.

yârisó, II, 405.

riṇaṅ, 26.

vâraha, II, 237.

sé, 84; II, 288, 289, 290; cf. vieux slave *si*, II, 131.

hattûṇa, IV, 135.
hidaya, 26.
hómi, III, 304; IV, 34, 83.

4° BENGALAIS.

Quelques noms de nombre seulement, II, 237.

5° MAHRATTE.

ŏmhâlâ, IV, 135.

kélâ, IV, 81.

ǵô, IV, 81.

tumhâlâ, IV, 135.
tulâ, IV, 135.

tûṅ, IV, 134.
tô, IV, 81.
tvâ, *tvâṅ*, IV, 83.

pâhilâ, IV, 81.

bâlŏpŏn, IV, 136.

ßâû, IV, 134.

mîṅ, IV, 82.
mŏlâ, IV, 135.
myâ, IV, 81.
myâṅ, IV, 82, 83.

hôtâ, IV, 82.

6° HINDOUSTANI.

Ce que Bopp écrit tantôt *a*, tantôt *ŏ*, est toujours écrit *o*.

aṭârah, II, 237.
âṭ, II, 237.

igârah, II, 237.

unís, II, 237.

êk, II, 237.
êkâvan, IV, 190.

ćâr, II, 237.
ćaudah, II, 237.

ǵalnâ, IV, 190.

ča, II, 237.

tirpan, IV, 190.

tín, II, 237.
tumhârâ, II, 287.
têrah, II, 237.
têrâ, *têrí*, II, 287, 394.

das, II, 237.
dô, II, 237.

nau, II, 237.

paćâs, IV, 190.
pâćpan, IV, 190.
pandrah, II, 237; IV, 190.
pânć, II, 237; IV, 190.

bârah, II, 237.
bâwan, IV, 190.

bís, II, 237.

bêdnâ, IV, 190.

marnâ, *mârnâ*, IV, 190.
maihik, *maihikâ*, *maihikí*, IV, 189.
mêrâ, *mêrí*, II, 287, 394.

wê, IV, 191.

satâwan, IV, 190.
satrah, II, 237; IV, 190.
sât, II, 237.
sôlah, II, 237.

hamârâ, II, 287.

7° TSIGANE.

pên, *pen*, II, 323.
pes, II, 323.

bolapen, II, 323.

miro, *miri*, II, 394.
mulo, IV, 78.

B. — LANGUES IRANIENNES.

1° PERSE DES INSCRIPTIONS CUNÉIFORMES.

abara, 140.
adam, IV, 141.
adina, III, 361.
ahatiy, III, 372.
ahy, 30.
aita, 30, 84; II, 348.

ak'unauś, 25, 82, 207.
ak'unavam, 248.
aniyanâ, IV, 413.
astiy, 30.
aiurâ, III, 281.
auramazdâ, 30.

avâstâyam, III, 427.
âha, III, 161.
âiśa, 30.

bagaibiś, II, 27.
bagâha, II, 44.

bâbirauv, 30.
bâbir'uś, 207.
bâgayadaiś, 428.
biyâ, III, 405.

ćakriyâ, III, 362.
ćartanay, IV, 378.
ća, II, 379.
ćićikrâiś, 428.
ćiśpâiś, 427.

dî (rac.), III, 363.
dîta, III, 362.

framânâ, 339.
framâtâr, 339; IV, 57.

gaubatay, 50.

haćâ, 388; IV, 413.
hadâ, II, 408.
hid'u, II, 69.

huva, II, 84, 292, 349.
hya, *hyâ*, II, 63, 65, 317.

kabuǵiyâ, 388; II, 69.
karta, 25.
kâra, 121.
k'uruś, *k'urauś*, 207.

kśapa-vâ, II, 27.

patikara, IV, 404.
patipayauvâ, III, 402.
pârsâ, 388.
pât'uv, 30.

ma, 392.
maiy, 30; III, 389.
martiyahyâ, 415.
martiyâ, II, 44.
mahyâ, 415, 428.

naiy, II, 342.

parâbarta, 25.
patiy-âiśa, 30.

rauća-pati-vâ, II, 27.
raućabiś, II, 27.

śa, *śi*, II, 349.

taiy, III, 389.
tya, *tyam*, II, 63, 64, 315.
t'uvam, II, 84.

ćah, III, 281; IV, 378.
ćastanay, IV, 378.

ufrât'u, 27.

vaśnâ, II, 314.
v'iyaknahya, 415.

2° NOUVEAU PERSE.

Les suffixes possessifs, II, 348.
asmân, 342.
âmden, 158.

ćiân, II, 70.

bâr, II, 218.
bâśem, III, 307.

pukhten, 85, 158.

berden, 158.
pes, II, 50; IV, 396.
besten, *besteh*, 158, 206.
peiker, IV, 404.

peimûden, IV, 404.
bînem, IV, 65.

tâ, II, 417, 418; IV, 385.
tâften, 86, 158.
tû, II, 13.

khudâ, 86.
khâb, 87.
khâher, 87.

dâden, 158; *dehem*, III, 273.
dâsten, 158.
dânisten, *dânem*, III, 423.

dest, IV, 141.
dîden, *bînem*, IV, 65.

sih, II, 220.
śumâ, II, 13, 257.

fermân, 339; IV, 404.
fermûden, IV, 404.
fermâjem, 339.

kêś, 91.

guften, 50.
gûn, II, 208.

mâ, II, 13, 257.

mânden, 158.
men, II, 13, 70.
nihâden, III, 273.
hestem, III, 273.
heśt, III, 273.

3° ZEND.

a-, *an-*, privatif au commencement des composés possessifs, IV, 357; déterminatifs, IV, 362.
aêm, 95, 355; II, 335.
akarsta, 106; IV, 363.
aǵa, II, 49.
aiaurunô, voy. *âtarvan*.
adaranta, III, 145.
adavata, III, 144.
addonta, III, 145.
advarĕnta, III, 145.
aḍ-mâ-yavaṅm, III, 315.
an-, voy. *a-*.
ana, II, 344, 345; I, 357, 259.
an-aǵra, IV, 357.
antarĕ, 79; II, 178, 179.
anya, *anyô*, 94, 110.
aṇhaḍ «il était», III, 147, 161, 213.
aṇhĕn «ils étaient», 79; III, 56, 147.
aṇhâo (sanscrit *asyâs*), 374; cf. *aiṇhâo*.
aṇhê, II, 302; cf. *aiṇhê*.
aṇhu, abl. *aṇhauḍ*, 382; loc. *aṇhvô*, 433; II, 32.
aṇhra, *aıra*, 106.
ap, nom. *âfs*, 92, 317; *âpĕm*, 92; *apaḍ*, 382; *aiwyô*, 98; *âpa-urvarê*, IV, 345.
apayaśâi, III, 387.
apĕrĕśaḍ, III, 144.
api, 95.
apipyûśîm, IV, 17.
abavaḍ, III, 144.
amĕrĕtât, II, 2; IV, 91; *amĕrĕtâtĕm*, II, 2; *amĕrĕtatâoś-ćâ*, II, 2, 8; *amĕrĕtaḍbya*, I, 91; II, 2.
amĕrĕśanta, IV, 345.
amĕśa, *amĕśê śpĕntê*, *amĕśéśća śpĕntê*, II, 8; *amĕśaṅś-ća*, II, 67.
ayaṇha, IV, 263.
ayêni, III, 350.
arstât, IV, 91.
ava, II, 355; IV, 393; *avaḍ*, II, 397; *avaṇhâi*, I, 374; *avaṇhâḍ*, I, 374, 383; II, 337.
avaǵaśâi, III, 387.
avaira, II, 407.
avaḍa, II, 356.
avant, *avâo*, 318; II, 397.
avamairyâitê, III, 405.
avavant, II, 397.
avaśata, III, 144.
avaṣĕm, III, 29.
avivaṣâhi, III, 387.
aś (rac.), 263; *aś* «il était», III, 161, 162.
aśaṇhaḍ, III, 144.
aśtĕm, III, 162.
aśti, 94, 263; III, 49, 130.
aśtvainti, 433.
aśnaṅm-ća, *aśnê*, II, 85.
aśpa, *aśpô*, 102, 341; IV, 305; *aśpanaṅm*, II, 76; *aśpaiśva*, II, 82, 85.
aśpinâ-ćâ, II, 3.
aśman, nom. *aśma*, 342, 345.
aś, cf. *as*, 206.
aśanâś, IV, 244.
aśa-hyâ «puri», 415.
aśauǵaś, IV, 288.
aśâ, nom. *aśa*, 207.
aśavan, nom. *aśava*, 319, 300; déclin., *aśaûm* (voc.), 113; *aśauni* (duel), II, 8; *aśavana* (plur. neut.), II, 48; *aśaunîs* (acc. plur. fém.), II, 67.
aśi, 105, 398; II, 213; IV, 269.
as, 206.
asauǵaś, 207.
asqarĕtĕmaibyô, 207.
asqarĕnâo, 207.
asta, 103; II, 229.
astĕma, II, 248.
aṣauśa, 357.
aṣĕm, 108, 155; II, 255.
aṣi, *aṣis*, IV, 268, 269.
aṣiṣanâitiśis, II, 73.
aśyô, II, 43.

ahi, 105, 107; III, 34, 130.
ahura, IV, 227.
ahê, II, 302; cf. *aṇhê*.
ahmâi, sanscrit *asmâi*, 105; III, 144.
ahmâkĕm, 366; II, 281.
ahmâka, II, 389.
ahmi, 438; III, 28, 130.
ahmya, 374.

aiti, 207.
aiṇhâo, III, 374; cf. *aṇhâo*.
aṇihê, II, 302; cf. *aṇhê*.
aibi, 95; IV, 392.
aiwi, IV, 392.
aiwyo, voy. *ap*.

aịibis, *aịbis* (sanscr. *êbis*), 94; II, 73.
aịta (cf. *aịśa*), 84; II, 296, 348; *aịtad*, II, 296; *aịtahmi*, I, 433; *aịta* (plur. neut.), II, 48; *aịtaịśaṅm*, I, 84, 104; II, 77; *aịtâoṇhaṅm*, II, 78; *aịtaṇhaṅm*, II, 80, 305; *aịtaịśva*, I, 104.
aịnaṇhâo (cf. sanscr. *êna*), II, 336.
aịnaṷiti, 267.
aịva, 118; II, 210, 360.
aịvandaśan, II, 232.
aịvandaśô, II, 232.
aịśma, 206; *aịśmaṅśća*, II, 67.
aịśa, nom. *aịśô*, fém. *aịśa*, II, 296, 347; cf. *aịta*.

aurvant, 99.

aṷm, II, 357.
aṷśo, 82.

â (prépos. *â śĕnubyaś-ćiḍ*), II, 2.
âtars, 97, 103, 317, 335; II, 67; *âtraś-ća*, I, 425; *âtrô*, II, 67; *âtraḍ*, *âtraṅm*, 382; IV, 66.
âtâpayêiti, 92, 94.
âtarvan, *âtrava*, *atâurun*, 97, 99; II, 67.
âpĕm, voy. *ap*.
âfrîti-s, 342; *âfrîtôis*, 426; *âfrîtôiḍ*, 381.
âfrînâni, III, 386.
âfrînâmi, 261.
âbĕrĕta, 98.
âyâśaṇuha, 95.
âyêśê, 95; IV, 288.
âvaiḋayêmi, 95.
âśu, IV, 271; *âśista*, II, 192; IV, 271.
âśtâya, III, 386, 427.
âhuirya, IV, 226, 249.
âoṇha (sanscrit *âsa*), 107; III, 285; *âoṇhĕnti*, *âoṇhĕntê*, III, 286; *âoṇharĕ*, *âoṇhairi*, *âoṇhairê*, II, 285, 286; *âoṇhâḍ*, III, 163.
âaṇhaṅm (sanscrit *âsâm* «harum»), 107; II, 80, 305.

ĕrĕṣu, IV, 271; *ĕrĕṣu* (plur.), II, 5; *ĕrĕṣûs*, II, 66.

i (rac.) (dans *upaiti*), 260.

iśa, II, 235, 417.
iśra, II, 86, 325, 331, 407.
iḋa, II, 12, 325, 350, 408.
ima, *imaḍ*, 355; II, 335; IV, 413; *imĕm*, II, 335; *imaṅm*, II, 335; *imaṅ*, II, 67.
iriś (rac.), 206; III, 288; IV, 78; *iriśyêiti*, *iriśyêiti*, III, 288; *irîriśarê*, *irîriśrê*, III, 287, 288, 289; *irîrituśaṅm*, IV, 17; *iristô*, I, 206; IV, 78.
îm (sanscrit *iyâm*), 106, 355; II, 335.

uiti, 94; II, 417; IV, 270.
ukĕtô, IV, 73.
ukśan, 85.
uks (rac.), 236; III, 222.
uksyaṅś, IV, 6.
ugra, 99.
utayûiti, II, 9.
upanayêni, III, 388.
upafraṣayayâhi, III, 387.
upabĕrĕtwôtara, IV, 95.
upara, IV, 91, 402.
uparatât, IV, 91.
uparôkairyô, IV, 402.
upavaṣâhi, III, 387.
upaṣôiḍ, II, 175; III, 351.
upaiti (rac. *i*), 260.
uba (sanscrit *ubâu*), *ubôyô*, 83; II, 32; *ubôibya*, II, 28.
arûruḋuśa (rac. *ruḋ*), III, 65, 167, 218.

urv (rac.), 97.
urva, 97.
urvan, 97.
urvanta, 97.
urvarâ, abl. *urvarayâḍ*, 382; plur. *urvarâoś-ća*, 107.
uś, *uṣ*, 206; III, 378.
uśaṣayaṇha, 107; III, 64, 145, 290, 404.
uś-a-histata, 206, 207.
uśâna, IV, 30.
uśĕhista, *uśihista*, 444; III, 111; IV, 401.
uśṣayata, III, 404.
uśṣayĕintĕ, III, 62, 404.
uśaś, nom. *uśâô*, acc. *uśâoṇhĕm*, 297; IV, 287.
usta, *ustatât*, IV, 91.
uṣ, voy. *uś*.
uṣirôhva, II, 85.
uṣuksyanti, 236.
uṣdâqyamna, *uṣdâqyamnanaṅm*, III, 317; IV, 30.
uṣdâta, *uṣdâtanaṅm*, III, 317; IV, 402.
uṣbarĕm, III, 145.
uṣvaṣaiti, IV, 402.

katayô, II, 401.
katara, II, 384.
kataraśćiḍ, 384.
kaḍ, 92, 134, 356; II, 366, 367, 368.
kana, II, 93.
kaya, II, 49, 376, 384.
karsta, 25, 97, 106.
karsti, 25; IV, 110; *karstayaiḉa*, I, 365; IV, 171.
kaś-ĕ-ṫwaṅm, 93, 100, 312.
kaśtê, 312.
kaśnâ, 312; II, 367.
kahmâi (sanscr. *kásmâi*), 366.
kainĕ, 96, 177; IV, 232.
kâ, 277, 341.
kĕrĕnaumi, 248; III, 104; *kĕrĕnûiśi*, III, 34; *kĕrĕnauiti*, I, 94; *kĕrĕnûitĕ*, I, 94; III, 135; *kĕrĕnvô*, I, 110, 251; III, 145; *kĕrĕnauḍ*, I, 82; III, 146; *kĕrĕnuyâḍ*, III, 352; *kĕrĕnûidī*, III, 41; *kĕrĕnavâni*, *-vânĕ*, *-vâhi*, III, 381, 383.
kĕrĕfs, acc. *kĕrĕpĕm*, *kĕhrpĕm*, 92, 101, 317; IV, 26.
kĕrĕśaukśan, IV, 335.
kĕrĕśâśpa, IV, 335.
ke, 81.
ku- (préfixe), II, 369, 370.
kuśa, II, 370.
kuira, II, 370.
kudaḍ, II, 370.
kô, 344.
kya, II, 49, 376.
kva, II, 370.

ƙara, 85.
ƙrauṣda, II, 192.
ƙrauśdyĕhi, II, 192.
ƙruś, 85.
ƙśaitôpuirî, IV, 335.
ƙśi, 85.
ƙsaira, 104.
ƙsapan, II, 27; *ƙsafnĕ*, II, 27, 86; *ƙsafnaṅm*, *ƙsapôhva*, II, 85.
ƙsama, d'où *ƙsamaḍ*, *ƙsamâkĕm*, II, 285; I, 411; cf. *ƙsma*.
ƙsaya, IV, 264.
ƙsayaṅś, 111.
ƙsma, d'où *ƙsmaḍ*, I, 411; II, 285.
ƙsvas, 64, 103; II, 227, 228.
ƙsavasaśi, II, 213; IV, 356.
ƙsvasƙsaparĕm, IV, 370.
ƙsvasti, II, 238, 241.
ƙsvasdaśĕm, II, 233.
ƙsvaiwdâoṇhô, II, 43.

q́a, 86; II, 291.
q́aḋâta, 86; II, 291.
q́aṇha, *q́aṇharĕm*, 87.
q́afna, 87, 92; IV, 107.
q́ar (rac.), IV, 66.
q́aratu, III, 377.
q́aranĕm, IV, 284.
q́arĕti-s, IV, 110; *q́arĕteĕ*, I, 365; III, 379.
q́arĕnaś, gén. *q́arĕnaṇhô*, 295; IV, 66, 289.
q́arĕṇuhatô, *-hantĕm*, 300.
q́ahĕ, II, 291.
q́â, 358, 359; II, 291.
q́âis, II, 291.
q́âirĕm, IV, 66.
q́âśtrĕm, IV, 66.
q́yem (sscr. *syâm* « sim »), 81, 87; *q́yâḍ*, *q́yâmâ*, *q́yâtâ*, *q́yen*, 81.

gaya, 265.
garĕma, 87.

-gara (=latin *-vorus*), IV, 264, 366; *gara*, forme de *gairi*, II, 66.

gava, II, 65.

gairi, d'où *garôis*, *gairyô*, *garayô*, *gairis*, *gara*, II, 66.

gaiṭa, *gaiṭya*, IV, 227.

gau̯, 284; *gâus*, 83, 342, 345; II, 72; *geus*, I, 430; II, 54; *gau̯bîs*, II, 73.

gau̯mat, 284.

gau̯śa, 149.

gâum «terram», 109; II, 63.

gâus, voy. *gau̯*.

gĕna, *ĝĕna*, 154; *gĕnâbîs*, II, 73.

geus, voy. *gau̯*.

ĝĕna, voy. *gĕna*.

-ĝna «qui tue», 87; IV, 264.

ća, 84, 85; II, 379; son influence sur les désinences casuelles qui le précèdent, I, 312, 314, 365.

ćatrućaśman, IV, 356.

ćatrudaśa, *ćatrudaśĕm*, II, 232, 245.

ćatrudaśan, II, 232.

ćatrumâhya, II, 222; IV, 370.

ćatrušva, II, 222, 399.

ćatruš, 97; II, 222, 223.

ćatrušnaṅm, v. *ćatwârô*.

ćatwarĕpaitištanyaô, II, 222.

ćatwarĕśata, II, 238.

ćatwarĕṣangrô, III, 436.

ćatwârô, *ćatrušanaṅm*, *ćatrušnaṅm*, II, 222; *ćatwârô śata*, II, 48.

ćarâḍ, III, 370.

ćaśman, IV, 32; *ćaśmanaḍ*, I, 382; *ćaśmainî*, I, 94; II, 6.

ćit (rac.), *ćinahmi*, *ćinaśti*, *ćisti*, *ćîsmahi*, *ćîsmaidĕ*, 267.

-ćiḍ, II, 384, 397.

ćvaḍ, II, 397.

ćvaṅś, *ćvantĕm*, 318; II, 397.

ĝaĝmûśî, 99.

ĝaĝmûśyâo, IV, 17.

ĝaĝmûśtĕmô, IV, 17.

ĝad (rac.), 88.

ĝan (rac.), IV, 141.

ĝanaiti, III, 213.

ĝanâni, III, 381, 386.

ĝafra, IV, 299.

ĝam (rac.), *ĝaśaiti*, 88.

ĝaśaḍ, III, 146.

ĝaśĕn, III, 146.

ĝaṅfnu, 111; IV, 299, 308.

ĝainti, III, 213.

ĝiĝišanuha, *ĝiĝišâiti*, III, 431.

ĝî (rac.), 155; IV, 235.

ĝîv (rac.), IV, 235.

ĝîvya, 265.

ĝu (rac.), 155.

ĝya (rac.), IV, 235.

ĝva, 265.

ĝvainti, III, 62.

ta (cf. *hô*), II, 294, 301; *taḍ*, I, 140, 341; II, 298, 299; *tĕm*, II, 294, 295; *dĕm*, *dim*, II, 294, 295; *tê*, *tâo*, II, 39, 299; *tâ*, II, 49; *tâ nara yâ*, II, 48; *taibyô*, II, 304.

taḱma, 99.

tataśa, III, 283, 289.

taḍ, voy. *ta*.

taḍ-twâ-pĕrĕsaṅm, III, 315.

tanu, 97, 342; IV, 271; *tanûm*, I, 113; *tanuyê*, I, 365; *tanau̯ḍ*, *tanvaḍ*, *tanavaḍ*, I, 382; *taneus*, I, 426; *tanvi*, I, 434; *tanunaṅm*, II, 77.

tafnu, 92; IV, 308.

tarô, II, 175; IV, 414.

tava, 98; II, 283.

taibyo, voy. *ta*.

tauruna, 99.

tâ, *tâo*, voy. *ta*.

tĕm, voy. *ta*.

tevîśî, II, 8.

tisarô, 104; II, 220; *tisarô śata*, II, 48; *tisraṅm*, II, 86.

tu (rac.), III, 282, 283.

tuiruyê, III, 282, 283.

tûirya, 94, 96, 97; II, 248; *tûirîm*, I, 96; *tûiryêhê*, I, 414.

tûiryê, 177; IV, 242.

tûtava, III, 147, 283.

tûm, II, 256.

tê 1° *tê*, nom. plur. de *ta*, voy. *ta*.

2° *tê*, pron. enclitique, II, 261, 283, 289; III, 350, 389.

ṭôi, 84; II, 261, 283; III, 350.

ťri, II, 219; ťrâyô, II, 47; ťrayaś-ća, ťryaśća, II, 66; ťrayaǹm, ťryaǹm, II, 76, 220.
ťriksaparĕm, IV, 370.
ťritya, 100; II, 247, 248.
ťridaśa, ťridaśĕm, II, 232, 235.
ťridaśan, II, 232, 235.
ťriśata, II, 238.
ťriśva, II, 215, 399; ťriśûm, I, 96.
ťris, II, 223.
ťryaśća, ťryaǹm, voyez ťri.
ťwaḍ, II, 283.
ťwahmi, 371; II, 283.
ťwahyâ, 415; II, 259.
ťwaǹm, II, 283.
ťwâ, II, 283.
ťwâvaǹś, 318; II, 397.
ťwê, III, 350.
ťwôi, II, 261, 283, 289; III, 350.

daiâni, III, 386; daiânitê, III, 389.
daiuśô, III, 1; IV, 17.
daddâmi, III, 28, 84.
dadĕntê, III, 53.
dadĕmahi, 79; III, 22.
dadûṣbis, IV, 17.
dada, dadâ, III, 263, 283, 289.
dadaǹm, 259; III, 146, 289.
dadâiti, 94.
dadvâo, dadvâoṇha, dad-vâoṇhĕm, II, 48; III, 281; IV, 16, 17.
daṇhu, daṇhvô, 413; II, 47; IV, 399.
dab (rac.), daibiśyantê, -ti, III, 316.
dayadwĕm, III, 354.
darĕǵa, 106.
darĕirĕm, IV, 66.
darsi, IV, 269.
daśa, 102; II, 231.
daśĕma, II, 245.
daśta, III, 203.
daśina, 104; daśina bâṣvô, 362.
daṣdi, 90, 206; III, 41, 47, 48; daṣdimê, III, 389.
dahmayâḍ, 382.
daǹm, III, 204.
daidyaǹm, III, 28, 29, 352.
daịṇhu, daiǹh(â)vô, II, 47; IV, 399.
daịṇhupaiti, IV, 399.
daiwis, 98.
daịna, 334.
daịvâis, II, 27.
daịvayâǵ, IV, 244.
daịvôdâta, cf. grec Θεόσδοτος, IV, 343.
dâ (rac.), 91, 259.
dâta, 341, 342; II, 12; III, 295.
dâtarĕ, 44, 79.
dâtarĕm, 332.
dâtĕm, 341, 342.
dâtô, IV, 73.
dâirô, 425.
dâdarĕśa, 79, 97; III, 250, 283, 289.
dâma, 321; IV, 32.
dâmabyô, 95.
dâmahva, II, 85.
dâyata, dâyâma, dâyaǹm, dâyâo, dâyâḍ, III, 329, 330, 352, 353, 354.
dâhis, IV, 266.
dâidî, daidî, 91; III, 41, 393.
dâoṇhâ, III, 393.
dĕm, II, 294, 363.
didvaịśa, III, 283, 289.
dim, II, 294, 363.
diś (rac.), 265.
du (rac.) « parler » et « courir », IV, 141.
duǵda, 92, 342, 345, 380.
duyê, 96; II, 6, 217.
dusmatĕm, 109; IV, 362.
dusmanaś, IV, 361.
dusskyaụina, IV, 361.
duṣûktĕm, 109; IV, 362.
duṣvaćaś, IV, 361.
duṣvarĕstĕm, IV, 362.
dê (rac.), 91.
dôiṭra, III, 145; IV, 65.
dyaǹm, III, 330.
driwis, 98; IV, 269.
druǵ, nom. druks, 290, 317; druǵaḍ, 382; druǵĕm, druǵim, II, 363.
druǵĕmvanô, -vânô, IV, 264.
drva, drvatât, IV, 91.
drvâśpa, 446.
dva, II, 4, 216.
dvadaśa, II, 237, 245.

ḍkaịśa, 91.
ḍbaịśa, 91.

ḍbaiśôtaururvâo, IV, 264.
ḍbiś (rac.), 91.

naptarĕm, 92; *nafĕd́rô*, 92, 425.
namânôpaiti, 444.
nar, nom. *nâ*, 110, 312.
nara, II, 4, 48.
naraśća, II, 48.
naraṅm, II, 81.
nareus, II, 67.
nars, 97, 424.
nava, II, 330.
navaksaparĕm, IV, 370.
navaiti, II, 239.
naśu, IV, 272; *naśuṅanm*, II, 77.
naịcis, II, 377, 384.
naịd́a, II, 342.
naịma, *naịmê*, II, 86, 215.
nâ, voy. *nar*.
nâma, 342, 345.
nâmi, IV, 269.
nâśa, IV, 157.
nâi, III, 387.
nâirikayâo, II, 3, 7.
nâuma, II, 248.
nâoṇhanaḍ, 382.
nĕmaś, IV, 286.
nĕmôị, III, 350.
nĕraṅś, II, 67, 68.
ne, 81; II, 280.
nidaitĕm, III, 281.
nidaityaṅm, *nidaitîta*, III, 281, 353.
nid́ayêintê, III, 402.
nid́âtu, II, 12.
nid́âtayĕn, III, 281.
nivaịd́ayêmi, 91; III, 412.
niśtarĕ, II, 179.

nis-had, *nis-had́*, *nis-hid́*, IV, 398.
niṣdarĕdairyâḍ, III, 436.
niṣbaraiti, 109.
nô, II, 280.
nôiḍ, 106, 110; II, 325, 342, 349, 387.
nmâna, *nmânya*, IV, 223.
nmânôpaitis, *nmânôpatnî*, IV, 365.
nyâkô, *nyâkê*, 177.

pataya, 360.
pataṅm, III, 370.
patôis, 84.
patnî, 99.
panća, 110; II, 224, 225.
panćadaśĕm, II, 237.
panćamâhya, IV, 370.
panćâśata, II, 238, 242.
para, IV, 404, 408.
parakantayaịća, IV, 171.
parśta, III, 203.
paśu-s, 44, 102, 103, 342, 344; *paśeus*, 80; *paśvô*, *paśavô*, II, 45; *paśvaṅm*, II, 77.
paśćaịta, II, 397.
paiti (subst.), 99, 103, 342, 344; *paiti*, 446; *paitîm*, 113.
paiti (prépos.), III, 144; IV, 402.
paitinidaitîta, III, 353.
paitibĕrĕta, 358.
paitivać, IV, 403.
pairi, IV, 409.
pairiyaụśdaitîta, III, 280, 354.
pairis, IV, 409.
paụurva, 99; II, 249.

paụurvatât, IV, 91.
pâd́a, 91; *pâd́anaṅm*, 111; *pad́aịibya*, II, 28.
pĕrĕtâo, 434.
pĕrĕtu, 28, 45; IV, 163.
pĕrĕnânê, III, 384.
pĕrĕnê, 177.
pĕrĕnô, 177; IV, 99.
pĕrĕnômâo, IV, 363.
pĕrĕś, 88; *pĕrĕśaḍ*, III, 144.
pĕrĕśaṇuha, *pĕrĕśâiti*, III, 432.
pĕrĕśahi, 268.
pĕrĕśâ, III, 315.
pĕśôtanva, II, 49.
pipyûśîm, IV, 17.
puḱd́ô, 93; II, 245.
puitrĕm, 79.
pôuru, 83; IV, 271.
pôuruq́âira, IV, 66.

fra, 92; IV, 402; *fraća kĕrĕntĕn*, III, 147.
fraiaś, IV, 291.
fraitĕmô, II, 244.
fradad́âtâ, III, 43, 47.
frafrâvayâmi, 262.
frafrâvayâhi, 262; III, 387.
framĕrĕyêiti, III, 405.
framruyâo, III, 352.
fravaksyaṅm, III, 315.
fravaksyâ, III, 315.
fravaśayô, II, 45.
fravâka, IV, 158.
fraśa, IV, 158.
fraśtarĕtô, 24; IV, 73.
fraśtuyê, 96.
fraśnayaṇuha, III, 402.
fraśnâd́ayĕn, III, 378.

fraśnĕm, IV, 107.
fraśrâvayô, III, 35.
fraśruîti, 362.
fraṣayayâhi, III, 387.
frahâvrayĕnê, III, 386.
frâ, IV, 402.
frâtwarĕśĕm, III, 145.
frâdaiśaĕm, *frâdaiśayô*, III, 145.
frâďadvîra, IV, 333.
frâďadvîśpaňm - huǵaîti, IV, 333.
frâvayĕiti, *frâvayôid*, 262.
frâs, IV, 243.
frînâmi, 261.
fru (rac.), 262; III, 387.
fsuyaňś, 103, 300, 317.

bakśahi, 107.
band (rac.), 206, 264.
bandayĕni, III, 388.
barayĕn, 110; III, 56, 344, 349.
baraňn, III, 370.
baraita, III, 343, 344.
barânê, *barâma*, III, 389.
barĕtryâd, 382.
barĕn, III, 146.
barĕmanĕm, IV, 30.
barĕśma, 321.
barĕśnus, IV, 308.
barĕṣnu, IV, 232.
barôid, *barôis*, 84; III, 343, 344.
barvadbyaňm, II, 11.
bavahi, III, 34.
bavaiti, 93, 262.
bavainti, 94, 242, 244; III, 62.
bavaintyâo, 425.
baśta, 206; IV, 73.

baňṣaś, IV, 290.
bâṣu, IV, 272; *bâṣva*, *bâṣvô*, *bâṣava*, *bâṣavô*, *bâṣvâo*, I, 362; II, 3, 5.
bĕrĕtô, IV, 73.
bĕrĕtwa, IV, 95.
bĕrĕṣant, *bĕrĕṣantĕm*, *bĕrĕṣatô*, *bĕrĕṣaitê*, 300; *bĕrĕṣanta*, II, 48; *bĕrĕṣĕnbya*, II, 32.
bĕrĕṣaś, IV, 290.
bĕrĕṣya, IV, 232.
bi (préf.), II, 218, 241.
bitya, 100; II, 66, 185, 247.
bipaitistana, II, 218.
bis, II, 66, 218, 241.
biṣaṇhra, IV, 356.
buď (rac.), 153.
buyâma, *buyata*, III, 352; *buyâd*, III, 337.
bû (rac.), 262.
bûiďyaita, III, 349.
bûiďyôimaiďê, III, 69, 350.
bûśyaňś, *bûśyaintî*, IV, 308; *bûśyantĕm*, *-tîm*, III, 314.
bûśyaňśta, III, 312, 314, 316.
bûśyĕiti, *bûsyĕiti*, III, 312; IV, 153.
byârĕ, IV, 370.
brâta, 332, 342, 345.
brâtarĕm, 332.
brâtraňm, II, 81.
brâtrô, 307.
brâturyê, 177; IV, 241.
brvadbyaňm, II, 11.

maiô, IV, 73.
mad, II, 278; IV, 413.

maďu, 342, 345.
man (rac.), 111.
mana, II, 260, 261, 262.
manaś, 297; IV, 287; *manaṇhô*, I, 107; *manebîs*, I, 81; II, 73.
mar (rac.), 101.
marĕtrĕm, IV, 66.
maśyĕhî, II, 192, 197.
maśya, II, 48; cf. *maskya*.
maśyâoṇhô, II, 43.
maskya, *maśya*, 95, 104.
maskyĕhê, 95.
maṣana, II, 93.
maṣaś, IV, 290.
maṣista, II, 192; *maṣistaň*, II, 67.
maṣdadâta, IV, 366.
mahi, *mahî*, III, 316.
mahrka, 101, 410.
maňtra, 111; III, 203; *maňtraňśća*, II, 67.
maňm, II, 277.
maňśta, III, 203.
maiďya, 90, 94.
maiďyôi, 84, 431; III, 350.
mainyu, 94; IV, 307; *mainyu*, I, 444; *mainyô*, I, 444; *mainyeus*, I, 413; *mainyeud*, I, 382; *mainyû*, II, 5.
maibyâ, *maibyâća*, II, 13, 277.
maibyô, II, 13.
mairya, IV, 232.
mairyâiti, III, 405.
maiśman, IV, 32; *maiśmana*, II, 93.
maiṣdmî, 155.
mâ, II, 277.

mâćis, II, 372, 377, 384.
mâṣdayaśnôis, 434.
mâo, *mâoṅća*, 107, 297; II, 51; IV, 23; *mâoṇha*, II, 51; *mâoṇhĕm*, I, 107, 297; IV, 23; *mâoṇhô*, I, 107.
mĕrĕǩtâr, 410.
mĕrĕćaṇuka, *mĕrĕnćaṇuka*, 410; III, 378.
mĕrĕtyu, 99.
mĕrĕyêiti, III, 405.
mimarĕǩsaṇuha, *mimarĕǩsâiti*, *-saitê*, 410; III, 432.
mê, II, 277, 289; III, 350, 389.
môi, 84; II, 277, 289; III, 350.
mrû (rac.), 112; *mrûyê*, I, 96; *mraum*, III, 146; *mraus*, III, 35, 146; *mraud*, I, 82, 112; III, 146; *mraută*, III, 377.

ya, II, 361.
yaia, III, 388; IV, 385.
yaira, II, 407.
yad, 434; II, 64; IV, 385.
yava, *yavatât*, II, 276; IV, 91.
yavad, II, 397.
yavanô, II, 3.
yavant, II, 397.
yavaiti, II, 397.
yaś (rac.), IV, 237.
yaśka, 89.
yaśna, IV, 107, 237.
yaśnya, IV, 223, 237.
yaṣatâoṇhô, II, 43.
yaṣ (rac.), 108; IV, 237.
yaṣamaidê, II, 3.
yaṣainti, III, 62.
yaṣâi, III, 386.
yaṣânê, III, 388.
yahmâi, *yahmi*, *yahmya*, 373, 439.
yaňm, II, 64.
yaiibyo, 95.
-yauďa, IV, 264.
yaum, III, 146.
yauṣdaiâni, III, 280, 386.
yauṣdaiĕntê, III, 280.
yauṣdaďâiti, III, 280.
yauṣdayaňm, III, 280.
yauṣdaitĭta, III, 354.
yauṣdâta, III, 393.
yauṣdâira, *-dâirya*, IV, 65, 227.
yauṣdâiti, III, 280; IV, 110.
yâ, II, 49, 65, 363.
yâtava, II, 49.
yârĕ, 52, 117; II, 373.
yâśaṇuha, III, 378.
-yâsa, IV, 264.
yâirya, 94; IV, 227.
yâoṇhayaṇuha, III, 378.
ye, 81.
yim, II, 65, 363.
yûs, 372; II, 269; III, 21.
yûsmad, 411; II, 286.
yûsmaibya, II, 285.
yûsmâkĕm, 411; II, 286.
yûṣĕm, 109, 417; II, 269.
yêiďi, 91; IV, 384.
yêṇhê, 111.
yêśnya, 94; IV, 237.
yêṣi, 106; IV, 384.
yô, 81; II, 65.
yôi, 84; III, 850; *yôi katayô*, II, 401.

raǵis, IV, 266; *raǵôiḍ*, I, 382.
ratu, *raiwê*, 97, 365; *raiwê*, *raivaića*, 84; *raiwô*, *ratavô*, II, 66.
raia, 45.
raiaistâo, III, 147.
raiwê, *raiwô*, voy. *ratu*.
raśaňśtât, IV, 91.
raśnus, IV, 308.
raṣ (rac.), IV, 308.
raiśayad, III, 288.
rauć, IV, 245.
raućâo, II, 50, 71.
raućebîs, II, 73.
rauďa, IV, 158.
rauďahê, 266.
rauďayaňm, III, 147, 258.
râs (rac.), 264.
ruď (rac.), 266; III, 203, 219.
rusta, 206; III, 203.

vaêm, 95, 98; II, 280.
vaǩsayatô, III, 59.
vaća, II, 48.
vaćaś, 307; IV, 287.
vaćâo, II, 50.
vaćebîs, II, 73.
vaćô, 342, 345; II, 397.
vanâi, III, 387.
vanâd, III, 370.
vanâhi, III, 385.
vaṇuhi, II, 7.
vaṇhatu, III, 377.
vaṇhana, II, 93.

vaṇhavê, 365.
vaṇhu, 83, 365; IV, 271.
vaṇhutât, IV, 91.
vaṇhudâo, *-dâoṇhô*, II, 51.
vayaňm, II, 76.
vayô, II, 45.
varĕďayêmi, III, 386, 414.
vavaća, III, 283.
vâśĕn, III, 147.
vaśtrĕm, IV, 65.
vaṣâmi, 155; *vaṣaiti*, 108; *vaṣâhi*, III, 387.
vaṣĕm, III, 28, 29.
vaṣĕmnĕm, IV, 30.
vahista, II, 191.
vahmayêmi, IV, 223.
vahmyô, IV, 223.
vahyô, II, 192.
vahrka, 25.
vairi, 342, 344; IV, 269.
vaiḍa, III, 45.
vaiḍista, II, 187.
vaiśta, III, 45, 46, 47.
vaućĕm, *-ćaḍ*, III, 215.
vâkĕśĕm, III, 144.
vâkĕs, 103, 290, 342, 345; IV, 243.
vâća, II, 48.
vâďayêmi, III, 388.
vâśtra, *vâśtravat*, IV, 65.
vâśtrya, III, 147; IV, 65; *vâśtryaňśća*, II, 67.
vâo, II, 272, 284.
vĕrĕiďĭ, 94; IV, 266.
vĕrĕka, 25, 101.
vĕrĕtragna, 87.
vĕrĕtraǵan, 87; *vĕrĕtraǵâo*, 319.
vĕrĕtraṣaňśtĕma, II, 67, 175.
vĕhrka, 25, 101; *vĕhrkô*, 312; *vĕhrkaś-ća*, 312; *vĕhrkâḍ*, 381; *vĕhrkahê*, 414; *vĕhrkâoṇhô*, II, 43.
ve, 81; II, 285.
vid (rac.), 91.
vindâi, III, 387.
vindĕnti, 268.
viśuśim, IV, 17.
vîdaiṿaḍbis, II, 73.
vîduśê, IV, 17.
vîdvâo, IV, 16.
vîdvô, II, 187.
vîvaṇhâo, 318; *vivaṇuhatô*, 112; III, 378.
vîviśê, III, 147, 282.
viś 1° *viś* (subst.), 395; *viśaḍ*, 382, 383.
2° *viś* (rac.), III, 282.
viśati, *viśaiti*, II, 238, 240.
viśaṇha, III, 378.
viśâi, III, 386, 388.
viśanê, III, 386.
viśpa, 102; *viśpeśća*, II, 39.
vô, II, 285.
vôhu, 83, 350; II, 192; *vôhû*, II, 50.

śata, *śatĕm*, 102; II, 238, 239, 240.
śayanĕm, 349; IV, 284.
śavaś, IV, 286.
śaitê, II, 6.
śaiţê, *śaiţa*, 104, 106, 261.
śaućant, *śaućantâḍ*, 300, 382; *śaućantaňm*, *śaućĕntaňm*, 300; II, 80.
śauśyaňś, *-yantô*, *śauśkyantô*, III, 314.
śĕṇhaiti, III, 52.
śukra, IV, 299.
śufraňm, 98.
śuwra, IV, 299; *śuwraňm*, *śuwrya*, I, 98.
śûnô, 301.
śûra, IV, 299.
śkĕnda, 89.
śta, III, 130.
śtaṷman, *śtaṷmainê*, IV, 204.
śtaṷmi, 102.
śtaṷra, 171.
śtâ (rac.), 90, 260.
śtârĕ, 399; *śtârô*, 102.
śterĕnayĕn, 252.
śtĕrĕnaiţa, 252; III, 256, 351.
śtu (rac.), 94.
śtûiďĭ, 94; III, 41.
śtri-ća, 314; *śtreus*, II, 67.
śnayaṇuha, III, 378, 402; *śnayaiţa*, III, 378, 402.
śnâ (rac.), 102.
śnâďâ, III, 282; III, 378.
śpâ, *śpânĕm*, 102, 302, 319; III, 147.
śpĕnta, 102; *śpĕntaǩyâ*, *śpĕntaqyâ*, 87, 415.
śpĕntôtĕma, II, 175.
śrayana, II, 93.
śravaś, IV, 287.
śrâvayêmi, 59, 261; III, 422.

srîra, IV, 302.
srîraukšan, IV, 355.

šao, 106.
šê, 106.

sayana, 103; cf. *šayana*.
sé, 106; II, 290.
skauina, 357.

ṣa (rac.), IV, 235.
ṣan (rac.), 88, 111; II, 12; IV, 235.
ṣanaḍ, III, 213.
ṣantu, IV, 163.
ṣantupaitis, IV, 365.
ṣayadwĕm, 155, 265.
ṣaratustrayô, II, 45; *ṣaratustrôiḍ*, I, 382.
ṣaratustrôfrôkta, IV, 366.
ṣarvan, IV, 308.
ṣavana, 265; IV, 285.
ṣašta, 108; *ṣaštayô*, II, 33; *ṣaštaibya*, II, 28.
ṣaṣâmi, IV, 66.
ṣaṅm, 108, 287.
ṣaṅhyamana, 111; III, 317; IV, 30; *ṣaṅhyamanaṅmća*, III, 317.
ṣaṅhyamna, IV, 30.
ṣaintê, III, 213.
ṣairi, IV, 249.
ṣairit, II, 64.
ṣauša, 108, 265, 357; IV, 158.
ṣâta, IV, 73; *ṣâtanaṅmća*, III, 317.
ṣâiri, IV, 249.
ṣâo, 106, 109, 287.
ṣĕnhaitê, *ṣĕnhaiti*, III, 135.
ṣĕmĕ, *ṣĕmi*, 287.
ṣi, 106, 108.
ṣima, 154.
ṣî (rac.), 155; IV, 235.
ṣu (rac.), 155.
ṣbayêmi, 154.
ṣĕnu, 88, 109.
ṣnâ (rac.), 88, 154, 259.

hakĕrĕḍ, 105; II, 213.
haki, 85; *hakaya*, 362.
haća, IV, 413.
haira, IV, 411.
hada, II, 12, 31, 408; IV, 411.
hankârayêmi, 110.
hapta, 105; II, 228.
haptaitô, II, 244.
haptâiti, II, 238.
hava, 362.
havôya, 362; *havôya bâṣvô*, 362.
haṣaṅhra, 108; II, 243; *haṣaṅhra*, I, 105; *haṣaṅhrê*, II, 6.
haṣaṅhrôgauṣa, IV, 356.
haṅm, IV, 411.
haurva, 97, 99.
haurvata, II, 2.
haurvatât, II, 2; IV, 90, 91.
hauma, III, 379.
hâ, 105, 277; II, 298, 303.
hĕntĕm, 79.
hĕnti, 110; III, 51, 83, 130.
hĕndu, 89; II, 69.
hikti, 85; *hiktayaića*, IV, 171.
histâmi, III, 87, 230, 273; *histahi*, III, 87, 125; *histaiti*, III, 87, 125, 273.
hiṣva, 105, 108, 341, 344; *hiṣvayâi*, 365; *hiṣvayâo*, 425; *hiṣvanaṅm*, II, 76; *hiṣvâhva*, II, 82.
hu (rac.), III, 167, 378, 379.
hukĕrĕfs, IV, 361.
hugîti, 74, 265; IV, 361; *hugîtayô*, I, 265.
hunûta, III, 167, 289, 378, 379.
hunvata, III, 290.
hunnaṇuha, III, 378.
huputra, IV, 361.
hufĕdris, 93.
humata, II, 48; IV, 363.
hurvâošćâ, II, 2.
huška, II, 175; IV, 310.
huškôtara, II, 175.
hûkta, II, 48; IV, 73.
hûrô, 56, 295; IV, 233.
hê, 106; II, 288, 289, 290; III, 350.
hô, II, 288, 302.
hôi, 84; II, 288, 289, 290; III, 350.
hma, voy. à la table des matières l'article *Pronom annexe*.
hmahi, III, 130.
hyaḍ, II, 317.
hva, 87, 105; II, 291; *hvaibya*, II, 28.
hvarĕ, 56, 79, 105, 295; IV, 233.

4° AFGHAN.

da, *dé*, II, 258.

hagha, *haghé*, *haghâ*, II, 258.

mânga, II, 258.

5° ARMÉNIEN.

a (pronom annexe dans *s'-a*, *d'-a*, *n'-a*); instr. *-a-v*, *-a-vq̌*, II, 347.

ağam, 409; subj. *ağaiżem*, 405; fut. 1re pers. *ağażiż*, 2e p. *ağażes*, 409.

aid, II, 348, 349.

aidi, II, 412.

aidust, II, 412.

ail 1° *ail* (pron.) «alius», 403; thème *ailo*, 416; gén. *ailoi*, prononcé *ailö*, 416, 417; dat. *ailum*, 417.

2° *ail* (conjonction) «sed», IV, 382.

ain, thème *aino*, II, 348, 349, 412, 413; abl. *ainmané*, I, 391.

ainust, II, 413.

air, II, 37, 207.

ais, thème *aiso*, II, 345, 348; gén. *aisr*, II, 251; adverbes dérivés de *ais*, II, 411, 412.

aisq̌an, II, 349.

akn, thème *akan*, 396; II, 61; gén. dat. *akan*, 392, 396; nom. plur. *akunq̌*, 396; acc. *akuns*, II, 61.

ambiž, IV, 358.

an (privatif) au commencement des composés possessifs, IV, 357; déterminatifs, IV, 363.

anah, IV, 358.

anbav, IV, 358.

andust, II, 413.

angét, IV, 363.

anhair, IV, 358.

antar, thème *antaṙa*, II, 381.

anti, II, 412.

anur, 399.

anusutiun, IV, 137.

apa, IV, 390, 393.

apaśén, IV, 359.

apatuin, IV, 359.

arari «feci», III, 210, 219; prés. *aṙnem*.

arġo (thème), abl. *arġoi*, prononcé *arġô*, II, 88.

aržai, 400.

aṙ, voy. *aṙnum*.

aṙagin, II, 251.

aṙağnerord, II, 251.

aṙi, *aṙéq̌*, voy. *aṙnum*.

aṙnem, aoriste *arari*, III, 210, 219.

aṙnum, aor. *aṙi*, impér. aor. *aṙ*, *aṙéq̌*, III, 106, 392.

ast, II, 349, 411, 412.

astğ, thème *asteğ*, 399.

asti, II, 349, 412.

astust, II, 412.

atamn, thème *ataman*, 397.

aži «egi» (aor. 1re pers.; 3e personne *éaž*), III, 205.

bağkumn, IV, 137.

barekamutiun, IV, 137.

basuk, thème *basuka*, II, 17.

basum, II, 207.

baż, II, 413.

bekanem, III, 105; aor. 3e pers. *ebek*, *ébek*, III, 205.

bekumn, IV, 137.

berem, III, 18, 28, 39, 106; aor. 1re pers. *beri*, 3e pers. *eber*, *éber*, III, 205.

bužanem, III, 105.

ćaruknutiun, IV, 137.

ćorq̌, *ćors*, thème *ćori*, II, 224.

ćorutiun, IV, 137.

da, III, 347, 350.

dasn «dix», II, 231; voy. *tasn*.
dehpet, IV, 898.
dev, II, 17.
di, thème *dio*, 400.
dnem, aor. *edi*, III, 204; *ed*, III, 204; *edaq́*, III, 204.
dster, gén. dat. de *dustr*, voy. *dustr*.
dsteragir, IV, 358.
du «tu», II, 276, 278, 279; *sq́es*, II, 62, 282; *q́ev*, II, 263; *q́es*, II, 12, 13, 263; *q́én*, I, 392; II, 36, 263; *duq́*, II, 276; *ş-ζeş*, II, 275, 276; *ζevq́*, II, 285; *ζeş*, II, 275, 276, 285; *ζénǵ*, II, 16, 275; *ζer*, II, 275, 276, 285.
duin, II, 345, 349.
dustr, 13, 396, 397; II, 17; *dster*, I, 396; *dsteré*, 396, et non pas *duster*, *dusteré*, I, 396, 397, 404.
duq́ «vous», II, 276.

e prononcé *je*, I, 402.
eavin, thème *eavian*, II, 228, 229.
ebek, aor. de *bekanem*, III, 205.
eber, aor. de *berem*, III, 205.
ed, aor. de *dnem*, III, 204.
edaq́, aor. de *dnem*, III, 204.
eder = grec ἔθης, 2e pers. sing. aor. de *dnem*, III, 204.
edi, aor. de *dnem*, III, 204.
eǵbair, 398.
eǵbairasér, IV, 358.
ekaq́ «wir gingen», aor. de *gam*, III, 205.
eki, aor. de *gam*, III, 205; 2e pers. *ekir*, III, 39; 3e pers. *ekn*, III, 205.
em «sum», III, 28; *es* «es (tu es)», III, 38; *é* «est (il est)», III, 59; *en* «sunt», III, 60; subj. *iżem*, *iżes*, *iżé*, voy. *iżem*; impér. *er*, III, 392; pl. *eruq́*, *éq́*, III, 148; imparf. *éi* «eram», III, 148, 159, 163, 205; *éir* «eras», II, 382; III, 148, 163; *ér* «erat», I, 405; III, 148, 163; II, 382; *évaq́* «eramus», III, 148; *éiq́* «eratis», III, 148; *éin* «erant», III, 58, 148, 163.
eóin, thème *eóian*, II, 228, 229.
eóζ «ungebat», 1re pers. *óζi*, III, 205, 210.
er, imp. de *em*, III, 392.
ereq́tasan, II, 232.
eresun, II, 46, 242.
eri, II, 220.
erir, II, 250.
erkir, II, 250.
erkotasan, II, 232.
erkrord, II, 250.
erku, *erkuq́*, II, 46, 219.
errord, II, 250.
eruq́, imp. de *em*, III, 392.
es 1° *es* «ego», II, 255, 277; *ş-is* (et non *şmeş*, II, 275), II, 62, 262; *inev*, II, 262; *inζ*, II, 12, 16, 262, 275, 278; *inén*, I, 392; II, 262; *im*, II, 262, 275, 278, 293; *meq́*, II, 274; *ş-meş*, II, 275, 277; *mevq́*, II, 280; *meş*, II, 280, 281; *ménǵ*, II, 16, 281; *mer*, II, 275, 286, 287.
2° *es* «tu es», III, 38.
eşn (thème *eşan*), *eşamb*, *eşné*, *eşinq́*, *eşins*, *eşanż*, 398; II, 35, 61, 276.
et, aor. de *tam*, 407; III, 204.
etes, aor. de *tesanem*, III, 205.
etu, aor. de *tam*, 407; III, 204.
etun, aor. de *tam*, 407; III, 204.
etuq́, aor. de *tam*, III, 204.
etur, aor. de *tam*, 407; III, 204.
eté, IV, 385.
evtean, II, 288.
evtin, II, 228.
evti-v, *evti*, II, 229.
evi·, *evian*, II, 229; III, 152.
evinevtasn, II, 232.
evini, II, 228.

evinutasn, II, 232.

ěnni, II, 231 ; cf. *inan*.

é «est», III, 59.
éaq́ «eramus», III, 148.
éaʒ «egit», 1re pers. *aʒi*, III, 205.
ébek, aor. de *bekanem*, III, 205.
éber, aor. de *berem*, III, 205.
éǵ «il descendit», aor. de *iǵanem*, III, 205.
éi «eram», voy. *em*.
éin «erant», voy. *em*.
éiq́ «eratis», voy. *em*.
éir «eras», voy. *em*.
éker «il mangea», III, 205 (remplace *utem*).
éq́ «vous êtes», voy. *em*.
ér 1° *ér* = «erat», v. *em*.
2° *ér* = «cujus», gén. de *i*, II, 382.
és, *išanq́*, II, 35.
étes «il vit», aor. de *tesanem*, III, 205.

galust, 398 ; IV, 137 (gén. *galsean* et non *galustean*).
gam, III, 18, 39 ; aor. *eki*, *ekir*, *ekaq́*, III, 204.
ganʒ, 403.
ganʒem, III, 464.
ger, IV, 400.
gerabun, IV, 400.
getun, 401.
gés, *gésq́*, 394 ; II, 17.
gin, II, 208.
gir, *grow*, II, 37.
gowest, IV, 137.
grean, *grenoi*, prononcé *grenó*, II, 37.
gub, *gubo*, *gbi*, II, 17.

hair, II, 37, 207.
hairanum, IV, 358.
ham, IV, 411.
hamagorʒ, IV, 411.
hamamarmin, IV, 411.
hambarʒumn, IV, 137.
hamberel, IV, 412.
han-, IV, 411.
hanguin, IV, 412.
hariur, II, 242.
haržanem, aor. *harži*, III, 105.
hasar, II, 242.
haž, II, 62.
hažer, II, 37.
heru, IV, 380.
hén, 401.
himn, *himan*, 397.
h-inén, abl. de *es* «ego», II, 262.
hing, II, 227.
hingerord, II, 251.
hivandanam, III, 465.
hra-, IV, 404.
hraman, IV, 404.

h̄, préposition mise devant l'ablatif, 393.
h̄-ailust «aliunde», II, 413.
H-akobus, 403.
h̄asel, 403.
h̄-erknust «coelitus», II, 413.
h̄isun, II, 242.
h̄-ormé «quô», 393.
H-osep, 403.
H-udas, 403.
h̄-umé, *h̄-ummé* (de *o*), II, 383.

i 1° *i* (pron.), *ér*, *im*, *z-i*, *iv*, *i mé*, II, 382.
2° *i* (prépos.), II, 382.
ibažust, II, 413.
iǵanem, aor. *iǵi*, *éǵ*, III, 206.
-ik, enclit. dans *aisoq́ik*, *aisovik*, II, 348.
im «meus» et «mei», gén. de *es* «ego», II, 263, 275, 293 ; dat. de l'interr. *i*, II, 382.
i mé, voy. *i* (pron.).
i ménǵ, voy. *ménǵ*.
-in dans *suin*, *nuin*, *duin*, II, 345, 346.
inan, *inn*, *ěnni*, *inunq́*, *innunq́*, II, 230, 231, 262.
iné, II, 382.
inev, instr. du pron. *es* «ego», II, 262.
inén, *h-inén*, abl. sing. du pron. *es* «ego», 392 ; II, 262.
inn, *innunq́*, voy. *inan*.
inq́n, II, 293, 294, 345, 346.
inunq́, voy. *inan*.
nʒ «mihi» (de *es* «ego»), II, 13, 16, 262, 275, 286.
išanq́, voy. *és*.
iur «suus» et «sui», instr. *iurev*, abl. *iurmé*, II, 262, 292.
iuraʒin, II, 292.
iv, instr. de *i*, voy. *i*.

ivin, thème *ivian*, II, 229.
iżem «sim», subj. de *em* «sum», 2ᵉ pers. *iżes*, 3ᵉ pers. *iżé*, 405; III, 39, 60, 322.
iζéṅǵ, voy. *ζéṅǵ*.

kamim, III, 407.
kaînatamn, IV, 363.
keam, III, 18.
keri «je mangeai», remplace *utem*, 3ᵉ pers. *éker*, III, 205.
kerp, IV, 358.
ketǵ, thème *keteǵ*, 399.
kés, IV, 463, note 2.
kisamard, IV, 363.
kow, thème *kowu*, 401.

k̇arnem, III, 105, 108.
k̇rok̇tam, III, 465.

leard, 61; *ljeard*, 168.
luis, 403.
luζ «jugum», 415; II, 362.
lζel «jungere», 415; II, 362.
lζi «implevi», 408.

mair, II, 37, 207.
mard, instr. *mardov*, 400; gén. *mardoi*, prononcé *mardó*, 417; II, 87.
mardakerp, IV, 358.
mardakér, IV, 366.
mardamah, IV, 365.
mardativ, IV, 365.
marmin, 400; IV, 29.
marș, II, 13.
meq́ «nos» (sing. *es* «ego»), II, 280.
mer «noster» et «ἡμῶν», II, 281, 292.
m[illegible], III, 407.
metaṙan, II, 232.
mevq́, voy. *es* (pron.).
meș, voy. *es* (pron.).
meζ, 403.
meζagin, II, 208.
méǵ, 394; instr. plur. *migaż*, II, 17, 87.
méǵ, 411.
mék, thème *méka*, II, 212.
méṅǵ, *i méṅǵ* «a nobis», II, 16, 274.
mi 1° *mi* «μία», II, 342; III, 39.
2° *mi* «unus», thème *mio*, II, 212.
miǵór, IV, 363.
min, instr. *mnow*, II, 212, 213.
mis, II, 61.
mu, II, 212.

n, prép. dans *nstim*, *nstem*, IV, 399.
na, II, 347; I, 415; *nma*, I, 393; *nmané*, I, 391; *nora*, I, 415; II, 347; *no[illegible]*, II, 347; *nożané*, I, 392; II, 347.
nav, thème *navu*, 401.
nkarem, IV, 399.
nma, dat. de *na*, voy. *na*.
nmané, ablat. de *na*, voy. *na*.
nmin, dat. de *nuin*, II, 346.
noq́a, nom. plur. de *na*, voy. *na*.
noq́imbq́, instr. plur. de *nuin*, II, 346, 349.
noq́in, nom. plur. de *nuin*, II, 346.
noq́umbq́, instr. plur. de *nuin*, II, 346, 349.
nora, gén. sing. de *na*, voy. *na*.
nożané, abl. plur. de *na*, voy. *na*.
nstem, *nstim*, III, 407.
nṡ, *nș*, prép. dans *nș-deh*, IV, 398.
nș-deh, IV, 398.
nuin, II, 346, 348, 349; *noq́imbq́*, II, 348.

o (prononcé *wo*) «qui», II, 383.
or «qui», thème *oro*, II, 362; abl. *k̇-ormé*, I, 393; gén. *oroi*, prononcé *oró*, I, 416; datif *orum*, I, 393.
orak, II, 362.
orakanek, II, 362.
ord, thème *orda*, *ordi*, II, 250, 251.
orear, II, 37.
orearq́, II, 37.
oroi, prononcé *oró*, voy. *or*.
orum, voy. *or*.
ow, variante de *o*, II, 383.

óζ, thème *óζi*, 14, 403; II, 61.
óζanem, aor. *óζi*, *eóζ*, III, 205, 210.

pahust, 398; IV, 137 (gén. *pahstean*, et non *pahustean*).
patker, IV, 404.
psakem, III, 465.

ṕahest, IV, 137.
ṕutam, III, 106.

q́arasun, II, 66.
q́arketǵ, 399.
q́arsun, II, 242.
q́ar̂, II, 224.
q́ar̂ord, II, 250.
q́eş «tibi», dat. de *du*, II, 12, 13, 263, 282.
q́ev, instr. sing. de *du* «tu», 392; II, 36, 263, 282.
q́ên «a te», abl. sing. de *du* «tu», 392; II, 36, 263.
q́o «tui», II, 36, 263.
q́ow, variante de *q́uiow* (voy. *q́ui*), II, 276.
q́oż, variante de *q́ui*, au lieu de *q́uioż*, II, 276.
q́san, II, 46, 224, 242, 263.
q́ui «tuus», II, 276 (*q́uiow*, *q́ow*, *q́uioż*, *q́oż*).
q́uir, II, 36, 307.

sa, II, 347, 350.
sast, II, 18.
sermanem, IV, 38.
sermn, IV, 38.
sirem, 409; subj. *siriżem*, 405; fut. *siréżiż*, *sireżes*, 409.
sirt, 393; II, 18.
skesur, II, 36.
snund, 398; IV, 137 (gén. *snudean* et non *snundean*).
soǵavq́, instr. plur. de *sa*, II, 346.
sowaw, instr. sing. de *sa*, II, 346.
stan, instr. *stanav*, 392, 400; gén. *stani*, 417; dat. *stani*, 416.
suin, II, 349, 350.

ş, placé devant l'accusatif, II, 62.
ş-aisosik, forme de *ais*, II, 348.
şavak, 14.
şenum, III, 106, 407.
ş-haż, II, 62.
ş-i, acc. de *i*, II, 381.
ş-is «me», acc. de *es* «ego», II, 62, 262; *ş-is*, et non pas *ş-meş*, II, 275.
ş-meş «ἡμᾶς», II, 275.
ş-o, *ş-ow*, acc. de *o*, *ow*, II, 383.
ş-q́eş «te», II, 62, 282; cf. *beş*.
ş-uis, acc. plur. de *o* «qui», II, 383.
ş-ζeş «ὑμᾶς», II, 275, 286.

śan, nom. *śun*, 397.
śoreq́tasan, II, 232.
śun, voy. *śan*.

şam, 416.

taǵiq́, voy. *tam*.
tai, prononcé *tâ*, voy. *tam*.
tam «do», 402; III, 17; *tai*, *tâ* «dat», III, 55, 59; *taż* «dabo», I, 406; *taǵiq́* «dabitis», 407; aor. *etu*, *etur*, *et*, *tuaq́*, *etuq́*, *etun*, I, 407; III, 204, 205.
tap, 14.
ṫaq́użanem, 137.
tasn (et non pas *dasn*), II, 46, 231.
tesanem, aor. *tesi*, *etes* ou *étes*, III, 204, 205.
têg, 394.
tǵaianam, III, 465.
ti «valde», II, 417.
tur, 400.

ṫaq́ust, IV, 137.
ṫê, IV, 385.
ṫiv, IV, 365.
ṫoǵum, 406; III, 106; subj. *ṫoǵużum*, I, 406.

uǵt, *uǵtu*, 399, 401, 416.
uiq́, nom. plur. de *o* «qui», II, 383.
uir, gén. sing. de *o* «qui», II, 383.
uiż, abl. plur. de *o* «qui», II, 383.
usti, II, 412, 413.
utem, 397; III, 205, 407; cf. *êker*, *keri*.
ut, II, 229.

wair, IV, 393.
waraş, II, 87, 383.
waraşanman, IV, 366.

wardaguin, IV, 358.
wasem, III, 123.
wer, IV, 400.
weraberel, IV, 400.
weż, II, 227, 228.
wnasakar, II, 61.
wnasem, IV, 409.
żamaqutiun, IV, 137.

ζavar, II, 276.
ζer (nom. du «tu») «ὑμῶν» et «vester», II, 275, 286.
ζeȓn, 403.
ζes «ὑμῖν», II, 275, 286.
ζi, 403.
ζuin, 403.

ζanót, II, 18.
ζer, 403.
ζeranam, III, 465.
ζin, II, 292.
ζnanel, 403.

6° OSSÈTE.

a-, IV, 407.
abon, II, 334.
a- chasin, IV, 407.
ar-, IV, 407.
ar- chasin, IV, 407.
ardag, 148.
arfug, 148.
arsei, 395.
arizawin, IV, 407.
aria, 148.
arvade, 148, 399.
atzawin, IV, 407.

baiin, III, 452.

ćarinć, 183.

dalag, 148.
dimin, 148.

fandag, 147.
fars, 147.
farsin, 147.
fid, 147.
firi, 149.
fonz, 147.
fos, 147.

ǵar, *ǵarm -kanin*, 149.
ǵos, 149.

ǵurin, IV, 407.

ka, *kad*, *kamei*, *kami*, 148, 391.
kard, 148.
midæ, 148.
mijǵ, 149.
müd, 148.

ra-, IV, 407.
radtun, IV, 407.
raǵurin, IV, 407.
ratzawin, *ravadun*, *raζdaechun*, IV, 407.

tænag, 148.
taft, 148.
tarsin, 148.

umei, 391.

wad, *woni*, III, 464.

C. — LANGUES DE LA GRÈCE.

1° GREC.

ἀ (dans ἀγάλακτος, etc. = sanscrit *sa*), IV, 360, 411-412.
ἀ, ἀν, priv., II, 344-345; III, 171. Au commencement des composés possessifs, IV, 357-358. Au commencement des composés déterminatifs, IV, 363.
ἁ (fém. de ὁ), II, 298.
Ἀβαντίς, IV, 228.

ἀϐλήτ, I, 245.
ἀγ (rac.), voy. ἅγιος, ἅζω.
ἀγάλακτος, ἀγάλαξ, IV, 360, 411-412.
ἀγγελία, IV, 218.
ἀγγέλλω, 240.
ἀγήγερκα, III, 218.
ἅγιος, 56; IV, 225.
ἀγκυλόω, III, 442.
ἀγμός, IV, 44.
ἄγνυμι, III, 231-232, note; ἔαξα, ἔᾱγα, III, 231-232.
ἀγνώτ, IV, 90, note 8, 247-248.
ἄγνωτος, IV, 363.
ἀγοράων, ἀγορέων, II, 79.
ἀγοράζω, IV, 441-442.
ἀγοράομαι, IV, 441-442.
ἀγορεύω, IV, 252, remarque.
ἀγρῷ, I, 431.
ἄγυρις, IV, 267.
ἀγχόνη, IV, 189.
ἄγω, III, 205, note 7; ἤγαγον, III, 216, 219.
ἀγωγή, III, 287.
ἀγωγός, ἀγωγεύς, III, 287, 433; IV, 254.
ἀγωνίζομαι, III, 441.
ἀγώνιος, IV, 227.
ἀδαμάντινος, IV, 100.
ἀδελφικός, IV, 317.
ἀδελφός, IV, 360, 412.
ἀδερκής, IV, 297.
ἄδερκτος, 24.
ἄδηκτος, IV, 73.
ἀδμήτ, 245.
ἀείκαρπος, IV, 357.
ἀειπαθής, IV, 357.
ἀεισθενής, IV, 357.
ἀεκαζόμενος, III, 458.
ἅζω, 56; IV, 211, 225.
ἀηδών, IV, 274; vocatif ἀηδοῖ, 329.
ἀηματ (thème), IV, 39.
ἀθανασία, IV, 113.
Ἀθήναζε, 54, note 1.
Ἀθηναῖος, IV, 227.
Ἀθήνησι, II, 82.
ἀθλεύω, III, 463.
αἴ, II, 299.
αἴγειος, IV, 321.
Αἰγινήτης, IV, 320.
αἰγίπους, IV, 338.
αἰδώς, 337; IV, 290.
αἴθαλος, IV, 301.
Αἰθιοπία, IV, 228.
αἰθός, IV, 254.
αἴθω, 70; III, 98, note 1.
αἴθων, IV, 274.
ἀϊκ (thème), IV, 244.
αἰκάλλω, III, 450.
αἱματηρός, IV, 303.
αἱματίζω, III, 441, 444.
αἱματόω, III, 442, 444.
Αἰνείαο, 419.
αἰολόμορφος, IV, 350.
αἰσχίων, αἴσχιστος, II, 187.
αἰχμητά, IV, 256, remarque.
αἰών, 118, note 1.
ἀκαθαρσία, IV, 113.
ἄκαινα, IV, 104.
ἀκεστός, IV, 85, 251, remarque.
ἀκέστρα, IV, 70, note 5.
ἀκή, IV, 251, remarque, 272, note 5.
ἀκμαῖος, IV, 227.
ἀκμή, IV, 251, remarque.
ἀκμήτ, 245.
ἀκοή, IV, 251, remarque.
ἀκοντίζω, III, 441.
ἀκοντιστής, IV, 55.
ἄκος, IV, 251, remarque.
ἄκουσμα, IV, 38.
ἀκουστής, ἀκουστός, ἀκουστικός, IV, 85, 117, 251, remarque.
ἀκούω, ἤκουσμαι, II, 200, note.
ἀκρατέστερος, II, 188.
Ἀκρισιώνη, IV, 104.
ἀκρός, IV, 272, note 5.
ἀκρωτήρ, IV, 320.
ἀκταίνω, III, 451.
ἄκτωρ, 335.
ἀκύμων, ἄκυμος, IV, 39.
ἀκωκή, IV, 272, note 5.
ἀλ (seul thème en λ), voy. ἅλς.
ἀλαλάζω, III, 433.
ἄλαλκον, III, 218.
ἀλαπαδνός, IV, 97.
ἀλγέω, III, 444.
ἀλδήσκω, III, 462.
ἀλεαίνω, III, 451.
ἀλείφω, III, 141, note 2; ἀλήλιφα, III, 218.
ἄλετος, ἀλετός, IV, 78.
ἀλετρίς, IV, 55.
ἀλήθεια, IV, 218.
ἀληθεύω, III, 463.
ἄλητον, IV, 78.
ἀλθήσκω, ἀλθίσκω, III, 462.
ἄλιος, IV, 227.
ἁλίσκομαι, ἁλώσομαι, III, 462.
ἀλλά, IV, 382.

ἀλλογενής, IV, 341.
ἄλλοθεν, II, 257.
ἄλλοθι, II, 30.
ἄλλομαι, 238.
ἄλλος, 55, 58; II, 193, 212, note 1, 352, 354, note 3; III, 301.
ἄλλοσε, II, 350.
ἄλλοτε, II, 352.
ἄλλου, IV, 377.
ἀλοητός, IV, 72.
ἀλοκίζω, III, 441.
ἄλοχος, IV, 360; cf. 412.
ἅλς, 203, 294.
ἀλωπεκίας, IV, xx, 249.
ἅλως, 337.
ἁμαξαῖος, IV, 227.
ἁμαξιτός, IV, 85.
ἁμαρτία, IV, 218.
ἁμάρτιον, IV, 213.
ἀμβλίσκω, III, 462.
ἀμείνων, 239; II, 194.
ἄμητος, ἀμητός, IV, 72.
ἄμμε, ἄμμες, ἀμμέσι, ἀμμέων, ἄμμιν, voy. ἐγώ.
ἀμοιβαῖος, IV, 227.
ἀμπελεών, IV, 283, note 1.
ἀμπελικός, IV, 317.
ἀμπελόεις, IV, 322.
ἀμπελών, IV, 283.
ἀμπλακία, IV, 218.
ἀμπλάκιον, IV, 213.
ἄμπωτις, ἄμπωσις, IV, 111, 112.
ἀμφάδιος, IV, 225.
ἀμφί, II, 31, 180; IV, 391.
ἀμφιδρυφής, IV, 297.
ἄμφω, II, 180, 350.
ἀν- privatif, voy. ἀ privatif.
ἄν, II, 344.
ἀνά, II, 351; IV, 397.
ἀναγωγία, IV, 218.
ἄναιμος, IV, 39, 352.
ἀναίμων, IV, 39.
ἀνανδρωτός, IV, 84.
ἄναξ, vocatif ἄνα, 445.
ἀναπόδεικτος, IV, 73.
ἀνδρία, IV, 218.
ἀνδρίζω, III, 441.
ἀνδρόβουλος, IV, 356.
ἀνδροβρώτ, IV, 247.
ἀνδρόφαγος, IV, 366.
ἀνδρών, IV, 283.
ἄνεμος, 263; IV, 45.
ἀνέχω, III, 28, note 7.
ἀνήκεστος, IV, 251, remarque.
ἀνηκής, IV, 251, remarque.
ἀνήκουστος, IV, 251, remarque.
ἀνήμερος, IV, 363.
ἀνήρ, I, 442, note 2; II, 257; III, 251, remarque; ἀνδρός, I, 197; ἀνδράσι, ἀνδράσσιν, ἀνδρέσσιν, II, 83, note 2, 85, note 3.
ἀνθρακία, IV, 221.
ἄνοια, IV, 218.
ἄνοικος, IV, 357.
ἄντα, IV, 388.
ἀντί, IV, 388.
ἀντιάω, III, 442.
ἀντιβίην, ἀντίβιον, IV, 373.
ἀντρόθε, III, 29, note 6.
ἄνυμι, 248, 263, note 2.
ἀνυστός, IV, 251, remarque.
ἀνύτω, III, 108; ἤνυσμαι, III, 200.
ἄνω, I, 385, note.
ἄνωγμεν, III, 254.
ἀνώδυνος, IV, 252, remarque.
ἀνώνυμος, IV, 39.
ἄπαις, IV, 357.
ἀπάλαμνος, IV, 39-40.
ἅπαξ, II, 251-252.
ἀπατεών, IV, 275.
ἄπιον, IV, 263.
ἁπλοῦς, II, 213, note 2.
ἀπό, 92, 355; II, 181; IV, 390.
ἀπόθριξ, IV, 359.
ἀπόθυμος, IV, 359.
Ἀπολλώνιος, Ἀπολλώνιον, IV, 227-228.
ἀποτισάντω, III, 23.
ἄπους, IV, 357.
ἀπράγμων, IV, 39.
ἀπτώτ, IV, 247.
ἄπυρος, IV, 352.
ἀραρίσκω, III, 429.
ἀργιόδους, IV, 338.
ἀργίπους, IV, 338.
ἀργύρειος, IV, 321.
ἄργυρος, 481; IV, 303.
ἀρηγών, IV, 274.
ἀρήν, II, 85.
ἀριστερός, II, 184.
ἀριστεία, IV, 218.
Ἀριστώ, 330.
ἄρκτος, 24, 51, 88, note 1; IV, 275, note 3.
ἀρνός, ἀρνάσι, II, 85, note 3.

ἀροτός, ἄροτος, IV, 72.
ἄροτρον, IV, 63.
ἀρόω, III, 117; IV, 237.
ἀρρενόω, IV, 442.
ἄρρην, II, 85, note 3; IV, 273-274.
ἄρσην, IV, 273-274.
Ἀρτεμφ, 329, 331.
ἀρύτω, III, 108.
ἀρχέπολις, IV, 333.
ἀρχίζωος, IV, 334.
ἀρχιθάλασσος, IV, 344.
ἀρχικέραυνος, IV, 344.
ἀρχυροτριβ, IV, 245.
ἀρωγός, IV, 254.
ἀρωματικός, IV, 317.
ἀσθενέω, III, 444.
ἀσκόρ (lacon.), 65.
ἀσπάσιος, IV, 227.
ἆσσον, II, 188.
ἀστήρ, 399.
ἀστικός, ἀστυκός, IV, 317-318.
ἀτιτάλλω, III, 217, 433.
αὖ, II, 356-357.
αὐαίνω, III, 452.
αὐγή, 33.
αὐερύω, II, 357.
αὔθαιμος, IV, 352.
αὖθι, II, 356, 358.
αὖθις, II, 356.
αὐλητρίς, IV, 55.
αὐλός, IV, 300.
αὐλωτός, IV, 84.
αὐξάνω, 253.
αὐονή, IV, 199.
αὐτάρ, II, 357.
αὖτε, II, 357.
αὕτη, II, 296-297; voy. οὗτος.
αὑτηί, II, 331; voy. οὑτοσί.
αὐτῆμαρ, II, 308.
αὐτίκα, II, 417.
ἀϋτμήν, IV, 33.
αὐτόβουλος, IV, 357.
αὐτόδικος, IV, 357.
αὐτοθάνατος, IV, 357.
αὐτόκομος, IV, 357.
αὐτομήτωρ, IV, 357.
αὐτόμοιρος, IV, 357.
αὐτόπτης, IV, 365.
αὐτός, II, 296, 322, 356, 358; αὐτάων, αὐτέων, II, 79.
αὐτόφι, II, 21-22; IV, 391.
αὐτῶ, 386.
αὔω, 71; III, 452.
αὔως (éol.), 337.
ἄφερτος, 24; IV, 73.
ἀφέσταλκα, III, 231.
ἄφνω, 385, note.
ἄφοβος, IV, 357.
ἀφραίνω, III, 450.
ἀχλύω, III, 463.

βᾱ (rac.), 241; voy. βίβημι.
βάθος, IV, 290, xx.
βάθρα, IV, 63.
βαθύς, 212; IV, 271.
βαθύστερνος, IV, 355.
βάκτρον, IV, 63.
βάλλω, rac. βαλ et βλη; sur le rapport de βαλ à βλη (dans βέ-βλη-κα, βλήσω, etc.), III, 28, note 7, 430, note; IV, 57; pour βέβληκα, voy. aussi I, 245; rapport de ἔ-βαλλ-ον à ἔ-βαλ-ον, III, 209; βάλλο pour βαλjο, I, 238; issu de βᾱ, III, 425.
βαμβαίνω, 61; III, 87.
βαμβάλλω, III, 87.
βαρύς, 130, 212, note 2; IV, 271.
βασιλεύω, III, 463.
βασιλίς, 279.
βασίλισσα, 279.
βάσιμος, IV, 117, note 3.
βάσσων, II, 192.
βαστακτής, IV, 55.
βατραχομυομαχία, IV, 349.
βελεμνο (thème), IV, 40.
βέλος, IV, 40, note 3.
βελτιόω, III, 444.
βη (rac.), 259; IV, 62; voy. rac. βᾱ et βίβημι; voy. aussi βάλλω.
βηλός, IV, 300.
βίβημι, rac. βη (voy. cette racine), 212, note 2, 244, 259; III, 16, 230; IV, 62.
βιβρώσκω, III, 428.
βίηφι (ἧφι βίηφι), II, 21; βίηφιν (κρατερῆφι βίηφιν), II, 22.
βίος, 155, note 1, 212, note 2, 265.
βίοτος, IV, 72.
βλαβερός, IV, 303.
βλαστάνω, 253.
βλη (rac.), voy. βαλ.
βλῆμα, IV, 39.
-βλη-τ (à la fin d'un composé), IV, 247.
βλύζω (de βλυjω), 55, 238.
βλύω, 55, 238, 262.

βοαθησίω (dor.), III, 302.
βοηματ, IV, 39.
βοητύς, IV, 163.
βοοτρόφος, IV, 336.
βορβορύζω, III, 435.
Βορεάδης, IV, 320.
Βορέαο, 419.
βουκέφαλος, IV, 356.
βουπλήγ, IV, 245.
βοῦς, 33, 212, note 2. Thème : βου, 284. Formes : βοός, βοΐ, 33, 305; βοῦ, 443; βοῶν, 305; βουσί, 305; βοέσσι, II, 83.
βουτρόφος, IV, 336.
βραβεύω, III, 463.
βραδύς, βράδιστος, 112; III, 270.
βράσσων, II, 192.
βρίζω, 54, 238.
βρόμος, IV, 155.
βρόντημα, IV, 39.
βροτός : βρ pour μρ, 112; II, 230; III, 108. En outre, voy. I, 24.
βρυχηματ, IV, 39.
βρῶμα, IV, 38.
βρωτύς, IV, 163.
βύζω (de βυjω), 55, 238.
βύω, 55.

γα (dor. éol. = γε), II, 258.
γαγγαλίζω, III, 435.
γάγγραινα, III, 435.
γαῖα, 286.
γάλα, 285.
γαμέτης, IV, 55.
γαμέω, 240.
γάνυμαι, 248.
γάρ, II, 273; IV, 385.
γαργαίρω, III, 435.
γαστήρ, IV, 56.
γάστρις, IV, 56.
γδουπέω, γδοῦπος, 50.
γε, II, 258.
γελασείω, III, 320.
γελαστύς, IV, 163.
γελάω, IV, 248; ἐγέλασσα, IV, 151.
γέλοιος, IV, 227.
γέλως, IV, 248.
γεν (rac.), 244; voy. γίγνομαι, 244; γίνομαι, 244.
γενέθλη, IV, 70.
γενειάω, III, 442.
γενέτειρα, III, 36.
γενετήρ, 134; IV, 54-55.
γενέτης, 134; IV, 55.
γένος, 296; IV, 194, 296.
γένυς, IV, 194.
γεοειδής, IV, 340.
γεοφόρος, IV, 340.
γεροντικός, IV, 317.
γέρων, 403.
γεύω, 265.
γεωγράφος, IV, 337.
γῆθος, IV, 290.
γῆρας, 296.
γηράσκω, III, 462.
γηράω, III, 444.
γηρυγόνος, IV, 336.
γῆρυς, IV, 272.
γηρύω, IV, 273.
γίγγλυμος, III, 435.
γιγγραίνω, III, 435.
γίγνομαι (rac. γεν), 244; cf. γίνομαι, 244.
γιγνώσκω (rac. γνω, par exemple dans γνῶθι), 259; III, 428-429; cf. γινώσκω.
γίνομαι (pour γίγνομαι, rac. γεν), II, 181, 223; cf. γίγνομαι.
γινώσκω (pour γι-γνώσκω, rac. γνω), II, 223; cf. γιγνώσκω.
γλαγοπλήγ, IV, 245.
γλακτοφάγος, 285.
γλεῦκος, IV, 290.
γλίχομαι, 232.
γλυκαίνω, IV, 451.
γλύμμα, IV, 38.
γλύσσων (de γλυκjων), 238; II, 192-193.
γλύφανον, IV, 284.
γνάθων, IV, 281, 283.
γνω (rac.), voy. γιγνώσκω.
γνώμη, 317.
γνώμων, IV, 33.
γνῶσις, 259.
γνωτός, IV, 72.
γονάρ (lacon. = γονάς), 65.
γόνυ, IV, 272, note 1.
Γοργώ, Γοργών, 327, 329.
γουνάζομαι, III, 441.
γούνασσι, II, 83.
γράμμα, IV, 38.
γραφίς, IV, 268.
γραφεύς, IV, 306.
γυναικίζω, III, 441.
γυναικών, IV, 283.
γυνή, thème γυναικ, 40; II, 53; IV, 34, note 5, 312.

δαέρ (thème), 33, 34.
δαιδάλλω, III, 433.
δαιμονικός, IV, 317.
δαίμων, IV, 33.
δαίνυμι, 239 ; δαινῦτο, III, 42, 381.
δαίς, δαίτη, 239.
δαιτρόν, IV, 63.
δαιτρός, 239.
δαίω, 51; δάηται, ἐδαόμην, δέδηα, 240.
δακ (rac.), 83.
δακέθυμος, IV, 333.
Δακία, IV, 229.
δάκνω (rac. δακ), ἔδακον, 62, 250; III, 102, 107, 212, 436.
δάκρυ, 106; IV, 119, 304; δακρυόφιν, II, 24.
δακρυόεις, VI, 322.
δακρύομαι, III, 463.
δακρυχέων, IV, 330.
δαλός, IV, 300.
δαμ (rac.), 249; cf. δαμνῆμι, δαμάζω, δαμάω, δμη, δμητ.
δαμάζω, 19, 257; III, 103.
δάμαρ, 351.
δαμασίβροτος, IV, 331.
δαμάω, IV, 247.
δαμνάω, 253.
δάμνημι, δάμνᾰμεν, 249, 253; ἐδάμην, III, 209.
δάνος, IV, 289, remarque.
δαπάνη, IV, 189.
δαρθάνω, III, 105; IV, 46.
δασάσκετο, III, 198, 202.
δέ, II, 306, 307.
δέαρ, 351.
δέδηα (δαίω), 240.
δέδιμεν, III, 254.
δεικ (rac.), 127, 275.
δείκνυμι, 253; III, 188; δεικνύᾱσι, III, 52; δεικνύς, II, 59; δειχθησοῦντι, III, 276, note; δεικνύω, 253.
δειλία, IV, 218.
δειλός, IV, 300.
δεῖμα, IV, 39.
δεῖνα, II, 307, 355, 373.
Δεινώ, 330.
δείπνησ7ος, IV, 72.
δεισιδαίμων, IV, 331.
δέκα, 62; II, 226, 231, 313.
δεκάς, II, 231.
δέκατος, II, 248.
δεξιός, 63.
δέμα, IV, 40.
δένδρον, III, 216.
δέος, 351.
δέρκω, 153; II, 402; III, 118; ἔδρακον, δρακῶ, 245; III, 118; δέδορκα, III, 249.
δέρω, III, 118.
δέσμα, IV, 32, 39.
δέσμη, IV, 47.
δεσμός, IV, 47.
δέσποινα, IV, 104.
Δεύς, 284; voy. Ζεύς.
δεύτερος, II, 185, 244.
δέω, IV, 32.
δή, II, 310.
δηλόω, III, 462.
Δημήτηρ, 47; III, 423.
δημότης, IV, 320.
δήν, II, 310.
δηριάομαι, δηρίομαι, III, 443, 463.
δῆρις, IV, 267.
δηρόν, IV, 375.
δι-, II, 217.
διαλυσίεσσι, II, 83.
διαῤῥώγ, IV, 245.
διδάσκαλος, IV, 301.
διδάσκω, III, 423, 428.
διδράσκω, III, 428.
διδυμνο (thème), IV, 40.
δίδωμι, 37; rac. δω, 241; appartient à la 3ᵉ classe sanscrite, 243; III, 12, 13, 230; διδω, διδο et tout le présent de l'indicatif, III, 84, 85; δίδωτι, 243; imparfait et 2ᵉ aoriste, III, 84, 85; διδόντι, διδόᾱσι, III, 51; δίδου, δίδοι, III, 42; δώομεν, δώησιν, III, 384; optatif présent, III, 321-322; ἔδωκα, III, 198; ἔδων, III, 86, 204; δός, 206; II, 351, 378; III, 393.
διέχω, III, 28, note 7.
δίζυγ, IV, 245.
Διί, 57, 284; cf. Ζεύς.
δίκαιος, IV, 227.
δικαιοσύνη, IV, 136.
δικασ7ήριον, IV, 214.
δικασ7ής, IV, 55.
δικογράφος, IV, 337.
διμήτωρ, II, 217.
δινεύεσκε, III, 198, 461.
Διονύσιος, Διονύσια, IV, 227.

Διονυσῳ (inscription), 329.
Διός, 284; cf. Ζεύς.
δίπορος, IV, 356.
διπόταμος, IV, 356.
δίπους, IV, 356.
δίς, II, 217.
δίχα, II, 254.
διχῆ, II, 254.
διφάω, III, 442.
δμη (rac.); cf. rac. δαμ.
-δμή-τ, IV, 247.
δοίδυξ, III, 443.
δοκιμασία, IV, 113.
δολερός, IV, 303.
δολιχός, IV, 375.
δολιχόσκιος, IV, 355.
δολόεις, IV, 322; δολόεσσα, I, 279.
δόμα, IV, 38.
δορκάς, δόρκη, IV, 254.
δόρυ, IV, 272.
δόσις, IV, 112.
δότηρ, 334; IV, xx, 54.
δότης, 334; IV, 55.
δοτός, IV, 73.
δουλεύω, III, 463.
δουλοσύνη, IV, 136.
δουπέω, δοῦπος, 50.
δραίνω, III, 462.
δρᾶνος, IV, 289.
δράω, III, 462.
δρέμω, ἔδραμον, δέδρομα, 61, 261.
δρέπανον, IV, 284.
δρομεύς, IV, 306.
δρόμος, IV, 156.
δρόσος, 338.
δρῦς, III, 216.
δύναμις, IV, 46.
δύο, II, 217; δυοῖν, 306.
δυόδεκα, II, 235.
δυς, 109; δυς, au commencement des composés possessifs, IV, 361; au commencement des composés déterminat. IV, 363.
δυσάγγελος, IV, 363.
δυσανάπορος, IV, 261.
δυσάπιστος, IV, 363.
δυσήκεστος, δυσηκής, IV, 251.
δυσήνυστος, δυσήνυτος, IV, 251.
δύσηρις, IV, 251.
δύσλεκτρος, IV, 361.
δυσμενής, thème δυσμενές, 315, 336, 337; IV, 361; δυσμένην, 337.
δύσμοιρος, IV, 361.
δύσμορφος, IV, 361.
δυσπέμφελος, IV, 301.
δυσπρόσμαχος, IV, 261.
δυσπρόσωπος, IV, 361.
δύστροφος, IV, 261.
δύσφορος, IV, 261.
δυσώλεθρος, IV, 251.
δυσώνυμος, IV, 251.
δύω, voy. δύο.
δυώδεκα, II, 235.
δώδεκα, II, 233, 235, 236.
Δωδῶνι, 430.
δώμασσι, II, 83.
δῶρον, 400.

ἕ (pronom), II, 290, 294, 306, 330.
ἔασι, II, 52.
ἑβδομήκοντα, II, 238.
ἕβδομος, II, 234.
ἐγερσίχορος, IV, 331.
ἐγώ et ses cas, II, 277.
Singulier: nominatif, ἐγώ, plus complet ἐγών, II, 255, 256, 257.
Génitif μοῦ, ἐμοῦ, ἐμέο, ἐμεῖο, ἐμέθεν, ἐμεῦ, μεῦ, ἐμεῦς, II, 257; particulièrement μοῦ, II, 257, 278, 355; ἐμοῦ, II, 275, 288, 355; ἐμέθεν, II, 31; ἐμέος, ἐμοῦς, ἐμεῦς, 420.
Datif μοί, 431; II, 257, 261; ἐμοί, II, 275; ἐμίν, II, 12, 277.
Accusatif μέ, ἐμέ, II, 257, 306.
Duel: thème νω, II, 272; nominatif-accusatif νῶϊ, νώ, II, 272; νῶε, II, 273; génitif-datif νῶϊν, II, 279.
Pluriel: nominatif ἄμμες, II, 211, 264, 265, 301; III, 82; ἡμεῖς, II, 211, 265, 301.
Génitif ἀμμέων, ἡμῶν, II, 265.
Datif ἄμμιν, ἡμῖν, ἀμμέσι, II, 265, 280.
Accusatif ἄμμε, ἡμᾶς, II, 265.
Tableau général des cas de ἐγώ, II, 277 et suiv.
ἐδ (rac.) « manger », 263.
ἐδ (rac.) « être assis », III, 89; cf. ἕδρα.

ἐδάην, III, 423.
ἐδαόμην, voy. δαίω.
ἐδητύς, IV, 163.
ἔδομαι, III, LXXIII.
ἔδος, 315; IV, 267, 290.
ἕδρα, III, 89; IV, 300.
ἕζω, 54.
ἔθεν, II, 290.
ἐθέλησθα, III, 45.
εἰ, II, 364; IV, 383.
εἶδαρ, II, 351.
εἴδυλος, IV, 301.
εἴκατι, II, 238, 240; cf. εἴκοσι.
εἴκελος, IV, 301.
εἴκοσι, IV, 240.
εἰκοστός, IV, 246.
εἰκάζω, III, 442.
ἔικτον, III, 99, 254; cf. ἔοικα.
εἰκών, IV, 274, 280.
εἶμα, IV, 39.
εἰμί «je suis»; rac. ἐς, 242, 263. Le présent, III, 81. En outre ἐμμί, εἰμί, III, 12, 82; ἐσσι, III, 36; I, 340; εἶς, II, 351; ἐστί, I, 242; ἐσμές, ἐσμέν, ionien εἰμέν, III, 292; pluriel ἐντί, III, 51, 83; subjonctif présent, III, 382; optatif présent, I, 81; III, 322; participe présent, IV, 5; impératif ἴσθι, III, 41, 73; imparfait, III, 148, 159; ἦν «eram», III, 148, 159; ἦα «eram», III, 44, 293; d'où ἔα, III, 293; ἦσθα, III, 44, 293, 255; ἧς, ἦν «erat», III, 160; ἦσαν, I, 79, III, 56. Sur ἔσκον, ἔσκε, III, 198, 428, 461; futur, III, 301, 302, 382.
εἶμι, ἴμεν, 32, 70; III, 12, 89, 92. Rac. ι, I, 241; ἴασι, III, 52; subjonctif, III, 382.
εἶο (= οὗ), II, 94.
εἶος (= ἕως), II, 400.
εἴρην, IV, 274.
εἴρων, IV, 274.
εἷς, ἕν, II, 210, 211; cf. μία.
εἰς, II, 350.
εἶσα (rac. ἑδ), III, 89.
εἴσθα, III, 45.
εἴως, II, 400.
ἕκαστος, II, 177, 246, 252.
ἑκάστοτε, II, 352.
ἑκάτερος, 33; II, 177, 209, 210, 252, 330.
ἑκατόν, II, 239, 240.
ἑκατοστός, II, 246.
ἐκεῖνος, II, 354.
ἐκεινοσί, ἐκεινωνί, II, 331.
ἐκέκλετο, III, 214.
ἑκούσιος, IV, 227.
ἔκπαγλος, IV, 300.
ἐκτάδιος, IV, 225.
ἐκτός, II, 411.
ἕκτος, II, 186.
ἐκτός, II, 211.
ἑκυρά, 324; II, 165.
ἑκυρός, 56, 63; II, 165.
ἐλαιοπώλης, IV, 248.
ἐλάσασκε, III, 302, 461.
ἔλασκε, III, 198.
ἐλάσσων, II, 192, 193.
ἐλαφηβολιών, IV, 283.
ἐλαχύς, 47; II, 257; III, 424; IV, 270.
ἔλεγχος, IV, 155.
ἐλεητύς, IV, 163.
ἐλελίζω, III, 433.
ἔλη, 295.
ἐλήλυθα, III, 287.
ἔλμιγγες, IV, 42.
ἔλμινθ, IV, 42.
ἕλος, IV, 296.
ἐλπίς, IV, 267.
ἔλυτρον, IV, 298.
ἔμετος, ἐμετός, IV, 72.
ἐμήμεκα, III, 287.
ἐμο (thème), ἐμό-ς, II, 257, 275, 288, 393.
ἐν, II, 350; IV, 397.
ἕνδεκα, II, 233, 235.
ἐνδιάω, III, 442.
ἐνελαύνω, IV, 252.
ἐνενήκοντα, II, 238, 239, 242.
ἐνέχω, III, 28.
ἐνήκοος, IV, 252.
ἐνήλατον, IV, 252.
ἔνθα, II, 31, 350, 408; IV, 45.
ἐνθαῦτα, II, 297.
ἔνθεν, II, 31, 350.
ἐνθεῦτεν, II, 297.
ἔνιοι, II, 211, 352.
ἐνιόκα, II, 211.
ἐνίοτε, II, 211, 352.
ἔνατος, II, 248.
ἐννέα, II, 226, 230, 313.
ἔννεον, II, 230.
ἐννῆφιν, II, 23.
ἕννυμι, 248.
ἐνταῦθα, II, 31, 297,

356, 408; IV, 45.
ἐντεῦθεν, II, 297, 356.
ἐντός, II, 411.
ἐνώμοτος, IV, 252.
ἐξ, IV, 394; sur ἐξ, au commencement des composés déterminatifs, IV, 363.
ἕξ, II, 227.
ἑξήκοντα, II, 238, 242.
ἐξήραμμαι, III, 200.
ἕξις, 211.
ἔξοδος, IV, 363.
ἔξως, voy. ἔχω.
ἐοιγμεν, III, 254.
ἔοικα, III, 99, 248, 254.
ἐούρουν, ἐούρηκα, III, 231, 232.
ἐπ (rac.) (ἕπομαι), 264.
ἐπεσβόλος, IV, 335.
ἔπεφνον, III. 180, 213; IV, 73.
ἐπέφραδον, III, 180, 213.
ἐπητύς, IV, 163.
ἐπί, IV, 390.
ἐπιβασία, ἐπίβασις, IV, 113.
ἐπιγελασ7άρ (lacon.), 65.
ἐπιδεικνύμην, III, 339, 341.
ἐπίδερκτος, IV, 73.
ἐπίσ7ασις, IV, 332.
ἐπισ7ήμων, IV, 32.
ἐπιτήδειος, IV, 227.
ἔπος, IV, 296; ἔπεσσι, II, 83; ἐπέεσσι, II, 83.
ἑπ7ά, II, 228, 313.
ἑπ7άσ7ομος, IV, 352.
ἐράομαι, IV, 248.
ἐργασ7ήριον, IV, 214.
ἐρείπιον, IV, 213.
ἐρείπω, III, 424.
ἐρετμός, IV, 251.
ἔρευθος, IV, 290.
ἐριδαίνω, III, 451.
ἐρμάζω, III, 441.
ἐρματίζω, III, 441.
ἑρπετόν, III, 140.
ἑρπετός, IV, 74.
ἕρπω, III, 140.
ἔρρωγα, III, 221.
ἐρυθρός, 151; II, 257; IV, 290, 291.
ἐρυσίχθων, IV, 331.
ἔρως, 336; IV, 248.
ἐς (rac.); c'est la racine du verbe εἰμί «je suis», 242, 263; voy. εἰμί.
ἐσθημαт, IV, 39.
ἔσκον, voy. εἰμί.
ἑσπέρα, II, 353.
ἔτειος, IV, 227.
ἐτέρηφι, II, 22.
ἐτήσιος, IV, 227.
ἔτος, 339.
εὐ, au commencement des composés possessifs, IV, 361; au commencement des composés déterminatifs, IV, 363.
εὐαγής, IV, 297.
εὐανάγωγος, IV, 261.
εὐάνοικτος, IV, 363.
εὐγενής, -ές, 350.
εὐδαιμονέσ7ερος, II, 188.
εὐδαιμονία, IV, 218.
εὔδηλος, IV, 363.
εὐδιεινός, IV, 99.
εὐέμβολος, IV, 261.
εὐηκής, εὐήνυσ7ος, εὐήνωρ, εὐήρετμος, IV, 251.
εὐθυντής, IV, 55.
εὐκάτοχος, IV, 261.
εὐλαβής, IV, 297.
εὐμεγέθης, IV, 361.
εὐμελής, IV, 361.
εὐμενής, IV, 297, 361.
εὔμηλος, εὔμορφος, IV, 361.
εὐπέμπελος, IV, 301.
εὐπερίγραφος, IV, 261.
εὕρεσις, IV, 119.
εὑρετής, IV, 56.
εὑρέτις, IV, 56.
εὑρίσκω, εὑρήσω, III, 462.
εὐρυκρείων, IV, 363.
εὐρυνέφην, 337.
εὐρυόπα, IV, 257.
εὐρύς, IV, 271.
εὔυδρος, IV, 352.
εὔφορος, IV, 261.
εὐφραίνω, III, 450.
εὐώδης, IV, 251.
εὐώνυμος, II, 184; IV, 251.
ἐφ-, au commencement des composés déterminatifs, IV, 363.
ἔφθορα, III, 231.
ἔφοδος, IV, 363.
ἐχέτλη, IV, 70.
ἐχθίων, ἔχθισ7ος, II, 187, 194.
ἔχις, 134, 403; IV, 268.
ἐχυρός, IV, 301.
ἔχω, 66, 211; III, 28; ἕξω, 385; III, 28; cf. σχε.
ἔψαλκα, III, 231.

ἕως, II, 400.
ἑωσφόρος, 337.

ζάω, 265.
ζεά, II, 276.
ζέννυμι, 248.
ζεύγνυμι, III, 209; rac. ζυγ, 54.
ζευκτός, IV, 73.
ζεῦξις, II, 193; IV, 112.
Ζεύς, 284; cf. Δεύς, Διός, Διί.
ζηλωτής, IV, 55.
ζημία, 56.
ζητέω, 34.
ζούγωνερ (lacon.), 65.
ζυγ (rac.), voy. ζεύγνυμι.
ζώννυμι, 248.
ζῶσ7ρον, IV, 63.

ἡβάσκω, III, 462.
ἡγεμόνιος, IV, 227.
ἡγεμών, IV, 33.
ἤδη, II, 415.
ἡδονή, IV, 189.
ἡδύς, 277, 278; IV, 270, 375; ἡδίων, II, 199.
ἡλικία, IV, 218.
ἡλίκος, II, 362, 405.
ἧλιξ, II, 402.
ἥλιος, 295.
ἧμαι, III, 89; ἧσ7αι, ἧσ7ο, I, 242; cf. κάθημαι.
ἡμερινός, IV, 99.
ἡμεροδρόμος, IV, 337.
ἥμερος, 56.
ἡμι-, 33; II, 215.
ἡμίκενος, ἡμικύων, IV, 363.
ἥμισυς, II, 215.
ἦμος, II, 308, 362, 400, 416.
ἠνεμόεις, IV, 251.
ἤνεμος, IV, 251.
ἠνεμόφοιτος, IV, 251.
ἠνεμόφωνος, IV, 251.
ἦνθον (dor.), III, 418.
ἡνίκα, II, 416.
ἧπαρ, 24, 56, 351; II, 416.
ἠπύτα, IV, 256.
ἠρέμα, ἠρεμέω, ἠρέμας, ἠρεμέσ7ερος, III, 121; IV, 292.
ἤρεμος, III, 121.
ἥρως, 337.
ἦφι βίηφι, II, 21.
ἠχέτα, IV, 256.
ἠχώ, 331.
ἠώς, 337.

θαλάσσιος, IV, 227.
θαλασσόω, III, 442.
θαν (rac.), voy. θνήσκω.
θανατιάω, III, 456.
θάνατος, IV, 74, 247.
θανατόω, III, 444.
θάπ7ω, ἐτάφην et suiv. 211; ἐθάφθην, τεθάφθαι, τεθάφθω, τέθαφαται, 221; τέταφα, III, 227.
θάρσος, IV, 290.
θαρσύς, IV, 271.
θάσσων, 211; II, 188.
θαυμάσιος, IV, 227.
θέαινα, 278; IV, 104.
θέαομαι, IV, 65.
θέατρον, IV, 65.
θέλγητρον, IV, 63.
θέμις, IV, 46.
θεόδοτος, IV, 366.
θεοείκελος, IV, 367.
θεοπρόπιον, IV, 214.
θεόπυρος, IV, 352, 372.
θεόσδοτος, IV, 343.
θεότρεπ7ος, IV, 367.
θεόφιν, II, 22, 24.
θεράπαινα, 278; IV, 282.
θεραποντίς, 280; IV, 4.
θερμαίνω, III, 451.
θερμασία, IV, 113.
θέρμη, 47; IV, 52.
θέσις, IV, 113.
θέσφατος, IV, 343.
θεωρός, IV, 299.
θη (rac.), voy. τίθημι.
θηλυγονία, 334.
θῆλυς, 334.
θήρ, 335.
θῆσαι, 334.
θησαυροφύλαξ, IV, 365.
θημών, IV, 33.
θῆσθαι, 237.
θλίβω, 233.
θνήσκω, rac. θαν (ἔθανον), 66; III, 288; et θνη, IV, 247; voy. aussi I, 245; IV, 73.
θνητός, 253.
θοός, IV, 254.
θρασύς, 150; IV, 271.
θρέμμα, 211.
θρεπ7ήρ, 211.
θρῆνυς, IV, 309.
θρίξ, 149, 150, 212, 260; échange du θ et du τ (θρίξ, τριχός), 211.
θρύμμα, 211.
θρύπ7ω, ἐτρύφην, 211.
θυγατερ (thème), 302, 397.

θυμός, 45, 50, 219; IV, 45.
θύρα, 129; θύρηφι, II, 22; IV, 391.
θύσθλον, IV, 70.
θυσία, IV, 113.
θύω, IV, 45.
θωρακίζω, III, 441.

ι (rac.), voy. εἶμι.
ἰ(thème) = lat. *vis*, II, 22; cf. ἶφι.
ἰ, ἴ, II, 330; cf. ἴν.
ι, démonstratif inséparable dans οὑτοσί, II, 331.
ἰάλλω, III, 425.
ἰάπτω, III, 425.
ἴᾶσι, III, 51.
ἰατρεύω, III, 463.
ἰδ (rac.) (Fιδ), voy. οἶδα.
ἴδιος, II, 390.
ἴδμεν, voy. οἶδα.
ἴδμων, IV, 32.
ἴδρις, ἴδρι, 350; IV, 304.
ἰδρώς, II, 391.
ἵεμαι, III, 88.
ἱζάνω, III, 102, 105.
ἵζω, 54; III, 441.
ἵημι, III, 88, 89, 425; ἥσω, III, 88, 425; ἧκα, III, 198.
ἰθαίνω, ἰθαρός, 70.
ἰθυτμή, 245.
ἰθύω, III, 463.
ἱκανός, IV, 285.
ἱκάνω, III, 105.
ἱκέτης, ἱκέτις, IV, 56.
ἰκνέομαι, III, 105.
ἰκριόφι, II, 22.
ἵκω, III, 105.
ἱλάσκομαι, III, 462.
Ἰλιόφιν, II, 23.
ἵμερος, IV, 155.
ἵν, II, 331.
Ἰναχίς, IV, 262.
ἴομεν, III, LXXIII.
ἱππάζομαι, III, 441.
ἱππασία, IV, 113.
ἱππεύς, IV, 306, XIX.
ἱππόδαμος, IV, 255.
ἱππονώμας, IV, 248.
ἵππος, 38, 57; IV, 305.
ἱππότα, IV, 256.
Ἱπποτάδης, IV, 320.
ἱππότης, IV, 320.
ἱππών, IV, 282.
ἰσαίτερος, II, 189.
ἴσθι, voy. εἰμί.
ἰσόπεδον, IV, 363.
ἴσος, II, 399.
ἵστημι, 157; III, 12, 88, 126, 230; conjugaison, III, 84, 85, 86; ἱστέᾶσι, III, 51; ἵστη, III, 42; ἱστάς, I, 267, remarque, 318; ἱστᾶσα, I, 280; ἕστηκα, III, 231; ἕστην, III, 204: rac. στᾶ, στη, I, 241, 260.
ἰσχνός, IV, 97.
ἶφι, II, 22; cf. thème ἰ.
ἰχθυάω, III, 441, 442.
ἰχθυοφάγος, IV, 336.
ἰχθύς, ἰχθύεσσι, II, 83.

καθαίρω, III, 450.
καθαρτής, IV, 55.
κάθημαι, καθῆστο, ἐκάθητο, III, 89.
καί, II, 387.
κάκη, IV, 52, 313.
κακία, IV, 218.
κακιόω, III, 444.
κακκάω, 351.
καλέω, III, 426; καλέεσκον, III, 198, 461; καλέσκετο, III, 198.
Καλλιστώ, 330.
καλόν, IV, 375.
καλύπτρα, IV, 63.
καμ (rac.), 245; conf. κάμνω.
κάματος, IV, 74.
κάμινος, IV, 35.
κάμνω, IV, 247; cf. καμ.
καμπύλος, IV, 301.
κάρα, IV, 120.
καρδία, 26, 66; II, 273.
καρδιόδηκτος, IV, 73.
κάριον, IV, 263.
καρκαίρω, III, 435.
κάρρων, II, 193, 194.
κατά, II, 351; IV, 413.
καταρρώγ, IV, 245.
κατοφρυόω, III, 442.
κάτω, 335.
κέαρ, 66.
κεῖμαι, III, 89, 92; κεῖται, 104, 261.
κεῖνος, II, 354, 355.
κείρω, IV, 64.
κέκραχθι, III, 394.
Κεκροπίδης, IV, 320.
κεκρύφαλος, IV, 301.
κέλης, IV, 304.
κέλλω, III, 426; IV, 304.
κέρας, 351.
κερατίζω, III, 441.
κερματίζω, III, 441.
κεστός, IV, 73, 78.
κευθμών, IV, 33.
κεύθω, voy. rac. κυθ.

κεφαλῆφιν, II, 21.
Κεφάλων, IV, 281, 283.
κηδεμών, IV, 33.
κῆδος, IV, 290.
κῆνος, II, 354.
κῆρ, 66, 335; II, 273.
κηραίνω, III, 451.
κήρυξ, IV, 312.
κίρνημι, III, 105.
κίχρημι, III, 87.
κλάζω, 54.
κλαίω, κλαύσομαι, 78; κλαίοισθα, III, 45.
κλαυθμός, IV, 44.
κλαυσιάω, III, 442, 456.
κλάω, 78.
Κλειώ, 330.
κλέος, IV, 287.
κλέπτω, IV, 319.
κλοπός, IV, 254.
κλυ (rac.), 261; κλῦθι, III, 41.
κλύδων, IV, 274.
κλυτόβουλος, κλυτόπαις, IV, 355.
κλυτός, 78, 123; IV, 73.
κλύω, III, 114; cf. rac. κλυ.
κλωθώ, 249.
Κλωθώ, 330; Κλωθῶες, 331.
κμη (rac.), IV, 247.
-κμή-τ, IV, 247.
κνισσάω, III, 441.
κόγχη, 47.
κοικύλλω, IV, 443.
κοιμάω, III, 93, 415.
κοῖος, II, 368.
κοίτη, III, 93, 415.
κοῖτος, III, 415.
κολακεύω, III, 463.
κομμός, IV, 44.
κόμπος, κομπός, IV, 254.
κόνιος, IV, 227.
-κοντα (dans les noms de nombre), II, 239.
κόπανον, IV, 284.
κοπετός, IV, 72.
κοπίς, IV, 268.
κόραξ, 290.
κορεύομαι, III, 463.
κόρηθρον, IV, 64.
Κορίνθιος, IV, 227.
κορμός, IV, 44.
κορυθάϊξ, IV, 245, 336.
κορυθαίολος, IV, 336.
κόρυς, 290, 336.
κορύσσω, 240.
κορωνίς, IV, 268.
κόσος, II, 368.
κότε, II, 355, 368.
κότερον, 355.
κότερος, II, 185, 368.
κοτυληδονόφιν, II, 24.
κουρά, IV, 265.
κουρεῖον, IV, 214.
κραδαίνω, κραδάω, III, 452.
κράζω, 54.
κραιπνός, III, 425.
κρατιστεύω, III, 463.
κρατύς, II, 194.
κρείσσων, 238, 279; II, 192.
κρείων, III, 425.
κρεμάθρα, IV, 63.
κρηδεμνο, IV, 40.
κρίζω, 54.
κρίσιμος, IV, 117.
κροκωτός, IV, 84.
Κρονίδης, IV, 230.
κρυερός, IV, 303.
κρύπτω, III, 108.
κτάομαι, 50.
κτείνω, 51.
κτείς, 329.
κτῆνος, IV, 289.
κυδίων, κύδιστος, II, 187.
κυθ (rac.), κεύθω, 124, 149, 212.
κυκλάμινος, IV, 35.
κυμαίνω, III, 451.
κυναγωγός, IV, 336.
κυναλώπηξ, IV, 336.
κυνάω, III, 442.
κυνίζω, III, 441.
κυνόδους, IV, 336.
κυνοβαρσής, II, 24; IV, 356.
κυνόφρων, IV, 356.
Κυπρόθε, III, 22.
κυφός, IV, 254.
κύων, 56, 62, 260, 294; κυνός, κυνί, κύνα, 302, 305; κυνῶν, 305; κυσί, κύνεσσι, 302, 305; II, 83.
κωκυτός, IV, 72.
κωμήτης, IV, 320.
κωνωπεών, IV, 283.
κῶς, II, 368.

λαβ (rac.), voy. λαμβάνω.
λαβίς, IV, 268.
λαγιδεύς, IV, xx.
Λάκαινα, 278.
λακερός, IV, 302.
λαλητρίς, IV, 55.
λαλίστερος, II, 168.
λαμβάνω; rac. λαβ, 52, 247; III, 103, 107; ἔλαβον, III, 209.
λαμπαδηφόρος, IV, 337.
λαμπαδίας, IV, xx, 249.
λαμπρός, IV, 299.

λαμυρός, IV, 303.
λανθάνω, ἔλαθον, III, 209.
λάχεσις, 330; IV, 119.
λέαινα, 278.
λέγω, λεγόντω, III, 23.
λείβηθρον, IV, 63.
λειμών, IV, 33.
λεῖος, IV, 121.
λειπόγαμος, IV, 333.
λείπω, ἔλιπον, λέλοιπα, 58, 70, 155, 232; II, 236; III, 98, 132, 248.
λείχω, 50, 66, 201.
λέκτρον, IV, 63.
λεόντειος, λεόντεος, IV, 321.
λεοντιδεύς, IV, xx.
λεπίς, IV, 268.
λευκόπτερος, IV, 355.
λευκομέλας, IV, 349.
λευκόφθαλμος, IV, 355.
λευκός, 58, 133.
λῆθος, IV, 290.
ληπτός, IV, 73.
λήσμων, IV, 32.
ληστήριον, IV, 214.
λῆστις, IV, 112.
ληστρίς, 278; IV, 55.
λιβρός, IV, 299.
Λιβύαθε, III, 22.
λιγνύς, 37, 51; IV, 309.
λιθάζω, III, 441.
λίθινος, IV, 100.
λιμήν, IV, 33.
λιμοθνής, IV, 248.
λιμπάνω, 247, 253.
λιπ (rac.), voy. λείπω.
λιπαρός, IV, 303.
λιπομήτωρ, λιπόναυς, IV, 333.
λίπος, III, 141.
λίσσομαι, 238, 279.
λιχ (rac.), voy. λείχω.
λογοθήρας, IV, 248.
λογοποιός, IV, 336.
λοιπός, 77; IV, 255.
λοπός, IV, 255.
λουτρόν, IV, 63.
λούω, III, 421.
λοχάω, III, 442.
λυγρός, IV, 299.
λύκαινα, 278; IV, 104.
λυμαντής, IV, 55.
λύσιος, IV, 227, 332.
λῡσίπονος, IV, 332.
λύσις, IV, 332.
λυχνεών, IV, 283.
λύχνος, 58.
λύω, 247, 262; λύσᾱς, 318.

μάθος, IV, 290.
μαιμάζω, μαιμάσσω, III, 433.
μαίνομαι, 239; II, 194; III, 36.
μακαρία, IV, 218.
Μακεδονία, IV, 228.
μακρός, degrés de comparaison, II, 187.
μάκτρα, μάκτρον, IV, 63.
μάλα, II, 193.
μαλάσσω, III, 450.
μᾶλλον, II, 193.
μανθάνω, 247, 253; III, 107.
μανία, IV, 218.
μαντιπόλος, IV, 336.
μάντις, IV, 116.
Μαραθῶνι, 430.
μαραίνω, III, 405, 452.
μαρμαίρω, III, 435.
μάρτυς, μάρτυρ, 335; IV, 319.
μαχητής, IV, 55.
μέγα, IV, 375.
μεγάθυμος, IV, 355.
μεγαίρω, III, 450.
μεγακλεής, μεγακύδης, IV, 355.
μεγάλα, IV, 375.
μεγαλέμπορος, IV, 363.
μεγαλίζω, III, 455.
μεγάλο (thème), II, 195, note 2; éol. (acc. pl.), μεγάλαις, II, 56.
μεγαλοδαίμων, μεγαλομήτωρ, IV, 363.
μεγαλόπολις, IV, 354.
μέγεθος, IV, xx, 229, remarque.
μέγιστος, II, 186, 192, 195.
μεδιμνο, IV, 40.
μέθυ, 148, 350.
μεθύομαι, III, 443, 463.
μεθυπλήξ, IV, 336, 340.
μείζων, II, 193, 195; μείζω, II, 212.
μειλίσσω, III, 450.
μειόω, III, 444.
μείς (ionien), 329.
μείων, II, 194.
μελάγχολος, IV, 336.
μελαίνω, III, 450.
μελάμβωλος, IV, 355.
μελάμπεπλος, IV, 336.
μελάνδετος, IV, 336.
μελανόκομος, IV, 355.
μελανοζυγ, IV, 245.
μελανόφρων, IV, 336.
μελάνυδρος, IV, 352.
μέλᾱς, 267, 319, 337;

II, 59; μέλαις, I, 329; II, 56; III, 43; μέλαινα, 278.
μελεσίπτερος, IV, 337.
μέλι, 350.
μέλισσα, 279.
μελισσών, IV, 283.
μελιτόεις, IV, 322.
μέλλω, III, 309.
μελλώ, 329, 330.
μέμβλεται, 196.
Μεμνονίδης, IV, 320.
μενετός, IV, 74, 75.
μένος, 296, 336, 350; III, 309; IV, 287.
μέντοι, II, 295.
μέριμνα, IV, 40.
μερμαίρω, III, 435.
μέρμερος, III, 435.
μερμηρίζω, III, 435.
μεσαίτατος, II, 189.
μεσημβρία, 196.
μεσολαβής, IV, 297.
μέσσος, II, 192; III, 301; μέσσοι, I, 431.
μετά, IV, 413.
μή, II, 342, 343; III, 39.
μῆδος, IV, 290.
μῆκος, IV, 290.
μηλίς, μῆλον, IV, 263.
μήν, 341.
μῆνις, IV, 267.
μηνίω, III, 443, 463.
μητερ, 302.
μητίετα, IV, 256.
μητιόεις, IV, 322.
μητίομαι, III, 443, 463.
μῆτις, IV, 111.
μητρυιά, IV, 241.
μία, II, 212, 213.
μίγνυμι, ἐ-μίγ-ην, III, 209.
μικρόν, μικρά, IV, 375.
Μιλήσιος, IV, 227.
μιμνήσκω, μνήσω, 245; III, 428, 430; IV, 247.
μίν, II, 340, 365.
μνῆμα, 245.
μνήμων, IV, 33.
μοιμύλλω, μοιμυάω, III, 433.
μοιχάς, μοιχή, μοιχός, IV, 254.
μολύβδαινα, IV, 104.
μονήρης, IV, 252, remarque.
μονομάχιον, IV, 214.
μόνος, II, 213.
μορμύρω, III, 435.
Μορμώ, Μορμών, 328.
μορφόω, III, 441.
Μουσοτραφής, 162.
Μουσοφίλης, 162.
μοχθηρός, IV, 303.
μυκηθμός, IV, 44.
μυρίπνοος, IV, 338.
μυρμηκιά, IV, 221.
μῦς, 338.
μυσαρός, μυσερός, IV, 303.
μυσχέλενδρον, IV, 335.
μυωπίζω, III, 441.

ναυβάτης, IV, 343.
ναυπήγιον, IV, 214.
ναῦς, 288; νᾶός, νηός, 33, 78; ναῦ, 443; ναῦφιν, II, 22, 24; νάεσσι, II, 83.
ναυσιβάτης, IV, 343.
Ναυσίθοος, Ναυσιθόη, IV, 343.
Ναυσιμέδων, IV, 343.
ναύσταθμος, II, 24; IV, 366.
ναύτης, IV, 256, remarque.
νεηγενής, IV, 337.
νεκρός, 49, 305; III, 421; IV, 299.
νέκυς, 49, 305; II, 77; III, 421; IV, 272; lacon. νέκυρ, I, 65; νέκυσσι, νεκύεσσι, II, 83.
νεμεσάω, III, 442.
νέμεσις, IV, 119.
νεοζυγ, IV, 245.
νεόμην, IV, 337.
νεφεληγερέτα, IV, 256.
νέφος, 315; IV, 267.
νέω, νεύσομαι, 288.
νεώσοικοι, IV, 343.
νη-, II, 341; voy. les deux mots suivants.
νήκερως, II, 341.
νηκηδής, II, 341.
νηοφόρος, IV, 336.
Νηρεΐς, Νηρηΐς, IV, 262.
νῆσος, IV, 256.
νικάω, 305; III, 442.
νίκη, 305.
νίκημι, 305.
νικηφόρος, IV, 337.
Νικώ, 330.
νίν, II, 340.
νίπτρον, IV, 63.
νίψ, 270.
νοερός, IV, 303.
νόμοις (acc. plur.), II, 56.
νοσερός, IV, 302.
νοσηρός, IV, 303.
νουνεχόντως, IV, 330.
νύ, II, 340; III, XXXV.

νυκτίϐιος, νυκτόϐιος, IV, 338.
νύμφαις (acc. plur.), II, 56.
νῦν, II, 340; III, xxxv.
νύξ, 39.
νυός, 337.
νυχθήμερον, IV, 348.
νωΐτερος, II, 273.
νωνυμνο, IV, 39.

ξύλινος, IV, 100.
ξύν, III, 198; IV, 412.

ὁ, ἁ, τό, II, 298, 299. Voy. aussi II, 38, note. La déclinaison complète, II, 302. Sur οἱ, αἱ, voy. aussi II, 299. Cf. τό.
ὀγδοήκοντα, II, 238, 239, 242.
ὄγδοος, II, 229, 234, 244, 245.
ὀγδώκοντα, II, 238.
ὅγε, II, 258.
ὀδ (rac.) (εὐ-ώδ-ης), IV, 251.
ὀδοντωτός, IV, 85.
ὁδός, IV, 254, 256.
ὀδούς, II, 256.
ὀδύνη, IV, 252.
ὀδυρμός, IV, 44.
ὄζω, 54.
ὅθεν, II, 411.
ὅθι, II, 30; IV, 390.
οἷ, II, 290, 294, 330.
οἶδα, rac. Ϝιδ, 153; sur οἶδα, ἴδμεν, voy. 140; III, 44, 45, 98, 99, 243, 255; sur οἶσθα, voy. III, 44, 45, 98, 255.
οἶκοι, 431.
οἰκόπεδον, IV, 365.
οἶκος, IV, 254.
οἰκοφύλαξ, IV, 365.
οἶμος, IV, 44.
οἰνεών, IV, 283.
οἰνηρός, IV, 303.
οἰνοθήκη, IV, 365.
οἰνών, IV, 283.
οἷος, II, 210.
οἷος, II, 362, 391.
ὄϊς, 57, 343.
ὀκριάομαι, III, 442.
ὀκτώ, 157, 179; II, 229, 272.
ὄλεθρος, IV, 251.
ὀλιγάκις, II, 251.
ὀλίζων, II, 194.
ὄλλυμι, 248; ὀλέσσω, III, 301.
ὅλμος, IV, 44.
Ὀλυμπίᾶσι, II, 82.
ὁμῆλιξ, II, 402, 403.
ὀ-μιχ (rac.), 50.
ὄμνυμι, IV, 252.
ὁμός, II, 213; IV, 49.
ὁμοῦ, IV, 377.
ὀμφαλωτός, IV, 84.
ὁμώνυμος, IV, 352.
ὅμως, 385.
ὀνίνημι, III, 217, 433, 462.
ὄνομα, 399; II, 256; III, 108; IV, 251.
ὀνομάζω, III, 411.
ὀνομαίνω, III, 450.
ὀνομάκλυτος, IV, 339.
ὄνος = κasn (au jeu des dés), II, 211.
ὄνυξ, 39, 47, 134, 290.
ὀξυδερκής, IV, 297.
ὀπ (rac. et thème), 265, 270, 290; IV, 244, 278.
ὀπιπτεύω, III, 217, 433, 462.
ὄπις, IV, 267.
ὁπλομάχης, IV, 248.
ὀπωπέω, ὀπωπή, III, 462.
ὄργανον, IV, 284.
ὀρειϐάτης, IV, 338.
ὀρεινός, IV, 99.
ὄρειος, IV, 227.
ὀρεσκῷος, IV, 335.
ὀρθρινός, IV, 99.
ὄρνυμι, III, 106.
ὄρος, ὄρεσσι, 296; II, 82; ὄρεσφι, II, 23, 24.
ὀρχήστρια, 278, 281.
ὀρχηστρίς, IV, 55.
ὀρχηστύς, IV, 163.
ὀρώρυχα, III, 218, 287.
ὅς, ἥ, ὅ, 56; II, 362, 393.
ὅσος, II, 362, 395, 398, 399.
ὀστέον, 45.
ὅτε, II, 356, 414.
ὅττι, 354.
οὐ, II, 343, 358.
οὗ, II, 290, 294, 330.
οὐδενόσωρα, IV, 343.
οὐκ, II, 358.
οὐκί, II, 358.
οὖν, II, 358.
οὐράνιος, IV, 227.
οὐρανόθι, II, 30; IV, 390.
οὐρανός, IV, 347.

οὗτος, αὕτη, τοῦτο, II, 296.
οὑτοσί, II, 331.
οὕτω, 385.
οὐχί, II, 358.
ὀφρυόω, III, 443.
ὀφρύς, 283; II, 256.
ὄχανον, IV, 284.
ὄχετλον, IV, 70.
ὄχος, 66; III, 28; IV, 296; ὄχεσφι, II, 22, 24.

πάγιος, IV, 225.
πάγκακος, παγχάλκεος, IV, 336.
παθ (rac.), 150, 212.
πάθος, IV, 290.
παιδαγωγός, IV, 336.
παιδεραστής, IV, 336.
παιδίσκος, -ίσκη, IV, 316.
παιδοτρίβ, IV, 245.
παιδοτρίβης, IV, 248.
παιπάλλω, III, 433.
παῖς, 336.
παιφάσσω, III, 433.
παλάμη, IV, 40; παλαμῆφιν, II, 21, 22.
παλαμναῖος, IV, 40.
πάλλα, IV, 225.
πάλλω, 238; III, 425; IV, 225.
παλμός, IV, 44.
πάλος, IV, 155, 225.
παμβασιλεύς, παμμῆτις, IV, 336.
παμφαίνω, III, 434.
πανδακέτης, IV, 55.
πανδαμάτωρ, IV, 336.
πανδεκής, IV, 297.
πανήγυρις, IV, 252.
παντέλης, IV, 336.
παντογόνος, IV, 336.
πάντοθε, III, 22.
πανώλεθρος, IV, 252.
παρά, IV, 405.
παραδωσείω, III, 320, 458.
παράχρημα, IV, 373.
παρθένος, IV, 256.
πᾶς, πάντεσσι, II, 83.
πατήρ, 105, 302; déclinaison, 302; πατράσι, II, 85.
πάτος, III, 437.
πάτριος, IV, 227.
πατρυιός, IV, 241.
πανσάνεμος, IV, 331.
παύω, πέπαυμαι, πεπαύαται, III, 53.
παχύς, 149, 212.
πεδινός, IV, 99.
πέδον, IV, 116.
πείθω, III, 98; πέποιθα, I, 35; III, 248; πείσω, I, 209; πέπεισμαι, -πεισαι, -πεισται, I, 200; rac. πιθ, I, 35, 149, 211, 264.
πειθώ, 329, 330.
πεῖραρ, πεῖρας, 351.
πεῖσις, IV, 112.
πεῖσμα, 35.
πεισμονή, IV, 31.
πελεκάω, III, 442.
πέμπε, 48; II, 225; cf. πέντε.
πέμπτος, II, 176, 246.
πεμφρηδών, III, 435.
πενία, IV, 218.
πένταχα, πενταχῇ, II, 254.
πέντε, 47, 48; II, 225, 226.
πεντήκοντα, II, 238, 242.
πεπαίνω, III, 450.
πέπιθον, III, 214.
πέπομαι, 243.
πεπτός, IV, 77.
πέπωκα, 243; III, 415; cf. rac. πω.
πέπων, IV, 274.
πέρ, II, 354.
πέρᾱν, III, 405, 406, 409.
πέρας, 351.
περάω, III, 91.
πέρην, IV, 406, 409.
περί, IV, 410.
περιῤῥώγ, IV, 245.
περιστερεών, IV, 283.
περιστερών, IV, 283.
περιώδυνος, IV, 252.
περνάω, 253.
πέρνημι, 253; III, 91; IV, 237.
πέρπερος, II, 354.
Περσίς, IV, 228.
πέρυσι, II, 375.
πέσσω, 60.
πέσυρες, 48; II, 223.
πετάννυμι, 248, 253.
πευθήν, IV, 275.
πεύθομαι, πέπυσμαι, 71; rac. πυθ, 71, 150, 212.
πεῦσις, IV, 112.
πέψις, IV, 112.
πήγνυμι, ἐπάγην, III, 209; πήγνῦτο, III, 341.
πηγός, IV, 254.
πηλίκος, II, 402, 405.

ϖημονή, IV, 31.
ϖηνίκα, II, 416.
ϖήχυιος, IV, 227.
ϖῆχυς, 149, 212; IV, 272.
ϖιθ (rac.); prés. ϖείθω, voy. ϖείθω.
ϖιθών, IV, 283.
ϖίμπλημι, III, 87, 216, 435.
ϖίμπρημι, III, 87, 216, 435.
ϖίνω, III, 415; ϖῖθι, I, 243.
ϖίομαι, III, LXXIII.
ϖιπίσκω, III, 428.
ϖιπράσκω, III, 428.
ϖίπτω, rac. ϖετ, II, 214; III, 214, 243; IV, 57, 247; ἔπιπτον, ἔπετον, ἔπεσον, III, 214; ϖέπτωκα, ϖεπτηώς, I, 245; III, 439.
Πισάτης, IV, 320.
ϖίσορ, 65.
ϖίστις, 250; IV, 112.
ϖιστός, IV, 73, 78.
ϖίστρα, IV, 63.
ϖίσυρες, 37, 48; II, 223, 273.
ϖιφαύσκω, III, 428.
Πλαταιᾶσιν, II, 82.
ϖλάτος, IV, 290.
ϖλατύς, 27, 45; IV, 74, 271.
ϖλεκ (rac.), ϖέπλεγμαι, 200.
ϖλεονάζω, III, 444.
ϖλεύμων, IV, 33.
ϖλέω, ϖλεύσομαι, 57, 262.
ϖλῆκτρον, IV, XX, 63.
ϖλήξιππος, IV, 331.
ϖληρόω, III, 444.
ϖλησίον, IV, 375.
ϖλησμονή, IV, 31.
ϖλοάς, IV, 254.
ϖλόκανον, IV, 284.
ϖλόος, IV, 155.
Πλούτων, IV, 281, 283.
ϖλυ (rac.) (prés. ϖλέω), 57, 262.
ϖλύνω, 262; III, 121.
ϖλωάς, IV, 254.
ϖνεῦμα, IV, 39.
ϖνεύμων, 419; IV, 33, 68.
ϖο (rac.), abréviation de ϖω; voy. ϖω.
ϖοδαλγής, ϖοδένδυτος, IV, 336.
ϖοδήνεμος, IV, 336.
ϖοδήρης, IV, 252.
ϖοδίζω, III, 441.
ϖοδοπέδη, II, 109.
ϖοδώνυχος, IV, 252.
ϖόθεν, II, 257, 411.
ϖόθι, II, 30, 361, 377; IV, 390.
ϖοιέω, ϖοιοῦντο, III, 23; ϖοιόντασσι, II, 83.
ϖοίημα, IV, 38.
ϖοιητής, IV, 55.
ϖοικίλλω, 240.
ϖοικιλτής, IV, 55.
ϖοιμήν, IV, 33, 37.
ϖοῖος, II, 368, 387, 391.
ϖοιός, II, 387.
ϖοιμαίνω, III, 450.
ϖοιπνύω, III, 433.
ϖολεμέω, ϖολεμίζω, III, 441.
ϖολεμικός, IV, 317.
ϖολεμόω, III, 441, 442.
ϖολίαρχος, IV, 333.
ϖολίπορθος, IV, 336.
ϖόλις, 50; ϖόλεως, 214, 426; ϖολίεσσι, -εσι, II, 83.
ϖολιτεύω, III, 463.
ϖολίτης, IV, 320.
ϖολλάκις, II, 251.
ϖολυβαφής, IV, 297.
ϖολύκομος, IV, 350.
ϖολυνίκης, IV, 248.
ϖολυπράγμων, IV, 39.
ϖολύς, IV, 270.
ϖολύσκιος, IV, 350.
ϖολύχρυσος, IV, 355.
ϖομπός, IV, 254.
ϖόνος, IV, 155.
ϖόπανον, IV, 284.
ϖορτί, IV, 403.
ϖορφύρα, ϖορφύρω, III, 435.
ϖόσε, II, 350.
ϖόσις, 32; IV, 116.
ϖόσος, II, 368, 387, 395, 398, 399.
ϖοσός, II, 387.
ϖόστος, II, 246.
ϖοτάμιος, IV, 227.
ϖότε, ϖοτέ, II, 356, 368, 387.
ϖότερος, II, 177, 368.
ϖοτί, IV, 403.
ϖότμος, IV, 44.
ϖότνια, 99.
ϖοτός, ϖότος, 243; IV, 72.
ϖοῦ, IV, 377.
ϖούς, ϖοσί, 200; ϖοσσί, II, 84.
ϖρᾶγμα, 350; IV, 38.

ϖράσσω, 230; III, 103; ϖραξίομεν, III, 302; ϖρασσόντασσι, II, 83.
ϖρειγευτάνς, II, 55.
ϖρίαμαι, IV, 237.
Πριαμίς, IV, 262.
ϖρό, 92; II, 244; IV, 402; ϖρό, au commencement des composés déterminatifs, IV, 363.
ϖροδωσέταιρος, IV, 332.
ϖρόθυμα, IV, 363.
ϖροίκτης, 89.
ϖρολειψίω, III, 302.
ϖρός, 206, 350; II, 351; III, 160; IV, 400, 403.
ϖροσήγορος, IV, 252.
ϖρόσφυγ, IV, 245.
ϖροτί, II, 351; IV, 400, 403.
ϖρωΐ, II, 179.
ϖρῶτος, II, 244.
ϖτῆσις, IV, 57.
ϖτίσσω, 50.
ϖτόλις, 50.
ϖτω (rac.), IV, 247.
ϖτῶμα, 245; IV, 57.
ϖτώσιμος, IV, 117.
ϖτῶσις, 245; IV, 57.
ϖυθ (rac.), voy. ϖεύθομαι.
Πύθιος, 328.
ϖυθμήν, IV, 33.
Πυθοδῶρος, Πυθοκλῆς, 328.
Πυθώ, 327, 328.
Πυθών, 328.
Πυθῶος, 328.
ϖυρϐόλος, ϖυρόϐολος, IV, 336.
ϖυρόεις, II, 29; IV, 322.
ϖυρόω, III, 442.
ϖύστις, IV, 112.
ϖω (rac.), ϖῶθι, 243; III, 415; abrégé ϖο, ἐ-πό-θην, I, 243.
ϖῶ, 386.
ϖῶμα, 243.
ϖῶς, II, 368.

ῥαφίς, IV, 268.
ῥέθρον, IV, 70.
ῥέος, IV, 296.
ῥέω, III, 114.
ῥηγμίν, IV, 35.
ῥήγνυμι, III, 221.
ῥῆμα, IV, 38.
ῥήν, II, 85.
ῥητορικός, IV, 317.
ῥιγηλός, IV, 303.
ῥιζοτόμος, IV, 337.
ῥίπτω, IV, 424.
ῥίψασπις, IV, 331.
ῥοδεών, IV, 99, 283.
ῥοδών, IV, 283.
ῥοδωνιά, IV, 283.
ῥόγχαινα, IV, 282.
ῥυματ, IV, 38.
ῥυμός, IV, 44.

σα- (dans σαφής), IV, 412; cf. IV, 360.
σακεσπάλος, 196, 296; IV, 335.
σακεσφόρος, IV, 335.
Σαλαμῖνι, 431.
Σαλαμίνιος, IV, 227.
σάλπιγξ, III, 424.
σαυσαρός, 171.
σαφής, IV, 360, 412.
σέϐομαι, 267.
σείρ, 56; IV, 234.
Σειρήν, 56; IV, 234.
σείριος, 56.
σειρός, 56.
σέλας, 56, 295.
σελήνη, 56, 295.
σεμνός, III, 453; IV, 96.
σημαίνω, III, 450.
σημαντρίς, IV, 55.
σημασία, IV, 113.
σήμερον, II, 298, 309, 366; IV, 373.
σῆτες, II, 298.
σθεναρός, IV, 303.
σιγηλός, IV, 300.
σιδήρειος, IV, 321.
σιτών, IV, 283.
σκεδάννυμι, 248.
σκελετός, IV, 74.
σκέπανον, IV, 284.
σκεπανός, IV, 284.
σκηνή, IV, 97.
σκήπων, IV, 274.
σκιᾶγράφος, IV, 337.
σκίδνημι, 48, 157; III, 107.
σκιερός, IV, 303.
σκοτεινός, IV, 99.
σκῦτος, IV, 296.
σός, II, 287, 393.
σοφία, IV, 218.
σπάκα (médique), 62.
σπάνις, σπανός, IV, 108.
σπαρνός, IV, 97.
σπάω, ἔσπασμαι, III, 200.
σπερμαίνω, III, 450.
σπερμοφόρος, IV, 339.
σποδία, IV, 221.
στᾱ (rac.), présent ἵστημι, 241.

στᾰγών, IV, 274.
στάδιος, IV, 227.
σταθμών, IV, 33.
στατός, IV, 74, 75, 227.
σταφυλοφόρος, IV, 334.
στάχυς, IV, 272.
στεγαστρίς, IV, 55.
στεγνός, IV, 96.
στείχω, 157; IV, 272; rac. στιχ, 264.
στέλλω, II, 193; III, 425.
στέντωρ, IV, 255.
στερίσκω, III, 462.
στεφανίσκος, IV, 316.
στέφανος, IV, 285.
στη (rac.), voy. ἵστημι.
στῆθος, IV, 296; στήθεσφι, II, 24.
στήμων, IV, 33.
στήσιος, IV, 332.
στησίχορος, IV, 332.
στιβαρός, IV, 302.
στιγμή, 317.
στιλβός, IV, 254.
στιχ (rac.), voy. στείχω.
στοῖχος, 77.
στολμός, IV, 44.
στονόϜεσσαν, IV, 322.
στορ (rac.), voy. στόρνυμι.
στορέννυμι, 247, 253.
στόρνῡμι, rac. στορ, 24, 124, 247; III, 93, 94; IV, 247; ἐστόρνῡν, ἐστόρνυον, ἐστόρνῡ, ἐστόρνυε, III, 19; cf. στρω.
στόχος, IV, 272.
στρατάγοις (acc. plur.), II, 56.
στρατηγία, IV, 218.
στρατηγιάω, III, 456.
στρατηγίς, IV, 268.
στρατόπεδον, IV, 365.
στρατός, IV, 73.
στρεβλός, IV, 300.
στρω (rac.), IV, 247; cf. στόρνυμι.
στρώννυμι, 247.
-στρώ-τ, IV, 247.
στυγ (thème), IV, 244.
στύγιος, IV, 225.
στυγνός, III, 453; IV, 96.
στυφελός, IV, 301.
στωμύλος, IV, 303.
σύ, sa déclinais., II, 281.
En outre, singulier nominatif τούν (béot.), τύνη (dorien), τουνή (lacon.), II, 256; τύ, I, 56; II, 256, 281; σύ, I, 56; II, 272, 281.
Génitif τεοῖο, τεύ, τεῦ, τεοῦς, σεῖο, σέθεν, σοῦ, II, 257, 258.
Datif τείν, II, 280; τοί, σοί, I, 431; II, 261.
Accusatif τρέ, I, 59; τέ, σέ, II, 306.
Duel, thème σφω, II, 272.
Nominatif-accusatif σφώ, σφῶε, σφῶϊ, II, 273.
Génitif-datif σφῶϊν, II, 282.
Pluriel nominatif ὕμμες, ὑμεῖς, I, 56; II, 265, 286.
Génitif ὑμμέων, ὑμῶν, II, 265.
Datif ὔμμιν, ὑμῖν, II, 265, 280, 285.
Accusatif ὔμμε, ὑμᾶς, II, 265.
Συβαρίτης, IV, 320.
συγγάλακτος, σύγγονος, IV, 360.
συμμαχίς, 279.
σύμμορφος, IV, 360.
σύν, 167; III, 198; IV, 412; σύν, au commencement des composés possessifs, IV, 360.
συναχθησοῦντι, III, 276.
συνδιαφυλαξιόμεθα, III, 302.
σύνθρονος, σύνοδος, IV, 360.
σύνοικος, σύνομβρος, IV, 360.
σύνοπλος, σύνορκος, IV, 360.
σύνορος, σύνταφος, IV, 360.
συντελής, IV, 360.
συνώνυμος, IV, 39.
σῦς, 349.
σφαγίς, IV, 268.
σφέ, II, 294.
σφεῖς (thème σφι), II, 290, 292, 330; σφίν, φίν, II, 292; σφίσι, II, 290; σφωέ, II, 273; ψίν (=σφίν), II, 294.
σφός, 56; II, 290, 393.
σφῶε, etc., voy. σύ; σφωέ, voy. σφεῖς.
σφωΐτερος, II, 273.

σχε (rac.), σχη (σχήσω), III, 28.
σχιδ (rac.), σχίζω, 48.
σχίδη, 48.
σχίζα, 55.
σχίζω, 54, 55, 238.
σωτήριος, IV, 227.
σωφρόνως, 386.
σωφροσύνη, IV, 136.

τάλᾶς, 319, 337; IV, 274; éol. ταλαίς, I, 329; τάλαινα, I, 278.
τᾱλίκος, II, 403.
Ταυταλίς, IV, 262.
τανύγλωσσος, IV, 270.
τάνυμαι, 248.
τανύπεπλος, IV, 355.
ταῦρος, 171.
ταὐτό, II, 296.
ταφή, 211.
ταχύ, IV, 375.
ταχύς, 99; θάσσων, I, 211; II, 188.
ταώς, 337.
τε, II, 386.
τέ, σέ, voy. σύ.
τέθριππον, IV, 371.
τεΐν (ī), voy. σύ.
τεῖος, II, 400.
τείμαις (accusatif plur.), II, 56.
τείως, II, 400.
τεκμαίρομαι, III, 450.
τέκνον, IV, 97.
τέκος, IV, 296.
τέκταινα, 278.
τεκταίνω, IV, 450.
τέκτων, IV, 274, 275.
τέλειος, IV, 227.
τέλεσμα, τελεσ7ής, III, 201.
τελεσφόρος, 296; IV, 335.
τελέω, τετέλεσμαι, III, 201; ἐτέλεσσα, III, 360; IV, 151.
τέμενος, IV, 289.
τέμνω, III, 107.
τενθρηδών, III, 435.
τεός, II, 287.
τέρας, 350; III, 160.
τέρην, IV, 274; τέρεινα, I, 278; III, 36.
τερπικέραυνος, IV, 334.
τερπνός, IV, 112.
τέρσομαι, 130, 203.
τέρχνος, IV, 289.
τέρψις, IV, 112.
τεσσαράκοντα, II, 238, 241.
τέσσαρες, 48; II, 223; τέτρασι, τέσσαρσι, II, 85.
τεσσαρεσκαίδεκα, II, 233.
τεσσαρήκοντα, II, 241.
τέταρτος, II, 186, 248, note 3.
τετράκις, II, 241.
τετράκυκλος, IV, 356.
τετραυυκτία, IV, 371.
τετραοδία, IV, 371.
τετραόδιον, IV, 371.
τετραπλοῦς, II, 241.
τέτραχα, τετραχῆ, II, 254.
τετρώκοντα, II, 241.
τέτ7αρες, 57; II, 223, 236.
τέτυκον, III, 214.
τευχίζω, III, 444.
τεῦχος, τεύχεσσι, 296; II, 82.
τέχνη, IV, 108.
τέως, II, 400.
τήγανον, IV, 284.
τηλίκος, II, 355, 362, 403, 405; III, XXXVII.
τηλικοῦτος, II, 297.
τηλύγετος, IV, 73.
τήμερον, II, 298; IV, 373.
τῆμος, II, 308, 362, 399, 416; III, XXXVII.
τηνίκα, II, 311, 338, 355, 415; III, XXXVII.
τῆνος, II, 355, 417.
τηνῶ, τηνῶθε, τηνῶθεν, 386.
τῆτες, II, 298.
τίθημι, rac. θη, 91, 170, 241, 243, 259; III, 12, 13, 230. Sur le présent, voy. III, 84; τίθητι, 243; τιθέντι, III, 51, 52; τιθέᾶσι, III, 51; τίθει, III, 42; τιθένς, I, 317; τιθείς, I, 329; III, 42; ἐτίθεσαν, ἔθεσαν, ἐτίθεντο, III, 186; τίθησθα, III, 45; ἔθηκα, III, 199; ἔθην, III, 204.
τίκτω, III, 108, 109.
τιμητός, IV, 76.
τιν, II, 355.
τίννυμι, 248.
τίρ (lacon.), 65.
τίς, 47; II, 368; τινός et τίνος, II, 386, 387.
τιτρώσκω, III, 428.
τλήμων, IV, 32.
-τμή-τ, IV, 247.
το (thème), τᾱ (thème),

déclinaison, II, 302; cf. II, 295. Sur la forme τό, I, 140, 344, 354; τοί, ταί, au lieu de οἱ, αἱ en dialecte épique, II, 299; cf. II, 40; τοῖν, II, 303; τοῖσι, ταῖσι, I, 306; τοίς (comme acc. pl.), II, 56; τόνς, II, 55.
τόθεν, II, 411.
τόθι, II, 361.
τοῖος, II, 362, 391; III, XXXVII.
τοῖσδεσσι, -δεσι, II, 306.
τοιοῦτος, II, 297.
τοκάς, IV, 254.
τοκογλυφέω, IV, 330.
τολμάω, III, 442.
τολμήεις, IV, 322.
τομή, 330; IV, 265.
τομός, IV, 254.
τονθορύζω, IV, 435.
τόσος, II, 362, 395, 398, 399.
τοσοῦτος, II, 297.
τότε, II, 356.
τούν, voy. σύ.
τουνή, voy. σύ.
τουτῶ, 386.
τράγειος, IV, 321.
τραπελός, IV, 301.
τρέ, voy. σύ.
τρεῖς, voy. le thème τρι.
τρέφω, III, 98; θρέψω, I, 211; ἐθρέφθην, τεθράφθαι, I, 211.
τρέχνος, IV, 289.
τρέχω, θρέξομαι, 211.
τρεψίχρως, IV, 331.
τρέω, IV, 91.
τρι (thème), II, 219; τρισί, τριῶν, I, 306.
τριάκοντα, II, 238, 241.
τριακοστός, II, 246.
τρίβω, 233; τέτριμμαι, τέτριψαι, τέτριπται, 199.
τρίβων, IV, 274, 280.
τριετής, 340.
τριημερία, IV, 371.
τριήρης, 331; IV, 252.
τριμμός, IV, 44.
τρινύκτιον, IV, 371.
τριοδία, IV, 371.
τριπήχυιος, IV, 227.
τρίπους, IV, 356.
τρίς, voy. le thème τρι.
τρισκαίδεκα, II, 233.
τρίτος, II, 247.
τρίχα, τριχῆ, II, 254.
τριώβολον, IV, 371.
τρόμος, IV, 155.
τροφεῖον, IV, 214.
τρόφις, IV, 269.
τροχαλός, IV, 301.
τρόχις, IV, 268.
τροχός, τρόχος, IV, 254.
τρύγητος, τρυγητός, IV, 72.
τρυγών, IV, 274.
τρύφος, 211.
τρωγ, IV, 246.
τύ, voy. σύ.
τύμπανον, IV, 284.
τύνη, voy. σύ.
τυπάς, IV, 254.
τύπτω, III, 102, 108; τέτυφα, III, 227; τετυφώς, I, 350; III, 160; τύψαις, II, 56; τύψᾱς, I, 267; τέτυμμαι, I, 199; τύπτοισι, τύπτοισα, III, 42.
τυρόεις, II, 29.
τυφώς, 337.
τυχ (rac.), τέτυγμαι, τέτυξαι, τέτυκται, 199.
Τύχων, IV, 283.
τωθάζω, III, 433.
τώς, II, 58.

ὕαινα, IV, 104.
ὑδρηρός, IV, 303.
ὕδωρ, III, 89.
ὑλήεις, IV, 322.
ὑπαρχόντασσιν, II, 83.
ὑπέρ, IV, 395, 399.
ὑπέρμορον, IV, 373.
ὕπνος, 56; II, 404; IV, 107.
ὑπό, IV, 390, 395.
ὗς, 349.
ὑσμίνη, IV, 35.
ὕστερος, ὕστατος, IV, 400.
ὕψι, IV, 400.

φᾱ (rac.), voy. φημί.
φαγ (rac.), φάγω, 317; IV, 224.
φαγή, 330; IV, 265.
φαεινός, IV, 99.
φαίνω: πέφασμαι, πέφανται, III, 200; φανήσειν, III, 276.
φᾱμί, voy. φημί.
φανερός, IV, 302.
φανός, IV, 254.
φαρμακοτρίβης, IV, 248.
φάσις, IV, 111.
φάσμα, III, 200.
φάτις, IV, 111.
-φατος, IV, 73.

φειδώ, 329, 330.
φειδωλός, IV, 300.
φεισμονή, IV, 31.
φεν (rac.), IV, 73; ἔ-πε-φν-ον, III, 180, 214; IV, 73.
φενάκη, φέναξ, IV, 312.
φερέπονος, IV, 333.
φερέσβιος, φερεσσάκης, IV, 332.
φερεσ7άφυλος, IV, 334.
φέρετρον, IV, 64.
φερνή, IV, 97.
φέρω, φέρουσα, 280.
φεύγω, rac. φυγ; cf. ἔφυγον, 71, 232; III, 132; πέφευγα, III, 248.
φηγός, IV, 256.
φημί, rac. φᾱ, 241; III, 88; ἔφησθα, φῆσθα, III, 45.
φῆμις, IV, 46.
φθίδιος, IV, 225.
φθονερός, IV, 302.
φθορά, 330; IV, 265.
φι = σφι (thème), II, 292.
φιλ (rac.), 261; φιλέω, III, 462; πεφίληκα, III, 227.
φιλητός, IV, 76.
φίλητρον, IV, 63.
φιλόβοτρυς, IV, 333.
φιλόγαμος, IV, 333.
φιλοτήσιος, IV, 227.
φίλος, IV, 76.
Φιλυτῳ, 329.
φίν = σφίν, II, 292.
φλεγ (rac.), 151, 264.
φλεγμονή, IV, 31.
φλέγος, IV, 290, 296.
φλεγυρός, IV, 301.
φλέγω, rac. φλεγ, 151, 264.
φλογμός, IV, 44.
φλόξ, 270, 290; IV, 244.
φλύω, 262.
φοβερός, IV, 303.
φόβος, IV, 155.
φολιδωτός, IV, 84.
φονεύς, IV, xix.
φόνος, IV, 155.
φοξίχειλος, IV, 338.
φορά, 330; IV, 265.
φορμικτής, IV, 55.
φράδμων, IV, 32.
φράζω, 54.
φρέαρ, 351.
φρήτρηφιν, II, 21, 22.
φριx, 290.
φρίσσω, 238; II, 193.
φρύγιος, IV, 225.
φρύγω, 223.
φρυκτός, IV, 73.
φυγ (rac.), voy. φεύγω.
φυγή, 330, IV, 265.
φυγόμαχος, φυγόπολις, IV, 333.
φύζα, 55.
φυλακίς, φυλάκισσα, 119.
φύλακος, IV, 312.
φυλλοσ7ρώτ, 245; IV, 247.
φυξάνωρ, IV, 331.
φύξιος, IV, 227.
φυσιολόγος, II, 109; IV, 336.
φυτός, IV, 73.
φύω, 262; III, 129; ἔφυν, III, 264.
φωσφόρος, 337; IV, 336.
φωταγωγός, 336.

χαίρω, 239, 316; II, 193; III, 36; IV, 347.
χαλαίνω, χαλάω, III, 452.
χαλκεών, IV, 283.
χαλκίναος, χαλκίοικος, IV, 338.
χαμᾶζε, χαμάθεν, 51.
χαμαί, 51, 431.
χαμαλός, 51; IV, 303.
χανδάνω, ἔ-χαδ-ον, III, 209.
χαρά, 330.
χαριξιόμεθα, III, 302.
χάρις, 318; IV, 267.
χάρμα, IV, 39.
χαρμονή, IV, 31.
χείλιοι, II, 243.
χείλων, IV, 283.
χεῖμα, 66.
χειμαίνω, III, 450.
χειμών, IV, 33.
χείρ, 202, 335.
χειρόδεικτος, IV, 73.
χειροποίητος, IV, 367.
χείρων, 239; II, 193; III, 36.
χειρωτός, IV, 76.
χελιδοῖ (vocatif), 329.
χέλλιοι, II, 243.
χέρνιψ, IV, 245.
χέρρων, II, 193.
χηλίοι, II, 243.
χήν, 42, 66.
χηρός, 243.
χῆτις, 243; IV, 111.
χῆτος, IV, 296.
χθαμαλός, 51.
χθές, 50; II, 374.

χθεσινός, IV, 99.
χίλιοι, II, 243.
χιών, 66.
χόανος, IV, 285.
χόδανος, IV, 285.
χρόνος, IV, 308.
χρυσόω, III, 442.
χρώννυμι, 248.
χυμός, IV, 44.
χύτλον, IV, 70.

ψάλτρια, 281.
ψευδής, IV, 298.
ψεῦδος, IV, 289, 298.
ψευστιστυγ, IV, 245.
ψεύσω, 209.
ψηγρός, IV, 299.
ψηφίς, 279.
ψιν=σφίν, II, 293.
ψυγρός, IV, 299.

ὦα, IV, 251.
ὠατωθήσω, III, 276.
ὧδε, 385.
ὠθέω, 240.
ὠθίζω, III, 103.
ὤϊον, IV, 251.
ὠκύπους, IV, 355.
ὠκύς, ὤκιστος, II, 192; IV, 270, 271.
ὠμοβρώτ, IV, 90, 247.
ὠόν, IV, 251.
ὠπ, IV, 245.
ὥρα, 118.
ὡρικός, IV, 317.
ὤροφον, III, 216.
ὡς, 385.

2° ALBANAIS.

ἀδα, II, 333.
ἀίτε, 45.

ἠjάϭ-τε, II, 228.

grabít, 66.

δίτε, II, 299.

eíte, 169.

ιϭ, III, 162, 163.
ιϭνε, III, 163.
ιίτε, 169.
jam, 169.
jέϭε « eram », *jέϭε* « eras », *jέϭεμ* « eramus », *jέϭετε* « eratis », III, 162, 163.

ká, 34.
kam, 34, 50.
kánε, *kém*, *kémi*, *kĕmi*, *kénε*, *két*, 34.
xjεvε, *xjεv*, 301-302.
krimb, 135.
krüm, 50, 135.
μότρε, II, 323.

νάτε, 305.

pas, II, 50.

σιυjέτ, II, 299, 375.
σόυτε, *σοτ*, II, 299.

υjεϭ, 339.
υjετ, 339; II, 299.
υjετϭ, 339; II, 299.
υjετϭάρ, 339; II, 299.

D. — LANGUES DE L'ITALIE.

1° OSQUE.

Abellaneís, 420.
Abellaniú, 337.
Abellanúis, II, 41.
akum, IV, 154.
conventionid, 383, 384.

deikum, IV, 154.
díkust, IV, 152, 155.
dolud, 384.

eisak, 421.
eiseís, 421.

eiso, II, 348.
eitiuvad, 384.
eituas, 427.
esaí, 435.
estud, III, 66, 376.

fefakust, IV, 150.
fuid, III, 330.
fusid, III, 310.
fust, III, 310; IV, 152.

Herentateí, 421.
Herentateís, 421.

idik, II, 327.
imprufid, IV, 379.
inim, II, 339.
iok, II, 326, 347.
ionk, II, 326, 328.
iúk, II, 327, 347.
izic, 79; II, 326, 347.

licitud, III, 66, 376.
ligatúís, II, 75.
ligúd, 384.

maimas, 427.
mallud, 384.
Maniúí, 377.
Maras, IV, 257.
medicim, II, 47.
medikei, 378; II, 47.
mefiaí, 50, 435.
moltas, 427.
moltaum, IV, 154.
múíníkeí, 435.

nesimois, II, 75.
Núvlanúí, 377.
Nuvlanúís, II, 75.
Núvlanús, II, 44.

pas, II, 41.

praesentid, 384, 395; II, 47.
preivatúd, 384.
pruhibust, IV, 152.
pús, II, 41.

quaisturei, 378.

scriftas, 429; II, 41.
slaagid, 384.
staied, III, 330.
suvad, 384.

Tanas, IV, 257.
tereí, 435.
toutad, 383.
toutai, 379.
tríbarakavum, IV, 155.

viaí, 50, 435.

zicolus, II, 80.
zikolois, II, 75.

2° OMBRIEN.

Abellanum, II, 80.
afero, *aferu*, IV, 154.
Akeruniamem, 436.
ambrefurent, *amprefus*, IV, 152.
anglome, 437.
arvamen, 436.

buf, IV, 206.

carsome, 437.
covortust, IV, 152.

egmazum, 491; II, 79.
eine, II, 338.
eisazunk, II, 79.
eizuk, *esuk*, *eizuc*, II, 347.
ene, *enem*, *eno*, *enom*, *enu*, *enuk*, *enumek*, II, 338.
erar, 421.
erek, II, 347.
erér, 421.
ero, *erum*, IV, 154.
esme, *esmei*, 371.
esuk, II, 347.
esumek, II, 339.
esunume, *esunumen*, 437.

fakurent, IV, 152.
fakust, IV, 152.
famerias, 427.
fuia, III, 330.
furent, *fus*, *fust*, IV, 152.

ife, II, 21.
inuk, *inumek*, II, 338.
iust, IV, 152.

nomné, 378.
Noniar, 427.
Nuvlanum, II, 80.

patré, 378.
pertome, 437.
Pumperias, 427.

pusme, 371.
rubiname, 436.
ruseme, 437.
somo, 437.
tiom, II, 282.
to, II, 412.
tota, IV, 257.
toteme, 436.
tris, II, 15; III, 206.
tu, II, 411.
tuta, IV, 257.
vukumen, 437.
zicolam, II, 80.

3° LATIN.

ab, 92, 355; IV, 390.
abavius, IV, 363.
abdo, III, 277.
abiegnus, IV, 103.
abjicio, III, 20; *abjectus*, III, 36.
abnormis, IV, 351, 359.
abortio, III, 439.
abripio, 36.
abs, 196.
abscondo, IV, 317.
absens, 79; IV, 5, 7.
abspello, IV, 317.
abstineo, IV, 317.
abstraxe, IV, 148.
abundantia, IV, 51.
abusivus, IV, 235.
accepso, IV, 149.
accessus, IV, 165.
accûso, 40.
acer, IV, 304.
acetasco, III, 460.
acquîro, 40, 119.
acrîmonia, IV, 35.
actuarius, IV, 324.
actus, IV, 165.
acuo, IV, 272.
acupedius, IV, 355.
acus, IV, 272.
ad, IV, 390.
ademo, *ademsit*, IV, 149.
adhuc, II, 341.
adipiscor, III, 42, 217.
adjectivus, IV, 235.
admisse, IV, 149.
admodum, IV, 372.
adveho, 132; *advexe*, IV, 149.
advena, IV, 255.
adversarius, IV, 324.
ædifico, IV, 330.
ægrimônia, IV, 35.
æi, *æius*, *æorum*, voy. *is*.
æquiparo, IV, 330.
ærarius, IV, 324.
æreus, IV, XVI, 321.
æs, IV, 262.
æstus, III, 439, 440, 445.
æternus, IV, 323.
ævum, 118.
affatim, IV, 372.
affero, 131.
Africânus, IV, 103.
aggredior, *aggredîri*, III, 459.
agilis, IV, 302.
agmen, IV, 38, 39.
ago, III, 204; *êgi*, III, 182; *axo*, III, 315; IV, 149.
agrestis, IV, 117.
agricola, *agricolum*, II, 79.
alatus, IV, 84, 86.
albeo, III, 439.
albicomus, IV, 350.
Albis, *Albim*, 348.
albŏgalerus, IV, 334, 363.
albor, IV, 292.
alburnus, IV, 323.
alibî, 378; II, 11.
alicubî, 378; II, 371.
alicunde, II, 371, 409.
aliênus, IV, 102.
alimônia, *alimônium*, IV, 35.
alipes, IV, 356.
aliquis, II, 371; *aliqua*, II, 377.
aliquotiens, *aliquoties*, II, 252.
aliter, II, 196.
aliubi, II, 409.
aliunde, II, 407.
alius, 55, 58; II, 352.
aliuta, II, 417.
almus, IV, 45.
alter, 311; II, 196, 351.
altisonus, IV, 87.
altitudo, IV, 87.
altus, 287; vieux latin ablatif *altod*, 383.
alumnus, 400; III, 79; IV, 29.

alvus, IV, 256, 306.
am-(dans *amplector*, etc.), IV, 39.
amans, 138.
amaresco, III, 460.
amaritudo, IV, 302.
amaror, IV, 292.
amasco, III, 461.
amb- (*amb-itus*), IV, 391.
ambages, IV, 267.
ambagio, IV, 217.
amb-eo, IV, 391.
ambivium, IV, 370.
ambo, II, 9, 180, 350, 409; *ambôbus*, II, 74; *ambâbus*, II, 74.
ambulacrum, IV, 61.
amicio, IV, 392; *amicibor*, III, 157.
amicitia, IV, 112, 114.
amiculum, IV, 301.
amîcus, IV, 311; *amicibus*, II, 74.
amissis, IV, 149.
amo, 257; II, 371; *amatus*, IV, 75; *amatum*, IV, 167.
amor, 65, 339; IV, 292, 293.
amphora, génitif pluriel *amphorum*, II, 79.
amplector, IV, 392.
amplius, IV, 374.
an, II, 344.
an- (dans *anfractus*), IV, 391.
angor, IV, 292.
anguicomus, IV, 356.
anguipes, IV, 356.
anguis, 134; IV, 269.
angustus, IV, 295.
anima, 263.
animadverto, IV, 330.
animus, 263; IV, 45.
annus, IV, 392.
anser, 42.
ante, IV, 389.
anteloquium, IV, 363.
antepes, IV, 363.
antestamino, III, 80.
antistes, IV, 247.
appendix, IV, 311.
aratrum, IV, 64.
arborârius, IV, 324.
arboresco, III, 460.
arborêtum, IV, 85.
arbôs, 338.
arcesso, III, 460.
argenteus, IV, XVI, 321.
argentum, 400, 419.
argumentum, IV, 41.
aro, III, 117.
ars, 335.
artifex, IV, 246.
artificium, IV, 214.
arundo (-*din*), 320.
asinus = gothique *asilus*, lithuan. *ăsilas*, v. slave *oselŭ* (thème *oselo*).
asporto, 210.
assideo, 41, 131.
assiduus, IV, 306.
astûtus, IV, 84.
atavus, II, 417.
atricolor, IV, 355.
atticisso, III, 459.
attraho, 132.
auctor, 333.
auctumnus, 266.
aucup (thème), IV, 246.
aucupo, 38.
audacter, II, 179.
audeo, *ausim*, IV, 149.
audio, 255; *audibo*, III, 157; *audibant*, III, 157; *audîtum*, IV, 167; *audîtus*, IV, 75.
aufero, II, 357, 365; IV, 392.
aufugio, II, 357, 365; IV, 392.
augur, IV, XXV.
augurâlis, IV, 303.
aulicus, IV, 317.
auresco, III, 460.
aureus, IV, 321.
aurifodina, IV, 365.
aurifur, IV, 365.
aurîtus, IV, 84.
aurôra, 71, 337; IV, 287.
aurum, 71.
auspex, IV, 334.
aut, II, 357.
autem, II, 307; III, XXXV.
avernus, IV, 393.
averruncassere, IV, 152.

baculus, IV, 61.
balbus, 61.
barbaria, *barbariês*, IV, 218.
barbatus, IV, 84.
bellicus, IV, 317.
Bellôna, IV, 104.
bene, IV, 147.
benedico, IV, 330.
benedicus, IV, 363.
bi-, II, 218.
bibo 1° *bibo* (verbe), 246; *bibi*, *bibitum*, III, 209. 2° *bibo* (substantif), 320.
biceps, II, 218.
bicornis, IV, 351.

bicorpor, IV, 352, 356.
bidens, II, 218; IV, 356.
biduum, IV, 370.
biennis, II, 42.
biennium, IV, 370, 371.
bijugis, II, 42.
bilinguis, IV, 351.
binoctium, IV, 370.
bipes, IV, 356.
bis, II, 213, 241, 260.
bôs, génitif pluriel *boverum*, II, 79.
bovînus, IV, 102.
bucco, IV, 281.

caco, 351.
cadîvus, IV, 306.
cado, *câsum*, 203.
cadûcus, IV, 311.
cæcus, II, 214.
cædês, 314; IV, 267.
cæsariês, IV, 281.
cæsim, IV, 114.
cæso, IV, 281.
calveo, III, 439.
campestris, IV, 117.
candêla, IV 299.
candeo, IV, 299.
caneo, III, 439.
canis, 62, 293, 321; II, 45, 260; variante *canês*, I, 316.
canitia, *canitiês*, 177.
cano, IV, 276; *cecini*, 36, 111, 180, 181, 214, 224, 242; *cantum*, I, 203.
capacia, IV, 218.
capesso, III, 460.
capillus, IV, 120.
capio, 240; III, 111; IV, 217; *cêpi*, III, 181, 215, 223, 242; *capso*, IV, 149.
capistrum, IV, 69.
capito, IV, 281.
captîvus, IV, XVI, 235.
carbonesco, III, 460.
careo, *carint* (=*careant*), III, 341.
caritas, IV, 302.
carnâlis, IV, 303.
carnifex, IV, 246.
carnificina, IV, 102.
carnivorus, 311; IV, 366.
carus, 311; IV, 299.
castigo, III, 457.
castimônia, IV, 35.
Castor, génitif *Castorus*, 413.
castrum, IV, 64.
câsus, IV, 165.
causidicus, 233.
cedo, *cessi*, 202; *cessum*, 202.
celebresco, III, 460.
celer, 321; IV, 304.
celox, IV, 311.
censeo, *censum*, 203.
censorius, IV, 228.
centum, II, 239.
cerasum, IV, 263.
Cerês, 316, 340; génitif *Ceresus*, 413.
cerimônia, IV, 35.
cerno, III, 107.
certamen, IV, 39, 138.
ceterus, II, 178.
cinctûtus, IV, 84.
cinereus, IV, 321.
cingulum, IV, 301.
cinis, IV, 297.
cis, II, 178, 377.
citra, II, 178, 377.
civicus, IV, 317.
clamo, 61, 261; III, 421, 422.
clamor, *clamôs*, 339.
claresco, III, 461.
clarigo, III, 457.
classicus, IV, 317.
claudo, *clausi*, III, 429.
claustrum. 202; IV, 64.
cluo (rac. *clu*), 261; III, 421.
clûtus, 123; IV, 73.
cocles, II, 214.
coctio, IV, 112, 114, 115, 220.
coctîvus, IV, 235, 236.
coctor, III, 298.
cœlestis, IV, 117.
cœlicola, IV, 255, 256, 259, 334.
cœlicus, IV, 317.
cœlitus, II, 411.
cœnaturio, III, 458.
cœno, III, 439, 445.
cognomentum, IV, 41.
collega, IV, 255.
collîdo, 40.
collîgo, 41, 131.
colloquium, IV, 213.
colo, *cultum*, 203.
coloro, III, 439.
columba, 164.
combibo (substantif), IV, 275.
comedo, *comêsum*, 202.
com-es, *com-it-is*, IV, 247.
comestura, 202.
comestus, 202.
commodum, IV, 374.
commodus, IV, 360.
communio, IV, 218, 220.

communis, IV, 360.
con- au commencement des composés possessifs, IV, 360.
concha, 47.
concludo, 40, 284.
concolor, IV, 360.
concordia, IV, 218.
concors, 335; IV, 351, 360.
conculco, 39, 234.
concupiscor, III, 461.
concutio, 138; II, 371; *concussi*, 100.
condo, III, 277.
confero, 131.
confertim, IV, 114.
confinis, IV, 360.
conformis, IV, 360.
conjugium, IV, 213.
conjunctīvus, IV, 236.
conjux, 290; IV, 246.
connubium, IV, 213.
conscriptes (vieux latin), II, 40.
conserva, IV, 363.
consideo, 131.
consors, IV, 360.
consortium, IV, 213.
consudasco, III, 461.
consulatus, IV, 319.
consumse, IV, 148.
contagio, IV, 217.
contagium, IV, 213.
contiguus, 36; IV, 306.
contingo, 234; II, 340; III, 217; *contactus*, 36.
continuo, 387; IV, 376.
contrâ, 387; II, 182.
contrarius, IV, 324.
contubernium, 38.
conventionid (vieux lat.), 383.
convivium, IV, 213.
coquo, 60, 134; *coctum*, 31.
coctus, IV, 77.
coquus, IV, 255, 306.
cor, 24, 66; II, 373.
*cordâ*m, IV, 408.
cordâtus, IV, 84, 86, 102.
cornesco, III, 460.
corpus, 350; IV, 26, 296.
cosmitto, 196.
cras, 59; II, 375.
crastinus, IV, 322.
creatura, IV, 26.
crēdo, 250; III, 204, 277; *crēdidi*, III, 158.
creo, 419; IV, 26, 61.
crepusculum, III, 425.
cresco, *crēvi*, *crētum*, 59, 260; II, XVI.
crīnis, 260; IV, 120.
-cubus, IV, 255.
cujas, II, 370.
cujus, *cuja*, II, 394.
cujatis, II, 370.
cum, II, 182; III, 198, XXXV; IV, 412.
cumulus, 260; IV, 49.
cupidus, IV, 75.
cupio, 240.
cura, IV, 265.
curro, *cucurri*, III, 180, 214; *cursum*, 203.
currus, IV, 272.
cursim, IV, 114.
cursus, IV, 165.
custodio, *custodībant*, III, 157.
cutis, IV, 296.
datīvus, IV, 236.
dâtrix, 301.
deargentassere, IV, 152.
decem, 62; II, 228, 77.
decemvir, IV, 363.
deciduus, IV, 306.
declivus, IV, 306.
decôrus, IV, 263.
demo, *dempsi*, *demptus*, 196.
demolio, *demolibor*, III, 157.
dêmum, II, 309.
dêmus, II, 309.
dêni, II, 240.
dênique, II, 311, 415.
dentatus, IV, 84.
denuntio, *denuntiamino*, III, 80.
depeculassere, IV, 152.
desidia, IV, 213.
deus, génitif plur. *deum*, II, 79; datif plur. *diibus*, II, 74.
dexter, 63; II, 178.
dexterior, II, 179.
dextimus, II, 179; *dextumus*, II, 188.
dīco (rac. *dĭc*), 127, 232, 265; III, 187, 342; futur *dicem*, III, 342; *dicebo*, III, 157; impératif *dic*, III, 375; parfait *dixi*, III, 185, 186; *dixis*, *dixe*, IV, 149; participe *dictus*, IV, 73; supin *dictum*, IV, 166.
dictatored (vieux latin), 383.

-dĭcus, IV, 255.
diēs (dieī), II, 310.
difficilis, IV, 363; difficile, 374.
difformis, IV, 351.
dignus, IV, 97.
diluviēs, III, 212; IV, 217.
diluvium, III, 212; IV, 213.
dimidius, II, 215.
disciplīna, IV, 102.
disco, III, 423.
dissidium, IV, 213.
dissimilis, IV, 363.
ditesco, III, 460.
diū, II, 310.
diutinus, IV, 323.
divido, divīsi, 201; III, 429; divisse, III, 203; divīsum, I, 203.
dīvum, sub dīvo, 284.
do (rac. da), 243; III, 401, 83, 84; dăbam, dăbo, III, 158; duim, III, 204, 323; datus, IV, 73; datum, IV, 166.
doceo, III, 423; docui, IV, 39, note; doctum, IV, 39, note, 167, remarque.
docilis, IV, 302.
doctrīna, IV, 102.
documen, documentum, IV, 39.
dolor, 65.
dominicus, IV, 317.
domino, III, 439, 445.
domo, IV, 76; domitus, IV, 73.
dōnec, II, 307, 415.
dōnicum, II, 307, 415.
dŏrmio, IV, 46; dormibo, III, 157.
dūco (rac. dŭc), 124, 232, 233, note 3; impératif duc, III, 365, note 1; ductus, IV, 165; ductum, IV, 166.
dūdum, II, 307.
dulcesco, III, 460.
dum, II, 307, 309.
duo, II, 9, 217; duōbus, II, 74; duābus, II, 74.
duodecim, II, 233, 236.
duodecĭmus, II, 245.
duomvires (vieux latin), II, 40.
dux, 124, 270, 290; IV, 246.

eburnus, IV, 102.
edax, 290; IV, 311.
edo 1° edo (verbe), 263; ēs, edimus, estis, III, 83; est, I, 202; III, 83; estis, I, 202; edim, III, 323; essem, III, 359, 360; ēdi, III, 182; ēsum, I, 202; IV, 166.
2° edo (substantif), 320; IV, 275.
effigia, effigiēs, 177.
egēnus, IV, 97.
ego, II, 255; egomet, II, 270; génitif meī, II, 259, 278; datif mihī, I, 66, 378; II, 11, 259; accusatif mē, II, 259; memet, II, 270; med, I, 384; ablatif mē, II, 259; nōs, II, 270, 301; III, 21; nosmet, II, 270; nostri, II, 286, 394; nostrum, II, 286, 394; nobis, II, 16.
egregius, IV, 228.
emem (vieux latin = eundem), II, 335.
emo, IV, 79; ēmi, III, 182.
enim, II, 340.
ens, IV, 5, 7.
ensis, II, 14; IV, 24, 268.
eo (rac. i), 242, 260; II, 328; iens, euntem, II, 328; itum, IV, 166.
eō (adverbe), 389.
equa, equābus, II, 74.
equ-es, equ-it-is, IV, 247.
equio, III, 459.
equus, 57; IV, 305.
erigo, 41.
errabundus, IV, 52-53.
erro (substantif), 320; IV, 275.
escas (génitif), 426.
escit (vieux latin), voy. sum.
esurio, III, 458.
ex, IV, 394.
exactus, 36.
exanimis, IV, 359.
exaquesco, III, 460.
excello, IV, 304.
excedo, excessis, IV, 149.
excidium, IV, 213.
excubiæ, IV, 217.

exercitium, IV, 116.
exercitus, génitif *exercituus*, 413.
eximius, IV, 225.
exitium, IV, 115.
expers, 36; IV, 359.
expugnassere, IV, 152.
exsanguis, IV, 352, 359.
exsequiæ, IV, 217.
exsugo, *exsugebo*, III, 157.
exterior, II, 179.
externus, IV, 102.
extimus, II, 176; IV, 400.
extinguo, *extinxem*, *extinxit*, IV, 149.
extrâ, 387; II, 181.

facilis, IV, 302; *facile*, I, 277; IV, 374.
facillimus, II, 177; *facilumed*, IV, 379.
facinus, IV, 289.
facio, 57; III, 423; futur *faciem*, III, 342; *fēci*, III, 181, 214; *faxim*, I, 405; III, 359; *faxem*, III, 359; IV, 149; *faxo*, IV, 149; *facteis* (vieux latin), II, XVI, 40.
fagus, IV, 256.
fallax, IV, 311.
fallo, *falsum*, 203.
fâma, 317; IV, 46.
famēlicus, 317.
familia, génitif *familias*, 426; datif *familiai*, 379.
famulus, IV, 49.
fâri (rac. *fâ*), 242; *famino*, III, 80.
fecundus, III, 80.
femina, III, 80; IV, 58.
fendo, IV, 42.
fer, IV, 255.
ferinus, IV, 102.
fermentum, IV, 45.
fero (rac. *fer*), 242; *fers*, III, 46, 83; *fert*, III, 60, 83; *ferimus*, III, 83; *fertis*, III, 48; impératif *fer*, III, 375; imparfait du subj., III, 359; infinit. *ferre*, IV, 144.
ferocia, IV, 218.
ferocio, III, 439.
ferox, IV, 311.
fertus, IV, 73, 75.
fĕrus, 311.
ferveo, IV, 45.
fervidus, IV, 74.
fetura, III, 80.
fetus, III, 80.
-ficus, IV, 255.
fides, 35, 233.
fidicen, 320.
fido (rac. *fĭd*), 35, 71, 147, 211, 233, 264.
fidūcia, IV, 311.
fidus, IV, 255.
figo, *fixum*, 202.
figulus, IV, 301.
fimbriâtus, IV, 84.
fimētum, IV, 85.
findo, 232, 246; *fidi*, III, 208; *fissum*, I, 202; IV, 166.
finîo, III, 439.
finis, IV, 120.
fio, III, LXXXII, 405.
firmus, IV, 45.
fissio, IV, 114.
fissipes, IV, 355.
flagro, 151, 264.
flamen, 320.
flamma, 264, 317; IV, 46.
flammesco, III, 460.
flecto, III, 109.
flexanimus, IV, 334, 355.
flô (rac. *flâ*), 61, 242; III, 216; *flâtum*, IV, 166.
Florentia, IV, 229.
floreus, IV, XVI, 321.
flôs, 338.
flosculus, 338.
fluctuo, III, 439, 445.
fluidus, IV, 74.
flumen, IV, 38.
fluo (rac. *flu*), 159, 262.
fluor, IV, 292.
flustrum, IV, 64, 69.
fodio, 459; *fodîri*, III, 459, note 1; *fôdi*, III, 180, 214.
fœderifragus, IV, 338.
fœdus, 34, 71, 338; IV, 291.
forceps, IV, 247.
forma, IV, 31.
formosus, IV, 20.
formus, IV, 45.
fortis, IV, 45.
fractio, IV, 114.
fractura, IV, 313.
fragesco, III, 461.
fragilis, IV, 302.
fragmen, IV, 39.
frango, *frēgi*, III, 181,

214; *fractum*, IV, 166.
-*fragus*, IV, 255.
frâter, 116.
fremĕbundus, IV, 53.
fremor, IV, 292.
frico, *frictum*, IV, 166; *frictus*, IV, 73.
frigidus, IV, 74.
fronto, IV, 281.
fructifer, 40; IV, 334.
fructuosus, IV, 20.
fruor, *fruimino*, III, 80.
fu, rac. qui remplace *es* «être», 263; *fuam*, III, 129, 154, 310; *fuas*, *fuat*, *fuant*, III, 129; *fui*, III, 129, 154, 190; *fuvi*, *fuvimus*, *fuvisset*, III, 129, 212; *fueram*, III, 290; *fore*, III, 155.
fuga, IV, 265.
fugio, *fûgi*, III, 180.
-*fugus*, IV, 255.
fulcimen, IV, 39.
fulcrum, IV, 61.
fulgeo, 151, 264.
fulgêtra, *fulgêtrum*, IV, 64.
fulgidus, IV, 74.
fulgor, IV, 292.
fulgur, IV, 296.
fulmen, IV, 38.
fumigo, III, 457-458.
fûmus, 45, 50; II, 180; IV, 45.
fûnis, IV, 120.

Galba, IV, 257.
Gallia, IV, 229.
gallina, IV, 102.
gaudium, IV, 213.
gelasco, III, 460.
gemĕbundus, IV, 52, 53.
gêminus, III, 80; IV, 36.
gemisco, III, 461.
gener, IV, 301.
generasco, III, 461.
genitîvus, IV, 236.
genitor, 334; III, 298; IV, 55.
genitrix, 278, 301.
genitura, IV, 52.
genius, IV, 225.
genû, 350.
genus, 296, 338, 350; IV, 194, 296.
-*ger*, IV, 255.
Germania, IV, 229.
germen, IV, 36, 38.
gero 1° *gero* (verbe), 202; *gessi*, 201; *gestum*, 203.
2° *gero* (substantif), IV, 275.
gerulus, IV, 301.
gigno (rac. *gen*), 246; *genitus*, IV, 73; *genitum*, IV, 166.
gingrio, III, 437.
-*ginta*, dans les noms de nombre, II, 239.
glûma, IV, 46.
glûten, 249.
Gnæus, II, 328.
gnarus, 259; IV, 299.
gnateis (vieux latin), II, 40.
Græcia, IV, 229.
græcisso, III, 459.
grâtus, 202.
gravis, 130; IV, 271; *gravius*, I, 338, 350.
grus, *gruis*, *gruem*, 349.
gula, III, 438.
gulo, IV, 281.
gurgulio, III, 438.
gustus, 265.

habeo, 256.
haurio, IV, 65.
haustrum, IV, 65.
hemo, IV, 33; *hemonem*, I, 320.
herbesco, III, 460.
heri, 50; II, 374.
hesternus, 50; II, 374; IV, 323.
hic (pronom), II, 300, 347, 377; *hæc*, 377, 379; *hoc*, 378; *huic*, 347; *hunc*, 300, 347; *hôc*, 347.
hîc (adverbe), II, 377.
hicce, II, 377; nominatif pluriel *hisce* (vieux latin), II, 40.
hiems, 66.
hilaris, 316.
hinc, II, 410.
hirundo (*hirundin*), 320.
Hispalis, *Hispalim*, 348.
hodie, II, 309, 366.
hodiernus, IV, 323.
homicida, IV, 339.
homo, 320; IV, 33, 276; *homônem*, I, 320.
honestus, IV, 84.
honôrificus, IV, 338.
honôrus, IV, 263.
hordus, II, 12.
hornus, II, 373, 381.
horrificus, IV, 338.
hospes, IV, 116.

hosticus, IV, 317.
hostis, 309; II, 127; IV, 116.
humus, III, 41; IV, 256, 310.

ibí, 378; II, 11, 326, 376; IV, 391.
idem, II, 306, 310.
igneus, IV, 321.
ignis, IV, 119.
ilignus, IV, 103.
ille, 55; II, 39, 300, 377.
illic, *illíc*, II, 376.
illim, II, 409.
illinc, II, 410.
illô, 389.
im=*eum*, voy. *is*.
imago (*imagin*), 320.
imbellis, IV, 266, 351, 357, 358.
imberbis, IV, 266, 302, 357, 358.
imbricitor, IV, 365.
immô, II, 271, 308, 326.
immunis, IV, 267, 360.
imperatorius, IV, 228.
impetrassere, IV, 152.
impleo, IV, 248.
impotens, IV, 358.
in, II, 350, 409; IV, 397.
in- (privatif), III, 172.
incendium, IV, 213.
incensit, IV, 149.
incesso, III, 460.
incipisso, III, 459.
incrementum, IV, 41.
incubus, IV, 255.
incus, IV, 247.
inde, II, 350, 409.
index, IV, 247.
indigena, IV, 247, 255.
indiges, IV, 247.
induco, *induxis*, IV, 149.
inedia, IV, 217.
inermis, 36, 38; IV, 302, 351, 357.
iners, 335; IV, 357.
inertia, IV, 218.
infantia, IV, 218.
infelix, IV, 363.
inferior, 50.
infernus, IV, 103, 393.
inferus, II, 180.
infimus, 50; II, 180.
infra, 50.
ingenium, IV, 225.
ingenuus, IV, 306.
initium, IV, 114.
inimícus, 36; IV, 363.
injexit, IV, 149.
inopia, IV, 218.
inops, IV, 357.
inquam (rac. *qua*), 242; III, 8, 128.
insidiæ, IV, 217.
insipidus, 36; IV, 363.
insomnis, IV, 357.
insulânus, IV, 103.
insulsus, 38; IV, 363.
integer, IV, 299.
intelligo, *intellexes*, IV, 149.
inter, II, 179, 180, 350; IV, 397.
interdius, II, 310.
interior, II, 179.
interitus, IV, 165.
internus, IV, 102.
interregnum, IV, 363.
interrex, IV, 363.
intimus, II, 176, 177; IV, 400.
intrâ, II, 181.
intus, II, 180.
invâdo, *invâsi*, IV, 149.
involucre, IV, 61.
ipse, II, 39, 293, 300; *ipsus*, II, 300.
irascor, III, 460.
is, 313; II, 326; *ea*, II, 326; *id*, I, 92, 344, 357; II, 326; *éjus*, II, 327; *aeius*, II, 327; *ei* (datif), II, 327; *aei*, II, 327; *eum*, II, 327; *im*, I, 346; II, 40, 326; *eo* (ablatif), II, 327; nominatif pluriel *eis* (vieux latin), II, 41; génitif *eorum*, II, 328; *æorum*, II, 327; datif-ablatif *ibus*, II, 326; *eabus*, II, 327.
iste, II, 39, 295, 300; *istud*, I, 140, 344, 356; II, 302; *istíus*, II, 295; *istí* (datif), I, 379.
istic, *istíc*, II, 376.
istim, II, 409.
istinc, II, 410.
ita, II, 325, 342, 417.
Italia, IV, 229.
item, II, 326; III, xxxv.
iterum, II, 178, 325, 326, 352.
itîdem, II, 418.
itio, IV, 114.

jacio, III, 423.
jam, II, 326, 365, 415.

janitor, IV, 320.
jecur, 24, 56, 351.
jejunium, IV, 213.
jocus, IV, 155.
jubeo, *jussi*, 201.
judex, 233; IV, 247.
jugum, IV, 255.
jumentum, IV, 117.
junctio, IV, 112, 114.
junctura, IV, 51.
jungo, 54, 246; *junctum*, IV, 166; *jûnctus*, IV, 73, 77.
junior, IV, 88.
jûnix, 301.
Jûpiter, 284; *Jovi*, 284; *Jovem*, II, 310; *Joverum*, II, 79.
jurgo, III, 457.
jûs «jus», 172; III, 328.
justitia, IV, 112.
justus, IV, 84.
jûtum, IV, 166.
juvenesco, III, 460.
juvenis, 293, 321; II, 45.
juventa, IV, 86, 88.

labesco, III, 461.
labes, IV, 267.
labio, IV, 281.
labium, IV, 284.
labor, *labôs*, 339.
lac(t), 285.
lacero, 62.
lacesso, III, 459.
lacrima, 51.
lædo, *læsi*, III, 429.
languor, IV, 290.
laniêna, IV, 102.
laniger, IV, 259, 334.
lapis, *lapiderum*, II, 79.
lapidesco, III, 460.
lapidosus, IV, 20.
larignus, IV, 102.
lascivibundus, IV, 53.
lascivio, III, 439.
laudo, III, 439.
latus, 45.
lavacrum, IV, xx, 61.
lavo, III, 421.
legirupa, IV, 255.
lego, *legî*, III, 180, 214.
-legus, IV, 255.
leibereis (vieux latin), II, 40.
lênis, IV, 120.
lepus, 338.
levâmen, IV, 39.
levasso, IV, 151.
levigo, III, 457.
lêvir, 34, 311.
levis, IV, 372.
lex (*leg*), 270, 290.
libet, III, 112.
lien, *liênis*, 320.
lignum, 38, 51.
ligo, IV, 372.
lingo, 50, 66.
lino, III, 107.
linquo (*lic*), 155, 247.
lippio, III, 439.
litigo, III, 457.
locuples, IV, 334.
longimanus, IV, 351.
longipes, III, 460.
longisco, III, 460.
longitudo, III, 460.
loquax, IV, 312.
loquor, 31, 60, 134; IV, 284; *locûtus*, II, 371.
-loquus, IV, 255.
lubet, III, 112.
Luccêjus, IV, xvi, 321.
luceo, 58.
lucerna, IV, 323.
lucidus, IV, 74.
lucrum, IV, 61.
ludicer, *ludicrus*, IV, 61.
ludius, IV, 228.
ludus, IV, 155.
lumen, IV, 36, 39, 120.
lumino, III, 439, 445.
luminosus, IV, 20.
luna, IV, 120.
lustrum, IV, 64, 69.
lux (*lûc*), 58, 290; IV, 245.

magis, II, 14, 188, 195, 199.
magister, II, 188; pluriel *magistres* (vieux latin), II, 40.
magnanimus, IV, 355.
magnifico, IV, 330.
magnus, IV, 97, 309.
major, 281; II, 194, 195; *majôsibus*, II, 187; *majus*, I, 338.
male, IV, 147.
maledico, IV, 330.
maleficus, IV, 363.
malluviæ, IV, 334.
malo, II, 396.
manceps, IV, 246.
mandûcus, IV, 312.
mâne, IV, 323.
maneo, *mansi*, III, 180, 184; *mansum*, I, 203.
manipulus, 40; IV, 334.
manstutor, 195.
manus, IV, 309.

mare, 61, 277, 350; *marid* (vieux latin), 384; II, XVI.
marînus, IV, 102.
marîtus, IV, 84.
Marius, IV, 228.
Marticultor, IV, 365.
mâs, 338.
masculus, 338.
maternus, IV, 102.
matresco, III, 460.
matrĭmônium, IV, 35.
matrôna, IV, 104.
matutînus, IV, 323.
maximus, II, 176.
medicus, IV, 312.
medius, 50, 310.
melior, *meliôsibus*, II, 187.
Mellôna, *Mellônia*, IV, 104.
memini, 219; III, 419.
memor, 327.
mendacium, IV, 214.
mens, IV, 115.
mensis, 341; II, 14; IV, 24.
mergo, *mersum*, 203.
mergus, IV, 255.
merîdies, 51, 422; IV, 363.
merŏbibus, IV, 334.
mĕrus, 311.
messis, IV, 115.
-met (*egomet*, *memet*), II, 270.
metuo, III, 463.
meus, II, 392.
mille, II, 243.
mingo, 50, 155; *mictum*, IV, 166.
minister, II, 188; pluriel *ministris* (vieux latin), II, 40.
minor, II, 188, 196, 198, 212; *minus*, II, 14, 188, 196, 199, 206.
minuo, III, 463.
mirabundus, IV, 53.
miraculum, IV, 62.
miror, 261.
mîrus, 261, 311.
misereor, III, 439, 446.
misericors, IV, 351.
miserimônium, IV, 35.
missio, IV, 220.
mistura, IV, 51.
mitigo, III, 457.
mitto, *mîsi*, 201.
mŏdus, 339.
mola, IV, 255.
molitus, IV, 74.
molîmen, IV, 39, 138.
mollis, IV, 271.
moneo, III, 419; *monĭtum*, IV, 167; *monĭtus*, IV, 74, 76.
monimentum, IV, 39.
montânus, IV, 103.
monumentum, IV, 39, 41.
monstrum, 195; IV, 64.
Morbônia, IV, 104.
mordeo, 24, 249; *momordi*, III, 180, 226, 242.
morior, 32; III, 405; *morîmur*, III, 459; *mortuus*, I, 24; II, 230. Cf. III, LXXXII.
mors, IV, 115.
môs, 338.
motio, IV, 220.
mulceo, *mulsi*, 201.
mulctra, *mulctrum*, IV, 64.
mulgeo, *mulsi*, 200.
mulgêtra, *mulgêtrum*, IV, 64.
multicaulis, IV, 355.
multicolorus, IV, 360.
multicomus, IV, 350.
multiformis, IV, 266.
multigenus, IV, 352.
multiplex, II, 74.
multivius, IV, 350.
multum, IV, 374.
munditiês, IV, 116.
munificus, IV, 334.
mûnus, IV, 267, 289.
murus, 311.
mûs, 123, 338.
muscerda, 338; IV, 336, 363.
muscipula, 338; IV, 300, 336.
musculus, 338.

nam, II, 338, 339.
nanciscor, III, 461.
nascor, II, 371.
naso, IV, 281.
nasûtus, IV, 84.
natîvus, IV, XVI, 235.
naufragus, 288; IV, 255, 334.
nauta, 288; IV, 256.
navalis, *navaled*, 383.
navigo, III, 457.
nâvis, 58, 284, 288.
ne, II, 341, 342, 343, 358.
nec, II, 358, 379.
nego, 305; III, 421.

necto, III, 109; *nexum*, I, 203.
nefandum, *nefas*, II, 341, 343.
nefastus, IV, 84.
nefunus, II, 341.
negotium, IV, 363.
nemo, II, 342.
nempe, II, 340; III, xxxv.
nênu, II, 342; IV, 384.
nepôs, IV, 57.
neptis, IV, 57.
neque, II, 343, 358.
nequeo, II, 343.
nequis, II, 377.
Nerva, IV, 257.
neuter, II, 177.
nex, 49, 305; IV, 245.
ni- (dans *nisi*, etc.), II, 341.
nigror, IV, 292.
nihil, II, 341.
nisi, II, 341.
nitidus, IV, 74.
noceo, 305.
nocîvus, IV, 306.
noctesco, III, 460.
nocticolor, IV, 338.
nocturnus, IV, 323.
nocuus, IV, 306.
nolo, II, 415, 417.
nômen, 339; génitif *nôminus* (vieux latin), 413.
nomenclator, IV, 338.
nominâtim, IV, 115.
nomino, III, 439, 446.
nôn, II, 342.
nônâginta, II, 239.
Nonia, IV, 228.
Nonius, IV, 228.
nônus, II, 230, 239.
nosco, II, 371; III, 429, 430, 431; *nôvi*, I, 259; *nôtum*, IV, 166; *nôtus*, IV, 72.
noster, II, 270.
novê, IV, 376.
novem, 31; II, 228, 230.
novus, 31.
nox, 32, 305; II, 417.
noxius, IV, 228.
nubês, 314; IV, 267.
nudius, II, 310.
num, II, 340.
Numa, IV, 257.
nunc, II, 309, 338.
nuncupo, 38; IV, 330.
nupturio, III, 458.
nûrus, 337.
nux, *nucerum*, II, 79.

ob, II, 179; IV, 392.
obdormisco, III, 461.
obescit, III, 461.
obex, IV, 246.
obiter, II, 179.
objexim, IV, 151.
obsequium, IV, 214.
obsidio, IV, xvi, 217.
obsidium, IV, 214.
obsolesco, 196.
obviam, II, 179; IV, 372.
occîdo, 40.
occiduus, IV, 306.
occupo, 38; IV, 330.
ôcissimus, II, 192.
Octavia, IV, 228.
Octavius, IV, 228.
octâvus, II, 229, 245.
octo, 31; II, 229.
october, II, 218.
octôginta, II, 239.
ôculus, 265; II, 213; IV, 245, 278.
odium, IV, 214.
odor, 65; IV, 292.
oinos, II, 210, 339.
olitor, IV, 320.
olle, II, 377; *olloes* (vieux latin) = *illis*, II, 75.
olus, IV, 296.
opera, IV, 288.
opifex, IV, 267, 320, 338.
opperio, *opperîbor*, III, 157.
oppidânus, IV, 103.
optimus, II, 176, 183; IV, 400.
opulens, 318.
opulentus, II, 397.
opulesco, III, 461.
opus, 296; IV, 267, 296.
orbâtio, IV, 220.
Orbôna, IV, 104.
orcînus, IV, 102.
ordo, II, 250.
origo (*origin*), 320.
ortus, IV, 165.
ôs, *oris*, 338.
oscen, 320.
ostendo, 210; IV, 317.
oviparus, 311; IV, 255.
ovis, 32, 57, 343; pluriel *ovês*, 76.
ôvum, IV, 251.

pabulum, IV, 45.
pœninsula, IV, 363.
pallesco, III, 461.
palmâris, IV, 325.
palmârius, IV, 325.

pallidus, IV, 74.
pânis, IV, 120.
parco, *parsum*, 203.
parcus, IV, 255.
paries, IV, 247.
pario, *peperi*, 131; *partum*, 203; *parîre*, III, 459.
pariter, II, 179.
parricida, IV, 255, 256.
pars, 335.
parturio, III, 458.
-*parus* (*oviparus*), 311; IV, 255, 409.
parvus, *parvibus*, II, 74.
pasco, *pavi*, IV, 33, 45, 120.
passim, IV, 114.
passus, IV, 114.
pater, 155.
paternus, IV, 102.
patior, 150.
patricus, IV, 317.
patrisso, III, 459.
patrîtus, IV, 84.
patrius, IV, 228.
patrôna, IV, 104.
patronatus, IV, 319.
pauperia, *pauperiês*, 177; IV, 218.
pax, 270; IV, 245.
pecten, 320; IV, 275.
pecto, III, 109.
pecû, 350.
pecuînus, IV, 102.
pecus, 44, 291, 338; IV, 296.
pedica, IV, 317.
pedisequus, IV, 317.
pedo (substantif), IV, 281.
pellex, 270; IV, 246.
pello, III, 36, 426; *pepuli*, III, 208.
pendex, IV, 311.
pendo, *pensum*, 203.
per, IV, 406.
perdo, III, 277; *perduim*, III, 340.
pereger, II, 353.
perendie, IV, 406.
peregrînus, II, 353.
perendinatio, II, 353.
perendino, II, 353.
perendinus, II, 353.
perennis, 75.
perperus, II, 354.
perficio, *perfectus*, 36.
perfidia, IV, 218.
permagnus, IV, 363.
perniciês, IV, 217.
perpetuo, 385, 387; IV, 376.
perspicuus, IV, 306.
pertica, IV, 311.
pessumdo, III, 278.
petisso, III, 459.
Petrêjus, IV, 321.
piaculum, IV, 62.
-*piam* (*quispiam*), II, 378.
piceus, IV, 321.
piger, IV, 299.
pignus, IV, xx, 289.
pigritia, *pigritiês*, IV, 114.
pinso, 42, 50; *pistum*, IV, 166.
pirum, IV, 263.
piscîna, IV, 102.
piscis, 157.
piscor, III, 439.
piscosus, IV, 20.
pius, 261.
Placentia, IV, 229.
plango, 264; III, 221.
planitia, *planitiês*, 177.
planto, III, 439.
plebêjus, IV, 321.
plebs, 293.
plecto, III, 109.
plênus, IV, 97.
plerumque, IV, 374.
plerus, IV, 299.
plôro, 59; III, 421.
plumesco, III, 460.
pluo (rac. *plu*), 59; *pluvit*, *pluvisse*, III, 212.
pluries, II, 252.
plus, II, 199, 206.
pluvia, *pluvius*, III, 212; IV, 217.
pô (rac.), 243; voy. *poculum*, *potor*, *potum*.
pôculum, 243; IV, 62.
pôdex, IV, 311.
poëta, IV, 256.
pol- (*polliceor*), IV, 403.
Pomôna, IV, 104.
pomêtum, IV, 85.
Pompêjus, IV, xvi, 321.
pômum, IV, 45, 263.
pons, 31; III, 437; IV, 115.
populus, vieux latin *populoi*, 379; *populeis*, II, 40.
por- (*porrigo*), IV, 403.
porrigo, IV, 403.
pos- (*possideo*), IV, 403.
possideo, IV, 403.
possum, *poteram*, *potero*, *possim*, *possem*, III, 189; *potui*, III, 189; *posse*, IV, 144.
post, II, 50; IV, 396.

posterus, II, 50.
posticus, IV, 396.
postumus, II, 176, 183.
potens, IV, 5, 7.
pôtio, 243.
potis, 32; IV, 116.
potissimum, IV, 374.
pôtor, 243; IV, 59.
pôtum, 32, 243; IV, 166.
potura, IV, 45.
potus, IV, 45.
præ, IV, 403.
præceler, IV, 363.
præcello, IV, 304.
prædad, 383.
prædico, IV, 275.
prædulcis, IV, 363.
prædurus, IV, 363.
præfamen, IV, 38.
præfari, *præfamino*, III, 80.
præmodum, IV, 374.
præsagium, IV, 214.
præsens, 79; IV, 5, 7.
præses, IV, 246.
præsentia, IV, 218.
præsul, IV, 246.
præter, II, 179.
prætorius, IV, 228.
preces, IV, 245.
premo, *pressi*, 201.
pridem, II, 310.
pridie, II, 310.
primarius, IV, 324.
primo, IV, 376.
primum, IV, 374.
primus, II, 244; IV, 410.
princeps, IV, 246.
principatus, IV, 319.
principium, IV, 214.
pristinus, IV, 323.
privignus, IV, 104.
prô, 92; IV, 402.
proavus, IV, 363.
proco, 32.
procus, IV, 255.
prod- (*prod-eram*), IV, 403.
produco, *produxe*, IV, 149.
proficiscor, III, 461.
profiteor, *profitemino*, III, 80.
progredior, *progredimino*, III, 80.
promiscuus, IV, 306.
promo, *prompsi*, 196.
promptus, 196.
pronepos, IV, 363.
prope, IV, 384.
propitius, IV, 323.
propter, II, 179.
protervus, IV, 306.
providentia, IV, 51.
proximus, II, 176.
pudibundus, IV, 53.
pudîcus, IV, 311.
pudor, 339; IV, 292.
pudoricolor, IV, 356.
puellasco, III, 460.
puer, 311.
puerasco, III, 460, 461.
pueritia, *pueritiês*, IV, 114.
puerpera, IV, 334.
pulcer, 311; *pulcerrimus*, II, 177.
pulmo, 419; IV, 33, 68.
puls, 335.
pungo, *pupugi*, III, 218.
purgo, III, 457.
puritas, IV, 87.
pûrus, 261, 264, 311; IV, 299.
puter, IV, 304.
puto «je pense», 150.
puto «je purifie», 262.

quadraginta, II, 234, 238, 241.
quadrivium, IV, 370.
quadru- (*quadru-pes*), II, 223.
quadrupes, II, 223; IV, 356.
quadrurbs, IV, 356.
quæro, 34.
quaistor (*quæstor*), 34.
quâlis, II, 406.
quam, II, 308.
quam (*quis-quam*), II, 378.
quando, II, 415.
quantus, II, 396.
quartus, II, 224.
quater, II, 224.
quatio, 138; II, 371; *concutio*, *quassum*, I, 202.
quatuor, 48, 134; II, 224, 234.
quatuordecim, II, 233.
que, II, 221, 340, 358, 378, 384.
quercêtum, IV, 85.
querimônia, IV, 35.
quernus, IV, 102.
qui, diffère de *qui-s*, II, 300; *quod*, I, 92, 134; II, 332, 367, 368; *quô*, II, 370; *quojus*, I, 419; II, 370; *cujus*, I, 138, 419; II, 370, 394

quoi, II, 371; *cui*, I, 138, 379; II, 370, 371; *quô*, II, 368; *quês*, II, 40, 376; *quî*, II, 368; *quæ*, II, 368; *quórum*, *quârum*, I, 65; II, 368; *quium*, II, 376; *quôs*, *quâs*, II, 368.
quî (adverbe), II, 376.
quia, II, 376.
quidam, II, 306, 310.
quidem, II, 310.
quiês, IV, 248.
quiesco, *quiêvi*, *quiêtus*, 261; IV, 248; *quiêtum*, IV, 166.
quîni, II, 342.
quinquaginta, II, 234, 238, 241.
quinque, 134; II, 225.
quinquefolius, IV, 356.
quinquertium, IV, 370.
quinqueviri, IV, 363.
quintus, II, 244.
quippe, II, 340, 376; IV, 384.
quis, 47, 137; II, 300, 372; *quid*, I, 353; II, 372.
quispiam, II, 371.
quisquam, II, 371.
quisque, II, 340, 371.
quisquis, II, 307.
quô (adverbe), 389.
quod (conjonction), IV, 384.
quondam, II, 310.
quot, II, 396, 400.
quotidianus, II, 400.
quotidie, II, 400.
quotiens, *quoties*, II, 252.
quum, III, xxxiv-xxxv.

rabiês, IV, 217.
rapidus, IV, 75.
rapîna, IV, 108.
rapio, III, 423.
raptus, IV, 165.
rarê, IV, 379.
rarô, 385, 387; IV, 376, 379.
rastrum, IV, 64.
re-, IV, 403.
rebellio, IV, 218.
recedo, *recesset*, IV, 149.
recens, IV, 374.
recidîvus, IV, 306.
reconciliassere, IV, 152.
red-, IV, 403.
regimen, IV, 39.
regîna, IV, 102.
regno, III, 439.
regnum, III, 464; IV, 97.
rego, 264; *rexi*, *rectum*, 200.
regula, IV, 301.
reliquus, IV, 255.
remigo, III, 457.
reminiscor, III, 430.
rêmus, IV, 69.
rês, 33, 283.
residuus, IV, 306.
retinax, IV, 311.
rex, IV, 245; *regerum*, II, 79.
rideo, *rîsi*, III, 429.
ridiculus, IV, 62.
rivus, IV, 167.
rôbur, IV, 292.
robustus, IV, 84, 292.
rodo, *rôsum*, IV, 166.
Românus, IV, 103; datif sing. *Romanoi* (vieux latin), I, 379; II, 88.
rôs, 338.
rostrum, IV, 64.
rota, 45.
ruber, IV, 292.
rubesco, III, 461.
rudis, 266.
rudor, IV, 292.
ruîna, IV, 108.
rumpo, 232; III, 208, 362, 423; *ruptum*, IV, 166.
ruo, *rutum*, IV, 166.
ruptura, IV, 51, 313.
rûs, *rûris*, 266.
rutrum, IV, 65, 69.

sacrificium, IV, 214.
sacriportus, IV, 363.
sæpe, IV, 384.
sal, 203, 295.
salignus, IV, 103.
salînus, IV, 102.
sam (=*eam*), II, 298.
sanguis, 320.
sanguisuga, IV, 339.
sapidus, IV, 74.
sapio, 240.
sapor, IV, 292.
sapsa, II, 298.
scabiês, IV, 217.
scabo, *scâbi*, III, 180, 214.
scelerâtus, IV, 103.
scelestus, IV, 84, 292.
scelus, IV, 292.
scindo, 48, 157, 232, 246; *scicidi*, III, 209; *scidî*, III, 208; *scissum*, IV, 166.
scio, *scîbam*, III, 157.

scius, IV, 255.
scriba, IV, 256.
scribo, *scripsi*, 200; III, 179, 180; *scripse*, IV, 149; *scriptum*, I, 200.
sé, II, 290, 294.
secundarius, IV, 324.
secundo, IV, 376.
secundum, IV, 374.
secundus, IV, 52.
secûris, IV, XVI, 20.
sed, 384; IV, 383.
sedeo, III, 14, 419.
sedes, 314, 315; IV, 267.
sedimen, IV, 39.
sedimentum, IV, 41.
sedo, III, 419.
segmen, IV, 38.
segnis, IV, 121.
sella, IV, 300.
sêmen, III, 114; IV, 37, 38.
sementis, IV, 115.
sêmi, 33; II, 215.
semideus, IV, 363.
semidies, IV, 363.
semimortuus, IV, 363.
semino, IV, 38.
sempiternus, IV, 323.
senâtor, IV, 320.
senâtus, IV, 319; génitif *senatuos*, I, 413.
senecta, IV, 86.
sêni, II, 242.
sentisco, III, 461.
septem, II, 228.
september, II, 218.
septimus, II, 245.
septuaginta, II, 242.
sepulcrum, IV, 61.
sequax, IV, 311.
sequor (rac. *sec*), 134, 264; *secutus*, II, 371.
-*sequus*, IV, 255.
sermo, 56, 320; IV, 33, 234.
sero, *satum*, 246; *sêvi*, III, 114, 190.
serpens, III, 140.
serpo, III, 140; *serpsit*, IV, 149; *serptum*, IV, 166.
sêrus, 311.
servio, *servibô*, III, 157.
servitium, IV, 114.
sevêrus, 311, remarque.
sex, II, 227.
sexaginta, II, 242.
sextus, II, 244.
si, IV, 383.
sibi, 378; II, 11, 82, 260, 292, 294.
sic, II, 291, 379; IV, 383.
siccus, 63; IV, 310.
sido, III, 420.
significo, IV, 330.
signum, IV, 97.
silvestris, IV, 117.
similis, IV, 49.
sinister, II, 178, 183, 188.
sinisterior, II, 179.
sinistimus, II, 179, 188.
sinistumus, II, 179.
sino, III, 107, 190.
siquis, *siqua*, II, 377.
sisto, 244, 246; III, 88, 125.
sitibundus, IV, 53.
sitio, III, 439.
sitis, *sitim*, 348.
sive, II, 379; IV, 383.
socer, 31, 63, 311; II, 165.
socera, II, 165.
socius, IV, 266; génitif du pluriel *socium*, II, 80.
socors, IV, 351.
Socratês, 315.
socrus, 31, 63, 283.
sôl, 295; IV, 234.
solamen, IV, 39, 138.
solânus, IV, 103.
sollus, 31; II, 188; *sollistimus*, II, 188.
solstitium, IV, 114.
sŏlum, III, 257.
solvo, *solûtum*, 262.
somnus, IV, 107.
sono, 31; *sonitum*, IV, 166.
sonor, IV, 292.
sonôrus, IV, 264.
sonus, II, 260; IV, 255.
sôpio, 32, 40, 60; II, 404; III, 420.
sopor, 31; IV, 292.
sopôrus, IV, 264.
sopôrifer, IV, 338.
soror, 31; IV, 58.
sororio, III, 439.
sororius, IV, 228.
sôs (=*eos*), II, 298.
spargo, *sparsi*, 201.
spectaculum, IV, XX, 61.
spectrum, IV, 65.
speculum, IV, 301.
specus, *specîs* (=*specibus*), II, 73.
sperno, III, 107.
splendidus, III, 270; IV, 74.

sponsis (forme verbale), IV, 149.
spopondi, III, 229.
spûma, IV, 46.
spuo, 157.
stagnînus, IV, 102.
statio, IV, 114.
sterno, 24, 250; III, 93, 107, 108; *strâvi*, III, 118; *strâtum*, III, 118; IV, 166; *strâtus*, 24; IV, 73.
stimulus, IV, XVII, 49.
stitium, IV, 114.
sto (rac. *stâ*), 157, 242, 260, 323; III, 88, 401; *stĕti*, III, 229; *stâtum*, IV, 166.
statuo, III, 463.
status, IV, 165.
stramen, IV, 31, 38.
stridulus, IV, 301.
strûma, IV, 46.
struo, 247, note 2.
studium, IV, 213.
suavis, IV, 271.
sub, IV, 390, 395.
subĭtō, 387.
subter, II, 179, 181.
subtus, II, 180, 411.
sucerda, IV, 365.
sudo, II, 260.
suffôco, 40.
suî, II, 291, 294.
sum 1° *sum* (pr.), II, 298.
2° *sum* (rac. *es*), 241; *sum*, III, 8, 82, 128; *es*, I, 340; III, 38; *sumus*, III, 54, 82; *sunt*, III, 54, 82; *siem*, *sies*, *siet*, *sient*, I, 38, 81; *sim*, III, 323; *es* «sois», III, 375; *esse*, III, 359, 360; *eram*, I, 65; III, 159, 163, 164, 358; *erâmus*, III, 163; *erant*, 163; *essem*, III, 359, 360; *ero*, *eris*, I, 65; III, 164, 299; *escit*, III, 198, 461.
summus, II, 177.
sumo, *sumpsi*, *sumptus*, 196.
su-ovi-taurilia, IV, 349.
super, IV, 395, 399.
superbia, IV, 218.
superescit, III, 461.
supernus, IV, 103.
superstes, *super-stit-is*, IV, 247.
sus, *suis*, *suem*, 349.
suspicio, IV, XVI, 217.
suus, 56; II, 392.

tabellârius, IV, 324.
tabulînus, IV, 102.
talio, IV, 217.
talipedo, IV, 330.
tâlis, II, 295, 406.
tam, II, 295, 308.
tamen, II, 295.
tandem, II, 295, 310.
tango, 156, 264; *tetigi*, 36; III, 181, 217, 218, 227.
tantus, II, 295, 396.
taurus, 171.
tegimen, IV, 39.
tegmen, IV, 39.
tegula, IV, 301.
tegulum, IV, 301.
tegumen, IV, 39.
tellûs, 338.
temo, IV, 33.
temperint, III, 341.
tenax, IV, 311.
tendo, IV, 42.
tener, IV, 301.
teneraśco, *teneresco*, III, 460.
tentamen, IV, 39.
tentum, 203.
tenuis, IV, 271.
tepidus, IV, 74.
ter, 419; II, 224.
tergeo, *tersum*, 203.
terminus, III, 79; IV, 415.
termo, IV, 33.
terra, génitif *terrâs*, 426.
terreo, III, 420.
terrestris, IV, 117.
terricola, IV, 259.
terrificus, IV, 338.
tertius, 419; II, 248; *tertio*, I, 387.
tertius decimus, II, 245.
testimônium, IV, 35.
testis, III, 126.
textrînus, IV, 102.
Tiberis, *Tiberim*, 348.
tibicen, IV, 363.
tignarius, IV, 324.
tignum, IV, 33, 97.
timidus, IV, 74.
toga, IV, 255.
tondeo, *tonsum*, 203.
tonitru, 32; IV, 68.
tono, IV, 255.
tonsor, IV, 102.
tonstrînus, IV, 102.
tonstrix, IV, 102.
torqueo, *tortum*, 203.
torreo, 130; *tostum*, 203.

torridus, IV, 74.
torus, IV, 255.
torvus, IV, 306.
tot, II, 295, 396, 400.
totidem, II, 295, 400.
totiens, *totiês*, II, 252, 295.
totus, II, 307; IV, 257.
tractim, IV, 114.
trado, III, 204.
traho, *traxi*, *tractum*, 201; *traxis*, *traxet*, IV, 149.
trans, II, 175, 221; IV, 415.
transfuga, IV, 255.
tredecim, II, 233.
tremisco, III, 461.
tremo, IV, 49.
tremulus, IV, 49, 301.
três, II, 220; *tria*, II, 50.
tribunatus, IV, 319.
tribuo, III, 463.
triduum, IV, 370.
trigêsimus, II, 246.
triginta, II, 238.
trinoctium, IV, 370, 371.
tripectorus, IV, 372.
tripes, IV, 356.
tristimônium, IV, 35.
tristitia, IV, 116.
triumviratus, IV, 319.
trivium, IV, 370.
tu, II, 256; *tumet*, II, 270; *tuî*, II, 260, 275; *tibî*, I, 66, 278; II, 11, 260, 261; *tê*, II, 257; *ted*, I, 384; *vôs*, II, 270, 301; *vestrum*, II, 286, 394; *vestrorum*, II, 286; *vestrî*, II, 286, 394; *vobîs*, II, 14.
tubicen, 36, 320.
tueor, IV, 258.
tuli, III, 208; *tetuli*, III, 208.
tum, II, 295, 307.
tumeo, IV, 49.
tumet, voy. *tu*.
tumulus, IV, 49.
tunc, II, 295, 338, 410.
tundo, 232; III, 400; *tutudi*, III, 208, 214, 218, 224, 242; *tûsum*, IV, 166.
turrîtus, IV, 84.
tussis, IV, 115; *tussim*, I, 348.
tuus, II, 392.

ubî, 138, 378; II, 11, 371, 376, 381; IV, 391.
ullus, 55.
uls, II, 377.
ulterior, 55.
ultimus, 55; II, 176; IV, 400.
ultra, 55; II, 377, 407.
unanimis, IV, 334.
unda, III, 89, 215; IV, 279.
unde, II, 371, 381, 408.
undecim, II, 233, 235.
undecîmus, II, 245.
ungo, III, 205, 227; *unctum*, IV, 166.
unguentum, IV, 51.
unguis, 134.
unicus, IV, 317.
unio, IV, 218, 220.
-unquam, II, 371.
unus, II, 210.
urbânus, IV, 103.
urbicus, IV, 317.
uro, *ustum*, 71; *ussi*, *ustum*, 201; *ustus*, IV, 73. Cf. II, IV.
ursus, 51; II, 88; IV, 275.
uspiam, II, 371.
usquam, II, 371.
usque, II, 371.
ut, II, 357; IV, 385.
uter, 138; II, 177, 371, 372, 381; *utrîus*, *utrî*, I, 387.
uterque, II, 381.
utî, II, 357, 417.
utînam, II, 418.
utîque, II, 418.
utrubî, 378; II, 11; IV, 391.
utrum, IV, 384.
uxor, 333.

vacîvus, IV, 306.
vacuus, IV, 306.
vadum, IV, 255.
vagabundus, IV, 52.
vagus, IV, 255.
Valentia, IV, 229.
Vallônia, IV, 104.
ve, II, 360, 379; IV, 383.
vectis, IV, 116.
vehiculum, IV, 62.
veho, 66; III, 28; *veheris*, *veherem*, *vehere*, I, 131; *vexi*, 200; III, 179, 184; *vectum*, I, 201; IV, 166.
Vejentânus, *Vejentînus*, IV, 102, 103.

vello, vulsum, 203.
vellus, IV, 296.
velox, IV, 311.
vendo, III, 278; *vendĭdi*, III, 158.
venio, venibo, III, 157.
venum, d'où *veno, venui* (datif), *veno* (ablatif), IV, 155.
venumdo, IV, 155.
Venus, 338; gén. *Venerus*, 413.
verberit, III, 340, 345.
verētrum, IV, 64.
vermis, 24, 50, 135.
vernus, IV, 103.
verrēs, 316.
versicolor, IV, 355.
versūtus, IV, 84.
vertex, IV, 311.
verto, III, 266, note 5; *versum*, I, 203.
Vertumnus, 400; III, 79; IV, 29, 30.
vērus, 311.
vesper, II, 353.
vespertīnus, IV, 323.
vesperus, II, 353.
vester, II, 270.
vestis, 182.
veterānus, veterīnus, IV, 103.
veternus, IV, 103.
vetus, 339.
vetustesco, vetustisco, III, 460.
vicēsimus, II, 246.
victus, IV, 164.
vīcus, 382; IV, 254.
video, 153; III, 424; *vīdi*, III, 180, 214; *vīsum*, IV, 166.
vidua, IV, 409.
vigēsimus, II, 246.
viginti, II, 238, 240.
vinculum, IV, 301.
vindemia, IV, 217, 334, 340.
vindicta, IV, 86.
vir, 311; vieux latin *vireis*, II, 40.
viresco, III, 461.
viridis, 188.
virtūs, 317.
virulentus, II, 397.
vīrus, 311.
vis, II, 22.
vīso, III, 429, note 4.
vitabundus, IV, 53.
vitrum, IV, 64.
vividus, IV, 74.
vīvo, vixi, victum, 57, 135, 265; *vixet*, IV, 149; *vivebo*, III, 157.
voco, 32; IV, 245.
volo (rac. *vel, vul*), 242; *vis*, 204; *vult, volumus, vultis*, III, 83; *velim*, III, 323; *vellem*, III, 359; *velle*, IV, 144.
Voltumna, IV, 30.
volucer, IV, XX, 61.
-volus, IV, 255.
vomicus, IV, 311.
vomitus, IV, 165.
vomo, 32.
vorax, 290; IV, 311.
vortex, IV, 311.
-vorus, 311; IV, 255.
vox, 290; IV, 245.
vulnificus, IV, 338.

4° FRANÇAIS.

acquérir, j'acquiers, pl. *nous acquérons*, III, 132.
dix, II, 232.
douze, II, 232, 234, 238; III, 189.
onze, II, 232, 234, 238; III, 189.
quarante, II, 238.
rien, II, 385.
savoir, je sais, nous savons, III, 132.
tenir, je tiens, nous tenons, vous tenez, ils tiennent, III, 131.
treize, II, 232, 234, 238; III, 189.
trente, II, 238.

5° ESPAGNOL.

querimos, quiero, III, 132.

E. — LANGUES LETTES.

1° VIEUX PRUSSIEN.

ainangimmusin, IV, 18.
ains, II, 210.
alga, IV, 260.
antars, II, 185.
arwi, *arwis*, 350.
arwiskas, IV, 316.
as (rac.), 263.
asmai, 263; III, 37.
assai, *asse*, *assei*, III, 37.
astin, 348.
attrâtwei, IV, 169.
au-, IV, 4, 392.
audasei, III, 357.
aulausê, IV, 19.
aulausins, *aulaûsins*, IV, 18.
aulaut, IV, 392.
aulauwussens, IV, 18.
aumûsnan, IV, 392.
aupallusis, IV, 18.
auschaudîtwei, IV, 169.

bausei, III, 357.
biâtwei, *biatwei*, IV, 169.
billiton, 349.
billîtwei, IV, 169.
billu, IV, 276.
boûsai, III, 357.
bouse, III, 357.
bout, IV, 170.
brati, III, 270.
busei, III, 357.

cristnix, IV, 260.
crixtilaiskas, IV, 260.

dainaalgenikamans, IV, 260.
dais, *daiti*, 169; III, 345.
dasai, III, 357.
dase, III, 345, 357.
dat, IV, 170.
dati, III, 345.
dâtun, *dâton*, IV, 4, 168.
dâtwei, IV, 169.
deina, IV, 260.
deiwas, 170, 422; *deiwa*, *deiwe*, *deiws*, *deiwas*, 443; *deiwan*, 53, 345; *deiwans*, II, 55.
deiwiskas, IV, 316.
dereis, III, 345.
dîla, IV, 260.
dilants, IV, 4.
dîlnikans, IV, 260.

ebsignâsi, III, 357.
emprîkisins, IV, 4, 5, 7.
endiris, III, 345.
endyrîtwei, IV, 169.
engaunai, 250.
enimts, IV, 25.
enimumne, IV, 25, 26.
enwackêmai, 60; IV, 169.
essei, III, 37.

galbsai, *galbse*, III, 357.
gallintwei, IV, 169.
gannan, 40; cf. *gennan*.
gemton, IV, 168.
gennan, 154; *gennai*, *gennans*, II, 55.
girtwei, *girtwey*, IV, 170, 397.
giwantei, IV, 4.
gîwasi, *giwassi*, 154, 265; III, 37.
giwit, IV, 170.
guntwei, IV, 170.

idaiti, *ideiti*, 169; III, 345.
imais, 169.
immais, *immaiti*, *immase*, *immati*, III, 345.
immusis, IV, 18.
iouson, II, 78, 286.
is, IV, 397, 398.
ist, IV, 170.
istwei, *istwe*, IV, 170.

ka, 356; IV, 26.
kan, 53.
kasmu, 370, 376.
kawydan, 349.
kermens, *kermnen*, *kermenen*, *kermenan*, IV, 26.
kirdîtwei, IV, 169.
klantîwuns, IV, 17.

laip (rac.), 60.
laipinna, 60.
lap (rac.), IV, 169.

leigintwey, IV, 169.
lembtwey, IV, 170.
limtwey, IV, 170.

madlitwey, IV, 169.
maisei, 415, 423.
maldaisin, *maldaisei*, II, 205.
massais, II, 205, 206.
menentwey, IV, 170.
mukinsusin, III, 357.
murrawuns, IV, 17.
mûtin, 334.
mylis, III, 345.

na, IV, 397.
neikaut, IV, 259, remarq.
newints, II, 230.
ni, II, 341.
niaubillîntis, IV, 4.
nidruwingin, II, 76.
no, IV, 397.
nouson, II, 78, 281.

pallapsitwei, IV, 169.
pansdan, IV, 396.
pecku, 350.
pergimnis, 424, note 2.
pirsdan, IV, 396.
pogirsnan, IV, 397.
poklausîmanas, IV, 25.
pokûnsi, III, 357.
polinka, 58.
prêigimnis, 424, note 2.
puoton, III, 415.
pûton, *putwei*, IV, 168.

quai, *quoi*, II, 43.

ranctwei, *'rancktwey*, IV, 170.
ripintin, IV, 4.
ripintinton, IV, 4.

schlûsitwei, IV, 169.
seisei, III, 357.
sen, IV, 412.
sîdans, 318; IV, 4.
smunintwey, IV, 170.
sta, 356; IV, 26.
stai, 169; II, 43.
stan, 346.
stanintei, IV, 4.
stans, II, 43.
stat, IV, 170.
stâtwei, IV, 169.
steisiei, *steissiei*, *steise*, 376, 423; IV, 169.
steison, II, 78.
stesmu, 389.
ston, 346.
sundintwey, IV, 170.
swintai, II, 43.
swintan, II, 76.
swintintwey, IV, 170.

tannei, *tans*, II, 43, 354; IV, 323.
tauta, IV, 258.
tawai, II, 229.
tawiskas, IV, 316.
teickut, IV, 170.
tennâ, IV, 323.
tickinnaiti, *tickinnimai*, III, 345.
tienstwei, IV, 170.
tîrtian, II, 248.
toûlan, *toûls*, II, 205; IV, 268.
turrîtwei, IV, 169.
tussîse, III, 357.
twaise, 415, 423.

uraisin, *urâisins*, II, 205.

wack (rac.), 60; *wackitwei*, IV, 169.
waitiaintis, IV, 4.
waldnix, IV, 260.
warguseggientins, IV, 4.
westwei, IV, 170.
widdewu, IV, 17.

2° LITHUANIEN.

abù, *abbù*, 153; II, 217.
akis, IV, 269, 278.
akmenynas, IV, 101.
akmenû'tas, IV, 101.
akmû' (*akmuo*), *akmèns*, 63, 163, 322; IV, 37, 272; I, 306.
àlkstu, III, 109.
anàs, *ans*, *anà*, II, 344, 345, 355.
andai, II, 414.
angis, IV, 269.
ant, IV, 388.
àntrai, *àntraipō*, II, 364; IV, 384.
antràs, II, 185, 351.
anûdu, II, 4.
ap- (dans *apauksinu*), IV, 390.
api (dans *api-pjaustu*), IV, 390.

artójis, IV, 237.
arù, IV, 236.
ásilas, II, 37.
asilénē, IV, 105.
aś, 155; II, 255.
aśara, 179.
áśarōju, III, 446.
áśmas, II, 244.
aśtrus, IV, 272.
aśtůni, 179; II, 226, 229.
aśtùntas, II, 244.
áśwa, 38, 57, 179; IV, 305.
at- (dans *at-eimi*), IV, 388.
at-gaiwinù, 74; III, 417.
at-gyjù, 74; III, 417.
atleid, III, 327.
atpirktōjis, 310; IV, 237.
atsi-lēpju, 60.
atsineśu, III, 76.
átwiras, IV, 259.
augmů', IV, 37.
auksinas, IV, 101.
auksinis, IV, 101.
aukśtumas, IV, 45.
auksadarys, IV, 342.
auksakalys, *aukskalys*, IV, 342.
áuśōme, *áuśtame*, III, 208.
auśra, 71, 337.
awis, 57, 344; IV, 69.
awgnénē, IV, 105.

bádas, IV, 153.
bagōtystē, IV, 113.
baidaù, 75.
báimé, 75; IV, 47.
bajùs, 75.
balnininkas, IV, 259.
baltas, 163.
báltōju, III, 446.
bālù, 163.
barnis, IV, 108.
bartinas, IV, 380.
barzda, IV, 85.
barzdaskuttis, *barzdskuttis*, IV, 342.
barzdů'tas, IV, 85.
baudźiù, III, 121.
bēdnas, IV, 101.
bēgtē, IV, 113.
bēgůnas, IV, 285.
bernénē, IV, 105.
biaurýbē, IV, 47.
bijaù, 74.
bijōtinas, IV, 380.
-bjaurus, IV, 305.
bredù, *bridaú*, III, 207.
brōlénē, IV, 105.
brólis, 153.
bů (rac.), 74, 262.
budrùs, 167; IV, 305.
bundù, 167.
burna, IV, 352.
búsiu, II, 320.
búti, 153, 165, 166, 262.
bůwaù, 74; III, 213.

ćisćius, IV, 306.
ćýstiju (*ćýstas*), III, 447.

dangalas, IV, 301.
dangiśkas, IV, 316.
dangùs, IV, 273.
darbininkas, IV, 259.
darkumas, IV, 45.
darkùs, 352.
dawjaú, III, 150, 151.
debesis, II, 230; IV, 267.
deda, 243.
dedù, 243, 259.
degaṅs, 317.
deganti, 174, 281.
degesis, IV, 295.
degikas, IV, 312.
dēginu, III, 418.
degsenti, 281.
degù, *degsiu*, *degti*, 210; III, 418.
degusi, 281.
dejà, IV, 265.
déjau, III, 150.
dėmi (*dėmi*), 170, 243, 259; III, 13, 15, 150.
dėst, 243; III, 50.
dėśimtis, 62, 179; II, 231, 239.
dėsinė, 104.
dėweris, 34, 170.
dėwiśkas, II, 393; IV, 316.
dewyni, II, 230; III, 108.
dēwystē, IV, 113.
didburnis, IV, 342, 352.
didey, IV, 378.
didgalwis, IV, 342, 352.
didi, *dide*, *didis*, 282.
dirbau, *dirbsiu*, *dirbti*, 210.
dýgstu, III, 109.
dywdarys, IV, 342.
dywnas, IV, 101.
dōdi, III, 327, note 2.
drasumas, IV, 45.
drasùs, 150; IV, 271.
draúgalas, IV, 301.
drausmé, IV, 47.

drysti, 153.
drungnùs, IV, 308.
drúta, IV, 47.
drūtumà, IV, 47.
du, II, 217; *du kartù*, II, 253.
dudi, III, 327, note 2.
du karts, II, 253.
dukté (*dukté*), *dukter*, 167, 306; *duktèrs*, *dùkters*, 332; *dukteriēs*, 332; *dukterú*, 332.
dùlkētas, IV, 86.
dūma, *dūmai* (*dûmai*), 148; IV, 45; *doūmań*, *doóman*, I, 219.
dumblótas, IV, 86.
dumóju, IV, 45.
durnóju (*durna*), III, 447.
dušià, 175.
dů̂d (rac.), III, 33.
dů̂da, 243.
dů̂'dje, III, 333.
dů̂du, 243.
dů̂kgi, II, 388.
dů̂'mi, 163, 243; III, 13, 71, 85, 150.
dů̂snùs, IV, 309.
dů̂'sti, *dů̂'st*, 209, 243; III, 50.
dwějū, II, 33.
dwi, II, 217.
dwikōjis, IV, 356.
dwylika, 51; II, 233, 235.
dźaúgsmas, IV, 47.

ed (rac.) «manger», 209.
edesis, IV, 295.
édme, 242.
edmene, 242.
ėdmi (*édmi*), 209, 242, 263; III, 12.
ēdrùs, IV, 305.
ei (rac.) «aller», *eimì*, *eiti*, 73; III, 12, 13; *eisì*, III, 36.
eismé, IV, 47.
ejimas, IV, 44.
es (rac.) «être», 263; voy. *esmì*.
ésań, pour *ésanti*, IV, 5, 7.
ésie, III, 333.
esmì (rac. *es*), III, 12, 13, 82.
êsiù, 209.
ést (*êst*), 241, 263; III, 50.
êste, 241.
ésti (*êsti*), 209, 241; III, 50.

gadinù, III, 417.
gadnùs, IV, 308.
gaidýs, IV, 232.
gailestis, IV, 119.
gaminù, III, 417.
ganýtōjis, IV, 237.
gar[illegible]é, IV, 47.
gárbintōjis, IV, 237.
gaspadà, IV, 115.
gaspadináuju, III, 448.
gaspadōrauju, III, 448.
gatáwiju (*gátawas*), III, 447.
gáunu, 250; III, 107, 108, 211.
gawaú, III, 211.
géda, IV, 265.
gédmi, III, 13.
gédu, III, 120.
gelbētójis, IV, 237.
gélbmi, III, 13; *gélbsi*, 36; *gélbt*, 50.
gelstù, III, 109.
gemù, III, 417.
gendù, III, 417.
gentis, IV, 116.
géras, 352; *gerésnis*, II, 202; *gēray*, IV. 377.
gerýbē, IV, 47.
gēsmé, 176, 282; IV, 47.
gést, III, 50.
-gi (dans *kas-gi*), II, 388.
gimimas, IV, 44.
girių, IV, 47.
girna, 154.
gýju, 74.
gýwas, 74, 154, 265; III, 417.
gywastis, IV, 118, 295.
gywénu, 74, 154.
gnýbju, 240; III, 112.
gráuju, 74; III, 416.
graźésnis, II, 202.
graźumas, IV, 45.
grébju, 235.
grēkininkas, IV, 259.
grēktwanis, IV, 342.
grúdźu, 240.
gruwaú, III, 213.
grūwù, 74; III, 213, 416.
gůdumas, IV, 45.

ìlginu, III, 419.
ìlgis, IV, 215.
ilgumas, IV, 45.
ilstù, III, 109.
issilaikaus, III, 76.
iś, IV, 398.

iśdrēcks (*iśdrýks*, *iś-drýks*), 219.
iśtisas, IV, 259.

jau, II, 365.
jaunikkátis, 171.
jaunikkis, 175, 176.
jaunystē, 171; IV, 113.
jaun-ménů, 171, 172.
jautis, IV, 117.
jawai, II, 276.
jédwi, II, 156.
jeib, IV, 384.
jeig, IV, 385.
jey, II, 364; IV, 385.
jeygi, IV, 385.
jéygu, IV, 385.
jéśkau, III, 122.
jéśkóju, 89.
jiję́, II, 156.
jiįì, II, 156.
jis (masc.), *ji* (fém.), II, 156, 363.
jósiu, III, 425.
jōsmů, IV, 37.
jōwarinis, IV, 101.
jùdu, *jùdwi*, 283, 284.
juka (*jukka*), 172, 173; III, 328.
jùma, II, 279, 284.
jùmus, 368; II, 14.
jungiu, participe *junktà*, IV, 77.
jùs, *jūs*, 368, 372; II, 265, 268.
jusiśkis, II, 393.
jūsyjè, *jūsý*, II, 268.
jūsu, 368; II, 78.
jusůsè, II, 268.
jů'dis, IV, 215.
jů'du, II, 4, 156.
jů'kas, IV, 156.

kad, II, 414.
kadà, 170; II, 413.
kadaí, II, 414.
kaípō, *kaip*, II, 364; IV, 384.
kaistù, III, 109.
kaluénē, IV, 105.
kamegi, *kamgi*, II, 388.
kamśtis, IV, 117.
kandis, IV, 269.
kándu, IV, 269.
kankinù, III, 417.
kańsnis, IV, 239.
káras, IV, 156.
karáuju, III, 448.
kàrśtis, IV, 250.
kartais, IV, 375.
kàrtas (*wénań kàrtań*), II, 253.
kas, 134; II, 367.
kasgi, II, 388.
katraip, IV, 384.
katras, II, 185.
kēla, II, 398.
kēlets, II, 398.
kēli, II, 398.
kelintas, II, 398.
kenčiù, III, 417.
kepù, IV, 77.
kertù, III, 207.
keturì, 48, 134; II, 223, 244; *kéturiōs*, II, 223; *kéturiōs dé-śimtys*, II, 239; *ké-turis kartùs*, II, 253.
keturkampis, IV, 352.
keturkōjis, IV, 356.
keturōlika, II, 233.
ketwirtas, 248.
kilaú, III, 207.
kirminis, 61, 134.
kirtaú, III, 207.

kitaipō, *kitaip*, II, 364; IV, 384.
kylù, III, 207.
klaidūnas, IV, 285.
klausau, III, 419.
kliuwaú, III, 213.
klydéju, III, 121.
klýstu, III, 109, 121.
klūwù, III, 213.
kōks, II, 406.
kōl, II, 398.
kōlei, II, 398.
kōlintas, II, 398.
kraujas, 167.
krauleidys, IV, 342.
kretinys, IV, 239.
kur, *kurgi*, II, 388.
kwēčiei, 134.
kwēstis, IV, 117.

laikaú, III, 15, 121.
laikýtas, IV, 78.
laiźau, 154; III, 122.
láuju, *lówjau*, 262.
laukininkas, IV, 259.
laupsintinay, IV, 378.
láupsinu, III, 416; *laup-sińsiu*, *laupsisiu*, I, 43.
lawōnas, IV, 392.
leidikas, IV, 312.
lékmi, III, 13; *lékt*, III, 51; *lēkù*, III, 207.
lengwas, 47, 153.
lēpjù, 60; III, 121.
létuwiśkas, IV, 316.
-lika (dans *wēnōlika*), 51; voy. *wēnōlika*.
likaú (rac. *lik*), III, 207; *likù*, II, 236.
limpù, 246; III, 208; *lipaú*, III, 208.

liudinu, 266.
lóbis, 310; IV, 250.
lóśtu, III, 109.
lúbiju (*lúbju*), 153; III, 121.
lukestis, IV, 118.
lùptas, IV, 77.

macis, *macnùs*, 308-309.
maínas, IV, 156.
maldà, IV, 265.
malù, III, 119.
malúnas, IV, 285.
man, II, 261.
mánas, II, 392.
manèń, *manéńs*, II, 261.
manimì, *manyjè*, *manŷ*, II, 261, 268.
marinù, III, 417.
medùs, 153.
mégas, IV, 156.
mēgmì, III, 13; *mēgsi*, III, 36; *mégt*, III, 50.
ménas, IV, 156.
menkas, II, 212.
ménû, *ménesiō*, *ménesimi*, 340, 341; *mēnes*, 297, 340, 341.
mērà, 170.
mergà, 306.
mergystē, IV, 113.
mēs, II, 268, 269, 301.
mēsà, IV, 259.
mésininkas, IV, 259.
metù, IV, 156.
mēżinys, IV, 239.
mēżù, 154; III, 207.
miglótas, IV, 86.
miltinas, IV, 101.
mirśtu, III, 109, 417.

myléłas, IV, 78.
mylētinay, IV, 378.
mýliu, III, 120.
myźalai, IV, 301.
myźaú, III, 207.
mōkestis, IV, 119.
mōkíntōjis, IV, 237.
mōtė́ (*mōtė́*), *mōterės*, 163; *móters*, *mōtèrs*, *mōteriēs*, 332; *mōterû*, 332.
mùdu, *mùdwi*, 278, 279.
mù-dwēju, II, 278.
mùma, II, 278.
mùma-dwēju, II, 278.
mùmus, II, 14.
mus, II, 268.
musiśkis, II, 393.
mūsyjè, *mūsŷ*, II, 268.
músu, II, 78.
musûsè, II, 268.

nabagas, IV, 352.
nabagē, IV, 352.
nágas (*nâgas*), 40, 47, 134, 163.
nagendù, III, 417.
naktis, 39; II, 416; *naktimis*, IV, 375.
ne, II, 341.
nei, II, 342, 387.
nēkadà, II, 414.
nēkadaí, *nēkadaís*, II, 414.
nēkadós, II, 414.
nékas, II, 210, 414.
newed, III, 327.
-ninkas (dans *balninin-kas*), IV, 258-259.
nû, IV, 397.
nûg, IV, 397.

ōsynas, IV, 101.

pa- (dans *pa-bēgu*), IV, 396.
pabaiga, IV, 265.
pabēgu, IV, 396.
paćiám, II, 323.
pagadinimas, IV, 44.
padarau, IV, 396.
pagalba, IV, 265.
pagaunu, IV, 396.
pagiru, IV, 396.
painė́, IV, 217.
pajōdinti (*pajódinti*, *pa-jódinti*), 219.
pakajus, 261.
paklaidinù, 73; III, 417.
paklýstu, 74; III, 417.
pamilstu, III, 109.
par- (dans *par-eimi*), IV, 405.
pas, *paskui* (*paskuy*), II, 50; IV, 396.
pâstininkauju, III, 448.
pasuntinys, IV, 239.
patis, II, 293, 324.
pâtys, II, 324.
pats, II, 323.
patwinstu, III, 109.
páweizdis, 73.
páwizdis, 73.
paźintis, IV, 111, 396.
péćius, IV, 306.
pēmû', IV, 37.
penétas, IV, 78.
penki, 134; II, 225.
pènktas, II, 245.
pér, IV, 406.
perkù, IV, 237.
pētumis, IV, 375.
pilnas, IV, 99.
pirmas, II, 244; IV,

410; *pirmay*, IV, 377.
pirmgimimas, IV, 364.
pykestis, IV, 119.
pjûtē, IV, 113.
pjûtis, IV, 111, 113.
platùs, 27; IV, 271.
pláuju, III, 121.
plaukótas, IV, 86.
plēšinys, IV, 239.
plótis, IV, 215, 250.
plûd (rac.), *plûstu*, *plûdau*, III, 109.
plunksnótas, IV, 86.
pō (préposition), IV, 396.
pōnas, 176.
pra, IV, 402.
pradēmi, 176; IV, 217.
pradžia, 176; IV, 217.
pragirti, IV, 402.
prakalbstu, III, 109.
prá-rakas, 60; IV, 258.
prárakauju, III, 447.
prastōju, IV, 402.
prašōkti, IV, 402.
prēš, IV, 403.
pri-, IV, 403.
prigimtis, IV, 111.
primiñsiu (*primíñsiu* et *primī'ñsiu*), 219.
prybutis, IV, 365.
pulkais, IV, 375.
pusdēwis, IV, 364.
pusgywis, IV, 365.
pusmergē, IV, 352.
pussalē, IV, 365.
pussesû, IV, 364.
pûstiju (*pûstas*), III, 447.
pūwù, III, 213; *pūwaû*, III, 213.
radinys, IV, 239.
ragû'tas, IV, 85.
raištis, IV, 117.
ramšà, IV, 265.
ramtis, IV, 117.
rankà, 163; IV, 170.
raudà, 151, 167; III, 446.
raúdmi, III, 14.
raudóju, 258; III, 14.
raudōnas, 151; IV, 102.
ráudōnōju, III, 446.
rḗdas, IV, 156.
rḗkauju, III, 449.
rekiu, 60.
rḗksmas, IV, 47.
reméstininkas, IV, 259.
remjù, III, 121.
rimastis, IV, 118, 295.
rimstu, III, 109, 121; IV, 292.
rišù, IV, 232.
rýmau, III, 122.
ryšýs, IV, 232.
rṓdas, IV, 156.
rudû, 266; IV, 279.
rupestis, IV, 118.

sa «avec», 179.
saktis, IV, 121.
saldùs, 50, 179, 277; IV, 270.
san- (dans *sañtēwōnis*), IV, 412.
sañdarbininkas, IV, 412.
sandōra, IV, 412.
sankareiwis, IV, 364.
sañtēwōnis, IV, 364, 412.
sâpnas (*sâpnas*), 163, 179, 322; II, 217; IV, 107.
sargas, IV, 258.
sáugmi, III, 13; *sáugsi*, III, 36; *sáugt*, III, 50.
saulḗ, IV, 232, 233.
saúsas, 171; IV, 310.
sāw, II, 291, 294.
sáwas, *sawà*, II, 392.
sawèn, II, 291, 294.
sawḗns, II, 291, 294.
sawinì, II, 291, 294.
sawyjè, II, 291, 294.
sawredus, IV, 342.
sḗdmi, III, 13, 14, 414, 417.
sègtas, IV, 77.
segù, IV, 121.
sēju, IV, 37.
sek (rac.), 264; *seku*, 134.
sḗkmas, II, 244.
sèktas, IV, 77.
seku, 134; *sek*, 264.
sēmenys, IV, 37.
septìntas, II, 244.
septynì, II, 228.
sérgmi, III, 13; *sérgsi*, III, 36; *sérgt*, III, 50.
sessû', *sesû'*, 163; *seser*, 163, 179, 332; II, 324.
sidabrinas, IV, 101.
sidabrinis, *sidabrins*, IV, 101.
silpnas, IV, 98.
silpstu, III, 109; IV, 98.
skyrius, IV, 307.
slūžbà, IV, 47.
slūžmà, IV, 47.
skusiu, 209; rac. *skut*, 209.

smertis, IV, 111.
sōdinù, III, 414, 417.
sūditi (*soūditi*, *soúditi*), 219.
srauju, IV, 216.
srōwė́, IV, 216.
sta (rac.), 260.
staigiōs, 264.
statùs, 260.
stė́gius, II, 132.
stō (rac.), 260.
stýriju (*stýras*), III, 447.
stóju, III, 14.
stomû, IV, 37.
stônas, 260.
stówju, 260; III, 14; *stōwjaú*, III, 151.
stówmi, III, 12, 14, 151.
su, IV, 412.
sukù, III, 14.
sūnùs, IV, 309; *sûnaùs*, *sûnaù*, I, 73, 74.
suwù, 180.
swećia, 176.

šakà, 179; IV, 366.
šaknis, IV, 120.
šaltas, 163.
šàltis, IV, 215, 250.
šālù, 163.
šannùs, IV, 309.
šeši, II, 227.
šešini, 181.
ši, II, 318.
šiâmui, II, 318.
šikšninis, IV, 101.
šikštė́ju (*šikštùs*), III, 447.
šikù, 351.
šimtas, 62, 179; II, 240.
šiōs, *šiōsè*, II, 318.
širdis, 393; II, 321.
šis, II, 318, 320.
šitas, II, 318, 322.
šlówīјŭ, 78, 262; III, 419, 422.
šlówinu, III, 419.
šukdantis, IV, 356.
šungalwis, IV, 356.
šû (*šuo*), *šuns*, 62, 322.
šwēciù, 179.
šwentas, 102.
šwilpinu, III, 424.
šwilpja, III, 424.

tad, II, 414.
tadà, II, 413.
tadaí, II, 414.
tai, 344, 355; II, 302, 366; IV, 386.
taípō, *taip*, II, 364; IV, 384.
tais, II, 304.
tâkas, IV, 258.
tam, II, 302.
tamè, 432; II, 302.
tâmui, II, 302.
tas, thème *ta*, II, 295.
tauta, IV, 258.
taw, II, 261.
tâwas, II, 392.
tawèn, II, 261.
tawéns, II, 261.
tawimì, II, 261.
tawyјè, *tawý*, II, 261, 268.
te, III, 333.
tė́ (*tė́* chin), 169; II, 42, 303.
tė́kis, *tė́kys*, IV, 232.
teku, 99.
tekúnas, IV, 285.
tė́mdwēm, II, 303.
tenay, IV, 378.
tė́was, IV, 258.
tō, II, 302.
tōјè, II, 303.
tōks, II, 406.
tōl, II, 398.
tōlei, II, 398.
trećias, II, 248.
trigalwis, IV, 356.
trikampis, IV, 356.
trikōјis, IV, 352, 356.
tris kartùs, II, 253.
trýdešimtis, II, 239.
trylika, 51; II, 235.
tu, II, 128.
tūžbà, IV, 47.
tūžmà, IV, 47.
tû, II, 302.
tû'du, II, 411, 303.
tûmì, II, 302.

ugnis, IV, 119.
usnis, IV, 119.
uzwaizdas, 73.
ùžmatas, IV, 156.
ûgynas, IV, 101.
ûsis, IV, 269.

wadìnas, *wadìnasi*, III, 76.
waidinos, *waidinū's*, 73; III, 76, 417.
wakarais, IV, 375.
wàlgis, IV, 225.
wandû, IV, 279.
warinas, IV, 101.
wázmà, IV, 47.
wâžōju, III, 28.
wedi, III, 327.
wéidas, IV, 258.
wéizdmi, 73; III, 417.

wējas, 170.
wēmalai, IV, 301.
wénas, II, 211; *wēnań kàrtań*, 253.
wēnōlika (*wienolika*), 51; II, 235.
wēnrágis, IV, 342, 356.
wèrksmas, IV, 47.
wèstas, IV, 78.
westi, rac. *wĕd*, 209.
westinas, IV, 380.
wétra, IV, 69.
weźù, 154, 155; III, 28.
widus, II, 211.
wienolika (*wēnōlika*), II, 235.
wilkas, thème *wilka*, 186, 312.
wilkénē, IV, 105.
wilnōnas, IV, 102.
winićia, *wynićia*, 176, 286.
wisadà, II, 414.
wìsas (*wissas*), 166, 179; II, 217.
wynkalnis, IV, 342.
wynmédis, IV, 342.
wynśakē, IV, 366.
wynûgē, IV, 366.
wýriśkas, II, 393; IV, 316.

zwánas, 181; IV, 258.
zwániju, 181; III, 121.

źádas, 154; III, 434.
źadù, III, 120; IV, 225.
źasis, 153, 154.
źelmû, IV, 37.
źengiù, III, 434.
źiéma, 154.
źìndù, *źìndau*, III, 416.
źinaú, 154, 155.
źinōmay, IV, 378.
źindźius, IV, 306.
źiné, *źyné*, IV, 217, 230.
źywijos, 154.
źýwiju, III, 121.
źódis, 154, 174; IV, 225.
źúwu, *źúwaú*, III, 213.
źwáke, 177.

3° LETTE.

baideht, III, 280.
bít, *biht*, IV, 170.
brālis, III, 270.
būs, *būsim*, II, 320; *būśu*, II, 320; *buht*, IV, 170.

desmit, II, 237.
dimdeht, *dimt*, III, 280.
diwpazmit, II, 236.
dōs, *dōsim*, *dōśu*, II, 320.
dunduris, *durt*, III, 216.

esmu, III, 37.
eet, IV, 170.

gaju, 259.

jaht, IV, 170.

leitis, *leiśi*, II, 324.

māse, II, 324.
māte, *mahte*, 334; II, 324.

naudeht, *naut*, III, 280.

pahr (*pár*), IV, 406.
paśi, II, 324.
pilns, IV, 99.

rahms, IV, 292.
raudàju, III, 120.

seśi, II, 320.
seet, IV, 170.
smeet, III, 332.

śam, II, 320.
śirds, II, 321.
śis, II, 320.
śkumdeht, *śkumt*, III, 280.

taí, 432.
tee, II, 304.
trīspazmit, II, 236.

wemt, IV, 170.
weenpazmit, II, 236.
weens, II, 211.

F. — LANGUES SLAVES.

1° VIEUX SLAVE.

Remarque. — Le signe ѣ est représenté par *é*.

amo, 390.
aşŭ, 155, 184; II, 255.

beruṅ, III, 15, 28; *beruṅ*, *brachŭ*, *bratí*, III, 118.
bĕgasjajuṅ, III, 305.
bĕgati, III, 305.
bĕloglavŭs, IV, 355.
bijuṅ, III, 113.
bisi, III, 197.
blagodatĭ, IV, 111.
blagodĕtelĭ, II, 126.
blagoslovljuṅ, III, 422.
bogatĕjuṅ, III, 446.
bogatĭstvo, IV, 94.
bogoradiza, IV, 366.
bogŭ, thème *bogo*, 173; *boşe*, II, 388.
bogŭni, *bogŭnja*, IV, 105.
bojati saṅ, 74.
bolij, *bolĭşi*, *bolje*, II, 200.
borjuṅ, IV, 109.
boşe, *bogŭ*, 173.
boşij, II, 125, 388.
brachŭ (*beruṅ*), III, 118.
branĭ, IV, 109.
brati (*beruṅ*), III, 118.
bratrŭ, 153.
bratŭ, 153; III, 270.
brĭvĭ, 167.
bŭdĕti, 167, 171.
budilŭ, IV, 78.
budiși, III, 36.
buditi, 171.
buṅduṅ, 165; III, 278; *buṅdiși*, III, 36; *buṅdĕmŭ*, *buṅdĕte*, III, 278.
bŭ « tu étais, il était », III, 206.
bŭchŭ, III, 197.
bŭlŭ, IV, 78.
bŭstŭ, III, 136, 197.
bŭşuṅsteje, *bŭşuṅstaago*, *bŭşuṅstiimi*, IV, 13.
bŭti, 153, 165, 166, 262.

chvalaṅ, II, 134.
chvaljuṅ, III, 117.

ćajanije, IV, 214, 219.
ćemĭ, II, 140, 322.
ćemu, II, 140, 322.
ćernookŭj, IV, 355.
ćeso « cujus? », II, 140.
ćesogo, II, 140.
ćesomĭ, II, 140.
ćesomu, II, 140.
ćetŭre, II, 223.
ćetŭri, *ćetŭrije*, 166; II, 223.
ćetvero-, II, 223.
ćetveronogŭ, II, 223; IV, 356.
ćetvoro (*ćetvoronogŭ*), II, 223.
ćetvrŭtŭ, II, 223; *ćetvrŭtŭj*, II, 248.
ćĭmu, II, 140.
ćĭso « cujus? », II, 140.
ćĭsogo, II, 140.
ćĭsomĭ, II, 140.
ćĭsomu, II, 140.
ćĭto, II, 140.
ćij, *ćija*, *ćije*, II, 394.
ćijuṅ, III, 93.
ćimĭ, II, 322.
ćrŭvĭ, 59.

da « il donna », III, 206.
dachŭ, III, 197.
dadaṅtĭ, III, 54.
damĭ, 243; III, 15, 71, 84.
danĭ, IV, 109.
dasi, 180; III, 35.
dastĭ, 209, 243; III, 50.
dastŭ, III, 136, 197.
daşdĭ, 182; III, 47, 326; *daş-dimŭ*, III, 326; *daşdite*, III, 327.
deruṅ, *drachŭ*, III, 118; *dereși*, 35.

desańtĭ, 62, 179; II, 225, 239.
desańtŭj, II, 248.
devańtĭ, II, 225; III, 108; *devańtŭj*, II, 248.
déjati, 259.
déjuń, III, 117.
délajuń (dénom. de *délo*), III, 446.
déliti, 159.
délo, 259; II, 133; III, 279; son dénom. est *délajuń*, III, 446.
détań, II, 134.
-dételĭ (dans *sŭdételĭ*), III, 297.
déti, 170, 259.
déto, II, 134.
déva, 170.
dévĭstvo, IV, 94.
dĭnĭ, 166.
divĭnŭ, IV, 101.
dobrodételĭ, III, 297.
dobrota, IV, 89.
dolgo, IV, 374.
domostroitelĭ, IV, 366.
dostoinĭstvo, IV, 94.
doșorataj, IV, 237.
drachŭ (*deruń*), III, 118.
drêmati, IV, 46.
drŭșati, 153.
dŭm (rac.), IV, 79.
dŭšti, thème *dŭšter*, 167; II, 135.
dŭva, 167; *dŭva kratŭ*, II, 253.
ducho (thème), 173.
dumuń, IV, 46.
duruńti, 164, 172.
duša, 175; II, 142.
duńti, 164.
dŭchati, II, 193.
dŭmŭ, 148, 166; IV, 46, 79.
dŭšuń, II, 193.
dva, *dvê*, II, 216.
dvanadesańtĭ, II, 233, 237.
dvignuń, 251; III, 212.
dvigŭ, III, 212.

gladŭ, IV, 156, 273.
glagoljuń, III, 446.
glagolo, dénom. *glagoljuń*, III, 446.
gnachŭ (*șenuń*), III, 118.
golumbĭ, 164.
gorestĭ, IV, 114.
gorjuń, III, 116.
gostĭ, II, 127; IV, 116; *gostechŭ*, I, 165.
gospoșda, 182.
grabitelĭ, III, 297.
grabljuń, 66, 235.
gradŭ, IV, 259.
greb (rac.), 210.
gubiti, 171.
gŭbnuń, III, 107, 108.
gūbnuńti, 171.

i 1° *i* (rac.), 260.
2° *i* (pronom), II, 155, 363.
ichŭ, II, 157.
iduń, III, 279.
ima, II, 157.
imamĭ, 180; III, 15.
imań, 164; II, 137, 108; IV, 40.
imĭ, II, 156.
imi, II, 157.
imŭ, II, 157.
inĭde, 170; II, 408.
ino-, II, 211.
inogda, II, 414.
inŭ, 58; II, 211, 352.
inŭda, II, 414.
ischodŭ, IV, 156.
ismišuń, III, 305.
ișŭ, IV, 398.
iše, II, 155, 388.
iti, 260.

ja, II, 155, 363.
jad (rac.), 242, 263.
jadĭ, IV, 266.
jakŭ, II, 406.
jamĭ, 169; III, 15, 154.
jamo, 389.
jamŭ, III, 24.
jasi, 180, 210; III, 35.
jastĭ, 209; III, 50.
jastŭ, III, 136.
jasŭ, 210.
jașdĭ, 182; III, 326; *jașdimŭ*, III, 326; *jașdite*, I, 182; III, 327.
jaše, II, 155, 363.
javlenije, IV, 214.
jań, II, 157.
je, II, 156, 363.
jeda, II, 414.
jedinŭ, II, 211; IV, 356.
jegda, II, 414.
jego, II, 156.
jej, II, 156.
jejań, II, 156.
jeju, II, 156.
jejuń, II, 156.
jelikŭ, III, 405.
jemĭ, II, 156.
jemu, II, 156.

jesi, 180; III, 35.
jesmĭ, 169; III, 15, 82.
jestĭ, 166, 242; III, 50.
jeșe, II, 156.
jeterŭ, II, 185.
jucha, 172; III, 328.
junakŭ, 171.
junostĭ, 171; IV, 114.
junŭ, 171, 172.
juń, II, 156.
juńdu, II, 412.

kaja, voy. *kŭj*, II, 172, 369.
kakŭ, II, 406.
kamenĭ, II, 132; IV, 38.
kamo, 389, 390.
kamü, 63; II, 127, 136; IV, 38.
klańtva, IV, 96.
klĭnuń, IV, 96.
kliștjujuń, III, 449.
knańșĭ, II, 125.
kogda, II, 414.
koje, voy. *kŭj*, II, 172, 369.
kolikŭ, II, 405.
konĭ, 166.
kotorŭ, II, 185.
kraj, 175; II, 125.
kraljujuń, III, 449.
kratŭ, *dŭva kratŭ*, II, 253.
krŭvĭ, 167.
kŭ, *ka*, *ko*, II, 369.
kŭde, 170; II, 408.
kŭgda, 170; II, 414.
kŭgdĕ, 170.
kŭto, II, 369.
kuplja, IV, 216.
kupujuń, III, 449.
kuńdu, II, 411.

kŭj, *kaja*, *koje*, II, 172, 369.

leșati, III, 413.
lĭgŭkŭ, 153, 167.
lizjo (thème), 139.
ljubŭ, 153.
lovitva, IV, 96.
lovŭ, IV, 156.
luća, 58.

malo, IV, 374.
mati, thème *mater*, II, 135.
mań, II, 261.
mańso, 43, 164, 169.
medŭ, 148, 153.
medvĕdĭ, IV, 233.
mene «mei», II, 139, 278.
mĕra, 170.
mĭnij, II, 212.
miloserdŭ, IV, 355.
milŭ, IV, 259.
mirĭskŭ, IV, 316.
mladŭ, II, 131.
mlŭa, IV, 265.
mnogo, IV, 374.
mogoșań, *mogoșańtŭ*, III, 137.
moguń, 153.
moi, II, 391.
moimu, II, 391.
moj, *moja*, *moje*, II, 391.
mojego, II, 391.
mojemĭ, II, 391.
more, 175; II, 126.
morĭskŭ, IV, 316.
morjuń, III, 413.
mruń, III, 413.
mŭnĕ, II, 262; cf. *mi*.

mŭnojuń, II, 277.
muńștuń, 182.
muńși, 175.
mü, II, 273, 274.
müjuń, III, 114.
müșĭ, 166, 180.

na, II, 204, 233, 236; IV, 397, 398.
nadŭ, II, 204, 408; IV, 397, 398.
nagota, IV, 89.
nagŭ, IV, 89.
naj, II, 204.
nama, II, 274.
nami, II, 274.
napoiti, III, 414.
narodŭ, 266; II, 250.
nașŭ, 184; II, 78, 274.
nașĭ, *nașa*, *nașe*, II, 393, 394.
ne, II, 341, 342.
nebo, thème *nebes*, 314; II, 133, 230; IV, 267.
neslŭ, IV, 78.
ni, II, 341.
nikŭ, II, 210.
nikŭto, II, 210.
nișŭ, IV, 398.
noștedĭnĭstvo, II, 249.
noștevorĭstvo, II, 249.
noștĭ, II, 128.
novogradŭ, IV, 337, 365.
novoroșdenŭ, II, 124.

o- (dans *omŭti*), IV, 392, 393.
oba, 153; II, 179, 350; *oboju*, II, 33.
ob-liș-ati, 154.
obrisnuń, III, 306.
ognĭ, 166; IV, 119.

omüti, IV, 392.
oni, II, 42.
onŭ (*onojuṅ*, *onoju*), II, 211, 344.
oprovergati, IV, 392.
orĭ, IV, 233.
orjuṅ, III, 117.
oselŭ, 37.
osĭlaṅ, II, 133.
osĭlŭ, II, 134.
osmĭ, 179; II, 228, 229; *osmüj*, 248.
ostaviti, IV, 292.
ostrŭ, IV, 372.
otaṅtŭ, IV, 79.
otrokŭ, IV, 259.
otŭ, II, 412; IV, 394.
ovo, II, 356.

pa- (dans *pamaṅtĭ*), IV, 395.
padeśi, III, 35.
pamaṅtĭ, II, 127; IV, 111, 395.
paṅtĭ, II, 225; *paṅtüj*, II, 248.
paṅtikosti, 164.
pekuṅ, 48, 60, 134; *péceśi*, III, 35; *pećetĭ*, *pekuṅtĭ*, I, 48.
peruṅ, *prachŭ*, III, 118.
pêna, 52, 168.
pêtelĭ, III, 297.
pêtlogaśenie, IV, 366.
pijuṅ, 241; *pijeśi*, III, 35; *piti*, III, 415; *pilŭ*, IV, 78.
piṣmaṅ, IV, 40.
piśjuṅ, II, 322; III, 117.
pitije, IV, 214.
pivo, III, 35.
plamenĭ, IV, 38.
plamü, IV, 38.
plasnuṅ, III, 306.
plju (rac.), *pljujuṅ*, III, 117.
plovuṅ, 171.
pluti, 171, 262.
pa- (dans *podati*), IV, 395.
pobêda, IV, 266.
po-ći-ti, 265; III, 415.
podati, IV, 395.
podŭ, II, 408; IV, 395, 398.
pogrepsti, 210.
pogresaṅ, 210.
pogresti, 210.
pogreti, 210.
pokoi (*pokoj*), 261; III, 93.
pokoiti, III, 415.
polagati, IV, 395.
poloṣiti, III, 413.
pomaṣati, IV, 395.
pominati, IV, 395.
postlati, IV, 395.
pra- (dans *pradêdŭ*), IV, 402.
prachŭ (*peruṅ*), III, 118.
pradêdŭ, IV, 402.
pramati, IV, 402.
pravnukŭ, IV, 402.
prelagataj, IV, 237.
prêdŭ, II, 408.
pri-, IV, 403.
prijatelĭ, 166, 261.
prijati, 261.
pro-, IV, 402.
prorokŭ, IV, 259.
prośiśi, III, 36.
prŭvüj, II, 244, 249.
puṅtevoṣdĭ, 165.
puṅtĭ, 164; III, 437.

raba, II, 124.
rabŭ, *rabe*, 162; II, 124.
rabüni, *rabünja*, IV, 105.
rai, *raj*, 178.
rastêti, *rastiti*, III, 414.
raṣŭ, 60.
rekuṅ, 60; IV, 258.
revuṅ, III, 114.
rêćĭ, IV, 266.
riṣa, 60, 182.
rju (rac.), III, 114.
roditi, 266; IV, 279.
roṣduṅ, *roṣdaachŭ*, 182.
rŭdêti saṅ, 167; III, 446.
rŭvati, 262.
ruśiti, 262.
ruṣduṅ, III, 446.
ruṅka, II, 138.
rüdajuṅ, 258.

saditi, III, 415.
samovidezŭ, IV, 365.
saṣduṅ, III, 416.
saṅ, II, 290, 294.
saṅti, III, 90.
sebe «sui», II, 139, 290, 294.
sebê, II, 290, 294.
sedmĭ, II, 228; *sedmĭ kratŭ*, II, 253; *sedmüj*, II, 228, 248.
sego, II, 318, 319.
sej, II, 318, 319.
sejaṅ, II, 319.
seju, II, 319.
semĭ, II, 319, 322.
semu, II, 319, 322.
septaṅbrĭ, 164.

sestra, 179, 333; II, 150; IV, 58.
séčï, IV, 266.
séjuń, II, 319; III, 114.
sêmań, IV, 40.
sêsti, III, 414.
sĭ, *si*, *se*, thème *sjo*, II, 318, 319, 322.
sija, *sijań*, II, 319.
siješi, III, 35.
sijuń, II, 319.
silĭnŭ, IV, 101.
simi, II, 319.
sinĭ, II, 125.
sinĕ, II, 125.
sjo (thème), voy. *sĭ*, II, 318, 319, 322.
sladŭkŭ, 58, 179.
slava, 78; IV, 266.
slaviti, 262.
slêpota, IV, 89.
slovljuń, III, 422.
slovuń, 171; III, 114.
sluti, 171.
smê (rac.), *sméjati*, 260; *sméješi*, III, 35.
snéšĭnŭ, IV, 101.
snocha, 100, 167.
sobojuń, II, 294.
srŭdĭze, II, 126, 321.
sta (rac.), 260.
stajuń, III, 28.
stanuń, 260.
stati, 260.
staviti, III, 449.
stĭsa, 265.
sto, 179; II, 240; *sŭto*, II, 240.
stradŭ, IV, 156.
strastĭ, IV, 111.
studŭ, IV, 156.
sŭ, 167, 179; IV, 412.
sŭbrêmań, III, 28.
sŭmrĭtĭ, IV, 111.
sŭpanije, 179.
sŭpati, 167.
sŭsuń, *sŭsachŭ*, III, 119.
sŭto, II, 240; *sto*, 179.
suchŭ, 171; IV, 310.
sujeta, IV, 89.
suńtĭ, 166; III, 54, 82.
sŭ «étant», IV, 8.
sŭnŭ, 166; II, 129; *sŭnu*, *sŭnovi*, I, 74.
svańtŭ, 102.
svekrŭ, II, 128.
svêtati, 179.
svêtodavezŭ, IV, 366.
svêtŭ, 168, 179.
svoj, II, 392.

ṣima, 154.
ṣnajuń, III, 115; *ṣnaješi*, III, 35; *ṣnati*, I, 155, 259.
ṣnamań, IV, 40.
ṣnamenajuń, III, 447.
ṣnati, *ṣnajuń*, 155, 259.
ṣorĭnŭ, IV, 101.
ṣrêti, 181.
ṣŭbati, 181.
ṣvati, 154.
ṣvêṣda, 181.
ṣvĭnêti, 181; III, 90.
ṣvonŭ, 181.

śańtelĭ, III, 297.
śańtva, IV, 96.
śestĭ, 181; II, 225, 227; *śestŭj*, 248.
śivuń, 180.
śui (*śuj*), 180; II, 125.

-*ṣe* (dans *iṣe*), II, 388.
ṣelêjuń, III, 115.
ṣelja, IV, 216.
ṣena, 154; III, 446.
ṣenĭskŭ, IV, 316.
ṣenjuń sań (*ṣena*), III, 446.
ṣenuń, *gnachŭ*, III, 118.
ṣinuń, IV, 96.
ṣivuń, 154, 164, 169; *ṣiveši*, III, 35.
ṣrŭnovŭ, 154.

ta, II, 294.
takŭ, II, 408.
tamo, 389; II, 302.
tań, II, 261.
tebe «tui», II, 139, 262.
tebê, II, 262.
tekuń, 99.
telań, II, 133.
teplota, IV, 89.
tê, II, 303.
têchŭ, II, 78, 150, 305.
têma, II, 304.
têmi, II, 304.
têmŭ, II, 304.
têsnota, IV, 89.
ti «hi», 169; II, 42, 138, 304.
to 1° *to* (thème), voy. *tŭ*.
2° *to* (neutre), II, 302; IV, 386.
tobojuń, II, 282.
togda, II, 414.
togo «hujus», II, 139, 302.
tojań, II, 303, 241.
toju, II, 303.
tojuń, II, 303.
tokŭ, IV, 156, 259.
tolikŭ, II, 406.

tomĭ, 390; II, 138, 302.
tomu, 389; II, 138, 302.
trańseši, III, 35.
tretijo (thème), II, 248.
tri, *trije*, II, 223; *tri kratŭ*, 253.
tridesańte, II, 239.
tŭ, *ta*, *to*, thème *to*, II, 294, 295.
tŭgda, II, 414.
tŭkŭsnuń, III, 306.
tu, II, 255.
turŭ, 171.
tuńdu, II, 411.
tü, II, 255, 305.
tvoj, *tvoja*, *tvoje*, II, 392.

u- (dans *ubogŭ*), IV, 392.
ubogŭ, IV, 392.
ucho, II, 193.
usta, 171.
ustĭna, 171.
utécha, IV, 266.

va, II, 273.
vama, II, 274.
vami, II, 274.
variti, III, 413.
vasŭ, 184; II, 78, 274.
vašĭ, *vaša*, *vaše*, II, 393.
vańsati, 264.
ved (rac.), 182, 209.
veselije, IV, 214.
vesti, 209.
veşańšta, 183.
veşuń, 154, 155, 162; III, 28; *veşeši*, III, 35.
vé, II, 273, 278.
véd (rac.), 242.
védańtĭ, III, 136.
védé, III, 136.
véjati, 259.
véješi, III, 35.
vémĭ, 165, 168; III, 15, 154.
vémŭ, III, 24, 136.
vérujuń, III, 449.
vési, 180; III, 35.
vésiti, III, 414.
véstĭ, 165; III, 50; IV, 111.
véşdĭ, 182, 183; III, 326; *véşdimŭ*, III, 326.
véşdite, III, 327.
vétrŭ, 170, 259.
vévé, III, 136.
vĭdova, 153, 162, 166; II, 127; *vĭdovo*, I, 162, 169; *vĭdovuń*, I, 166; *vĭdovujuń*, IV, 409.
vĭdovĭstvo, IV, 94.
vĭdovujuń (de *vĭdova*), III, 449.
vĭseblagŭj, IV, 365.
vĭseslavnŭj, IV, 365.
vĭsezarŭ, IV, 365.
vĭsĭ, 166.
vidéti, 165.
viséti, III, 414.
vlastĭ, IV, 111.
vlŭkŭ, 185; II, 131.
vod (rac.), 182.
vodonosŭ, 162; IV, 259, 337, 366.
volja, II, 139; IV, 216.
vaşataj, IV, 237.
voşŭ, 162.
voşdĭ, 182, 183; IV, 233.
vraćĭ, II, 127, 139.
vréti, III, 413.
vŭskopŭsnuń, III, 306.
vŭtorŭ, II, 185.
vŭ, II, 273.

zerkovĭ, *zrŭkŭvĭ*, II, 128.
zrŭkŭ, II, 128.

2° SLOVÈNE.

bit, IV, 79.
bóm, III, 304.

dan, 166.
delam, *delaš* et *delaj*, 184.
dert, IV, 79.
délam, III, 16.
délamo, III, 24.
dvanajst, II, 233.

ednajst, *enajst*, II, 233.

gorim, III, 16.
jaş, 184.
je, III, 272.
jednajst, II, 233.
juha, III, 328.

kanj, 166.
komo, 390.

ogénj, 166.

plavam, III, 422.
pletem, III, 16.
plevim, III, 421.
pře-buditi, IV, 405.
prijatelj, 166.
proti, IV, 403.
revem, III, 114.

sim bil, III, 274.
slavim, III, 422.
slujem, III, 422.
slut, IV, 79.
smo, *so*, *sta*, *ste*, *sva*, III, 274-275.
stert, IV, 79.
štirnajst, II, 233.

telege, 134.
téliti se, 134.
trinajst, II, 233.
tulam, II, 124.
ves, *vsa*, *vse*, 166.

3° SERBE.

bidju, III, 305.

četrnaest, II, 233.

deset, II, 233.

dvanaest, II, 233.

jedanaest, II, 233.

pečem, 60.

trinaest, II, 233.

vič-em, *vik-a-ti*, 60.

4° BOHÉMIEN.

budu, III, 304.
byl sem, III, 274.
gest, III, 272.
pletu, III, 17.

5° POLONAIS.

będę, III, 304.
był, III, 271.
byłam, *byłem*, *byliśmy*, III, 271.
jest, III, 272.
jestem, III, 272, 273.
jesteś, *jesteście*, *jesteśmy*, II, 272.
o, *ob*, *obe* (prép.), IV, 392.
obeznać, *ogorniać*, IV, 392, 393.

6° RUSSE.

alčba, IV, 48.

bĭju, III, 113.
bogopodóbnüï, IV, 367.
bogoposlušnüï, IV, 367.
bolotnüï, IV, 102.
boroda, *borodastüï*, IV, 85.
budu, 165; III, 304.
bül, III, 274.

dočj, 167.
drevie, IV, 215.

esmý, III, 272.
estj, III, 272.
gniju, III, 113.
gorbatüï, IV, 85.
gorju, 47.
gusj, 153.

imenitüï, IV, 85.
imja, 164.
iskatj, 89.

kamenistüĭ, IV, 85.
kolotüĭ, IV, 80.
krovj, 167.
kto, IV, 381.

ljju, III, 113.

mjáso, 164.
moju, IV, 392.
moljba, IV, 47.
mučnüĭ, IV, 102.

niknu, IV, 259.
nogotj, 47.

pere-, IV, 405, 406.
pitüĭ, IV, 80.
počiju, III, 113.
prolitüĭ, IV, 79.
putj, 164.
püljnüĭ, IV, 102.

raspadájusj, 60.
raş, 59.
raşbirájú et *raşvlekáju*, 60.
rogatüĭ, IV, 85.

sjedeljnik', IV, 260.
slavlju, III, 419, 422.
sluşba, IV, 47.
sobaka, 62.
splju, III, 420.
sprositj, III, 36.
stignu, *stigu*, 265.
straşba, IV, 47.
suk', 179.

šiju, III, 113.

şivu, *şivut'*, 164, 165.

tanutüĭ, IV, 80.
tern, *ternistüĭ*, IV, 85.

usüplaju, III, 420.

vdova, 166; *vdovu*, 165.
veselie, IV, 214.
vesj, 166.
viju, III, 113.
volasatüĭ, IV, 85.
vopiju, III, 113.
vse, *vsja*, 166.

G. — LANGUES GERMANIQUES.

1° GOTHIQUE.

af, II, 183; IV, 384, 390.
afar, II, 352.
afardags, IV, 364.
afdrunkja, IV, 231.
afdumbna, III, 454.
afêtja, IV, 231.
afguds, IV, 359.
afhaimja (th.), IV, 229.
aflêt, IV, 252.
aflêts, IV, 258.
aflifna, 58, 151, 155; II, 236; III, 454.
aftra, II, 181.
aftuma, *aftumists*, II, 183.
agis, IV, 292.
aglus, IV, 305.
aha, IV, 276; *aha*, *ahan*, *ahins*, I, 307.
ahma, 322; IV, 36.
ahtau, 135, 157; II, 225, 229.
ahtautêhund, II, 240.
aih, *aigum*, 189.
aihtrô, 89, 131.
aikklêsjô, 325.
ainaha, IV, 314.
ainhvarjişuh, II, 173.
ainlif, 51; II, 233, 234, 235.
ains, II, 210, 355; *ainô-hun*, *ainummêhun*, II, 174.
airknis (thème *airknja*), 310; IV, 237.
airtha, 287.
airthakunds, IV, 340.
airus, 287; IV, 273.
ais, IV, 262.
aithei, 280.
aivs, 118, 127, 312.
ajukduths, IV, 92.
akrs, 311.
aldômô, IV, 41.
alêvja (thème), IV, 229.
alja (thème), 55, 58; II, 352.
aljakuns, 311; II, 352; IV, 341.
aljaleikôs, II, 198, 403.

aljar, IV, 399.
aljath, 115; II, 408, 413.
aljathrô, 140, 387; II, 352, 407, 413.
allathrô, 387.
allbrunsts, 77, 195; IV, 137.
allis, II, 196; IV, 377.
altheis (thème *althja*), 310; IV, 229.
an, II, 344.
ana, II, 350.
ana-auka, III, 97.
ana-biuda, III, 400; *ana-baust*, I, 204.
anabusns, IV, 109.
anafilh, IV, 158.
anahaimja (thème), IV, 229.
anaks, II, 196.
analaugnja (thème), IV, 237, 238.
analeiks, II, 403; *ana-leikô*, II, 403.
anamindi (thème), IV, 88.
anasiuniba, IV, 238.
anasiunja (thème), IV, 237, 238.
anavairths, IV, 258.
andabeit, IV, 252.
andahait, IV, 252.
andanahti, IV, 389.
andanêmeigs, IV, 315.
andanêms, 311; IV, 224, 253, 389.
andaneithô, 388.
andanumfts, 196; IV, 389.
andasêtja (thème), IV, 224.
andaugiba, II, 364.
andaugjô, 387.
andavaurd, IV, 364, 389.
andavleisn, IV, 364.
andbahts, IV, 49.
and-beita, *and-bait*, 72, 120.
andbundna, III, 453-454.
andeis, 310; accus. *andi*, I, 122.
and-haihaist, 204.
andilaus, IV, 341.
andlêtna, III, 454.
andnima, IV, 389.
andvairths, IV, 258.
angilus, 122.
angvitha, IV, 87.
angvus, II, 170; IV, 87.
ansteigs, IV, 315.
ansts, 195; IV, 137; dat. *anstai*, I, 375.
anthar, 311; II, 178, 185, 351.
antharleikei, II, 403; IV, 360.
ara, IV, 276.
arbinumja, IV, 230, 341.
armahairts, IV, 351.
arman, III, 446.
arms, IV, 46; *armôsts*, II, 199.
asilus, 37.
asgô, 144.
at 1° *at* (rac.), prés. *ita*, prét. *at*, 36, 263; cf. *ita* «je mange».
2° *at* (préposit.), IV, 390.
atsteigadau, III, 2, 3.
atta, 280.
atvitains, IV, 109.
audagja, III, 443.
audags, IV, 314.
augadaurô, IV, 339.
augja, III, 444.
augô, IV, 278; *augôna*, I, 323; II, 52.
auhjôdus, IV, 318.
auhsa, IV, 276; *auhsan*, I, 129; *auhsans*, *auh-sins*, I, 114; *auhsnê*, I, 117; *auhsus*, IV, 273.
auhuma, II, 184.
auk, II, 359; III, 221.
aukan, II, 359; III, 224.
aurtigards, IV, 365.
aurtja, IV, 230.
ausô, 126; *ausôna*, 323.
avistr, 377; IV, 69.

bagms, IV, 46.
bai, 153.
baira (rac. *bar*), 37, 131; *bairis*, 115; *bairith*, 115, 159; *bairand*, 160; *bairada*, 160; *bairaṣa*, 144; *bairaith*, I, 18; III, 4, 349; *bairands*, I, 118, 280.
bairhtei, 264; IV, 222.
bairhts, 151.
bait, voy. *beita*.
baitrs, 311.
band (rac.) (prét. aussi), voy. *binda*.
bandi, IV, 216.
bar (rac.) (prét. aussi), voy. *baira*.
barms, IV, 46.
barn, IV, 97.
barnisks, IV, 316.

basi, IV, 224.
bats, IV, 265.
baua, 124, 153, 262; III, 127, 423.
bauains, 262; IV, 109.
baug, voy. *biuga*.
bauhta, voy. *bugja*.
bauhts, IV, 77.
baurgsvaddjus, IV, 343.
bauth, voy. *biuda*, *anabiuda*.
bérusjôs, IV, 19.
beita (rac. *bit*), prét. *bait*, 72, 76, 206, 235.
bi, 120; IV, 391.
biaukna, III, 454.
bida, 330; IV, 264.
bidja, 235.
bifaih, IV, 252.
bihait, IV, 252.
bihaitja, IV, 230.
bimait, IV, 252.
binda, rac. et prét. *band*, 37, 75, 151, 156, 264.
bit (rac.), voy. *beita*.
biuda (rac. *bud*), 76, 156.
bauth, 126, 159; *bauth*, *budum*, 189.
biuga, rac. *bug*, prét. *baug*, 72, 75, 126, 151, 155, 233; *bugum*, *bugans*, I, 125.
bleiths, 311.
blindata, 354.
blôma, IV, 36.
blôstreis, 206; IV, 67, 230.
blôtan, 206.
bôkareis, IV, 325.
bôta, IV, 265.
brahta, voy. *bringa*.
braidei, IV, 222.
brakja, IV, 216.
brannja, 122.
brika, 151.
bringa, III, 119; *brahta*, III, 265.
brôthar, 116, 150, 151, 153; *brôthrs*, *brôthr*, 307, 375.
brôthrahans, IV, 314.
brôthralubô, 153; IV, 265, 339.
brôthrulubô, IV, 339.
brûks, 311; IV, 224.
brunna, 327.
bud (rac.), voy. *biuda*.
bug (rac.), voy. *biuga*.
bugja, *bauhta*, III, 266.

dad, *dê* (rac.) (dans *dêds*), III, 261.
dags, 116.
daila, IV, 265.
dails, IV, 269.
dal, *dalath*, 148.
dalathrô, 148, 387.
dauhtar, 129, 156, 157, 396; dat. *dauhtr*, 375.
daur, 129, 156, 352; dat. *daura*, 376.
dauravards, *dauravarda*, 325; IV, 257.
dauthja, III, 444.
dauthna, III, 453.
dauthus, IV, 318.
dê (rac.) (dans *dêds*, etc.), III, 261.
dêds, thème *dêdi*, 150, 158, 313; III, 261, 262.
dishnaupna, III, 454.
disskritna, III, 454.
distaira, 131.
distaurna, III, 453, 454.
diubei, IV, 213.
diupei, IV, 222.
diupitha, IV, 87.
-dôgs (dans *fidurdôgs*), 116; IV, 250.
drankja, III, 412.
drauhtinassus, IV, 293.
drinka, 133; III, 412.
driusa, rac. *drus*, 59, 77; III, 240, 412; cf. *gadrausja*, III, 240, 412.
drôbja, *drôbna*, III, 455.
drunjus, IV, 307.
drus, 77, 311; IV, 158.
du-at-snivun, 289.
dulgahaitja, IV, 231.
dumbs, III, 456.

êtjau, *êtum*, voy. *ita* « je mange ».
ei (enclit. dans *saei*, etc.), II, 332, 362.
eis, voy. *is* « tu es ».

fadar, 147, 155; IV, 69; *fadruns*, II, 68.
fadi (thème), voy. *faths*.
fagrs, 311; IV, 300.
faha, 151; III, 97; *faifah*, III, 97.
faianda, III, 2.
faifah, voy. *faha*.
faiflôk, voy. *flêka*.
faihu, 131, 147, 151, 350.
faihufriks, 261.
fair, IV, 407.

fairinôn, III, 445.
fairnitha, IV, 87.
fairrathrô, 387.
fairҫna, 144.
fairveitl, IV, 300.
fald (rac.), III, 221.
faltha, III, 97.
fara, rac. *far*, 234; prét. *fôr*, III, 232.
fastubni, IV, 48.
faths, thème *fadi*, 158, 159; IV, 116; acc. *fath*, I, 140.
faur, 129; IV, 407, 408, 411.
faura, IV, 407, 408.
fauraganga, IV, 276.
fauragangja, IV, 231.
faurhah, IV, 258.
faurstassja (thème), IV, 230.
fiathva, IV, 96.
fidur-dôgs, 116, 155; II, 222; IV, 250, 339.
fidvôr, 37, 48, 155, 294; II, 233, 234; *fidvôrim*, II, 222.
fidvôrtaihun, II, 233.
fidvôrtiguns, II, 222.
fijands, 318.
filleins, IV, 100.
filu, IV, 271, 374; *filaus*, II, 171.
filuvaurdja, IV, 330.
fimf, 147; II, 225.
fimfta, II, 246.
fimftaihun, II, 233.
fimftataihunda, II, 247.
fimftiguns, II, 239.
fingrs, 311.
fiskja, IV, 230.
fiskôn, III, 445.
fisks, 157.
flêka, *faiflôk*, 151, 264; III, 221.
fôdr, IV, 69.
fôr, prét. de *fara*, voy. ce dernier.
fôtubandi, IV, 216, 340.
fôtus, 150; II, 240; IV, 273.
fra, IV, 402, 407.
frabauhts, III, 267.
frabugjan, IV, 103.
fragifts (de la rac. *gib*, *gab*), 205.
fragilda, IV, 67.
fraihna, rac. et prét. *frah*, 27, 37, 89, 131, 147, 151, 250; *frêhum*, III, 241.
fraistubni, *fraistôbni*, IV, 48.
frakunnan, IV, 403.
fralêtan, IV, 403.
fraliusa, 77, 262; III, 412.
fralusna, III, 454.
fralusts, thème *fralusti*, 77, 157; IV, 110.
fram, IV, 410.
framaldôҫa, II, 198.
framatheis, IV, 324, 402, 410.
framgaths, III, 434.
framis, IV, 411.
fraqvima, IV, 403.
fraqvistna, III, 453.
fraqvitha, IV, 403.
frathjamarҫeins, IV, 341.
fraujinassus, IV, 293.
fraujinôn, III, 445.
fravaurkjan, IV, 403.
fraveit, IV, 252.
frêhum, voy. *fraihna*.
friathva, 257.
frijô, 257, 261; III, 227; IV, 76; *frijônds*, 281, 318.
frisahts, IV, 403.
frôdaba, II, 364.
frôdôҫa, II, 199, 200.
fruma, II, 244; IV, 410.
frumabaur, 311.
frumists, II, 196, 199, 244.
frumôҫa, II, 196, 199.
frums, II, 244.
fullafahjan, IV, 300.
fullja, *fullna*, II, 455.
funisks, IV, 316, note 1.

ga, au commencement des composés possessifs, IV, 360, 412.
gaagvei, IV, 222.
gabaur, IV, 258.
gabaurdivaurd, IV, 340.
gabaurjaba, II, 364; IV, 318.
gabaurjôdus, IV, 318.
gabaurths, thème *gabaurthi*, 158; IV, 110.
gabeigs, IV, 315.
gabiga, *gabigja*, *gabigna*, III, 455.
gabinda, IV, 258.
gabindi, IV, 216.
gablindja, *gablindna*, III, 455.
gabruka, IV, 258.
gabundi, IV, 216.
gadaila, IV, 278.
gadails, IV, 360.
gadars, 150, 153.
gadrauhts, IV, 116.

gadrausja, III, 240, 412.
gaf, voy. *giba*.
gafaurdi (thème), 158.
gafaurs, 311.
gafullna, III, 453.
gaguds, IV, 359, 360.
gahailna, III, 453.
gahait, IV, 254.
gahlaiba, IV, 278.
gahlaifs, IV, 360.
gahts, III, 434.
gahvaila, III, 446.
gaigrôt, voy. *grêta*.
gairnja, 156.
gaitei, 280.
gajukôna, 323; II, 52.
gakundi (thème), IV, 88.
gakunthi (thème), 158; IV, 88.
galeiki, IV, 213.
galeiks, II, 403; *galeikô*, I, 387; IV, 213.
galiug, IV, 258.
galiugs, IV, 360.
galukna, III, 454.
gamains, 311.
gamainthi (thème), IV, 88.
gaméleins, IV, 109.
gamunds, thème *gamundi*, 158; IV, 77, 88; gén.-dat. *gamundais*, *gamundai*, I, 73.
ganga, III, 87, 434 (cf. *gaths*); au prét. *iddja*.
ganisa, 236; III, 412.
ganôha, *ganôhjâ*, *ganôhna*, III, 455.
gaqvumthi (thème), 158.
garaihtôṣa, II, 196, 198.
garéda, 117.
garunjô, IV, 216.
gasintha, IV, 231, 276.
gaskafts, thème *gaskafti*, rac. *skap*, 158, 205; IV, 110.
gaskaidna, III, 454.
gâsnêvum, 289.
gastigôds, IV, 340, 367.
gasts, 151, 309; II, 127; IV, 116; dat. *gasta*, I, 376.
gasvinthja, IV, 231.
gataih, rac. *tih*, 127; *gataihum*, 131.
gataira, III, 118; prét. *ga-tar*, rac. *tar*, I, 37.
gateiha, prés. de la rac. *tih*, prét. *gataih*, v. *gataih* et rac. *tih*.
gatimith, rac. *tam*, 254; cf. *tamja*.
gatvô, IV, 96.
gathairsa, 203.
gathaursna, III, 454.
gathrask, III, 454; IV, 258.
gaunôtha, IV, 88.
gauritha, IV, 87.
gaurja, III, 443.
gaurs, 130.
gavag, voy. *gaviga*.
gavairtheigs, IV, 315.
gavakna, III, 453.
gavasjada, III, 2.
gavi, 156, 286.
gaviga, III, 28; prét. *gavag*, rac. *vag*, I, 37.
giba, 151; prét. *gaf*, 159, 189.
gilstr, IV, 67.
gistra, II, 374.
gistradagis, II, 374.
gôleins, IV, 109.
graba, IV, 258.
grêdags, IV, 314.
grêdôn, IV, 156.
grêdus, 156; IV, 273.
grêta, rac. *grêt*, prét. *gaigrôt*, 140, 156, 264; III, 221, 228.
greipa, rac. *grip*, 120, 156, 235.
grôba, IV, 258.
gudafaurhts, IV, 340.
gud-hus, IV, 340.
gudisks, IV, 316.
gudja, IV, 230.
gudjinôn, III, 445.
guma, IV, 34.
gutthiuda, IV, 340.
guthblôstreis, IV, 340.

-h (enclit. = *uh*), II, 378, 379.
haba, 256.
hafja, *hôf*, 238, 240; III, 112.
haha, *haihah*, 151; III, 92, 222.
haihs, II, 213, 214, 215; IV, 357.
haims, 261; IV, 310.
hairdeis, 116, 119, 175; IV, 230; acc. *hairdi*, I, 347.
hairtô, thème *hairtan*, 66, 151, 323; *hairtôna*, 323; II, 52.
haita, rac. *hait*, 126; III, 97, 221.
haiti, IV, 216.
halda, III, 97.
halsanga, IV, 340.
halts, II, 213, 214, 215.

hana, IV, 276.
handugs, IV, 314.
handus, 313.
handuvaurhts, IV, 340, 367.
hanfs, II, 213, 214.
hardus, II, 170; neut. *hardu*, I, 350; *hardiṣa*, II, 199; *harduba*, II, 364.
harjis, 119, 309; acc. *hari*, 120, 347.
hasja, III, 117.
hatis, IV, 292.
hauhei, 325; IV, 222.
hauheins, IV, 109.
hauhhairts, IV, 340, 351.
hauhisti, IV, 214.
hauhitha, IV, 87.
hauhs, 260; IV, 36; *hauhis*, II, 195, 206.
hauseins, IV, 109.
hêr, II, 380; IV, 399.
heiwafrauja, 261; IV, 365.
hi (thème démonstratif), *hita*, II, 380; dat. *himma*, *ibid.* et II, 380; *himma-daga*, I, 360; II, 380; acc. *hina* (cf. l'adverbe *hina*), II, 380; *hina-dag*, II, 182, 380.
hidrê, II, 380.
hilpa, III, 13.
himma, voy. *hi.*
himma-daga, voy. *hi.*
hina, acc. du démonstratif *hi*; adv., IV, 401.
hina-dag, voy. *hi.*
hindar, II, 182.
hindumists, II, 183.
hiri, *hirjats*, *hirjith*, 260; II, 380.
hita, voy. *hi.*
hiuhma, IV, 36.
hlaibs, 189, 293; acc. *hlaif*, 189.
hlasôṣa, II, 198.
hlaupa, 126, 151.
hleiduma, II, 183, 184.
hleithra, IV, 71.
hliftus, IV, 319.
hlija, IV, 71.
hliuma, 123, 261; IV, 36.
hnaivja, III, 412; cf. *hneiva.*
hnasqvjaim, II, 170.
hneiva, caus. *hnaivja*, III, 412.
hôrinôn, III, 445.
hrainjahairts, IV, 341, 351, 355.
hrains, 310.
hrôpi, IV, 216.
huhrus, 130, 156.
hulistr, IV, 69, 293.
-hun, II, 385.
-hund (dans *têhund*), II, 240.
hunds, 62, 151; IV, 41.
hungrja, 156.
hunisl, *hunsl*, IV, 293.
hva, II, 291, 369; voy. *hvas.*
hvad, II, 408.
hvaitei, 134.
hvaiva, II, 364.
hvamma, *hvamméh*, *hvamméhun*, voy. *hvas.*
hvana, *hvanôh*, voy. *hvas.*
hvar, II, 361, 373, 380; IV, 399.
hvarjis, II, 172, 174, 361; *hvarjiṣ-uh*, II, 173; *hvarjô-h*, *hvarjatô-h*, *hvarjammê-h*, *hvarjanô-h*, II, 174.
hvas, 50, 134, 147, 309, 313; II, 299, 369; *hvaṣuh*, II, 378; *hvamma*, I, 370; *hvamméh*, *hvamméhun*, II, 174; *hvana*, I, 53, 356; *hvanôh*, II, 174; *hvô*, I, 277, 356; II, 49, 369; *hvôh*, II, 379; *hvata*, I, 134.
hvath, II, 408.
hvathar, 311; II, 177, 185; *hvatharuh*, II, 384.
hvathrô, 116, 386; II, 407; IV, 376.
hvê, 359, 361; II, 290.
hvêleiks, II, 402, 403.
hveits, 134.
hvô, *hvôh*, voy. *hvas.*
hvôta, IV, 265.

i 1° *i* (rac.), voy. *iddja.*
2° *i* (thème pronominal), voy. *is.*
iba, II, 363; IV, 383.
ibai, II, 363.
ibnaleiks, II, 403.
ibnassus, IV, 294.
ibns, II, 403.
iddja, rac. *i*, 260; III, 279.
idreiga, IV, 265.
ija, voy. *is* (pron.).
ijôs, voy. *is* (pron.).
ik, II, 255; *ikei*, II,

332 ; *meina*, II, 259, 287, 395 ; *mis*, I, 371 ; II, 259 ; *mik*, II, 258, 259 ; duel *vit*, II, 278 ; *unkara*, I, 369 ; II, 287, 394 ; plur. *veis*, I, 372 ; II, 268, 301 ; *unsara*, I, 265, 286, 287, 366, 367, 394 ; *unsis*, I, 366, 372 ; II, 265, 280 ; *uns*, I, 367.
im 1° *im* « sum », 120 ; III, 9, 16, 83, 128 ; *is* « tu es », I, 120, 340 ; III, 38, 83 ; *ist* « il est », I, 120, 157, 242 ; III, 50, 83 ; *nist*, II, 364 ; *sijû*, III, 27, 83, 131 ; *sijuts*, III, 83 ; *sijum*, III, 83, 130, 293 ; *sijuth*, III, 83, 130, 293 ; *sind*, I, 120 ; III, 51, 293 ; subjonct. *sijau*, III, 3, 131 ; *sijais*, III, 47 ; rac. *is* = sanscrit *as*, I, 263.
2° *im*, du pron. *is*, voy. *is* (pron.).
imma, voy. *is* (pron.).
in, IV, 397.
ina, voy. *is* (pron.).
ingardja (thème), IV, 230.
innagaths, III, 434.
innathrô, IV, 397.
inqvar, II, 394.
inqvara, voy. *thu*.
ins, voy. *is* (pron.).
is 1° *is* (rac.), voy. *im* « sum ».
2° *is* (pron.) = nouv. haut-allem. « er », 313 ; déclinaison, II, 328 ; *iṣei*, II, 332 ; *imma*, I, 371 ; II, 328 ; *ina*, I, 346, 348 ; II, 328 ; *iṣôs*, *iṣai*, II, 330 ; *ita* (cf. latin *id*), I, 344 ; II, 329 ; *eis*, *ins*, II, 328 ; *iṣe*, II, 328 ; *ijôs*, II, 330 ; *iṣô*, II, 330 ; *ija*, II, 329, 330, 335 ; cf. aussi *si*.
3° *is* « tu es », voy. *im* « sum ».
ist « il est », voyez *im* « sum ».
iṣai, *iṣê*, *iṣô*, *iṣôs*, voy. *is* (pron.).
iṣvar, II, 286.
iṣvara, *iṣvis*, voy. *thu*.
ita 1° *ita* « je mange », rac. et prét. *at*, 36, 150, 263 ; III, 324 ; *êtum*, III, 324 ; *êtjau*, I, 53.
2° *ita*, voy. *is* (pronom).
ith, II, 307, 408 ; IV, 383.
iup, IV, 399.
iupathrô, 387.

ja, II, 366.
jabai, II, 363 ; IV, 383, 384.
jah, II, 366, 378.
jai, II, 342, 366.
jainar, IV, 399.
jaind, II, 408.
jains, II, 355.
jainthrô, 387.
jau, II, 365.
jêr, 117.
jiuka, IV, 265.
ju, II, 365.
juhiṣans, 144 ; *juhiṣei*, 118, 280.
junda, IV, 88.
jungalauths, IV, 269, 364.
jungs, 133.
jus, voy. *thu*.
juthan, II, 365.

kan, 146.
kaurs, 130.
kaus, rac. *kus*, voy. *kiusa*.
kin (rac.), prés. *keina*, 233, 235 ; IV, 34.
kinnus, 151 ; IV, 194 ; dat. *kinnau*, I, 375.
kiusa, rac. *kus*, prét. *kaus*, 68, 128, 265.
kniu, 312 ; IV, 272.
kuni, IV, 34, 194, 225.
kus (rac.), voy. *kiusa*.
kustus, IV, 318.

lag (rac.), voy. *liga*, *lagja*.
lagja, 254 ; III, 411.
laia, rac. *lô*, 236, 259.
laiba, *laibôs*, 155 ; II, 215, 236.
laigô, 66, 151, 154, 257 ; III, 122.
lailôt, voy. *lêta*.
laisareis, IV, 325.
laiseigs, IV, 315.
laisja, 127.
langei, IV, 222.
lasivs, IV, 306 ; *lasivôts*, II, 199.
lathôns, IV, 109.

laubs, 189, 293; acc. *lauf*, 189.
lauhmôni, 58; IV, XVI, 28, 36.
laun, 126.
laus, 77, 311; IV, 258.
lausavaurds, IV, 355.
laushandja, II, 169.
laushandus, IV, 340, 355.
lausja, III, 412; *lausjadau*, III, 3.
lausqvithrs, IV, 355.
lauths, II, 250; III, 259.
lêta, *lailôt*, 117; III, 221.
leihts, 153.
leik, 51, 119; II, 403.
leikeis, IV, 230.
leikinassus, IV, 293.
libains, IV, 109.
-lif (dans *ainlif*, *tvalif*), 51.
liga, 254; III, 411; cf. *lagja*.
ligrs, IV, 299.
listeigs, IV, 315.
lith (rac.) (cf. le suivant), II, 214.
lithus (cf. le précédent), II, 214; IV, 273.
liubaleiks, II, 403.
liubs, III, 112.
liuda, rac. *lud*, 133, 266; II, 250, 259.
liugandau, III, 2, 3.
liugn, IV, 109.
liuhadeins, IV, 100.
liuhath, 58, 115.
liusa, rac. *lus*, 247, 260, 262.
liuta, IV, 276.
liuthareis, IV, 325.
lubains, IV, 109.
-lubô (voy. *brôthra-lubô*), 153.
lud (rac.), voy. *liuda*.
luk (rac.), 233; voy. *galukna*.
lus (rac.), voy. *liusa*.
lustôn, III, 445.
lustus, IV, 318.

mag (rac. et prét. avec sens de prés.), *magum*, 153, 158; IV, 120; *magu*, III, 27; cf. *mahts* (thème) et *mahts* (part.).
magath, 115; II, 250.
magathei, IV, 222.
magus, 281; II, 249; IV, 257.
mahteigs, IV, 315.
mahts 1° *mahts*, thème *mah-ti*, rac. *mag*, 135, 153, 158, 205; IV, 120.
2° *mahts*, part. de *mag*, comment on le construit, IV, 180, 181.
maihstus, 131.
mais, 144; II, 195, 196, 206; *maiṣa*, I, 144; II, 196, 197; *maiṣei*, II, 197.
malma, IV, 36.
man 1° *man* (verbe), rac. *man*, pl. *munum*, III, 243; prét. *munda*, III, 266; part. *munds*, IV, 77; cf. aussi *munan*, *munaida*.
2° *man* (subst.), 346-347.
managduths, IV, 92.
managei, 325; IV, 52, 222.
managja, *managna*, III, 455.
manaleika, II, 403.
manniskôdus, IV, 318.
manvitha, IV, 87.
manvja, III, 443.
manvus, II, 169.
marisaivs, IV, 339.
mat (rac.), voy. *mita*.
matja, 206.
mats, 206.
maurthr, III, 443.
maurthrja, III, 443.
mavei, II, 250.
mavi, 281.
mêritha, IV, 88.
meina, voy. *ik*.
meins, II, 286.
midjasveipains, *midjasveipeins*, IV, 109, 341.
midjis, thème *midja*, 148, 310; II, 171; *midjô*, I, 325; *midjata*, I, 354.
midjuma, II, 185.
midjungards, IV, 340.
mik, voy. *ik*.
mikilduths, IV, 92.
mikilei, 325; IV, 52.
mikilja, *mikilna*, III, 455.
mikils, II, 195; IV, 301.
mimṣa, 144.
minniṣa, II, 198.
minnists, II, 212.
mins, II, 196.
mis, voy. *ik*.

missadêds, thème *missadêdi*, 150; III, 260.
missaleiks, II, 404.
mita, rac. *mat*, 247, 260.
mitôns, IV, 109.
mith, IV, 413.
môdags, IV, 314.
Môsês, *Môsêsis*, 145.
môt, *môsta*, III, 266.
môtareis, IV, 325.
munan, *munaida*, III, 265.
muns, IV, 269.

nahts, 39, 135, 157; II, 416.
namnja, 122; III, 444.
namô, thème *naman*, 321, 323; III, 108; IV, 41; dat. *namin*, I, 375; plur. *namna*, I, 323; II, 52.
nasja, 121, 236; III, 412; *nasjis*, *nasjith*, I, 119; *nasjandis*, I, 424; cf. *ganisa*.
natja, 122.
nauh, II, 341, 379.
naus, IV, 69, 269.
navistr, IV, 69.
nêmum, voy. *nima*.
nêthla, IV, 70.
ni, II, 341.
niba, II, 364; IV, 383, 384.
nih, II, 379.
nima, *nam*, *nêmum*, 117; *numans*, 125.
nist, II, 364.
nithjis, IV, 324.
niujis, 133, 310; *niujô*, 325.
niujitha, IV, 87.
niun, *niunê*, II, 225, 230, 266.
niunda, II, 248.
niuntêhund, II, 240.
nivaiths, II, 325.
nu, II, 340, 365.
numans, voy. *nima*.
nuta, IV, 276.

qvainôn, 137.
qvairnus, 154; IV, 271.
qvairrus, IV, 271.
qvam (rac.), voy. *qvima*, *qvast*.
qvêns, 40; IV, 269, 313.
qveins, IV, 34, 313.
qvima, rac. et prét. *qvam*, 37, 137, 234; *qvast*, 204.
qvinakund, IV, 339.
qvius, 58, 137, 138, 265, 312; *qvivô*, 325.
qvumths, 137.

rabbei, 118.
ragineis, thème *raginja*, 310; IV, 230.
raginô, 264.
raihts, II, 195.
rairôth, voy. *rêda*.
razda, 59, 60.
razn, 59, 144.
rathjô, IV, 216.
rêda, *rairôth*, 117; III, 221.
reiki, 352; IV, 218, 230.
reikinôn, III, 445.
reikiza, II, 200.
reiks, 264.
reirô, IV, 265.
rimis, IV, 292.
riqvis, 144; IV, 293.
ris (rac.), voy. *ur-reisa*, *ur-raisja*.
riurja (thème), IV, 224.
runs, IV, 158.

sa, II, 298, 299, 300, 302; *saei*, II, 332; *sei*, II, 332; fém. *sô*, I, 277; II, 298, 369; *sôei*, II, 332; cf. *tha*.
sahv (rac.), voy. *saihva*.
saia, rac. *sô*, 259; III, 114; III, 256-257; *saia*, *saijith*, I, 236; *saisôst*, II, 412; III, 46.
saihs, 131; II, 225, 227, 231.
saihva, rac. *sahv*, 265.
saisô, *saisôst*, voy. *saia*.
saizlêp, voy. *slêpa*.
saivs, 312.
sak (rac.), IV, 216.
sakjis, 310.
sakjô, IV, 216.
salbôns, IV, 109.
salithvôs, IV, 96.
sama, II, 403.
samaleikô, II, 403.
Samareitês, 118.
samath, II, 182.
sandja, III, 437; IV, 231.
sangvs, IV, 269.
sanqvja, III, 412.
sat (rac.), voy. *satja*, *sita*.
satja, 122, 236; III, 239, 411.
sauhts (rac. *suk*), 205; cf. aussi *siuks*.
sauil, IV, 233.

saurga, IV, 265.
sêths, thème *sêdi*, 158.
sei, voy. *sa*.
Seidôn, 118.
seina, II, 259, 287, 290, 294, 395; *sis*, I, 371; II, 290, 291, 294; *sik*, 258, 259, 290, 291, 294.
seins, II, 287.
seiths, II, 196.
seithus, II, 199.
si, II, 312, 314, 329; cf. *is* (pron.).
sibun, 155; II, 225, 228, 266.
sibuntêhund, II, 240.
sigis, IV, 292.
sigislaun, IV, 340, 366.
sijau, *sijais*, *sijai*, voy. *im*.
sijû, *sijum*, *sijuts*, *sijusth*, voy. *im* «sum».
sik, voy. *seina*.
silba, II, 215.
silbasiuneis, IV, 239, 364.
silubreins, *silubrins*, IV, 100.
sind, voy. *im* «sum».
sineigs, IV, 315.
singva, 133.
sinqva, 133; III, 412.
sinteinô, 387; IV, 376.
sis, voy. *seina*.
sita, rac. et prét. *sat*, 37; III, 239, 411; cf. *satja*.
sitls, IV, 300.
siukei, IV, 52.
siuks, IV, 258.
-*siuneis*, voy. *silbasiuneis*.
siuns, IV, 109, 239.
skadus, 155.
skaftja, III, 443.
skaida, 49, 155, 157; *skaiskaith*, III, 228.
skal, *skulum*, III, 243; *skulda*, 266; *skulds*, IV, 181.
skalja, IV, 319.
skalkinôn, III, 445.
skap (rac.), 158; voy. *ga-skaf-t'-s*.
skeirja (thème), IV, 224.
skildus, IV, 319.
skin (rac.), *skeina*, 120; IV, 36; *skeima*, IV, 36.
skula, IV, 276.
skulda, *skulds*, *skulum*, voy. *skal*.
slêpa, rac. *slêp*, 58, 117, 151, 156; II, 404; III, 221, 224; prét. *saislêp*, I, 144, 145; III, 228.
slêps, IV, 157.
smakkabagms, IV, 338, 366.
snaivs, 127, 312.
sniumundô, rac. *snu*, 288, 387; II, 198; IV, 376.
sô (rac.), voy. *saia*.
sô, *sôli* (pron.), voy. *sa*.
sôkareis, IV, 325.
sôkja, *sôkeis*, *sôkeith*, 119, 255, 264.
spaiv, voy. *speiva*.
spêdisa, II, 200.
speiva, *spaiv*, rac. *spiv*, 157.
spilla, IV, 276.
spillô, IV, 276.
spiv (rac.), voy. *speiva*.
sprautô, 387.
sta (rac.), 158; prés. *standa*, voy. *standa*.
stad (rac.), voy. *standa*.
stadi (thème), 158.
staig, voy. *steiga*.
staiga, 77; IV, 258.
stainahs, IV, 314.
stairnô, 131, 157.
standa, rac. *stad*, *sta*, prét. *stôth*, 157, 243; III, 222.
staua, IV, 276.
staut (rac.), prés. *stauta*, III, 47, 229.
steiga, *staig*, rac. *stig*, 77, 126, 157, 159, 264.
stiur, 171, 311.
stôth, III, 222; v. *standa*.
strauja, 247.
sums, II, 404.
sundrô, II, 182.
sunjeins, IV, 100.
sunna, *sunnô*, IV, 235.
suns, II, 196.
sunus, gén. et datif *sunaus*, *sunau*, 73, 375; pluriel nomin. et gén. *sunjus*, *sunivê*, 75, 76.
sûtis, thème *sûtja*, 310; IV, 224; *sutisa*, II, 199.
sva, 359; II, 289.
svaihra, 63; II, 165.
svaihrô, 324; II, 165.
svaleiks, II, 403.
svartisl, IV, 293.
svê, 250, 361; II, 289, 290.
svêgnitha, IV, 87.

sviglja, IV, 231.
svignjaith, III, 4.
svinthôsa, II, 198.
svistar, II, 323; IV, 58.
svumsl, IV, 293.

tagrja, III, 443.
tagrs, IV, 305.
tahja, 62.
taihsvô, 63, 131.
taihun, 62, 131; II, 225, 231, 266.
taihunda, II, 240, 248.
taihuntêhund, II, 240.
taikns, IV, 109.
taitôk, voy. *têka*.
tamja, rac. *tam*, 150, 254; IV, 76; *gatam*, *gatimith*, I, 254.
tandja, III, 437.
tauh, *tauhum*, voy. *tiuha*.
-*têhund* (dans *taihuntêhund*), II, 240.
têka, 156, 264; III, 221; *taitôk*, III, 211.
Teibairius, 118.
Teitus, 118.
-*tigus* (*tvans-tiguns*), II, 239.
tih (rac.), *gateiha*, *gataih*, 127, 265.
timrja, IV, 231.
tiuha, 124; IV, 166; *tauh*, I, 126, 129; *tauhum*, I, 129; *tiuhaith*, III, 4.
tr..ua, IV, 47.
trigô, IV, 265.
triu, IV, 272.
truda, 234.
tulgus, II, 170.
tundna, III, 454.
tungô, 133.
tunthus, 150.
tvahunda, II, 240.
tvai, *tvôs*, *tva*, II, 216; *tvaddjê*, *tveihnôs*, II, 216.
tvalif, 51; II, 233, 234; *tvalibê*, II, 234; *tvalibim*, II, 234.
tvanstiguns, II, 239.

tha, *sa*, II, 295, 297, 301; *this*, *thisei*, I, 145; *thamma*, I, 370, 376; *thana*, I, 346; *thisôs*, I, 144, 375; II, 337; *thisai*, I, 140, 144, 375; *thata*, I, 344; II, 298, 302; *thatei*, II, 332; IV, 381; *thai*, II, 39, 299; *thisê*, I, 144; II, 77; *thaim*, II, 305; *thans*, *thansei*, I, 145; *thôs*, II, 39, 299; *thiso*, I, 144; II, 77; *thô*, II, 49, 295.
thahta, voy. *thankja*.
thai, voy. *tha*.
Thaiaufeilus, 118.
thaim, voy. *tha*.
thairh, II, 175; IV, 415.
thairkô, IV, 415.
thamma, *thana*, voy. *tha*.
thana-seiths, II, 199.
thanja, 150.
thankja, *thahta*, III, 267.
thans, voy. *tha*.
thar, II, 361, 373, 380; IV, 399.
tharba, IV, 265.
thars (rac.), 130, 203.
thata, voy. *tha*, *thatei*; voy. aussi IV, 381.
thathrô, 116, 140, 387; II, 407; IV, 376.
thauh, II, 341, 379.
thauhjaba, II, 363; IV, 383.
thaurnus, 26.
thaursja, 130, 203; III, 443.
thaursum, rac. *thars*, 130, 203.
thaursus, 203; II, 170; IV, 271.
thê, 359, 361; II, 290.
theina, voy. *thu*.
theins, II, 287.
this, *thisei*, *thisôs*, *thisai*, *thisê*, *thisô*, voy. *tha*.
thiubs, acc. *thiuf*, 189.
thiuda, IV, 257, note 7.
thiudangardi, IV, 340.
thiudanôn, III, 445.
thiudans, IV, 285.
thiudeigs, IV, 315.
thiudinassus, IV, 293.
thiumagus, IV, 340.
thius, 143, 281, 312; IV, 257; acc. sing. *thiu*, I, 347.
thivadv, IV, 95.
thivi, 281.
thlauhs, IV, 157.
thô, *thôs*, voy. *tha*.
threis, thème *thri*, 161; II, 219; *thrijê*, *thrija*, *thrim*, *thrins*, II, 220; *thrija*, voy. aussi II, 330.
thridja, 388; II, 248.
thrijahunda, II, 240.
thrijê-tigivê, II, 239.

thrins-tiguns, II, 239.
thritaihun, II, 233.
thu, 150, 161; II, 256, 259; *thuei*, 332; gén. *theina*, II, 259, 261, 287, 295; dat. *thus*, I, 372; II, 259; acc. *thuk*, II, 256, 259; duel *inqvara*, I, 367, 372; II, 269, 301; plur. nom. *jur*, gén. *içvara*, I, 144, 367, 368; II, 265, 268, 286, 287, 394; dat.-acc. *içvis*, I, 367, 372; II, 265, 268, 285, 286.
thuhta, voy. *thunkeith*.
thuhtus, IV, 318.
thuk, voy. *thu*.
thunkeith, *thuhta*, III, 266.
thus, voy. *thu*.
thusundifaths, IV, 341.

uf, IV, 395.
ufaithja (thème), IV, 230.
ufar, 120; IV, 395, 399.
ufarassus, IV, 294.
ufarfulls, IV, 364.
ufargudja, IV, 364.
ufarhafna, III, 454.
ufarmunnôn, IV, 194.
ufarskadvja, III, 443.
ufkunnanda, III, 2.
ufmunan, IV, 194.
-*uh* (enclit.), II, 341, 378, 379.
uhtvô, 130.
unairkns, IV, 238.
unbarnahs, IV, 314.
und, IV, 390.
undar, II, 180, 350.
undrêda, 117.
unhrainitha, IV, 87.
unhunslags, IV, 314.
unkar, II, 394.
unkara, voy. *ik*.
unkarja (thème), IV, 230.
unlêdi, IV, 214.
unmanvjans, II, 169.
unnutja (thème), IV, 224.
unqvêthja (thème), IV, 224.
unriurja (thème), IV, 224.
uns, voy. *ik*.
unsar, II, 286.
unsara, *unsis*, voy. *ik*.
unsvikunthôça, II, 198.
unviti, IV, 214.
urraisja, III, 240.
urrannja, III, 412.
urreisa, rac. *ris*, 77; III, 240, 412; cf. *urraisja*.
urrinna, III, 412.
urrists, 77.
us, IV, 393.
usdaudôça, II, 198.
usgeisna, III, 454.
usgilda, IV, 67.
usgutna, III, 453.
uskijana, III, 405.
uslitha, IV, 278.
uslûkith, 233.
uslukna, III, 453.
usluknas, IV, 97.
ustass, 311.
ustiuhada, III, 2.
usvandi, IV, 216.
usvêna, IV, 359.
uçanan, 263.
ût, IV, 401.
ûta, IV, 401.
ûtana, IV, 401.
ûtathrô, 387; IV, 401.

vadjabôkôs, IV, 341.
vag (rac.), voy. *vagja*, *viga*.
vagja, rac. *vag*, III, 28; cf. *viga*.
vahsja, *vôhs*, 135, 235; III, 222.
vahstus, IV, 318.
vahtvô, rac. *vâk*, 205; IV, 96.
vaia, *vaivô*, rac. *vô*, 170, 236, 259; III, 221, 224, 256.
vaiamêrei, IV, 222.
vaidêdja, IV, 230.
vaihjô, IV, 216.
vailadêds, 150.
vailavisns, IV, 109.
vair, 131, 311.
vairaleikô, II, 403.
vairs, *vairçisa*, II, 196.
vairtha, *varth*, 161; III, 308; IV, 197; *vairthan*, IV, 181.
vait, 73, 140, 204; III, 45, 98, 243; *vissa*, III, 266.
vaivô, voy. *vaia*.
valda, II, 224.
vangari, IV, 325.
vaninassus, IV, 294.
vargitha, IV, 88.
varmja, 135.
varth, voy. *vairtha*.

vas, rac. et prét. de *visa*, voy. *visa*.
vasja, 60 ; III, 400.
vatô, thème *vatan*, 323 ; IV, 279 ; *vatnam*, I, 323.
vaurdahs, IV, 314.
vaurhts, III, 266.
vaurkja, *vaurhta*, III, 266 ; *vaurkjada*, III, 2.
vaurms, 50, 134.
vaurstvja, IV, 230.
vêgs, IV, 257.
vêns, IV, 266.
vêsjau, voy. *visa*.
veiha, III, 455 ; IV, 276.
veihna, III, 455.
veihs, 119.
veinabasi, IV, 365.
veinagards, IV, 340, 365.
veindrunkja, IV, 231, 340.
veis, voy. *ik*.
veitvôdja, IV, 330.
viduvô, 118, 153, 324 ; IV, 409.
viga, rac. *vag*, 66 ; III, 28.
vigs, IV, 257.
vileis, *vileisuh*, 145.
viltheis, 310.
visa, rac. et prét. *vas*, 37, 59, 263 ; III, 127 ; *vêsjau*, III, 127 ; *visan*, IV, 181 ; cf. aussi *vas*.
vissa, voy. *vait*.
vit, voy. *ik*.
vitubni, IV, 48.
vithra, 161 ; II, 181.
vô (rac.), voy. *vaia*.
vôhs, voy. *vahsja*.
vrak, voy. *vrika*.
vraka, 330 ; IV, 265.
vrakja, 77 ; IV, 215.
vraks, IV, 257.
vratôdus, IV, 318.
vrika, *vrak*, 37, 77.
vrôhs, IV, 266.
vulfs, 114, 309, 312 ; gén. *vulfis*, 114, 115 ; dat. *vulfa*, 376.
vullareis, IV, 325.
vulthags, IV, 314.
vulthus, IV, 70.
vulva, IV, 265.
vundufni, IV, 48.
vunns, IV, 266.

2° VIEUX HAUT-ALLEMAND.

â (privatif), IV, 393.
abanëmari, IV, 325.
abkot, 192.
afar, II, 306, 352, 357.
affin, *affinna*, IV, 105, 107.
aftar, II, 181.
aht, 135.
ahtowi (thème), II, 229.
ahtozog, II, 240.
alles, II, 196, 352.
altí, IV, 221.
anasteroz (de la rac. *stôz*), III, 229.
anderes, *anderest*, II, 196.
angust, IV, 295.
ann (rac.), 195.
anst (subst.), 158 ; IV, 137 ; plur. *ensti*, I, 121.
anst (verbe), 2° p. sing. de la rac. *ann*, I, 195 ; cf. *onda*, *onsta*, *ibid.*
ar, IV, 393.
araucnissa (*-issí*), IV, 294.
archinit, IV, 36.
arhabaní, IV, 219.
arkinit, IV, 36.
armaherzér, IV, 351.
arôdta, 205.
arstâmês, 242.
ast, plur. *esti*, 121.
auh, II, 358.
az jungist, IV, 373.
az lâzôst, IV, 373.
âzumês, III, 324.

bechnaet, 259.
beiz, 72, 76.
berathnessí, IV, 294.
bërant, 160.
bëre, 128.
bërêmês, 127.
bërên, 128.
bërês, 127, 128.
bërêt, 127, 128.
beri, IV, 224.
bëteri, IV, 325.
beton, III, 16.
bî, *bi*, 120 ; IV, 391.
biknât, 259.
bim, 59, 262 ; III, 17, 129 ; voy. *bin*, *bint*,

birent, birint, birnt, birumês, birut, bis, bist, bistu, ist, pim, pin, pirumês, sî, sîn, sint, was, wâri, warumês.
bin (et *pin*), 192.
bint, III, 130.
birent, III, 130.
birint, III, 130.
birit, III, 130.
birnt, III, 130.
biru, III, 17 ; voy. *bërant, bëre, bërêmês, bërên, bërês, bërêt, birit.*
birumês, 59, 263 ; III, 17, 130.
birut, III, 130.
bis, *bist*, III, 38.
bistu, 128 ; III, 38.
bitel, IV, 300.
biutu, IV, 276 ; cf. *bôt.*
biz (rac.), prés. *bîzu* ; voy. *bîzu.*
bîzu, 72, 76, 120 ; cf. *beiz.*
blias, III, 225.
blôstar, bluostar, IV, 68.
boganêr, 125.
bôt, 126.
boto, IV, 276.
boug, 126.
boumîn, IV, 100
bluot, IV, 36.
brann (rac.), 195.
briutechamara, IV, 342.
bruader, 116.
brunno, 327.
brunst, 195 ; IV, 137.
bruoder, 116, 150, 164.
brûtgomo, brûtigomo, IV, 34, 342.
bûan, 124.
bugumês, 125 ; cf. *boganêr, boug.*
bunti, 128.
buntîmês, 128.
buntîs, 128.
burt, 158.

ca-pleruzzi, III, 229.
chaltî, IV, 219.
chan (rac.), 195 ; *chanst*, III, 255.
chîmo, IV, 36.
chin (rac.), IV, 36.
chinit, IV, 36.
chua, chuai, 286.
chuementemu, 138.
chumft, 137.
chumu, 137 ; cf. *chuementemu, cum.*
chunni, IV, 194.
chunst, 195 ; IV, 137.
chuo, chuoe, 286.
cuatu, 360, 363.
cum, 137.

dag, voy. *tag.*
daghe, 161.
dâht, III, 437.
dahta (et *tahta*), 192, 205.
darft, III, 255.
daum, IV, 46.
daz, II, 315, 316 ; IV, 381.
dehsa, IV, 33.
dêm, II, 315.
demar, IV, 300.
dëmu, II, 315.
dën, II, 315.
dên (dat. plur.), II, 315.
denju, 150.
dëo, 312 ; II, 216.
dër, 193 ; II, 313, 315 ; voy. *daz, dêm, dëmu, dën, dên, dëro, dës, dia, diê, diêm, dien, dio, diu, thie.*
dëro, II, 181, 315.
dës, II, 315.
dësa, II, 317, 318.
dësan, II, 317.
dësen, II, 317.
dësêr, II, 318 ; voy. *dësa, dësan, dësën, dësiu.*
dësiu, II, 317.
dhrî, 161.
dhu, 161.
dia, II, 313.
diê, die, 127 ; II, 43, 313.
diêm, II, 315.
dien, II, 315.
dih, 136.
dîhsila, IV, 33.
dio, II, 313.
dionust, IV, 295.
disêr, II, 317 ; cf. *dësêr.*
diu, II, 313 ; I, 359, 361 ; II, 314.
donar, IV, 68.
doum, IV, 46.
driê, driô, II, 220 ; cf. *driu, dhrî.*
drînissa (-issî), IV, 294.
driô, II, 220.
dritto, II, 248.
driu, II, 50.
driuhunt, II, 240.
drîzugôsto, II, 246.
du, 150 (jamais *tu*), 193 ; cf. *dih, dhu.*

eidu, 360.
eihhîn, IV, 100.

eines, *eincst*, II, 196.
einhantêr, IV, 357.
einougêr, IV, 357.
eisca, *eiscôn*, 87.
ekiso, IV, 292.
elilenti, II, 354.
enont, II, 183.
ensti, 121.
êr, II, 244.
erchan, IV, 238.
êristêr, II, 244.
êristporaní, IV, 219.
ernust, IV, 295.
errido, IV, 95.
erscriuun, 59.
erweliti, IV, 219.
esilinna, IV, 105.
êwig, 127.

fad, 147.
fahistu, 128.
faho, IV, 277.
fallu, *fellis*, *fellit*, 121.
far-, IV, 403.
farwa, IV, 350.
farwâzu, 59; III, 76.
fatar, 155; acc. *fateran*, 346.
fellis, *fellit*, 121.
feorfuazzêr, IV, 357.
fër-, IV, 403.
fërsna, 144.
fert, 159.
fieriu (neut.), II, 50.
finfiu (neut.), II, 50.
fiorzugôsto, II, 246.
fir-, IV, 403.
firstantnissi, IV, 294.
flewiu (=*fliuzu*), III, 421.
fliugit, 133.
fliuzu, 260; III, 421.
flôdar, IV, 70.
fludar, IV, 70.
fluz (rac.), 260, 262; cf. *fliuzu*.
for (séparable), IV, 408; (inséparable), IV, 403.
fora, IV, 408.
fordar, II, 183.
fore, *fori*, *foro*, IV, 408.
fôtar, IV, 69.
fôzkengel, IV, 300.
fram, IV, 410.
fuotar, IV, 69.
fuoz, 151.
furdir, II, 183.
furi, IV, 408.

ga-, *ge-*, rac. *gâ*, 242; voy. *gâmês*, *gân*, *gânt*, *gâs*, *gast*, *gât*, *geist*, *gêst*, *gêt*, *gieng*, *kan*.
gabeini, IV, 221.
gabirgi, IV, 221.
gadarmi, IV, 221.
gafildi, IV, 221.
gafugili, IV, 221.
gahôrida, IV, 88.
gâmês, 242.
gân, 242, 259; III, 16; voy. *gâ*.
gânt, 242.
garteri, IV, 325.
gâs, 242; III, 38.
gast (=*du gehst*), III, 38.
gât, 242.
gaza, IV, 96.
gëbono (gén. plur.), II, 76.
geist (=*du gehst*), III, 38.
gelstar, IV, 67.
gêst, III, 38.
gêt, 242; III, 25.
getar, 150; *getarst*, III, 255.
getat, 193.
geteilo, 193.
getoufet, 193.
ghëban, 161.
gheist, 161.
ghelstar, IV, 67.
ghibu, *ghibis*, 161; cf. *ghëban*.
giburt, 158.
gieng, III, 434.
gift, 205.
gineizta, 205.
ginnistu, III, 38.
giskaft, 205.
gisteini, IV, 221.
gistirni, IV, 221.
giuzit, 133.
glîzemo, IV, 36.
goltvarawaz, IV, 350.
gomo, IV, 34.
gôr, 130.
gôt (et *kot*), 192; cf. *abkot*, *kotan*.
gotnissi, IV, 294.
grapehûs, IV, 342.
grîfu, 120.
guotlihhîn, 326.
gutin, *gutinna*, IV, 105.

habêm, 256.
hal'âri, IV, 325.
hanon, 115.
hantaslagô, IV, 330.
hanun, 115.
hapêm, 256.
Hartmuotan (acc.), 346.
haso, IV, 276.
havanari, IV, 325.
heffu, 238, 240.

hefihanna, IV, 369.
heilí, IV, 221.
heizu, 126; III, 226; cf. *hiaz*, *hiez*.
hëlfâre, IV, 325.
helm, IV, 46.
hëlphentpein, 192.
heninna, IV, 105.
herizoho, IV, 277.
hertida, IV, 88.
hërza, 327.
hialt, III, 71, 222, 223.
hiaz, *hiez*, III, 225.
hilu, IV, 46.
hina, II, 182.
hînaht, II, 381.
hindar, IV, 413.
hinna, II, 182.
hinont, II, 183.
hintar, II, 182; IV, 413.
hirti, II, 316.
hiuru, 133; II, 375, 381.
hiutu, 133, 360; II, 309, 366, 381.
hlahtar, IV, 68.
hleitar, IV, 71.
hliumund, IV, 42.
hloufan, 126; cf. *liaf*.
hloufo, IV, 277.
hlouft, 158.
Hluodowigan (accusatif), 346.
hlût, 123, 261.
hôhí, IV, 219.
holôdo, IV, 95.
hônida, IV, 88.
hôrida, IV, 88.
hreinida, IV, 88.
huaz, II, 369.
huëdar, II, 117.
huëmu, II, 369.
huën, II, 369.
huënan, II, 369.
huer, 134; II, 369; voy. *huaz*, *huëmu*, *huën*, *huënan*, *huës*, *huiu*, *hwiu*, *wër*.
huës, II, 369.
huiu, 359; cf. *hwiu*.
huldí, IV, 219, 221.
hulta, 205.
hulzîn, IV, 100.
hundinne, IV, 105.
-hunt, II, 240.
hunteri, IV, 325.
huotil, IV, 300.
hûs, 125.
hwanne, *hwenne*, IV, 384.
hwiu, 359.

ibu, IV, 384.
imu, 115, 371.
in (= *ihn*), 346.
inchar, 370.
incnâhu, 259.
incnâtun, 259.
inseffu, 240.
insuepiu, 60; II, 404; III, 420.
ipu, IV, 384.
ir (= nouveau haut-allemand *er*), 63, 313; cf. *imu*, *in*.
irknaent, 259.
irknait, 259.
irknâta, 259.
irrado, *irredo*, IV, 95.
ist, 242; III, 127.
iu, 368; cf. *iwar*, *iwih*.
iwar, 368.
iwih, 368; II, 258.
izu, *izzu*, 50; cf. *âzumês*.
jâr, 117.
juchido, *jukido*, IV, 95.

kan (= *gan*, nouv. haut-allemand *gehen*), 192.
ka-smagmo, IV, 37.
kastu (instrum.), 360.
kelstar, IV, 67.
kesteo (gén. plur.), *kestio*, *kesto*, 360.
kihôrnussí, IV, 294.
kîmo, IV, 36.
kin (rac.), IV, 36.
knâ (rac.), 259.
komo, IV, 34.
kôs, 126.
kotan (acc. sing.), 346.
kunft, 137.
kuning, IV, 312.
kuningin, *-ginna*, IV, 105.
kunni, IV, 194.
kuphar, 141.

lahan, 259; voy. *hlahtar*.
lanchmuetêr, IV, 355.
langlîpêr, IV, 355.
lâzu, 117.
lebara, 60.
lëgar, IV, 300.
lego, 3ᵉ pers. plur. *legent*, III, 413.
leiter, *leiteira*, *leitra*, IV, 71.
leitta, 205.
lêru, 127; III, 266; prét. *lêrta*, II, 266.
liaf, III, 226.
libera, 60.
lief, III, 226.
limphan, 141.
liof, III, 226.
lisu, 115.

liuf, III, 226.
lirnem « discam », III, 20.
liuthjan, 133; *liuhta*, 205.
liusu, 145; voy. *lôs*, *luri*, *lurumês*, rac. *lus*.
liuti, 133.
lôn, 126.
lôs, 145; III, 252.
lougen, *lougin*, IV, 108.
lougna, IV, 108.
luri (de *liusu*), 145; III, 252.
lurumês, 145; III, 252.
lus (rac.), 145; cf. *liusu*.
lut, II, 250.
luti, II, 250.
luzzikêm, IV, 375.

maht (subst.), 158, 205; (verbe), III, 155; cf. *mahtu*.
mahtu, 128.
mannan (accus. sing.), 346.
meintate, 193.
meistarinna, IV, 105.
mendî, IV, 222.
mendiu, IV, 222.
mêriro, II, 219.
mih, 136.
miltherzêr, IV, 355.
miltnissa, IV, 294.
minnira, II, 108.
missetat, 193.
munizeri, IV, 325.
muosa, 204.
muost, III, 255.
mûrhuotil, IV, 300.
mûs, 123, 125, 338.

nacho, 58.
nâdel, *nâdela*, *nâdila*, *nâdla*, IV, 70.
nâhî, IV, 219.
naht, 135.
nâmumês, 117.
nanta, III, 266.
nennu, III, 267; v. *nanta*.
nerju, 122; III, 16; 3ᵉ pers. plur. *nerent*, III, 413.
nidar, II, 182, 340; IV, 397.
nift, IV, 58.
nihein, II, 385.
niun, 133, 294; II, 46; neut. *niuniu*, II 50.
niunzog, II, 240.
niuwi, *niwi*, 133.
nomanêr, 125.
nu, *nû*, II, 340, 341.

oba, IV, 395.
obar, IV, 399.
obaro, IV, 402.
ohsônô (gén. plur.), 117; voy. *oxo*.
onda, *onsta* (rac. *ann.*), 195.
ôra, 126.
ouc, *ouh*, II, 359.
oxo, IV, 276; gén. plur. *ohsônô*, I, 117.

paradys, 193.
perahtnissî, IV, 294.
pëtôm, III, 16.
Petrusan (acc. sing.), 346.
pfad, 147.
phenning, 141.
phorta, 141.
pim, 59, 262; III, 17; voy. *bim*.
pin (et *bin*), 192.
pirumês, 59.
pitala, IV, 300.
pittu, 238.
pleruzzin, III, 229.
pluz (rac.), III, 229.
porta, 193.
prûtichamara, IV, 342.
prûtigëba, IV, 342.

qhuidit, 138.
quei, 138.
quek, 58.
quellu, IV, 105.
quhidit, 138.
qui-, II, 218.
quîfalôn, *quîfalt*, 138; II, 218.
quiohti, 138.
quîro, 138; II, 218.
quiski, 138.

ranta, 205.
râtslagô, IV, 330.
râtu, 117.
rëhtôr, II, 196.
reis, III, 252; cf. les mots suivants.
riri, *rirumês*, III, 252.
ris (rac.), III, 252.
riuzu, 258, 266.
rôrîn, IV, 100.
rot, 150.
rôtamo, IV, 37, 41.
rôtemo, IV, 37.
rôtî, IV, 219.
rôtomo, IV, 37.
rûm, 125.
ruodar, IV, 70.
ruota, 266.
ruz (rac.), 258, 266; cf. *riuzu*.

sagên, *saghêm*, *sakêm*, III, 16.
salida, *salitha*, IV, 96.
samant, II, 182.
samftida, IV, 87.
sâmi, 33; II, 215; IV, 364.
sâmiheil, IV, 364.
sâmiqueč, IV, 364.
sâmiwîz, IV, 364.
sâmo, IV, 37.
sâr, II, 361.
sât, 158; III, 256.
satal, IV, 300.
satalari, IV, 325.
satel, *satil*, *satul*, IV, 300.
saum, IV, 46.
saz (rac.), III, 239.
scadal, IV, 301.
scadestu, III, 38.
scal (rac.), 158; *scalt*, III, 255.
scepheri, 142.
scînu, 120.
scônî, IV, 219.
scrîberi, IV, 325.
scrirumês, 59, 263.
scriwun, 59.
sculd, 158.
seffu, 240.
sehsiu (neut.), II, 50.
selida, IV, 96.
sêo, 312.
sezal, *sezzal*, IV, 300.
sezzari, IV, 325.
sî, II, 409.
sia, II, 311, 312, 317; cf. aussi *siu*, *sio*.
sibuni (thème), 294; II, 46; neut. *sibuniu*, II, 50.
sibunzog, II, 240.
sih, 136.
sîn, III, 127.
sinfluôt, *-flût*, IV, 342.
singu, IV, 42.
sint, IV, 258.
sio, II, 312, 329.
siu, II, 312, 329; cf. *sia*, *sio*.
siwu, IV, 46.
slâfal, IV, 300.
slâfu, 58, 60, 117; III, 420; cf. aussi *sliaf*.
slango, 101.
sliaf, III, 229.
slîfu, III, 140.
slinga, 101.
slîpistein, IV, 369.
sluozil, IV, 301.
smërzo, 100, 327.
snêo, 127, 312.
sniovarawar, IV, 350.
snura, 100.
sô, 359.
spialt, III, 229.
spilahûs, *spilehûs*, *spilohûs*, IV, 342.
sprunkal, IV, 301.
stâ (rac.), 242, 260; voy. *stâmês*, *stân*, *stâst*, *stât*, *stêt*, *stantu*, *stuont*.
stâmês, 242.
stân, 242.
stânt, 242.
stantu, prét. *stuont*, III, 222.
stâst, 242; III, 38.
stât, 242.
steig, 126.
steinbrukil, IV, 301.
steinîn, IV, 100.
stellu, III, 425.
sterchida, IV, 87.
stêt, 242.
stetigot, IV, 342.
stillî, IV, 219.
stôz (rac.), III, 229.
stôzil, IV, 301.
stuont (de *stantu*), III, 222.
sû, 125, 349.
suarzî, IV, 219.
suazi, 58; voy. *suozi*.
suaznissi, IV, 294.
suepido, IV, 95.
sûfu, 124.
suht, 205.
suikal, IV, 301.
sundar, II, 182.
suniu (dat. sing.), 75.
suô, 359.
suozî, IV, 219.
suozi (gothique *sûtja*), IV, 224; cf. *suazi*.
swehur, 56.
swertu, 360.
swizan, 100.

tâ (rac.), III, 262; voy. *tât*, *tâti*, *tâtumês*, *tëta*.
tag, 193; à la fin des composés, *tagon*, nom. *tago*, IV, 278.
tagarod, IV, 341.
tagasterno, IV, 342.
tagelôn, IV, 341.
tagesterno, IV, 342.
-tago, voy. *tag*.
tâht, III, 437.
tahta (et *dahta*), 192.
tât (= *du thast*), III, 263.
tâtumês, III, 263.
teil, 193.
tëta, III, 263.

thie, II, 315.
thionost, IV, 295.
tiufi, IV, 219.
tô (rac.), 242; voy. *tuo*, rac. *tâ*, *tôm*, *tuam*, *tuan*, *tuom*, *tuon*, *tuont*, *tuos*, *tuost* et *tuot*.
tôdiu, III, 444.
tôhta, III, 255.
tôm, III, 16; voy. rac. *tô*.
toufen, 193; *getoufet*, 193.
toufi, IV, 222.
touk, III, 255; *tôhta*, *ibid.*
tragabetti, IV, 368.
tragadiorna, IV, 368.
tragastuol, IV, 368.
traum, IV, 46.
trinko, IV, 277.
triu, IV, 47, 91.
troumsceidari, IV, 325.
truhtinan, *truhtinen*, 346.
tuam, voy. *tôm*.
tuan, voy. *tôm*.
tuo (rac.), voy. rac. *tô*.
tuom, 150; cf rac. *tô*.
tuon, 193, 243; cf. rac. *tô*.
tuont, 243.
tuos, 243; III, 38.
tuost, III, 38.
tuot, 243.

ubar, IV, 399.
ubiltât, 193.
ubiltatig, 193.
ûf, IV, 399.
umbi, IV, 391.
un-, au commencement des composés possessifs, IV, 357; cf. nouveau haut-allem. *un-*.
unchar, 370.
undat, 193.
unfasel, IV, 357.
unsih, II, 258.
unst, 263.
urherzêr, IV, 359.
urluzêr, IV, 359.
urmôt, IV, 359.
urwâfan, IV, 359.
ûz, IV, 401.

varlâzanî, IV, 219.
virterhinêti, IV, 219.
virwehsalôti, IV, 219.
vranhônôvurtari, IV, 325.

wagan, IV, 285.
waginari, IV, 325.
wahsamo, *wahsmo*, 367; IV, 36, 66.
wahsu, 135.
walzta, 205.
wanga, IV, 325.
wanhta, 205.
wanta, III, 266.
wardh, 161.
wâri, III, 252.
warmî, IV, 219.
warph, 141.
wârumês, III, 252.
was, III, 252.
waskiwazar, IV, 369.
webehûs, IV, 368.
weinôn, 137.
weist, 204; III, 46, 255.
wendu, III, 267.
wëo, 361.
wêr, 134; voy. *huer*.
wërdhan, 161.
werphan, 141.
wezisten, *wezstân*, *wezzesten*, IV, 369.
widar, II, 181; IV, 409.
widhar, 161.
wîh, IV, 254.
wio, 361.
wiolih, 361.
wirs, II, 195.
wirtinna, IV, 105.
wirtun, IV, 107.
wissa (= nouveau haut-allemand *wusste*), 204.
wiu, 361.
wolatate, 193.
wolfum, 115.
wortu, 360.
wuldar, IV, 70.
wundar, *wuntar*, IV, 70.
wurm, 134.
wurphumês, 141.

zahari, *zaheri*, 122.
zamô, 150.
zand, 150.
zant (rac.), *zantaro*, *zuntjan*, III, 437.
zêh, 127.
zëhani (thème), *zëheni*, *zëhini*, II, 50, 231; cf. *zêni*.
zëhanzog, II, 240.
zëheni, *zëhini*, voy. *zëhani*.
zeihur, 58.
zêni (thème), II, 231; *zêniu* (neut.), II, 50; cf. *zëhani*.
zenteilig, 193.
ziegalîn, IV, 100.
zifurist, IV, 373.
ziuhu, 124; prét. *zôh*, 126.
zua, voy. *zwa*.

zueiêrô (gén. pl.), II, 216.
zueihunt, II, 240.
zueijô, *zueiô* (gén. plur.), II, 216.
zuênê, voy. *zwênê*.
zui-, II, 218.
zuibeine, II, 218.
zuiekkêr, IV, 357.
zuiro, *zuiror*, II, 218.
zuntjan, voy. rac. *zant*.
zwa (fém.), II, 216.
zwênê (nom. m.), II, 216; voy. *zwa*, *zwô*, *zueiêrô*, *zueijô*, *zui*, *qui*, *zuiro*.
zwô (fém.), II, 216.

3° MOYEN HAUT-ALLEMAND.

bërent, 160.
betöuben, 122.
bîze, 120.
blindiu, 129.
bogener, 125.
bôt, 126.
bouc, 126.
bruoder, 116.
brust, plur. *brüste*, 122.
bugen, 125.

disiu, 129.
dulde, 205.

empfinden, *enpfinden*, 142.
êwic, 127.

funfzic, 142.
fünte, 141.
fünve, 141.

gast, plur. *geste*, 122.
gëbe, 128.
gevügele, IV, 221.
gibe, 128.
grîfe, prét. *greif*, 120, 126.

habe, 128.
heize, 126.
hërze, 327.
hînaht, II, 381.
hinte, II, 381.
hiure, 133; II, 373.
hiute, 133.
hûs, 125.

iuch, 133.

jâr, *jaeric*, 122.
Jôhannesen (acc.), 346.

kaffen, 142.
kampf, 142.
kapfen, 142.
klopfe, 142.
koch, plur. *köche*, 122.
kopf, 142.
kôs, 126.
krempfen, 142.
kripfen, 142.
kropf, 142.
künne, IV, 194.

leite, 205.
lêre, 127.
lôn, 126; pluriel *loene*, 122.
loufen, 126.

muoz, *muezen*, 132.
mûs, 125; plur. *miuse*, 122.

newëder, II, 178.
nomener, 125.
nû, *nuo*, *nuon*, II, 341.

ob, *obe*, IV, 384.
ôve, 126.

Parzifâlen (accus.), 346.

reip, 126.
rûm, 125.

salbe, 128.
schîne, 120.
schriuwen, 59.
schuffen, 142.
Sîvriden (accus.), 346.
snê, 127.
steic, 126.
stuol, plur. *stuele*, 122.
sû, 125.
swîfe, III, 141.

tage, 128.
tampf, 142.
tôt, plur. *taete*, 122.
toup, 122.
tropfe, 142.

weist, 204.

zêch, 127.
zôch, 126.
zwir, II, 219.

4° NOUVEAU HAUT-ALLEMAND.

ab, IV, 390.
Abbild, IV, 364.
aber, II, 306, 352, 357; IV, 382.
Aberglauben, II, 352.
abermals, II, 352.
Aberwitz, II, 352.
Abgott, IV, 364.
Abweg, IV, 364.
acht, voy. gothique *ahtan*, II, 229.
achtzig, II, 240.
Aeffin, IV, 105.
ähnlich, II, 403; IV, 360.
an, II, 351.
anderer, II, 178.
anderswo, *anderswoher*, II, 413.
angenehm, IV, 224.
Angst, IV, 295.
Ankunft, 137, 195; IV, 110.
ant- (dans *Antwort*), IV, 388.
auch, II, 359.
auf, IV, 399.
Auge, IV, 278.
aus, IV, 387, 401.
Ausweg, IV, 364.

Backe, *Backen*, 327.
Bande (= *Schaar*), 401.
Bär, 327, 397.
baue, 124.
be-, IV, 329, 391.
Beere, IV, 224.
bei, 120; IV, 391.
Beigeschmack, IV, 364.
beisse, 72, 120.
bequem, 137.
betrüge, 132.
biete, IV, 276.
bin, III, 17, 128; voy. *bist*, *ist*, *sei*, *sind*, *war*, *wäre*.
binde, 151.
bist, III, 38.
bitte, 235.
bitter, IV, 299.
blase, prét. *blies*, III, 225.
bleibe (pour *b-leibe*), 151.
blies, III, 225.
Blume, IV, 36.
Bote, IV, 277.
Brand, plur. *Brände*, 123.
brandschatzen, IV, 330.
Bräutigam, IV, 34, 342.
breche, 151.
Breitede (hessois), IV, 87.
brenne, 122.
Bruder, 116, 150, 151; IV, 58.
Brunnen, 327.
Brunst, 195; IV, 110, 137.

Dacht, III, 437.
damit, IV, 382.
dar, II, 361; IV, 399.
darf, 132.
das, II, 315.
dass, II, 359; IV, 381.
dehne, 150.
Deichsel, IV, 33.
dem, II, 308.
denn, II, 340.
der, II, 313, 314, 315; gén. plur. II, 78; voy. aussi *dem*.
dich, 136.
Dickkopf, IV, 353.
die, voy. vieux haut-allemand *diu*, *dia*, *dië*, *dio*.
Dienst, IV, 295.
dieser, II, 317.
Docht, III, 437.
Donner, IV, 68.
Dorn, 26.
drei, voy. gothique *thri*, II, 219.
Dreifuss, IV, 353.
dreissig, II, 46.
dreissigster, II, 246.
Dreiweg, IV, 370.
dritter, II, 248.
du, 150.
Dunst, plur. *Dünste*, 123.
durch, II, 175; IV, 415.
dürfen, 132.

eichen, IV, 100.
eilf, 51; II, 234, 236.
einer, II, 210.
Ende, 122; IV, 389.
Engel, 122.
ent-, IV, 328, 389.
entsagen, *entsprechen*, IV, 389.
er- (préfixe), IV, 329.
er (pronom), 313; voy. *ihm*, *ihn*, *ihr*.

Erde, 287.
Ereigniss, IV, 294.
Ernst, IV, 295.
erquicken, 137.
erster, II, 244.
Eselin, IV, 105.
esse, voy. sanscrit *admi*, 150.
Esslust, IV, 367.
euch, 133; II, 258.
euer, 368.

fahren, III, 232.
Fahrt, 159; IV, 110.
Fahrwasser, IV, 367.
falle, prét. *fiel*, III, 225.
fange, 151.
federleicht, IV, 364.
fiel, III, 225.
flehe, 151.
fliege, *fleugt*, 133.
fliesse, 260, 262.
Flucht, IV, 110.
Flug, plur. *Flüge*, 123.
frage, 151.
fünf, voy. gothique *fimf*, II, 225.
für, IV, 408.
fürder, II, 183.
Fuss, 150.
Futter, IV, 69.

Gans, 42, 66.
Gasse, IV, 96.
Gast, 151; IV, 116.
Gau, 284.
ge-, voy. gothique *ga*, IV, 221, 328, 360, 412.
gebe, 151.
Gebein, IV, 221.
Gebirg et *Gebirge*, IV, 221.
Geburt, 158.
Gedärm, IV, 221.
Gefilde, IV, 221.
gehe, prét. *gieng*, III, 434; voy. vieux haut-allemand, rac. *gâ*.
Geheiss, IV, 252.
Gelächter, IV, 68.
Gelbschnabel, IV, 353.
Gestein, IV, 221.
gestern, II, 374.
Gestirn, IV, 221.
gestrig, IV, 100.
geusst, 133.
Gevögel, IV, 221.
gieng, III, 434.
giesse, *geusst*, 133.
Gift, 205.
gläsern, IV, 100.
gleich, II, 403, 404.
glücklich, II, 404.
golden, IV, 100.
Göttin, IV, 106.
greife, 120; prét. *griff*, 126.
Grösse, IV, 220.
Grosshändler, IV, 363.
Grossmacht, IV, 363.
Grossmaul, IV, 353.
Grossmutter, IV, 363.
Grossvater, IV, 363.
Gunst, 195; IV, 110, 137.
günstig, IV, 315.

halb, II, 213, 215.
Halbbruder, IV, 364.
halte, *hält*, III, 273; prét. *hielt*, III, 71, 223.
hange, 151.
Hase, IV, 276.
Haus, 124.
haushoch, IV, 364.
Hebamme (*hefihanna*), IV, 369.
hebe, III, 112.
heisse, prét. *hiess*, III, 226.
Helm, IV, 46.
Henne, IV, 105.
Herz, 66, 151, 327; gén. *Herzens*, 314, 327.
Herzog, IV, 277.
heuer, 133; II, 373, 381.
heunt, II, 381.
heute, 133; II, 309, 381.
heutig, IV, 100.
hielt, III, 223.
hier, IV, 399.
hiess, III, 226.
himmelblau, IV, 364.
hin, II, 182, 380; IV, 401.
hinter, II, 182; IV, 414.
hofmeistern, IV, 330.
Höhe, IV, 219, 220.
hölzern, IV, 100.
hörnern, IV, 100.
Huld, IV, 219, 220.
Hund, 151.
hundert, II, 240.

ihm, 371.
ihn, 346.
ihr, II, 269.
in, IV, 397.
ist, 157, 242.

ja, gothique *ja*, II, 366.
Jahr, 117.
jährlich, II, 404.

jämmerlich, II, 404.

Kälte, IV, 219, 220.
kann, 151.
Kehrbesen, IV, 367.
Keim, IV, 36.
kein, II, 385.
Kind, IV, 34.
Kinn, 151.
Koch, plur. *Köche*, 123.
komme, 137.
König, IV, 313.
Königin, IV, 105.
kräftig, IV, 315.
Kuh, 286.
Kunst, 195; IV, 110, 137.

lache, 259.
Lager, IV, 300.
Längde (hessois), IV, 87.
Länge, IV, 219.
Langohr, IV, 353.
laufe, 126, 151; prét. *lief*, III, 226.
laut, 123, 261.
Lebemann, IV, 367.
Leber, 60.
lecke, 151.
ledern, IV, 100.
Lehrmeister, IV, 367.
Leiter, IV, 71.
Lesezimmer, IV, 367.
leuchte, 133.
Leumund, IV, 42.
Leute, 133; III, 259.
-*lich* (dans *ähnlich*, etc.), II, 403; IV, 360.
lieb, III, 112.
Lockvogel, IV, 367.
Ludwig, acc. *Ludwigen*, 346.
lüge, 132.

Macht, 157, 205; IV, 110.
mächtig, IV, 315.
Mast, 205.
Maus, 125, 339.
Meisterin, IV, 105.
Mensch, 397; IV, 324.
messe, 260.
mich, 136.
mit, IV, 414.
Miterbe, IV, 364.
Mitschuld, IV, 364.
Mord, voy. anglais *murder*, IV, 67.
muss, 132.
muthig, IV, 315.
Mutter, voy. sanscrit *mâtâr*, IV, 56.

Nachbar, 397.
Nachen, 58.
Nachgeschmack, IV, 364.
Nadel, IV, 70.
Nähe, IV, 219, 220.
Namen, IV, 41; voy. gothique *namô*.
nenne, 122; prét. *nannte*, III, 266.
netze, 122.
neu, 133.
neun, 133; voy. gothique *niun*, II, 230.
neunzig, II, 240.
nicht, II, 325.
Nichte = vieux haut-allemand *nift*, IV, 58.
nieder, II, 340; IV, 398.
noch, II, 341.
nun, II, 341.
ob 1° *ob* (préfixe), IV, 395.
2° *ob* (conjonction), IV, 384.
Obdach, IV, 395.
oben, IV, 395.
Obhut, IV, 395.
Ochs, 397; IV, 276.
Ort, II, 251.

Pfad, 147.
Pfahl, au pluriel *Pfähle*, 123.
Pracht, 151.

Quecksilber, 137.

rathe, 117.
Rathschlag, IV, 330.
Raum, 124.
reibe, prét. *rieb*, 126.
roth, 150.
Rothbrüstchen, IV, 353.
Röthe, IV, 219, 220.
Ruder, IV, 70.
Ruthe, 266.

Saat, 158.
Same, *Samen*, 327.
Sattel, IV, 300.
Sau, 125, 349.
saufe, 124.
Saum, IV, 46.
scheide, 157.
Scheidekunst, IV, 367.
scheine, 120.
Schlacht, IV, 110.
Schlaf, voy. gothique *slêpa*, IV, 157.
schlafe, prét. *schlief*, 58, 151; III, 225.
Schlange, 100.

schleife, III, 140.
Schleifstein (*slîpistein*), IV, 369.
Schlüssel, IV, 300.
Schmerz, 100, 327.
schmerzlich, II, 404.
Schnur, 100.
Schöne, IV, 219, 220.
Schreiblehrer, IV, 367.
Schrift, IV, 110.
Schuld, 158.
Schwarzbrod, IV, 364.
Schwärze, IV, 219, 220.
schwarzgelb, IV, 364.
schweife, III, 140.
Schweiss, II, 391.
Schwester, voy. sanscrit *svásâr*, IV, 58.
schwitze, 100.
sechs, voy. gothique *saihs*, II, 225.
sehr, II, 361.
sei, *sein*, III, 127.
selber, II, 214.
Sessel, IV, 300.
setze, 122.
Sich, 136.
sicht, IV, 110.
sie, II, 312; cf. vieux haut-allemand *siu*.
sieben, voy. gothique *sibun*, II, 229.
siebenzig, II, 240.
sind, III, 61, 127, 128, 130.
singe, IV, 42.
Singlehrer, *Singvogel*, IV, 367.
so, 359; IV, 386.
solcher, II, 403, 404.
sonder, II, 182.
Springbrunnen, IV, 367.
stehe, 157; cf. vieux haut-allemand, rac. *stâ*.
steige, 157.
steinern, IV, 100.
steinig, IV, 315.
stelle, III, 425.
sternig, IV, 315.
Stille, IV, 219, 220.
Stössel, IV, 300.
Sucht, 205.
Sündfluth, IV, 342, note 4.
süss, 58; IV, 224.
Süsse, IV, 219, 220.

tannen, IV, 100.
Tanzlehrer, IV, 367.
Taufe, IV, 223.
tausend, II, 243.
That, 158; III, 260.
thue, 150, 243; III, 274.
Tiefde (hessois), IV, 87.
Tiefe, IV, 87.
Tochter, voy. sanscrit *duhitár*, IV, 57.
Ton, plur. *Töne*, 123.
traue, IV, 47.
Traum, IV, 46.
treu, IV, 47, 91.
Trinkglas, IV, 367.
Trinkspruch, IV, 367.
tuchen, IV, 100.

un- (privatif), III, 172; IV, 364.
uneben, IV, 364.
unnütz, IV, 224.
unreif, IV, 364.
Unschuld, IV, 364.
Unterrock, IV, 364.
Unverstand, IV, 364.

Vater, 155; cf. sanscrit *pitár*, IV, 56.
ver-, 403, 407, 408; IV, 329.
verliere, 145, 260.
Verständniss, IV, 294.
Vieh, 151.
vier, voy. gothique *fidvôr*, II, 222.
Viereck, IV, 353.
vierzigster, II, 246.
Vollmond, IV, 364.
vor, IV, 408.
vorderer, II, 183.
Vorgeschmack, IV, 364.
Vorhut, IV, 364.
Vormittag, IV, 364.
Vorrede, IV, 364.

Wagen, IV, 285.
wandte, III, 266.
wann, IV, 384.
war, *wäre*, III, 127.
warm, 135.
Wärme, IV, 219, 220.
was, voy. vieux haut-allemand *huaz*, II, 369.
Waschwasser, IV, 369.
Webehaus, IV, 368.
weder, II, 178.
weine, 137.
weiss, III, 98; 2e pers. *weisst*, III, 46.
Weissbrod, IV, 364.
welcher, II, 403, 404.
wem, II, 308.
wende, III, 267.
wenn, IV, 384.
wer, 50, 134; II, 368, 369, 381; datif *wem*,

II, 308; cf. vieux haut-allemand *huer*.
werde, III, 266; 3e pers. *wird*, III, 273.
wetteifern, IV, 330.
Wetter, voy. anglais *weather*, IV, 68.
Wetzstein, IV, 369.
wider, *wieder*, II, 181; IV, 409.
Wilhelm, acc. *Wilhelmen*, 346.
wir, II, 268.
wird, III, 273.
Wirthin (*virtinna*), IV, 105, 107.
woraus, II, 361.
Wunder, IV, 70.
Wurm, 134.

zähme, 150.
Zahn, 150.
zehn, voy. goth. *taihun*, II, 231.
zer-, IV, 329.
ziehe, 124.
Ziehbrunnen, IV, 367.
Zucht, IV, 110.
zuerst, IV, 373.
Zukunft, IV, 110.
zuletzt, IV, 373.
zumeist, IV, 373.
zunächst, IV, 373.
zünde, voy. vieux haut-allemand, rac. *zant*.
Zunft, IV, 110.
zuvörderst, IV, 373.
zwanzig, II, 46.
zwei, voy. gothique *twai*, II, 216.
zwölf, 51; II, 234, 236.

5° VIEUX SAXON.

bét (= *er biss*), 72.
birid, 160.

dâ (rac.), III, 261; voy. *dâd*, *dâdi*, *dâdun*, *dëda*, *dëdas*, rac. *dô*.
dâd, III, 261.
dâdi (= *dëdos*, *du thatest*), III, 261.
dâdun, III, 261.
dëda, III, 261, 283.
dëdôs, III, 261.
dô (rac.), 243; cf. *dôm*, *dôs*, *dôd*.
dôm, 243, 259; III, 16, 263.
dôs, *dôd*, 243; III, 263.
drôm, IV, 46.

ehuscalc, IV, 305.

fallu, *fëll*, III, 225.
fram, IV, 410.

gëbônô (gén. plur.), II, 76.

hôfna, IV, 108.
huie, II, 369.

inker, 370.
iuwer, 369.

kôs, 72.

rod, 150.
ruoda, 266.

sindun, III, 293.
slâpu, *slêp*, III, 225.
standu, prét. *stôd*, 247.

that, II, 315, 316.
thunar, IV, 68.

unker, 370.
unt, *unti*, IV, 390.

6° ANGLO-SAXON.

æska, 89.
æskjan, 89.
asca, 144.

beo, III, 309, 310.
beorht, 151.
bëradh, *bëredh*, 160.

cumu, 137.
cvanian, 137.
daed, IV, 106.
dhixel, IV, 33.
drôf, III, 455.

eom, III, 310.

eorcnanstan, IV, 238.
ëover, 369.

foddar, *foddur*, IV, 69.
fôdr, *fôdher*, IV, 69.
fram, IV, 410.

gifena (gén. plur.), II, 76.
gyden, IV, 106.

hælo, IV, 221.
hëo, II, 381.
hi, II, 381.
hlædre, IV, 71.
hva, 134.
hvit, 134.
hyldo, IV, 221.

incer, 370.

lëoman, IV, 36.

medo, *medu*, 148, 153.
miclum, IV, 375.
middum, IV, 375.

naca, 58.

ord, II, 251.

revan, *reovan*, *rovan*, IV, 70.
rod, 266.

seofon, 155.
svá, 359.

tacor, *tacur*, 34, 58.
thunor, IV, 68.
thylic, II, 403.
tvi-, *tvifête*, *tvifinger*, *tvihive*, II, 218.

uncer, 370.

vanian, 137.

yldo, IV, 221.

7° ANGLAIS.

am, III, 128.
ask, 89.

brethren, II, 37; IV, 277.
bright, 151, 264.
brightness, IV, 294.

chicken, IV, 277.
children, IV, 277.

depth, IV, 87.

eleven, II, 234.

from, IV, 410.

goose, 153.
greedy, 156.
health, IV, 87.
height, IV, 87.
him, IV, 206.

if, IV, 384.

laughter, IV, 68.
length, IV, 87.

mildness, IV, 294.
murder, IV, 67.

of, IV, 390.
out, IV, 401.
ox, *oxen*, IV, 277.

queen, IV, 313.
seven, II, 229; III, 152.
sister, IV, 58.
slaughter, IV, 68.
slay, IV, 68.
slip, III, 140.
sweet, 58.
sweetness, IV, 294.

thrice, II, 218.
thunder, IV, 68.
twice, II, 218.

weather, IV, 68.
whom, IV, 206.
with = nouveau haut-allemand *mit*, IV, 413.

year, 53.

8° FRISON.

hia (vieux frison), II, 381.
hiu (vieux frison), II, 381.
junker (nouveau frison), *junk*, 369.
lête (vieux frison), 117.
nêmon (v. frison), 117.
rêde (vieux frison), 117.
slêpe (v. frison), 117.
thi (vieux frison), II, 316.

9° VIEUX NORROIS.

æskja, 89.
apynja, IV, 106.
aska, 144.

bëradh, *bërand*, 160.
blâs (rac.), prés. *blæs*, *blês*, part. *blâsinn*, III, 225.

dâdh, 313.

eingi, II, 385.
einskis, II, 385.

flut, 262.
fornum, IV, 375.

-*gi* (dans *eingi*, etc.), II, 385.
grât (rac.), prés. *græt*, *grêt*, part. *grâtinn*, III, 225.

hald (rac.), prés. *held*, *hêlt*, *hêldum*, part. *haldinn*, III, 225.
har, 313.
hönd, 313.
hvar, 313.
hver, 134.
hvitr, 134.

-*ki* (dans *vaetki*, etc.), II, 385.

löngum, IV, 375.

mangi, *manskis*, II, 385.

mun, III, 308.

nu, *nuna*, II, 341.

ó- (priv.), au commencement des composés possessifs, IV, 357.
óhræsi, IV, 357.
ómâli, IV, 357.

qveina, 137.

slanga, 101.
sonr, 313.
svëfn, 56.
svep, plur. *svepium*, III, 420.

thrisvar, II, 218, 219.
thunur, 147.
tvegja, II, 216.
tvîlikr, II, 403.
tvisvar, II, 218, 219.

ûlfr, 313.
umgêngni, IV, 220.

vaetki, II, 385.
vargr, 313.
vargynja, IV, 106.
veina, 137.

10° SUÉDOIS.

hvina (nouv. suéd.), 137.
tolik (vieux suédois), *tolkin*, *tockin*, II, 406; IV, 360.

H. — LANGUES CELTIQUES.

1° VIEUX CELTE.

rhodora, 266; II, 205.

2° IRLANDAIS ET GAÉLIQUE.

a « ejus, eorum », II, 334.
aisk, 89.
am, II, 77, 80.
anal, IV, 299.
anochd, II, 333.
arasaim, 59.
as, IV, 394.
athair, 333.

beasach, 267.
beosaighim, 266.
bhus, III, 301.
bleachd, 285.
brathair, 333.
bri, IV, 276.

cac, *cacach*, *cachaim*, 351.
cluas, 261.
comharsa, *comharsaine*, 333.
con, *cona*, 333.
creanaim, IV, 237.
cru, 167.
cu, *cuin*, 333.

daghaim, 38; III, 134, 418.
dan, 259.
dasachd, 150; IV, 269.
deagh, 62.
deanaim, 259.
dear, 333.
dearbh, IV, 47.
deich, 62.

eile, 58.

fasaim, 236; IV, 49.
fasamhuil, IV, 49.
feadhaim, III, 76.
fearamhuil, IV, 49.
fiafruighim, 268.

gailleamhuin, IV, 205.
garaim, 47.
geallamhna, *geallamhuin*, IV, 205.
geanmhuin, IV, 205.
geineamhuin, IV, 205.
geinim, 334.
genteoir, 334.
ginmhuin, IV, 205.
gnia, *gnic*, *gno*, 259.
gradh, 156.
graidheag, 156.
grith, 264.
guailne, *gualann*, *guala*, 333.
gus, 58.

leanamhain, *leanmhuin*, IV, 205.
logha, 58.

macamh, *mag*, II, 250.
mathair, 333.
mile, II, 243.
min, *mion*, II, 212.

naoidhe, *naoidhin*, 333.

ollamh, IV, 205.
ollamhain, IV, 205.

piuthair, 333; II, 323.

raidim, 59.
roid, 266.
ruadh, IV, 291.
ruaidhneach, 266.
rud, 266.
ruigheanas, 264.

samhuil, IV, 49.
seachraith, 351.
seasamh, IV, 205.
siol, *siolaim*, III, 257.
scaramhaim, *scaramhuin*, IV, 205.
siudhim, *siudhiughaim*, III, 414.
smigeadh, 261.
speur, 333.
staighre, 265.

tar, *tair*, *tri*, II, 175; IV, 415.

3° GALLOIS.

amser, II, 77.
cais, 34.
crau, 167.
mil, II, 243.
nadu, III, 438.
pyrnu, IV, 237.
tyvu, II, 9; IV, 365.

4° ARMORICAIN, BAS-BRETON.

amzer, II, 77.
danhezu, 62.

CONTENU DE CE VOLUME.

TABLE ANALYTIQUE DES MATIÈRES.

PREMIÈRE SECTION.

PHONÉTIQUE.

		Pages.
I.	L'alphabet sanscrit dans ses rapports avec l'alphabet des langues congénères	1
II.	Système phonique du vieux perse	6
III.	Système phonique du zend	6
IV.	Système phonique de l'arménien	7
V.	Système phonique du grec	8
VI.	Système phonique du latin	10
VII.	Système phonique du lithuanien	11
VIII.	Système phonique du vieux slave	11
IX.	Système phonique du gothique et de l'allemand	12

DEUXIÈME SECTION.

Flexion 16

TABLE DES MOTS.

A. LANGUES DE L'INDE.

1° Sanscrit 89
2° Pâli 121
3° Prâcrit 122
4° Bengalais 122
5° Mahratte 122

Pages.
6° Hindoustani.......... 123
7° Tsigane.......... 123

B. LANGUES IRANIENNES.

1° Perse des inscriptions cunéiformes.......... 123
2° Nouveau perse (persan).......... 124
3° Zend.......... 125
4° Afghan.......... 135
5° Arménien.......... 135
6° Ossète.......... 140

C. LANGUES DE LA GRÈCE.

1° Grec.......... 140
2° Albanais.......... 162

D. LANGUES DE L'ITALIE.

1° Osque.......... 162
2° Ombrien.......... 163
3° Latin.......... 164
4° Français.......... 181
5° Espagnol.......... 181

E. LANGUES LETTES.

1° Vieux prussien (borussien).......... 182
2° Lithuanien.......... 183
3° Lette.......... 190

F. LANGUES SLAVES.

1° Vieux slave.......... 191
2° Slovène.......... 196
3° Serbe.......... 197
4° Bohémien.......... 197
5° Polonais.......... 197
6° Russe.......... 197

G. LANGUES GERMANIQUES.

1° Gothique.......... 198
2° Vieux haut-allemand.......... 210
3° Moyen haut-allemand.......... 217
4° Nouveau haut-allemand.......... 218
5° Vieux saxon.......... 222
6° Anglo-saxon.......... 222

Pages.
7° Anglais. 223
8° Frison. 224
9° Vieux norrois. 224
10° Suédois. 224

H. LANGUES CELTIQUES.

1° Vieux celte. 225
2° Irlandais et gaélique. 225
3° Gallois. 226
4° Armoricain, bas-breton. 226

www.ingramcontent.com/pod-product-compliance
Ingram Content Group UK Ltd.
Pitfield, Milton Keynes, MK11 3LW, UK
UKHW021925230726
13925UKWH00007B/523

9 782013 691246